Meu
Diário de Oração

Este diário pertence a:

Presenteado

CB068167

© 2017 Ministérios Pão Diário. Todos os direitos reservados.

AUTORAS:
Anne M. Cetas; Alyson Kieda; Cindy Hess Kasper; Jennifer Benson Schuldt; Joanie E. Yoder; Julie Ackerman Link; Poh Fang Chia; Regina Franklin; Roxanne Robbins

COORDENAÇÃO EDITORIAL: Dayse Fontoura
TRADUÇÃO: editores do Pão Diário
REVISÃO DO TEXTO: Dayse Fontoura, Rita Rosário, Thaís Soler, Lozane Winter
PROJETO GRÁFICO E CAPA: Audrey Novac Ribeiro
DIAGRAMAÇÃO: Lucila Lis

REFERÊNCIAS BÍBLICAS:
Exceto se indicado o contrário, as citações bíblicas são extraídas da Nova tradução na linguagem de hoje © 2011, Sociedade Bíblica do Brasil.

Proibida a reprodução total ou parcial, sem prévia autorização, por escrito, da editora. Todos os direitos reservados e protegidos pela Lei 9.610, de 19/02/1998.

Pedidos de permissão para usar citações deste livreto devem ser direcionados a permissao@paodiario.org

Publicações Pão Diário
Caixa Postal 9740, 82620-981 Curitiba/PR, Brasil
publicacoes@paodiario.org • www.publicacoespaodiario.com.br
Telefone: (41) 3257-4028

Código: A4559
ISBN: 978-1-68043-433-0

1.ª edição: 2017 • 3.ª impressão: 2024

Impresso na China

Introdução

Parece que quanto mais novidades tecnológicas surgem, mais tempo teremos para curtir a vida. Só que a realidade é que nossa agenda fica cada vez mais lotada, sufocando nosso tempo e nos impedindo de enxergar as maravilhas que Deus nos oferece.

Pense por um instante: como começamos a tomar banho sem ajuda e a arrumar nosso quarto sem supervisão? São hábitos que um dia foram aprendidos, repetidos e tornaram-se parte integrante da rotina diária. Da mesma maneira, se não separarmos um tempo todos os dias para sossegar a alma e ouvir o que Deus tem a dizer, será difícil ficarmos conectadas a Ele com a qualidade que Ele merece. Afinal, sempre chegaremos cansadas ao fim do dia e adiando aquele momento com Deus para amanhã... semana que vem... para o próximo mês... e enquanto isso, vamos trocando o que é eterno pelos nossos muitos compromissos e passatempos.

É preciso dar uma pausa, desligar-se das tarefas por um momento e buscar o que Deus deseja para nós. O desafio é estabelecer essa prioridade.

Meu Diário de Oração foi elaborado para que, em meio aos estudos, encontros com amigos, cuidados com o corpo e hobbies, possamos nos desafiar diariamente a aquietar a alma e pensar no Deus vivo que nos ama e nos quer próximas a Ele.

Que essas leituras aqueçam o coração, pois são baseadas na Palavra de Deus: o único Livro que podemos ler na companhia do Autor!

Janeiro

Carpe diem

1 de janeiro

LEITURA: ECLESIASTES 12:1-5

Respeite o seu pai e a sua mãe, para que você viva muito tempo na terra que estou lhe dando.
—ÊXODO 20:12

"Carpe diem! (latim, aproveitem o dia!) Tornem suas vidas extraordinárias!", recomendava o professor no filme *Sociedade dos Poetas Mortos*. Essa expressão me incentiva a viver com plenitude. Após conhecer o drama do relacionamento entre dois filhos de 30 anos e o pai, entendi melhor o que ela quer dizer.

Os filhos aproveitavam as suas vidas, enquanto o pai estava sempre à disposição deles: providenciando refeições ou levando os netos ao colégio, até sofrer um derrame cerebral. Para os filhos tudo foi tão repentino — nem sintomas anteriores nem mudanças perceptíveis. Enquanto o pai estava em coma, eles perceberam que o consideravam como alguém sempre disponível. Nem aproveitaram o melhor do seu relacionamento com ele.

Em Eclesiastes 12:1-5, há razões para nos lembrarmos do nosso Criador enquanto somos jovens. Ali está a deterioração que surge com a idade — para todos nós. Um dia as pernas tremerão, os ombros se curvarão, os dentes deixarão de mastigar e a visão embaçará (v.3). Um dia a energia diminuirá. Não mais teremos o prazer de andar ou de executar uma tarefa (vv.4,5).

Um dia, como observou o sábio rei Salomão em Eclesiastes 12:5: "…[estaremos] caminhando para o [nosso] último descanso…". Se os seus pais ainda vivem, aproveitem o dia, honre-os hoje. *Carpe diem.*
—Poh Fang Chia

As oportunidades para honrarmos nossos pais têm um tempo limitado.

Minhas notas e motivos de oração:

Orar por

2 de janeiro

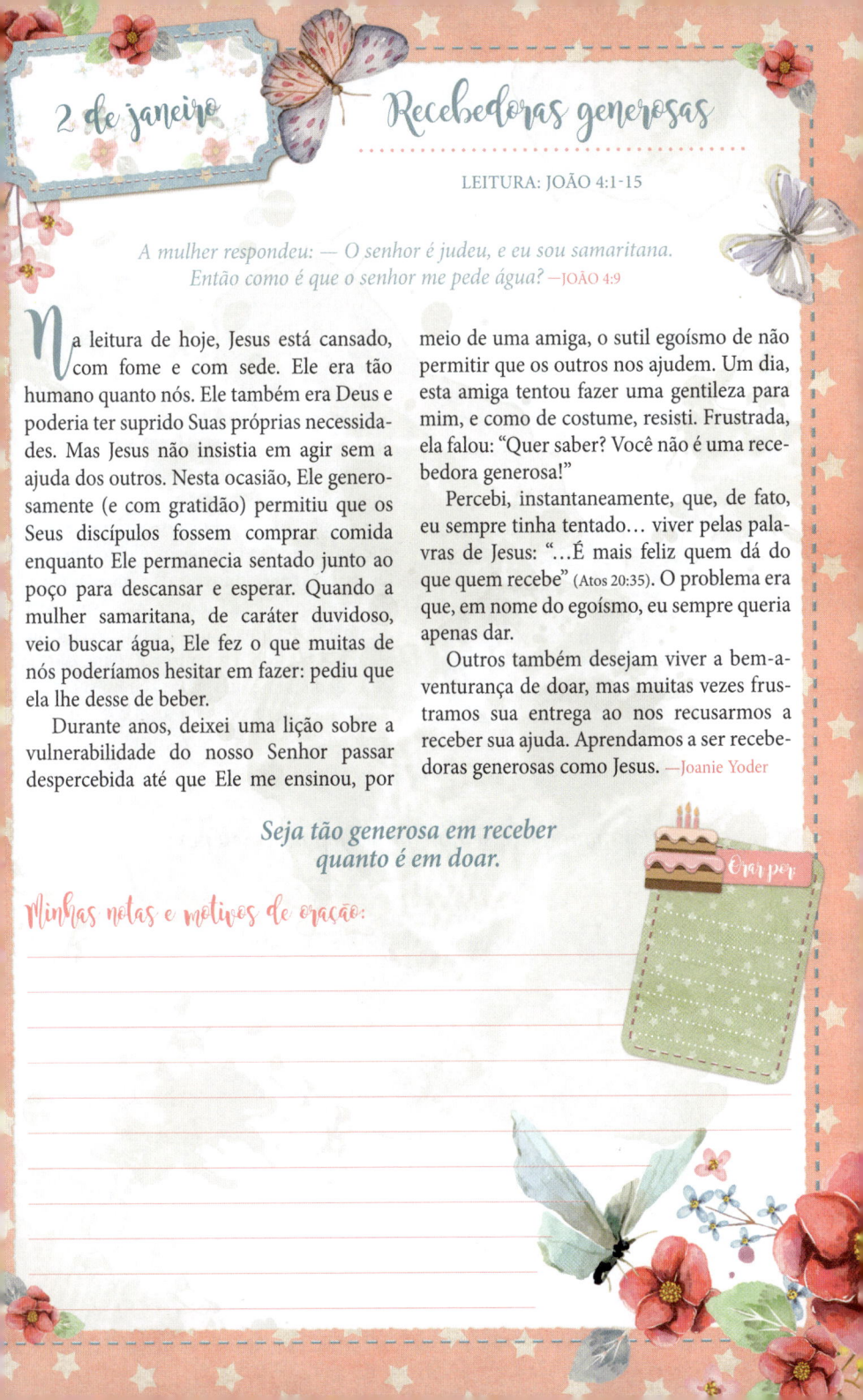

Recebedoras generosas

LEITURA: JOÃO 4:1-15

A mulher respondeu: — O senhor é judeu, e eu sou samaritana. Então como é que o senhor me pede água? —JOÃO 4:9

Na leitura de hoje, Jesus está cansado, com fome e com sede. Ele era tão humano quanto nós. Ele também era Deus e poderia ter suprido Suas próprias necessidades. Mas Jesus não insistia em agir sem a ajuda dos outros. Nesta ocasião, Ele generosamente (e com gratidão) permitiu que os Seus discípulos fossem comprar comida enquanto Ele permanecia sentado junto ao poço para descansar e esperar. Quando a mulher samaritana, de caráter duvidoso, veio buscar água, Ele fez o que muitas de nós poderíamos hesitar em fazer: pediu que ela lhe desse de beber.

Durante anos, deixei uma lição sobre a vulnerabilidade do nosso Senhor passar despercebida até que Ele me ensinou, por meio de uma amiga, o sutil egoísmo de não permitir que os outros nos ajudem. Um dia, esta amiga tentou fazer uma gentileza para mim, e como de costume, resisti. Frustrada, ela falou: "Quer saber? Você não é uma recebedora generosa!"

Percebi, instantaneamente, que, de fato, eu sempre tinha tentado... viver pelas palavras de Jesus: "...É mais feliz quem dá do que quem recebe" (Atos 20:35). O problema era que, em nome do egoísmo, eu sempre queria apenas dar.

Outros também desejam viver a bem-aventurança de doar, mas muitas vezes frustramos sua entrega ao nos recusarmos a receber sua ajuda. Aprendamos a ser recebedoras generosas como Jesus. —Joanie Yoder

Seja tão generosa em receber quanto é em doar.

Minhas notas e motivos de oração:

Orar por

Louvor na comunidade

3 de janeiro

LEITURA: SALMO 100

Pois o Senhor é bom; o seu amor dura para sempre...
—SALMO 100:5

Milhares de pessoas vivem em Kibera, a maior favela africana, no coração de Nairóbi, Quênia. Uma estrada de ferro divide a área e, quando o trem não está passando, serve como rua aos seus moradores e visitantes.

Um dia, eu andava pela via férrea, e um homem de terno surrado abordou meu amigo e eu. "Acabo de vir da igreja", proclamou. Parecendo não perceber o horrível odor que permeia sua comunidade, ele nos agradeceu por virmos e acrescentou sorrindo: "O Senhor nos ama e proverá". Deu-nos então um aperto de mãos e foi embora.

Ele ansiava por circunstâncias melhores, mas, de alguma maneira, ainda conseguia lembrar "...que o Senhor é Deus..." e que Ele cuidará dele como "...o seu rebanho" (Salmo 100:3).

Talvez, mais do que a maioria de nós, ele buscou água e não a encontrou; então, com a língua seca, clamou a Deus por provisão — e Ele a enviou. Primeiro um copo. Mas depois, mais. Sobre os pobres e necessitados, Deus diz: "...não os abandonarei. [...] Farei com que os desertos virem lagos e com que nas terras secas haja muitos poços..." (Isaías 41:17,18).

A vida e fé desse homem me inspiraram muito. Ele demonstrou que é possível louvar a Deus vivendo em miséria. Que todos, independentemente das circunstâncias, "Adorem o Senhor com alegria e venham cantando até a sua presença (Salmo 100:2).
—Roxanne Robbins

Por amor, Deus sempre proverá para o Seu povo.

Minhas notas e motivos de oração:

4 de janeiro

A campanha

LEITURA: ROMANOS 15:1-7

Por isso procuremos sempre as coisas que trazem a paz e que nos ajudam a fortalecer uns aos outros na fé. —ROMANOS 14:19

Todos os anos, as pessoas jovens em nossa comunidade participam de uma campanha chamada "Seja agradável", liderada por uma organização de saúde mental. Em um desses eventos, 6 mil alunos formaram as palavras "seja agradável" com seus corpos, nas quadras esportivas de suas escolas. Certo diretor disse: "Queremos que os alunos venham à escola e aprendam, sem sentir medo, tristeza ou mal-estar entre seus pares. Estamos trabalhando muito para garantir que os alunos deem força uns aos outros em vez de colocarem seus próprios colegas para baixo."

Paulo queria que as pessoas na igreja de Roma tivessem um padrão de amor ainda maior. Os fortes e os fracos na fé se julgavam entre si e demonstravam menosprezo uns pelos outros (Romanos 14:1-12). Eles se desprezavam quando discutiam sobre quais alimentos era permitido comer (vv.2,3) e quais dias santos deveriam observar (vv.5,6). Paulo os desafia: "Por isso procuremos sempre as coisas que trazem a paz e que nos ajudam a fortalecer uns aos outros na fé" (v.19). Ele lembrou-lhes que deveriam estar preocupados em agradar aos outros, e não a si mesmos. E lhes disse: "Pois nem o próprio Cristo procurou agradar a si mesmo…" (15:3); Ele serviu.

Junte-se ao movimento dos que amam uns aos outros, apesar das diferenças — assim você trará louvores a Deus (v.7).
—Anne Cetas

A bondade é simplesmente uma expressão do amor, que flui em pequenos gestos.

Minhas notas e motivos de oração:

Vivendo ao contrário

5 de janeiro

LEITURA: MATEUS 16:21-28

...mas quem esquece a si mesmo por minha causa terá a vida verdadeira. —MATEUS 16:25

O rio Chicago, nos EUA, é incomum porque flui ao contrário. Engenheiros reverteram sua direção há mais de um século porque os habitantes da cidade o utilizavam para despejos. Lavaduras, detritos e lixo industrial convergiam para esse rio. Como o lago era fonte de água potável para a cidade, milhares ficaram doentes e morreram antes que as autoridades decidissem redirecionar o rio para não desembocar no lago.

Ao olharmos para a vida terrena de Jesus, pode parecer algo contrário do que esperaríamos. O Rei da glória veio ao mundo como infante vulnerável, e como Deus encarnado, suportou acusações de blasfêmia. Sendo o único homem sem pecado, foi crucificado como criminoso. Jesus viveu entre nós para cumprir a vontade de Deus (João 6:38).

Como seguidoras dele, pode parecer "contrário" nos revestirmos das atitudes e ações de Jesus. Abençoar os inimigos (Romanos 12:14); valorizar a santidade em detrimento das riquezas (1 Timóteo 6:6-9) e alegrar-se na dificuldade (Tiago 1:2) parecem opor-se à sabedoria do mundo. No entanto, Jesus disse: "...mas quem esquece a si mesmo por minha causa terá a vida verdadeira" (Mateus 16:25).

Não se preocupe se algumas vezes parecer que você está indo contra o fluxo. Deus lhe dará a força para honrá-lo e Ele a impulsionará a seguir em frente. —Jennifer Benson Schuldt

Se nos revestirmos com as atitudes de Jesus demonstraremos a Sua presença em nossa vida.

Minhas notas e motivos de oração:

6 de janeiro

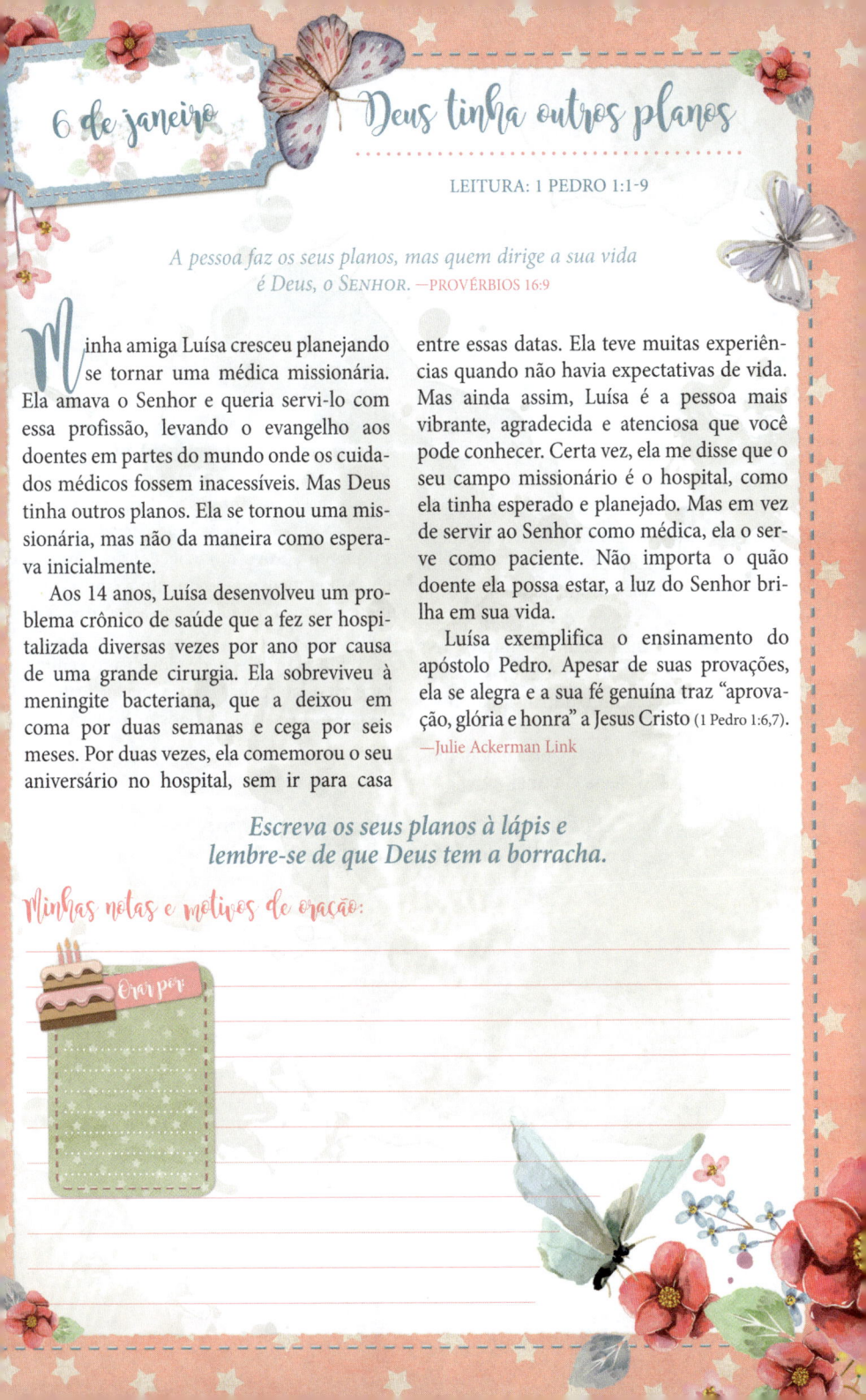

Deus tinha outros planos

LEITURA: 1 PEDRO 1:1-9

A pessoa faz os seus planos, mas quem dirige a sua vida é Deus, o Senhor. —PROVÉRBIOS 16:9

Minha amiga Luísa cresceu planejando se tornar uma médica missionária. Ela amava o Senhor e queria servi-lo com essa profissão, levando o evangelho aos doentes em partes do mundo onde os cuidados médicos fossem inacessíveis. Mas Deus tinha outros planos. Ela se tornou uma missionária, mas não da maneira como esperava inicialmente.

Aos 14 anos, Luísa desenvolveu um problema crônico de saúde que a fez ser hospitalizada diversas vezes por ano por causa de uma grande cirurgia. Ela sobreviveu à meningite bacteriana, que a deixou em coma por duas semanas e cega por seis meses. Por duas vezes, ela comemorou o seu aniversário no hospital, sem ir para casa entre essas datas. Ela teve muitas experiências quando não havia expectativas de vida. Mas ainda assim, Luísa é a pessoa mais vibrante, agradecida e atenciosa que você pode conhecer. Certa vez, ela me disse que o seu campo missionário é o hospital, como ela tinha esperado e planejado. Mas em vez de servir ao Senhor como médica, ela o serve como paciente. Não importa o quão doente ela possa estar, a luz do Senhor brilha em sua vida.

Luísa exemplifica o ensinamento do apóstolo Pedro. Apesar de suas provações, ela se alegra e a sua fé genuína traz "aprovação, glória e honra" a Jesus Cristo (1 Pedro 1:6,7).

—Julie Ackerman Link

Escreva os seus planos à lápis e lembre-se de que Deus tem a borracha.

Minhas notas e motivos de oração:

Orar por:

O bom e o mau

7 de janeiro

LEITURA: 1 REIS 14:7-16

…meu servo Davi, que foi fiel a mim em tudo, que obedeceu […] e me seguiu com todo o coração, fazendo aquilo que eu aprovo.
—1 REIS 14:8

Comecei a estudar os reis do Antigo Testamento que andaram após Deus "…sendo fiel a Ele em tudo…" (1 Reis 14:8) e são um exemplo a seguir (11:38). Os reis maus são conhecidos por sua obstinada rejeição a Deus e por liderar os seus súditos à idolatria. O rei Jeroboão, o primeiro a governar Israel após a divisão do reino, em seu legado é lembrado como um dos piores reis. "Deus vai abandonar Israel porque Jeroboão pecou e fez com que o povo de Israel pecasse" (14:16). Pelo seu mau exemplo, muitos reis que vieram depois são comparados a Jeroboão e descritos como tão maus quanto ele foi (16:2,9,26,31; 22:52).

Temos um local de influência e podemos usar isso para o bem ou mal. A nossa irrestrita fidelidade a Deus é uma luz que resplandecerá e deixará um legado de bondade. E Ele nos promete: "…se você me obedecer e guardar as minhas leis e os meus mandamentos, […], eu lhe darei uma vida longa" (1 Reis 3:14). E ainda: "Se você der atenção a todas as minhas ordens e viver de acordo com a minha vontade, fazendo aquilo que eu aprovo e obedecendo às minhas leis e aos meus mandamentos, como fez o meu servo Davi, então eu sempre estarei com você…" (1 Reis 11:38).

Temos o privilégio de glorificar o Senhor. Que todos ao redor vejam a Sua luz brilhando em nós e sejam atraídos à Sua bondade.

—Cindy Hess Kasper

Por menor que seja a luz, ainda assim, ela brilha na densa escuridão da noite.

Minhas notas e motivos de oração:

8 de janeiro

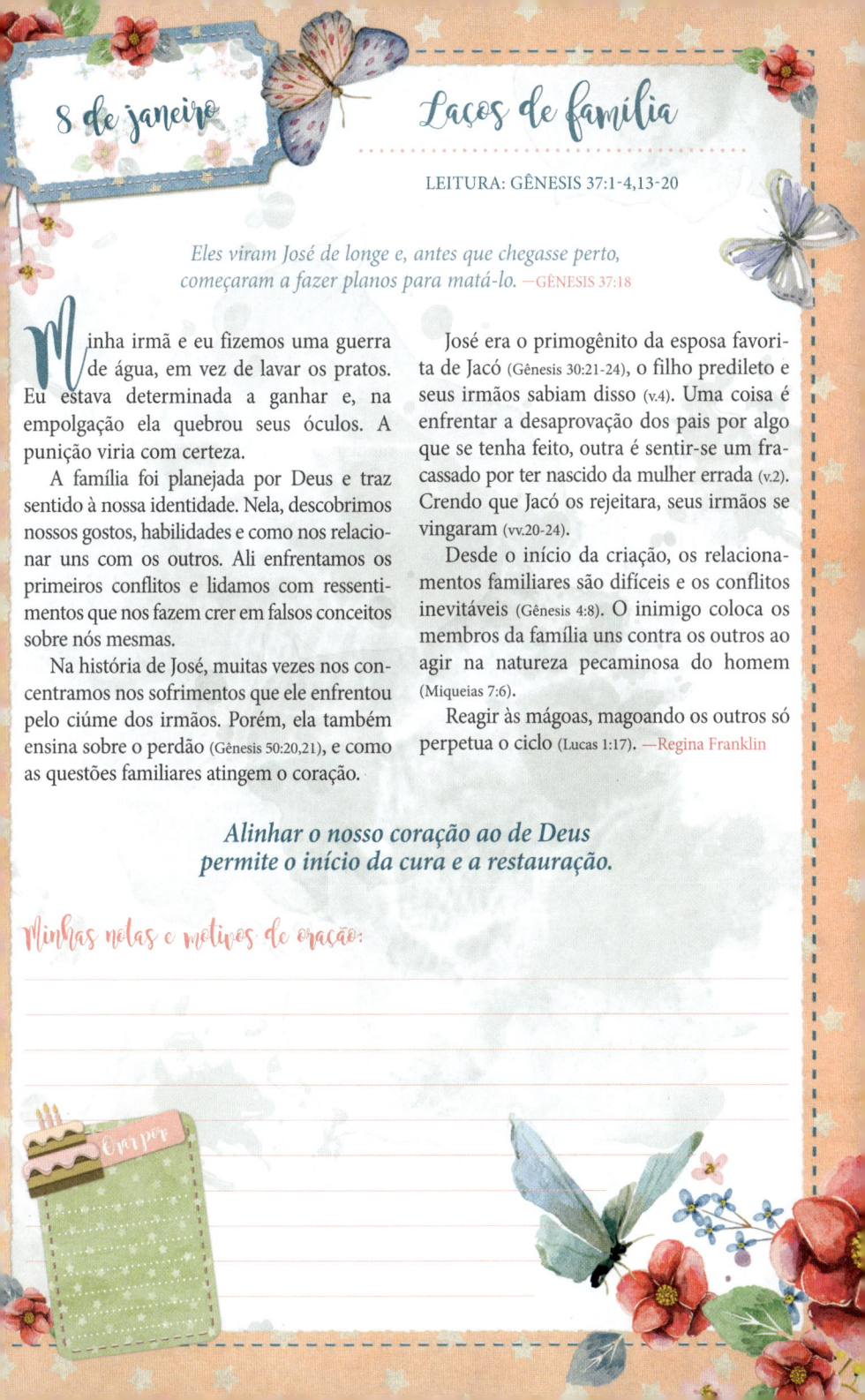

Laços de família

LEITURA: GÊNESIS 37:1-4,13-20

Eles viram José de longe e, antes que chegasse perto, começaram a fazer planos para matá-lo. —GÊNESIS 37:18

Minha irmã e eu fizemos uma guerra de água, em vez de lavar os pratos. Eu estava determinada a ganhar e, na empolgação ela quebrou seus óculos. A punição viria com certeza.

A família foi planejada por Deus e traz sentido à nossa identidade. Nela, descobrimos nossos gostos, habilidades e como nos relacionar uns com os outros. Ali enfrentamos os primeiros conflitos e lidamos com ressentimentos que nos fazem crer em falsos conceitos sobre nós mesmas.

Na história de José, muitas vezes nos concentramos nos sofrimentos que ele enfrentou pelo ciúme dos irmãos. Porém, ela também ensina sobre o perdão (Gênesis 50:20,21), e como as questões familiares atingem o coração.

José era o primogênito da esposa favorita de Jacó (Gênesis 30:21-24), o filho predileto e seus irmãos sabiam disso (v.4). Uma coisa é enfrentar a desaprovação dos pais por algo que se tenha feito, outra é sentir-se um fracassado por ter nascido da mulher errada (v.2). Crendo que Jacó os rejeitara, seus irmãos se vingaram (vv.20-24).

Desde o início da criação, os relacionamentos familiares são difíceis e os conflitos inevitáveis (Gênesis 4:8). O inimigo coloca os membros da família uns contra os outros ao agir na natureza pecaminosa do homem (Miqueias 7:6).

Reagir às mágoas, magoando os outros só perpetua o ciclo (Lucas 1:17). —Regina Franklin

Alinhar o nosso coração ao de Deus permite o início da cura e a restauração.

Minhas notas e motivos de oração:

O amor é tudo

9 de janeiro

LEITURA: 1 JOÃO 4:7-19

E nós mesmos conhecemos o amor que Deus tem por nós e cremos nesse amor. Deus é amor… —1 JOÃO 4:16

Vi o letreiro na frente de uma igreja que me pareceu um bom lema para incentivar novos relacionamentos: Receba amor. Dê amor. Repita.

O maior amor que recebemos é o amor de Deus. Ele nos amou tanto que deu o Seu Filho Jesus para viver, morrer e ressuscitar para nos redimir (1 João 4:9). Nós recebemos o Seu amor ao recebermos Jesus como o nosso Salvador e Senhor. "Porém alguns creram nele e o receberam, e a estes ele deu o direito de se tornarem filhos de Deus" (João 1:12).

Após experimentarmos o amor de Deus, podemos aprender a dar amor. "Queridos amigos, amemos uns aos outros porque o amor vem de Deus…" (1 João 4:7).

O amor de Deus nos capacita a amar os nossos irmãos e irmãs em Cristo. Ensinamos, encorajamos e repreendemos. Choramos e nos alegramos. O amor que damos é gentil, atencioso e solidário. Aprendemos com Jesus que devemos amar até mesmo os nossos inimigos: "…Mas eu lhes digo: amem os seus inimigos e orem pelos que perseguem vocês" (Mateus 5:44). Amar aos outros, em algumas situações, pode ser desafiador, mas com o amor que Deus nos concedeu, é possível.

Um excelente plano para viver o nosso dia a dia como cristãs é: Receber amor, amar e compartilhar o amor de Deus continuamente.

—Anne Cetas

Portanto, sejam perfeitos em amor, assim como é perfeito o Pai de vocês, que está no céu. Mateus 5:48

Minhas notas e motivos de oração:

10 de janeiro

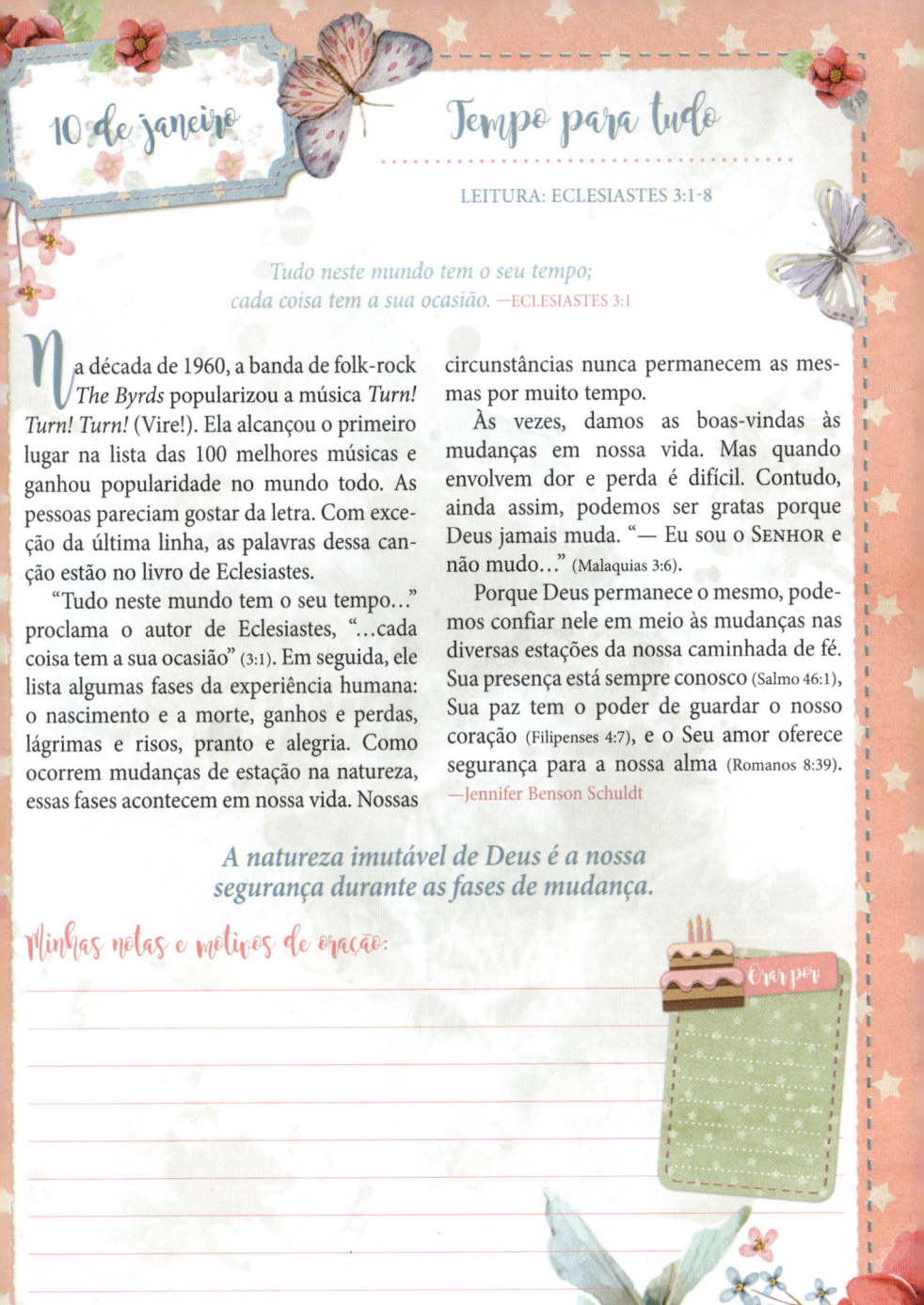

Tempo para tudo

LEITURA: ECLESIASTES 3:1-8

Tudo neste mundo tem o seu tempo; cada coisa tem a sua ocasião. —ECLESIASTES 3:1

Na década de 1960, a banda de folk-rock *The Byrds* popularizou a música *Turn! Turn! Turn!* (Vire!). Ela alcançou o primeiro lugar na lista das 100 melhores músicas e ganhou popularidade no mundo todo. As pessoas pareciam gostar da letra. Com exceção da última linha, as palavras dessa canção estão no livro de Eclesiastes.

"Tudo neste mundo tem o seu tempo…" proclama o autor de Eclesiastes, "…cada coisa tem a sua ocasião" (3:1). Em seguida, ele lista algumas fases da experiência humana: o nascimento e a morte, ganhos e perdas, lágrimas e risos, pranto e alegria. Como ocorrem mudanças de estação na natureza, essas fases acontecem em nossa vida. Nossas circunstâncias nunca permanecem as mesmas por muito tempo.

Às vezes, damos as boas-vindas às mudanças em nossa vida. Mas quando envolvem dor e perda é difícil. Contudo, ainda assim, podemos ser gratas porque Deus jamais muda. "— Eu sou o SENHOR e não mudo…" (Malaquias 3:6).

Porque Deus permanece o mesmo, podemos confiar nele em meio às mudanças nas diversas estações da nossa caminhada de fé. Sua presença está sempre conosco (Salmo 46:1), Sua paz tem o poder de guardar o nosso coração (Filipenses 4:7), e o Seu amor oferece segurança para a nossa alma (Romanos 8:39).
—Jennifer Benson Schuldt

A natureza imutável de Deus é a nossa segurança durante as fases de mudança.

Minhas notas e motivos de oração:

Deus ciente

11 de janeiro

LEITURA: SALMO 139:1-10

Como são grandes as riquezas de Deus! Como são profundos o seu conhecimento e a sua sabedoria!... —ROMANOS 11:33

Kátia verificou no site de rastreio de voos *FlightAware* (Voo ciente), o avanço do pequeno avião que seu marido Carlos estava pilotando para Chicago, EUA. Com poucos cliques, ela poderia rastrear a sua decolagem, onde o avião estaria a qualquer momento e o instante da aterrisagem. Décadas antes disso, quando ele pilotava na distante África, o único contato de Kátia tinha sido um rádio de alta frequência. Ela se lembra de uma situação em que ficou três dias sem contato. Ela não tinha como saber que ele estava a salvo, mas sem condições de voar porque o avião estava danificado.

Deus sempre esteve ciente do exato local onde Carlos se encontrava e do que ele estava fazendo, assim como Ele é conosco (Jó 34:21). Nada está oculto aos Seus olhos (Hebreus 4:13). Ele conhece os nossos pensamentos e as nossas palavras (1 Crônicas 28:9; Salmo 139:4), e sabe o que acontecerá no futuro (Isaías 46:10).

O Senhor conhece todas as coisas (1 João 3:20), inclusive a você e a mim intimamente (Salmo 139:1-10). Ele está ciente de cada tentação, cada coração partido, cada doença, cada preocupação e sofrimento que enfrentamos.

Que conforto é experimentar o cuidado do Único sobre quem é dito: "Como são grandes as riquezas de Deus! Como são profundos o seu conhecimento e a sua sabedoria!..." (Romanos 11:33). —Cindy Hess Kasper

Podemos confiar em nosso Deus onisciente.

Minhas notas e motivos de oração:

12 de janeiro

Por causa de Jesus

LEITURA: JOÃO 15:18,19; 16:1-4

Mas eu digo isso para que, quando essas coisas acontecerem, vocês lembrem que eu já os tinha avisado. —JOÃO 16:4

Uma adolescente foi espancada, no Oriente Médio, por não renunciar a sua fé. Na África, um jovem foi pregado num madeiro por ter ido ao culto na igreja. Ao nosso redor, os cristãos são tratados com hostilidade por realizarem cultos em seus lares.

Na época da igreja primitiva, a perseguição se espalhava e Pedro e João foram presos por falarem publicamente de Jesus (Atos 3-4). Estêvão foi martirizado (Atos 7). Paulo foi açoitado, espancado, apedrejado e preso (2 Coríntios 11:22-33).

As perseguições em nosso país, não colocam nossa vida em risco. Contudo, não nos surpreendamos se formos atingidas. Jesus nos disse que enfrentaríamos perseguição, se o seguíssemos (João 15:20). E afirmou: "...digo isso para que vocês não abandonem a sua fé [...] chegará o tempo em que qualquer um que os matar pensará que está fazendo a vontade de Deus" (16:1,2).

Ele advertiu que os que não têm raízes profundas abandonarão a fé quando forem perseguidos por crer na Bíblia. Para desenvolvermos raízes profundas precisamos mergulhar na leitura bíblica, estudo e obediência à Palavra (2 Timóteo 3:12-17) e oração (1 Pedro 4:7). Não temos que enfrentar a perseguição a sós. Antes de subir aos céus Jesus prometeu enviar o Espírito Santo (João 16:7-14) que hoje nos consola e aconselha.

A perseguição virá. —Alyson Kieda

A boa-nova é a promessa de Deus: "...nunca os deixarei e jamais os abandonarei". Hebreus 13:5

Minhas notas e motivos de oração:

Arte com pó

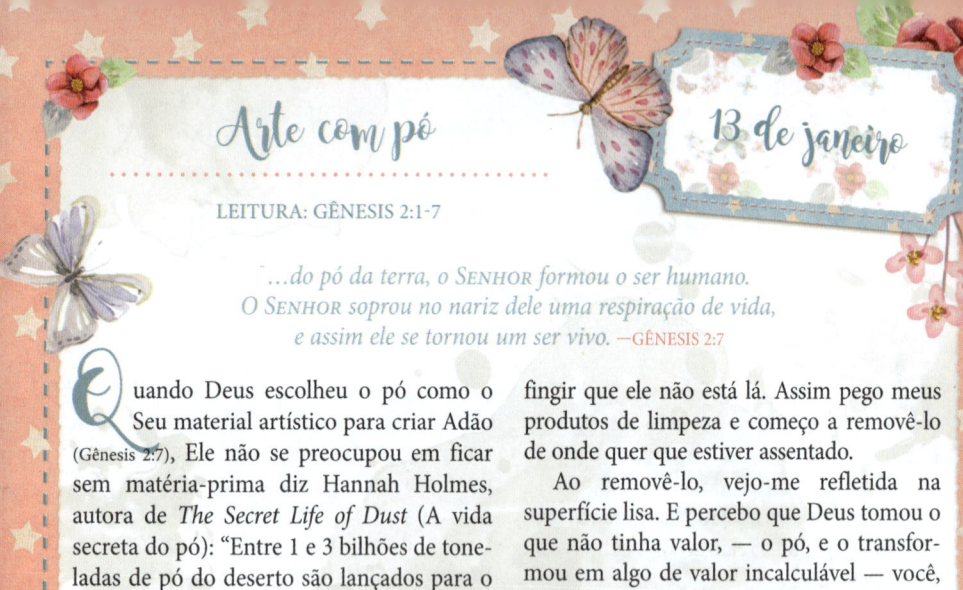

13 de janeiro

LEITURA: GÊNESIS 2:1-7

…do pó da terra, o Senhor formou o ser humano. O Senhor soprou no nariz dele uma respiração de vida, e assim ele se tornou um ser vivo. —GÊNESIS 2:7

Quando Deus escolheu o pó como o Seu material artístico para criar Adão (Gênesis 2:7), Ele não se preocupou em ficar sem matéria-prima diz Hannah Holmes, autora de *The Secret Life of Dust* (A vida secreta do pó): "Entre 1 e 3 bilhões de toneladas de pó do deserto são lançados para o céu anualmente. Um bilhão de toneladas encheria 14 milhões de vagões fechados de um trem que desse seis voltas à Terra, na altura da linha do Equador."

Ninguém precisa comprar pó, pois temos mais do que desejamos. Em minha casa, ignoro-o quanto posso. Raciocino assim: se eu não o perturbar, não o perceberei. Mas ele se acumula até o ponto de eu não poder mais fingir que ele não está lá. Assim pego meus produtos de limpeza e começo a removê-lo de onde quer que estiver assentado.

Ao removê-lo, vejo-me refletida na superfície lisa. E percebo que Deus tomou o que não tinha valor, — o pó, e o transformou em algo de valor incalculável — você, eu e todas as outras pessoas (Gênesis 2:7).

O fato de Deus ter utilizado o pó para criar os seres humanos me faz pensar duas vezes a respeito de rotular alguém ou algo como sem valor. Talvez, exatamente a coisa que eu queira me livrar — uma pessoa ou um problema que me importuna — seja o material artístico que Deus utilizou para exibir a Sua glória. —Julie Ackerman Link

Tendo sido criadas do mesmo pó, sejamos misericordiosas e justas. Longfellow

Minhas notas e motivos de oração:

14 de janeiro

Escolha

LEITURA: SALMO 84:1-12

> *Quando eles passam pelo Vale das Lágrimas, ele fica cheio de fontes de água, e as primeiras chuvas o cobrem de bênçãos.*
> —SALMO 84:6

Entre antigas casas e novos comércios, uma antiga piscina parece deslocada. As construções adjacentes caem pela negligência. O conteúdo lamacento coberto por algas transforma a água fresca e revigorante dos verões juvenis perdidos no passado. Mas há a esperança. Na mesma rua, a natureza resiste à passagem do tempo. A fonte natural com inesgotável fluxo de água fresca está coberta e escondida por arbustos e videiras.

Os salmistas conheceram tempos de intimidade com o Senhor, e momentos difíceis (Salmo 42:3). Tinham esperança na presença de Deus e estavam convencidos da soberania divina. "É melhor passar um dia no teu Templo do que mil dias em qualquer outro lugar" (84:10).

Não somos vítimas das circunstâncias. Mas podemos permitir que a amargura drene a nossa esperança (Hebreus 12:15), e crer que Deus nos chamou para um trabalho penoso (Números 21:5).

Não há ninguém como o nosso Deus. Aqueles que são fortalecidos por Ele o adoram acima de tudo e "passam pelo Vale das Lágrimas..." (Salmo 84:5,6): lugar de rendição, que nos ensina que a submissão libera a presença de Deus em nossa vida. Diferente da amarga água da chuva na velha piscina, o nosso coração se enche com a água revitalizante, quando o louvamos. E o que parece ser um tremendo caos revela fontes ocultas de vida. —Regina Franklin

O amor de Deus por nós é maior do que as nossas dificuldades.

Minhas notas e motivos de oração:

Interrupções

15 de janeiro

LEITURA: MARCOS 5:21-42

…Não tenha medo; tenha fé!
—MARCOS 5:36

Muitas vezes, temos dificuldades em lidar com as interrupções. Como devemos lidar com elas?

Um dia, logo após Jesus chegar à praia da Galileia, um homem perturbado e em apuros saudou-o com uma súplica urgente. Jairo implorou a Jesus que Ele curasse a sua filha que estava morrendo (v.22). Enquanto abriam caminho na multidão para chegar à casa de Jairo, Jesus percebeu que alguém o tocara e "…dele saíra poder" (v.30).

Para os discípulos, essas interrupções eram indesejadas e sua reação demonstrava a frustração. Disseram: "…O senhor está vendo como esta gente o está apertando de todos os lados e ainda pergunta isso?" (v.31). Mas Jesus, cheio de compaixão, dedicou tempo para dar Sua atenção à mulher sofredora que o tocou. Sua doença a tornara cerimonialmente impura (Levítico 15:25-27) e há 12 anos ela não podia participar da vida comunitária! Jesus olhou-a nos olhos e assegurou: "Minha filha, você sarou porque teve fé. Vá em paz; você está livre do seu sofrimento" (Marcos 5:34).

A filha de Jairo morreu enquanto Jesus ajudava a mulher. Parecia tarde demais. Essa interrupção fez Jairo adquirir conhecimento ainda mais profundo de Cristo e Seu poder. Poder até mesmo sobre a morte!

Quando sua agenda for interrompida, confie em Deus e em Seu poder. Ele a ajudará a cumprir tudo que precisa ser feito.
—Poh Fang Chia

Não há um momento que seja "tarde demais" para Jesus.

Minhas notas e motivos de oração:

16 de janeiro

Estações

LEITURA: ECLESIASTES 3:1-8

*Tudo neste mundo tem o seu tempo;
cada coisa tem a sua ocasião.* —ECLESIASTES 3:1

A Grande Migração é um grandioso espetáculo do mundo natural. Dois milhões de mamíferos participam dessa marcha anual. As condições sazonais do vasto ecossistema africano, que se estendem das planícies da Tanzânia até a reserva natural de Masai Mara, no Quênia, estabelecem o ritmo do evento.

As 200 mil zebras lideram a marcha, e são seguidas por cerca de 1,5 milhões de gnus (espécie de antílope). E, na retaguarda, quase 500 mil gazelas-de-Thomson. É uma brilhante demonstração da criatividade de Deus e da Sua execução de estações perfeitamente sincronizadas na vida de todas as coisas, inclusive dos quadrúpedes herbívoros.

Ele criou as estações, quando disse: "…Que haja luzes no céu para separarem o dia da noite e para marcarem os dias, os anos e as estações!…" (Gênesis 1:14,15).

O salmista reconheceu que Deus "…fez a lua para marcar o tempo" e estabeleceu quando o sol se poria (Salmo 104:19). E Daniel, reafirma: "É ele quem faz mudar os tempos e as estações…" (2:21).

Sobre essa precisão, Deus nos pergunta: "Será que você pode amarrar com uma corda as estrelas das Sete-Cabrinhas ou soltar as correntes que prendem as Três-Marias? Você conhece as leis que governam o céu e sabe como devem ser aplicadas na terra?" (Jó 38:31-33). Reflita sobre as estações da vida que você atravessou até agora. —Roxanne Robbins

Agradeça a Deus por Seu perfeito sincronismo.

Minhas notas e motivos de oração:

Futuro incerto

17 de janeiro

LEITURA: MATEUS 6:25-34

Porque vivemos pela fé e não pelo que vemos.
—2 CORÍNTIOS 5:7

Muitas vezes, gostaríamos de poder enxergar o que acontecerá na vida. Assim, poderíamos nos preparar, controlar ou evitar o acontecimento.

Uma pessoa sábia falou: "Embora não possamos ver o que está para acontecer, Deus pode!" O que pode ser melhor e mais tranquilizador do que isso?

Recentemente, minha neta de 10 anos, Emília, e eu estávamos cozinhando ovos para o café da manhã. Enquanto olhávamos para a água fervente e imaginávamos quanto tempo demoraria para os ovos ficarem prontos, Emília falou: "Pena que não podemos abri-los para ver como eles estão." Eu concordei! Mas, como isso os teria estragado, tínhamos de confiar numa suposição sem garantia de resultados.

Começamos a conversar sobre outras coisas que gostaríamos de ver, mas não somos capazes de enxergar — como o amanhã. Dizíamos que era ruim não poder abrir o amanhã para ver se seria do jeito que gostaríamos. Mas interferir no futuro, como abrir um ovo parcialmente cozido, estragaria tanto o hoje quanto o amanhã.

Porque Jesus prometeu cuidar de nós todos os dias — e isso inclui o amanhã — podemos viver por fé um dia de cada vez (Mateus 6:33,34).

Emília e eu decidimos deixar o amanhã seguro nas mãos de Deus. E você? —Joanie Yoder

Você só cria problemas quando quer interferir no futuro.

Minhas notas e motivos de oração:

18 de janeiro

Deus na tempestade

LEITURA: JÓ 37:14-24

Não podemos compreender o Todo-Poderoso, o Deus de grande poder. A sua justiça é infinita, e ele não persegue ninguém. —JÓ 37:23

Certa manhã, o vento começou a soprar e pingos de chuva caíram sobre minha casa como pequenas pedras. Olhei para fora e avistei o céu amarelo-cinzento, com as árvores balançando ao vento. Os relâmpagos iluminavam o céu, acompanhados por estrondosos sons de trovão. As luzes da casa começaram a piscar, e me questionei quanto tempo a tempestade duraria.

Depois que ela passou, abri minha Bíblia para começar o dia com a leitura das Escrituras. E li sobre uma situação em que o texto no livro de Jó comparava o poder do Senhor à força de uma tempestade.

Eliú, amigo de Jó, declarou: "Deus troveja com a sua voz maravilhosa…" (37:5). E, "Ele pega o raio com as mãos e manda que atinja o alvo" (36:32). De fato, Deus é o "…Todo-Poderoso, o Deus de grande poder…" (37:23).

Se comparados a Deus, nós, os seres humanos, somos fracos. Somos incapazes de nos ajudarmos a nós mesmos espiritualmente, de curar nosso coração e corrigir as injustiças pelas quais passamos. Felizmente, o Deus da tempestade se preocupa com os fracos como nós. Ele "…sabe como somos feitos; lembra que somos pó" (Salmo 103:14). E mais ainda, Deus faz forte aos cansados: "…ele dá novas forças e enche de energia os fracos" (Isaías 40:29). Porque Deus é forte, Ele pode nos ajudar em nossas fraquezas.

—Jennifer Benson Schuldt

Deus é a fonte de nossa força.

Minhas notas e motivos de oração:

Mostrar e contar

19 de janeiro

LEITURA: JOÃO 13:5-17

Pois eu dei o exemplo para que vocês façam o que eu fiz.
—JOÃO 13:15

Se você fizesse um curso de redação ou fosse a uma conferência de escritores, provavelmente ouviria: "Não conte, mostre." Em outras palavras, "mostre" aos seus leitores o que está acontecendo, não apenas lhes relate algo. Não conte a eles o que você fez; descreva enquanto estiver fazendo.

Por ser mais rápido e fácil, tendemos a contar ao invés de demonstrar o que queremos. Mostrar como se faz algo exige tempo e esforço. Ao ensinar, é mais fácil dizer aos estudantes o que está errado do que mostrar-lhes como fazer da maneira correta. Esta última alternativa, no entanto, é a mais eficaz.

Por milhares de anos, o povo judeu teve apenas a lei para dizer-lhes o que fazer ou não. Apenas os cinco primeiros livros da Bíblia, o Pentateuco, estavam disponíveis. Mas Jesus Cristo veio e lhes demonstrou como viver da maneira que Deus lhes falara o tempo todo. Jesus não disse simplesmente: "Sejam humildes"; Ele "…foi humilde…" (Filipenses 2:8). Ele não somente disse: "Perdoe os outros"; mas Ele nos perdoou (Colossenses 3:13). Não disse apenas: "Ame a Deus e o seu próximo"; mas demonstrou esse amor em Suas ações (João 15:12).

O exemplo perfeito do amor de Cristo demonstra o imenso amor de Deus por nós e também, como devemos demonstrar Seu amor aos outros. —Julie Ackerman Link

O amor é a vontade de Deus em ação.

Minhas notas e motivos de oração:

20 de janeiro

Herói sobre o pecado

LEITURA: 1 JOÃO 1

Ó Deus, cria em mim um coração puro e dá-me uma vontade nova e firme! —SALMO 51:10

Há pouco tempo, alguém me perguntou: "Quanto tempo você já ficou sem pecar? Uma semana, um dia, uma hora?" Como responder a essa pergunta? Se formos verdadeiras, poderemos dizer: "Não consigo viver um dia sem pecar." Se pensarmos na semana anterior, poderemos perceber que não confessamos a Deus nem um pecado sequer. Mas estaríamos nos enganando se disséssemos que não temos pecado em nossos pensamentos ou ações por uma semana.

Deus conhece os corações e sabe o quão sensíveis somos ao poder de convencimento do Espírito Santo. Se nos conhecemos e dizemos: "…que não temos pecados, estamos nos enganando, e não há verdade em nós" (1 João 1:8). Certamente, não queremos que o versículo 10 seja verdade para nós: "Se dizemos que não temos cometido pecados, fazemos de Deus um mentiroso, e a sua mensagem não está em nós."

Qual é a resposta de Deus para a nossa admissão do pecado e da necessidade de perdão? A Bíblia afirma que: "…se confessarmos os nossos pecados a Deus, ele cumprirá a sua promessa e fará o que é correto: ele perdoará os nossos pecados e nos limpará de toda maldade" (v.9). Jesus levou o nosso problema de pecado sobre si ao morrer em nosso lugar e ressuscitar. E pode criar em nós um coração puro. Meu amigo está certo ao afirmar: "Jesus é o herói sobre os nossos pecados." —Anne Cetas

O perdão de Cristo é a porta para um novo começo.

Minhas notas e motivos de oração:

Fonte de contentamento

21 de janeiro

LEITURA: HEBREUS 2:9-18

...Deus [...] fez o que era apropriado e tornou Jesus perfeito por meio do sofrimento... —HEBREUS 2:10

Biju Thampy conhecia a pobreza. Um filantropo anônimo o enviou à Inglaterra para preparar-se para o ministério. Ávido por cumprir a Grande Comissão, o jovem pediu que parte do orçamento de sua alimentação fosse usado em missões. Uma refeição por dia era suficiente para ele. Hoje, sua igreja na Índia, alimenta cerca de mil crianças todos os dias, e lhes ensina o evangelho. É pouco, pois há mais de 200 mil crianças abandonadas naquela cidade.

Medimos o contentamento com base em circunstâncias. Nossa cultura nos diz: "tenha, e do seu jeito". Se você comprar algo e não funcionar bem, devolva. Se o relacionamento não der certo, termine. Se o emprego não for tão bom, procure outro. Se você sentir um vazio, algo ou alguém poderá preenchê-la. Recusamo-nos às faltas.

Tentar encontrar respostas nas circunstâncias nos torna hesitantes sobre a provisão de Deus (Tiago 1:5-8). Somente Cristo pode conceder o que precisamos.

O contentamento é uma escolha que começa ao vermos a vida sob a perspectiva de Deus (Jó 28:24). Se o Senhor é nossa fonte, as nossas necessidades se definem por Sua vontade. Vamos então:

• Confiar no Senhor acima de tudo (Filipenses 4:6,7).

• Encher nossa mente com o que importa (v.8).

• Contentar-nos com o que temos e ter em Cristo a nossa fonte de satisfação (vv.11-13).

—Regina Franklin

O contentamento que vem de Deus vai além das circunstâncias.

Minhas notas e motivos de oração:

22 de janeiro — O amor de Deus é singular

LEITURA: LUCAS 15:11-31

...o rapaz ainda estava longe de casa, o pai o avistou. E, com muita pena do filho, correu, e o abraçou, e beijou. —LUCAS 15:20

Deus se importa com cada uma de nós. Talvez por isso, o salmista questione: "...que é um simples ser humano para que penses nele?" (Salmo 8:4). O amor de Deus por nós é surpreendente, pois somos instáveis — boas, numa hora, e más, noutra. O rei Davi, o apóstolo Pedro, nós mesmas — somos consistentemente inconsistentes!

A Palavra de Deus traz histórias semelhantes a do jovem em Lucas 15:11-31. Veja o padrão:

• *O homem desobedece a Deus* — O filho mais novo desobedeceu ao pai. O mais velho aparentava obedecer-lhe, mas estava descontente com seu pai (vv.13,29,30).

• *Deus inicia a reconciliação* — O pai foi ao encontro dos filhos (vv.20,28), "com muita pena" (v.20). Ele se humilhou e insistiu (v.28) com o filho mais velho para se alegrar com ele na reunião familiar.

• *Duas reações* — O mais novo se arrependeu, e o mais velho recusou-se a se alegrar com sua família a despeito dos pedidos do pai.

O amor de Deus pelas pessoas deve ser um exemplo nítido para nós. Ao compreendermos esse amor em Seu coração, somos compelidas a amar nosso próximo. O apóstolo Paulo nos alerta para o ministério que o Senhor nos deu: "...estamos aqui falando em nome de Cristo, como se o próprio Deus estivesse pedindo por meio de nós. [...] deixem que Deus os transforme de inimigos em amigos dele" (2 Coríntios 5:20). —Poh Fang Chia

Ao demonstrar o amor de Deus aos outros, somos embaixadoras da reconciliação.

Minhas notas e motivos de oração:

Orar por

Milhares

23 de janeiro

LEITURA: DEUTERONÔMIO 10:12-22; 24:19-22

Ele defende os direitos dos órfãos e das viúvas...
—DEUTERONÔMIO 10:18

Eram 1,8 milhões de pessoas aglomeradas para assistir à posse do presidente americano em 2009. Esse número corta o coração, pois representa o número de órfãos que lutam para sobreviver em Uganda, na África, onde moro.

Diariamente, testemunho o esforço das crianças órfãs para sobreviver até "amanhã". Algumas são pedintes, outras, forçadas ao trabalho infantil. Outras ainda abandonam a escola para cuidar de parentes moribundos. Algumas vão para orfanatos. Outras, com apenas 5 anos, são traficadas e sexualmente exploradas.

Faça a diferença em favor dos milhares de órfãos de todo o mundo:

• Ore para os que pretendem servir-se deles não tenham sucesso. "Não maltratem as viúvas nem os órfãos. Se vocês os maltratarem, eu, o Senhor, os atenderei quando eles pedirem socorro" (Êxodo 22:22,23).

• Ore pelos servos de Deus que procuram justiça em favor dos órfãos. Pergunte a Deus como você pode apoiar esses pequenos. "Defendam os direitos dos pobres e dos órfãos; sejam justos com os aflitos e os necessitados. Socorram os humildes e os pobres e os salvem do poder dos maus" (Salmo 82:3,4).

• Pergunte a Deus sobre como ajudar os órfãos da sua cidade ou região. Se você puder compartilhar os seus bens, ajude os órfãos e viúvas. "...Assim o Senhor, nosso Deus, abençoará tudo o que você fizer" (Deuteronômio 24:19). —Roxanne Robbins

...a religião pura e verdadeira é esta: ajudar os órfãos e as viúvas... Tiago 1:27

Minhas notas e motivos de oração:

24 de janeiro

Vidas despedaçadas

LEITURA: JOÃO 6:1-14

*...Recolham os pedaços que sobraram
a fim de que não se perca nada.* —JOÃO 6:12

Enquanto eu estava conduzindo um seminário, deixei um pão de forma não fatiado à vista de todos e pedi para que as pessoas relatassem suas impressões. Passando pela mesa, uma delas o apertou e disse: "Está fresco". Outra comentou: "Tem um aroma delicioso". Ainda outra assinalou: "Parece nutritivo".

Finalmente, alguém comentou: "É verdade, mas eu estou com fome!" E ela partiu um pedaço e o comeu. A reação dessa pessoa disse tudo: pães inteiros são inúteis.

Um dia, Jesus deparou-se com cinco mil pessoas famintas. Apenas partindo cinco pãezinhos e dois peixes, Ele pôde miraculosamente alimentar a multidão (João 6:11) e recusou-se a desperdiçar os pedaços que sobraram (v.12).

Este milagre não apenas prenunciou o sofrimento de Cristo na cruz — um partir quebra que deixaria o Pão da Vida disponível a nós — mas também me indica o sofrimento que os cristãos deverão experimentar se quiserem ser usados por Deus.

Você tem medo de perder a utilidade por causa da saúde, de esperanças e de promessas quebradas? Não tema! Embora algumas coisas percam a utilidade, quando são despedaçadas, há duas que se tornam úteis: pães partidos e vidas quebrantadas.

Se você submeter os fragmentos da sua vida a Deus, Ele não desperdiçará uma migalha do que você estiver vivendo. —Joanie Yoder

*Coisas partidas se tornam mais úteis
nas mãos de Deus.*

Minhas notas e motivos de oração:

Um pai para seguir

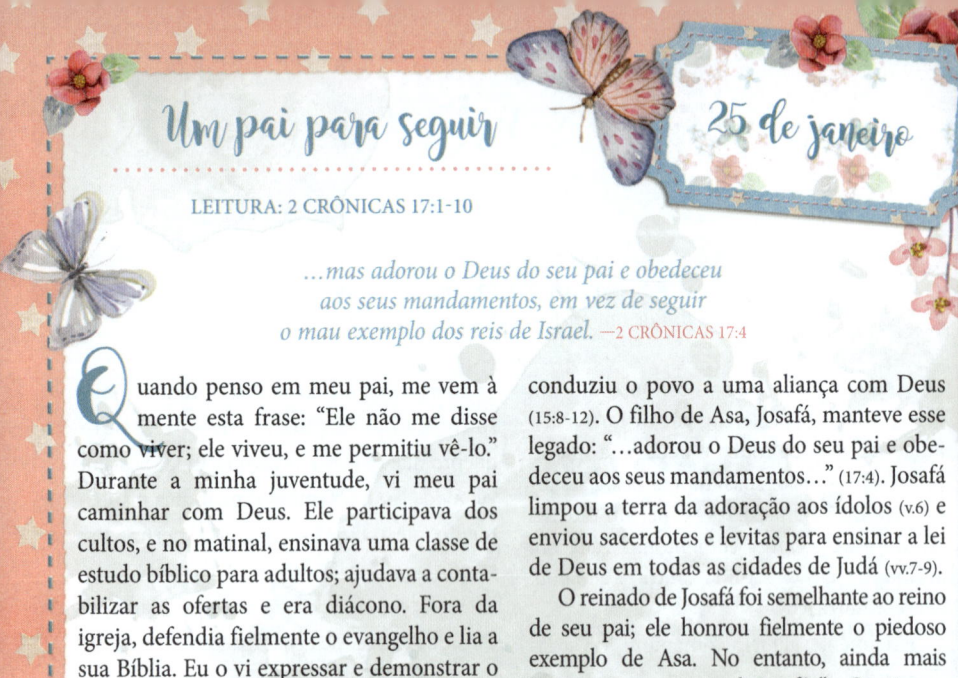

LEITURA: 2 CRÔNICAS 17:1-10

25 de janeiro

…mas adorou o Deus do seu pai e obedeceu aos seus mandamentos, em vez de seguir o mau exemplo dos reis de Israel. —2 CRÔNICAS 17:4

Quando penso em meu pai, me vem à mente esta frase: "Ele não me disse como viver; ele viveu, e me permitiu vê-lo". Durante a minha juventude, vi meu pai caminhar com Deus. Ele participava dos cultos, e no matinal, ensinava uma classe de estudo bíblico para adultos; ajudava a contabilizar as ofertas e era diácono. Fora da igreja, defendia fielmente o evangelho e lia a sua Bíblia. Eu o vi expressar e demonstrar o seu amor ao Senhor por meio de palavras e de ações.

Asa, o rei de Judá, durante um período de sua vida foi exemplo de devoção ao Senhor (2 Crônicas 14:2). Ele removeu os ídolos do seu reino, restaurou o altar do Senhor e conduziu o povo a uma aliança com Deus (15:8-12). O filho de Asa, Josafá, manteve esse legado: "…adorou o Deus do seu pai e obedeceu aos seus mandamentos…" (17:4). Josafá limpou a terra da adoração aos ídolos (v.6) e enviou sacerdotes e levitas para ensinar a lei de Deus em todas as cidades de Judá (vv.7-9).

O reinado de Josafá foi semelhante ao reino de seu pai; ele honrou fielmente o piedoso exemplo de Asa. No entanto, ainda mais importante, o coração de Josafá: "…Continuou cada vez mais decidido a obedecer às leis de Deus…" (v.6).

Se você estiver procurando um pai para seguir, lembre-se do seu Pai celestial e deleite-se em Seus caminhos. —Jennifer Benson Schuldt

Honramos o nome de Deus quando o chamamos de Pai e vivemos como o Seu Filho.

Minhas notas e motivos de oração:

26 de janeiro
O que você tem com isso?

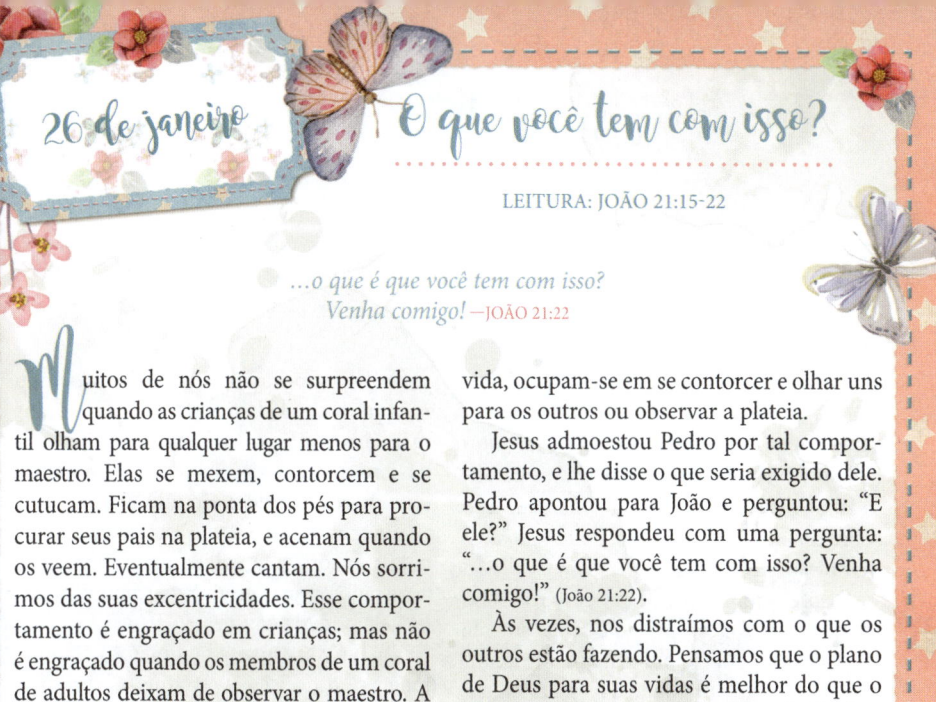

LEITURA: JOÃO 21:15-22

...o que é que você tem com isso?
Venha comigo! —JOÃO 21:22

Muitos de nós não se surpreendem quando as crianças de um coral infantil olham para qualquer lugar menos para o maestro. Elas se mexem, contorcem e se cutucam. Ficam na ponta dos pés para procurar seus pais na plateia, e acenam quando os veem. Eventualmente cantam. Nós sorrimos das suas excentricidades. Esse comportamento é engraçado em crianças; mas não é engraçado quando os membros de um coral de adultos deixam de observar o maestro. A música bem cantada depende dos cantores que prestam atenção ao regente, enquanto cantam eles devem ter os mesmos objetivos.

Os cristãos, às vezes, são como cantores de um coral infantil. Em vez de olharem para Jesus, o grande maestro da sinfonia da vida, ocupam-se em se contorcer e olhar uns para os outros ou observar a plateia.

Jesus admoestou Pedro por tal comportamento, e lhe disse o que seria exigido dele. Pedro apontou para João e perguntou: "E ele?" Jesus respondeu com uma pergunta: "...o que é que você tem com isso? Venha comigo!" (João 21:22).

Às vezes, nos distraímos com o que os outros estão fazendo. Pensamos que o plano de Deus para suas vidas é melhor do que o Seu plano para nós. Mas o plano do Senhor para cada uma de nós é o mesmo: Seguir Jesus. Se o observarmos atentamente, não nos distrairemos com Seu plano para outras pessoas. —Julie Ackerman Link

Cada filho de Deus tem
um lugar especial em Seu plano.

Minhas notas e motivos de oração:

Apenas um espantalho

27 de janeiro

LEITURA: NÚMEROS 13:17-33

...Porque o Espírito que está em vocês é mais forte do que o espírito que está naqueles que pertencem ao mundo. —1 JOÃO 4:4

Como os filhos de Israel na leitura bíblica de hoje, Hannah Hurnard, autora de *Pés como os da corça nos lugares altos* (Ed. Vida, 1989), uma vez sentiu-se paralisada pelo medo. Ela ouviu uma pregação sobre espantalhos que a desafiou a transformar o seu medo em fé.

O pregador falou: "Um pássaro sábio reconhece que o espantalho é simplesmente parte de um anúncio publicitário. Ele anuncia que algum fruto muito suculento e delicioso deve estar pronto para a colheita. Existem espantalhos em todos os melhores jardins. Se eu for sábio, também tratarei o espantalho como um convite. Todo gigante no caminho que faz me sentir como um gafanhoto é apenas um espantalho acenando para mim e me chamando para as bênçãos mais ricas de Deus." E concluiu: "A fé é um pássaro que ama se empoleirar nos espantalhos. Todos os medos são infundados."

Hannah testificou que esta simples parábola a encorajou a trilhar alguns caminhos assustadores, mas produtivos, mais vezes do que ela poderia enumerar.

Qual é seu espantalho hoje? As circunstâncias difíceis? A fraqueza pessoal? Incerteza? O inimigo da nossa alma quer mantê-la distante do lugar da bênção de Deus. Empoleire-se no seu espantalho, pela fé. Comece a cantar e espere um banquete abundante! —Joanie Yoder

Se os seus olhos estiverem fixos em Deus, seus medos desaparecerão.

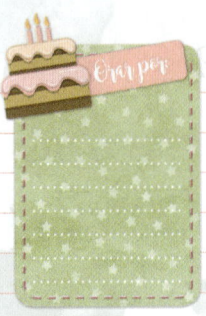

Minhas notas e motivos de oração:

28 de janeiro

Mais elevado

LEITURA: MATEUS 27:11-26

Mas, quando foi acusado pelos chefes dos sacerdotes e pelos líderes judeus, Jesus não respondeu nada. —MATEUS 27:12

Aprendi que os relacionamentos na igreja não estão livres de complicações, e tentava lidar com a minha mágoa enquanto dormia. Traição é uma palavra forte, e me senti manipulada, enganada e incompreendida. Cansada de procurar o caminho mais elevado, meu sonho me revelava: eu queria vingança.

Abrir mão do nosso direito de defesa é o momento da "hora da verdade" para nossa fé. Podemos tentar assumir o controle ou abrir mão e nos entregarmos a um Salvador que "...compreende as nossas fraquezas, [...] [pois] foi tentado do mesmo modo que nós, mas não pecou" (Hebreus 4:15). Ninguém gosta de ser incompreendido, nem de deixar que as coisas aconteçam. Mas Jesus aceitou a traição, porque sabia que Deus é fiel (Hebreus 10:23).

Salmo 119:165 diz: "Aqueles que amam a tua lei têm muita segurança, e não há nada que os faça cair." Jesus suportou a traição e o sarcasmo, pois amava o Pai e a nós. Em momentos de grande misericórdia, a simplicidade dos dois maiores mandamentos parece estar ao nosso alcance (Mateus 22:37-39). Com o espinho da traição em nosso coração, entretanto, ficamos imaginando como conseguiremos fazer isso.

É esse o caminho mais elevado, nesse lugar o "eu" morre. Será que escolheremos nossa vingança humana ou o perdão divino? Não podemos ter os dois (Mateus 6:14,15).

—Regina Franklin

A verdadeira vida se torna abundante quando vivenciamos a graça que Deus nos demonstrou.

Minhas notas e motivos de oração:

Alimento verdadeiro

29 de janeiro

LEITURA: ISAÍAS 55

…Por que gastam o seu salário com coisas que não matam a fome? —ISAÍAS 55:2

Levei Saddam, da Uganda, e quatro amigos ao cinema da cidade para assistirem *As Crônicas de Nárnia*. Ele tinha lido o livro, e estava feliz por ver um filme sobre os personagens que o fascinaram. Embora ele tenha gostado muito da experiência, me disse: "A entrada custou muito caro. Você poderia ter usado o dinheiro para comprar comida." "…Por que gastam o seu salário com coisas que não matam a fome? Por que vocês gastam dinheiro com o que não é comida?" (v.2).

Frederick, de 8 anos, expressou o mesmo julgamento apenas dois dias depois. Quando lhe perguntei qual fora o melhor presente de sua vida, ele respondeu: "Comida."

Deus quer que consideremos o "alimento espiritual" da mesma forma que a maioria das crianças ugandenses prioriza o alimento físico — como nosso alvo número um. Ingerir alimento espiritual vai…

• Permitir que você experimente o perdão de Deus. "Voltem para o SENHOR, nosso Deus, pois ele tem compaixão e perdoa completamente" (v.7).

• Orientá-la nos caminhos de Deus. "…os meus pensamentos e as minhas ações estão muito acima dos seus" (v.9).

• Capacitá-la a produzir bons frutos. "Assim também a ordem que eu dou não volta sem ter feito o que eu quero…" (v.11).

Sua dieta espiritual é nutritiva? Se não for, nutra-se com a Palavra de Deus. É o alimento que você precisa. —Roxanne Robbins

…Se ouvirem e fizerem o que eu ordeno, vocês comerão do melhor alimento… Isaías 55:2

Minhas notas e motivos de oração:

30 de janeiro

Como você está hoje?

LEITURA: 2 CORÍNTIOS 5:1-10

...Mesmo que o nosso corpo vá se gastando, o nosso espírito vai se renovando dia a dia. —2 CORÍNTIOS 4:16

Wilfred Yoder é um dos cristãos mais entusiásticos que conheço, embora, ele tenha sofrido com dores de artrite durante muitos anos. Quando as pessoas o cumprimentam e perguntam: "Como você está hoje?", ele animadamente responde: "Muito bem!"

Os que sabem de sua dor, às vezes, questionam sua sinceridade. "Como você pode dizer que está bem, vivendo com tanta dor?" Sua resposta padrão é: "A forma como me sinto tem muito pouco a ver como estou. Veja, a parte de mim que dói é apenas a casca, não o verdadeiro eu, e o verdadeiro eu — está muito bem!"

O que Yoder chama de casca Paulo chama de tabernáculo (2 Coríntios 5:1). E o "verdadeiro eu" ao qual ele se refere é chamado de homem interior (4:16).

Embora o tabernáculo temporário de Yoder seja doloroso e perecível, ele percebe que, no fim das contas, é apenas uma casa transitória para o homem interior. Um dia, o Senhor a substituirá por seu lar permanente que o espera no céu. Essa é sua confiança. Mas, até lá, o Yoder interior está consciente de ser renovado diariamente.

Como você está hoje? Seu tabernáculo está caindo? Lembre-se: se Cristo for seu Salvador e Senhor, um corpo perfeito a espera um dia. Mas, até lá, independentemente do que acontecer no exterior, podemos dizer no interior: "Estou muito bem!"

—Joanie Yoder

Embora nosso corpo esteja perecendo, nosso espírito pode florescer.

Minhas notas e motivos de oração:

Orar por:

Regras do desapego

31 de janeiro

LEITURA: JOÃO 8:31-36

Se o Filho os libertar, vocês serão, de fato, livres. —JOÃO 8:36

Em seu livro *Jogue fora 50 coisas* (Ediouro, 2010), a autora Gail Blanke destaca quatro "Regras do desapego" para ajudar as pessoas a eliminarem a desordem de suas vidas. A primeira regra declara: "Se isso [...] lhe traz peso, entulha ou simplesmente faz você se sentir mal consigo mesmo, jogue fora, dê, venda, deixe-o ir, siga em frente."

Acho que esta regra de desapego tem uma aplicação espiritual também: Não devemos permanecer ligadas ao pecado do passado. Os irmãos de José lutaram com isto. Anos depois de o terem vendido como escravo, recordaram-se de sua crueldade e temiam vingança (Gênesis 50:15). Assim, enviaram uma mensagem a José, implorando por perdão (vv.16,17). Eles fizeram isto apesar das ações misericordiosas e garantias demonstradas anteriormente pelo irmão deles (45:4-15).

Muitas de nós permanecemos ligadas às antigas ofensas apesar da misericórdia e do perdão daqueles a quem podemos ter ferido. No entanto, a verdadeira liberdade surge quando confessamos a nossa transgressão a Deus. Ele a perdoa (1 João 1:9) e nos afasta dela (Salmo 103:12). Como o versículo de Miqueias 7:19 afirma, Ele lança nossos pecados nas profundezas do mar! Por causa disto, podemos nos lembrar de que o Filho nos libertou e nós somos verdadeiramente livres (João 8:36). —Jennifer Benson Schuldt

O preço da nossa liberdade do pecado foi pago pelo sangue de Jesus.

Minhas notas e motivos de oração:

Fevereiro

Um escape

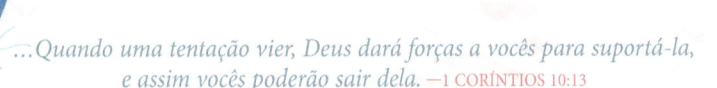

1 de fevereiro

LEITURA: 1 CORÍNTIOS 10:12,13

...Quando uma tentação vier, Deus dará forças a vocês para suportá-la, e assim vocês poderão sair dela. —1 CORÍNTIOS 10:13

A rodovia BR 101, que passa pela floresta Atlântica remanescente, apresenta uma série de rotas de escape para os caminhões sem controle. Estas saídas mal pavimentadas aparecem numa área da rodovia em que há muitas curvas. Os declives combinados com o caminho sinuoso e o tráfego intenso podem criar problemas para os motoristas — especialmente para os caminhoneiros.

Como o caminhão descontrolado precisa da rota de escape da rodovia, nós também precisamos de "um escape" quando os desejos fora de controle ameaçam o nosso bem-estar espiritual. Quando enfrentamos a tentação, Deus "...dará forças a vocês para suportá-la" (1 Coríntios 10:13). O Senhor nos capacita a dizer "não" à sedução por intermédio do poder de Sua Palavra. Jesus venceu a tentação de Satanás em relação à comida, à autoridade e à confiança, citando versículos do livro de Deuteronômio (Mateus 4:4-10). As Escrituras o ajudaram a resistir ao diabo apesar dos efeitos de um jejum de 40 dias no deserto.

Quando somos tentadas, podemos sentir como se um desastre estivesse prestes a acontecer. As memórias de fracassos anteriores e o isolamento que sentimos podem intensificar este sentimento. No entanto, podemos confiar em Deus nos momentos de tentação — Deus é fiel. Ele proverá um caminho para resistirmos à fascinação do pecado. —Jennifer Benson Schuldt

A melhor maneira de escapar da tentação é correr para Deus.

Minhas notas e motivos de oração:

Orar por

2 de fevereiro

Sem medo

LEITURA: NÚMEROS 13:25

*Por que será que o S*ENHOR *Deus nos trouxe para esta terra? […]. Seria bem melhor voltarmos para o Egito!* —NÚMEROS 14:3

Na série *As Crônicas de Nárnia*, de C. S. Lewis, temos os elementos essenciais da fé e do amor. Nárnia aguarda o fôlego de Aslam para poder se reanimar e reviver. Lucy, a mais nova dos quatro personagens principais é confiante e perseverante. Porém, sua irmã mais velha, Susana, às vezes é mais medrosa e tímida. O medo, muitas vezes, também é meu companheiro infiel.

O medo nos rouba. Leva-nos à autossuficiência em uma interminável ladainha de "e se". Deus supriu os filhos de Israel em sua jornada à Terra Prometida, mas ainda assim, eles consideravam apenas as circunstâncias, ao invés de confiar na grandeza de seu Deus. Aconselharam-se com o medo (Números 13:31-33) ao invés de crer no Senhor (13:30; 14:6-10). A consequência foi terrível. A provisão do dia anterior pode servir como um lembrete da fidelidade de Deus, mas a perambulação de Israel no deserto por 40 anos demonstra que confiar no Senhor é uma atitude diária.

O sacrifício de Jesus por nós na cruz removeu nossa insegurança. Ao segui-lo, ganhamos:

- Segurança (2 Timóteo 1:7)
- O entendimento de Deus (Números 14:17-20)
- Confiança nele (Isaías 26:3,4)
- Uma vida crucificada (Romanos 6:4-6)

Viver com medo é voltar ao passado, esperando que o Pai nos dê algo que já é nosso (Lucas 12:32). —Regina Franklin

A salvação requer nossa submissão à cruz.

Minhas notas e motivos de oração:

Sou invisível

3 de fevereiro

LEITURA: ISAÍAS 40:25-31

Aos cansados ele dá novas forças e enche de energia os fracos. —ISAÍAS 40:29

Minha amiga Janete disse algo numa reunião de trabalho e todos a ignoraram. Ela repetiu, e, novamente, ninguém respondeu. Seus colegas de trabalho apenas a ignoraram. Ela percebeu que a sua opinião não importava muito, e sentiu-se ignorada e invisível. Talvez você também já conheça esse sentimento.

O povo de Deus se sentiu assim como nação (Isaías 40). Acreditavam que o próprio Deus não os via nem entendia a sua luta diária por sobrevivência! O Reino do Sul tinha sido levado cativo para a Babilônia, e a nação exilada, reclamava: "Povo de Israel, por que você se queixa, dizendo: O Senhor não se importa conosco, o nosso Deus não se interessa pela nossa situação?" (v.27).

Isaías concordou que, comparadas a Deus, "…todas as nações do mundo são como uma gota de água num balde, como um grão de poeira na balança…" (v.15), e ele também queria que as pessoas soubessem que Deus dá poder aos fracos e força àqueles que precisam (v.29). Se eles esperassem no Senhor, disse Isaías, Ele renovaria as suas forças. Eles subiriam com asas como águias; e correriam e não se cansariam (v.31).

Quando você estiver se sentindo invisível ou ignorada, lembre-se de que Deus a vê e se importa com você. Espere nele, e Ele renovará as suas forças. —Anne Cetas

Mesmo quando não sentimos a presença de Deus, Seu amoroso cuidado é tudo o que nos cerca.

Minhas notas e motivos de oração:

Orar por

4 de fevereiro

Preparando-se para parar

LEITURA: SALMO 37:1-24

O Senhor nos guia no caminho em que devemos andar e protege aqueles cuja vida é agradável a ele. —SALMO 37:23

Quando crianças, amamos ouvir três palavras antes de sairmos correndo: "Preparar… Apontar… Fogo!" Mas você já correu a toda velocidade ao ouvir o anúncio: "Preparar… Apontar… Fogo"?

Howard Westlund, pastor, relata sobre esse tipo de experiência. Numa carta à sua congregação, ele disse: "Eu estava pronto para uma noite ocupada que incluiria atividades com o nosso grupo de jovens. Então, aconteceu: Preparar… Apontar… Fogo!"

Westlund correu para o hospital com uma grave infecção na perna. Durante aquele momento, ele se lembrou de uma versão parafraseada do texto de hoje: "O Senhor ordena nossos inícios e nossos fins". Sim, aquele pastor ocupado havia sido levado a uma parada abrupta.

E ele escreveu: "Eu não estava preparado para fazer uma pausa. Como você se antecipa a algo para o qual sabe que não está preparado? Não faltei a nenhum culto por causa de doença em 25 anos! Quando Deus nos diz para parar, podemos bater os pés, reclamar e dizer o quanto somos necessários na posição 'Fogo'. Ou podemos apenas esperar, confiantes de que Ele faz com que tudo coopere para o bem."

Westlund escolheu a última opção e aprendeu que confiar em Deus é o único jeito de preparar-se para as coisas para as quais não estamos preparadas. Você já aprendeu essa lição fundamental? —Joanie Yoder

Deus pode usar as paradas da vida para nos fazer andar.

Minhas notas e motivos de oração:

Oração persistente

5 de fevereiro

LEITURA: LUCAS 18:1-8

Jesus contou a seguinte parábola, mostrando aos discípulos que deviam orar sempre e nunca desanimar. —LUCAS 18:1

Ajoelhei-me para orar por um instante, pois tinha tanto a fazer. Fiz uma oração apressada e levantei-me. Pronto — a minha alma poderia ficar em paz.

O que esse tipo de oração tem em comum com as da viúva persistente, no evangelho de Lucas? São muito diferentes. A viúva visitava o juiz repetidamente (v.3). Sua alma não descansaria até seu caso ser ouvido. Ela não buscava um favor especial, apenas justiça.

Naqueles dias, era prática comum o suborno para ser atendida pelo juiz. A viúva era provavelmente muito pobre para isso. E o juiz a quem ela fazia a petição não temia a Deus, nem se importava com as pessoas (v.4). Ela tinha todos os motivos para desanimar, mas por sua persistência, ela recebeu justiça (v.5).

Antes de pensar que Deus precisa ser importunado para que nossas orações sejam respondidas, é importante compreender que esta parábola contrasta um juiz injusto com o Juiz verdadeiramente justo. Deus anseia responder as orações de Seus filhos. Na verdade, Ele "…julgará a favor do seu povo e fará isso bem depressa!" (v.8; Mateus 7:11).

Às vezes, perdemos o ânimo por não compreendermos o propósito do Senhor. No entanto, ao orarmos com persistência demonstramos fé em Deus. Ele pode tardar Sua resposta, mas agirá sempre com firmeza e justiça para com Seu povo. Continue orando! —Poh Fang Chia

A nossa oração move o coração de Deus.

Minhas notas e motivos de oração:

6 de fevereiro

Ilumine a noite

LEITURA: DANIEL 12:1-3

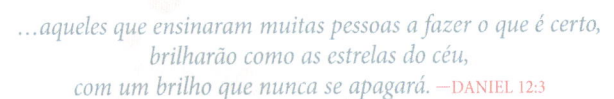

...aqueles que ensinaram muitas pessoas a fazer o que é certo, brilharão como as estrelas do céu, com um brilho que nunca se apagará. —DANIEL 12:3

Em uma calma noite de outono quando o céu estava escuro e a lua estava cheia, milhares de pessoas da minha cidade se reuniram à margem do rio para soltar pequenos balões de ar quente conhecidos como lâmpadas celestes. Eles as soltaram na escuridão e observaram enquanto as luzes subiam para se juntar à lua numa exibição deslumbrante que transformou o céu noturno numa obra de arte brilhante.

Quando vi as fotos tiradas nessa ocasião, fiquei chateada por não estar na cidade e ter ficado de fora. Mas alguns dias depois, percebi que o que tinha acontecido em minha cidade, poderia ser visto como um símbolo da conferência em que eu tinha participado noutra cidade. Mais de mil pessoas vindas de 100 cidades ao redor do mundo tinham se reunido para planejar uma "obra de arte"; iluminar a escuridão em suas cidades pela implantação de igrejas e pelo alcance de milhares de pessoas com o evangelho de Cristo, a Luz do mundo.

O profeta Daniel escreveu sobre o tempo em que aqueles que trouxerem outros ao Senhor brilharão como estrelas para sempre (Daniel 12:3). Todas nós poderemos nos unir nessa grande ocasião. Quando refletirmos a luz de Cristo em lugares escuros onde trabalhamos e vivemos, Ele estará iluminando o céu escuro com estrelas que jamais se apagarão. —Julie Ackerman Link

Quando a Luz do mundo iluminar a Terra, a Sua beleza atrairá as pessoas de todas as nações.

Minhas notas e motivos de oração:

Orar por

Começos de infância

7 de fevereiro

LEITURA: 2 TIMÓTEO 3:14-17

Porque até o Filho do Homem não veio para ser servido, mas para servir… —MARCOS 10:45

No verão passado, nossa igreja convidou um jovem para fazer parte da equipe. Ao compartilhar sobre seus anos de crescimento na Costa Rica enquanto sua família servia a Cristo naquele mesmo país, Calebe refletiu nas palavras de 2 Timóteo 3:14-17. Relembrou que desde a sua infância conhecia a Bíblia. Seus pais lhe haviam ensinado as verdades das Escrituras que podiam torná-lo "…sábio para a salvação pela fé em Cristo Jesus" (v.15). Ele reconheceu que a sua preparação para ser pastor havia começado quando ainda era criança.

Nossa congregação teve a oportunidade de "conhecer" sua família na Costa Rica em uma videoconferência. O pai de Calebe desafiou o seu filho usando as palavras de Jesus sobre si mesmo no evangelho de Marcos 10:45. Ele disse: "Calebe, lembre-se do lema de nossa família, 'Estamos aqui para servir, não para sermos servidos.'" Foi fácil compreender como este jovem tinha desenvolvido a sua maturidade na fé e vida cristã.

Os filhos que Deus confiou a nós são dádivas preciosas. Um bom alicerce os ajudará a desenvolver-se até se tornarem cristãos maduros perfeitamente habilitados para toda boa obra (2 Timóteo 3:17). Com a ajuda de Deus podemos passar adiante o bastão da fé para as gerações futuras. Que grande privilégio sermos servas, assim como foi o Senhor Jesus! —Cindy Hess Kasper

Filhos são joias preciosas de Deus — ajude-os a reluzirem para Cristo.

Minhas notas e motivos de oração:

8 de fevereiro

Novamente bem-vindos

LEITURA: NEEMIAS 9:7-21

Mas tu és Deus que perdoa; tu és bondoso e amoroso…
—NEEMIAS 9:17

Jonas decidiu seguir a Cristo com 10 anos, mas após 15 anos esse compromisso enfraqueceu. Ele quis viver o aqui e o agora e desenvolveu alguns maus hábitos. Sua vida pareceu desmoronar, e ele teve problemas no trabalho. Três de seus familiares morreram quase que simultaneamente. Os medos e dúvidas começaram a assolar Jonas, e nada parecia lhe ajudar, até ler o Salmo 121:2: "O meu socorro vem do Senhor Deus, que fez o céu e a terra." Estas palavras venceram o medo e a confusão em seu coração. Ele se voltou para a ajuda de Deus, que o acolheu.

A sua jornada espiritual me lembra da história do antigo povo de Israel. Os israelitas tinham um relacionamento único com Deus, pois eram o Seu povo escolhido (Neemias 9:1-15). Por muitos anos, eles se rebelaram e ignoraram a bondade do Senhor, afastando-se dele para seguir os seus próprios caminhos (vv.16-21). Mas quando se voltaram ao Senhor e se arrependeram, Deus foi perdoador, clemente e misericordioso, tardio em irar-se e grande em bondade (v.17).

Estas qualidades divinas nos encorajam a nos aproximarmos de Deus, mesmo após termos nos afastado dele. Quando humildemente abandonarmos a nossa rebeldia e nos comprometermos novamente com os caminhos do Senhor, Ele mostrará compaixão e nos acolherá em Sua intimidade. —Jennifer Benson Schuldt

Os braços acolhedores de Deus estão sempre abertos.

Minhas notas e motivos de oração:

Orar por

Imaculados

9 de fevereiro

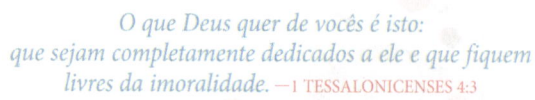

LEITURA: 1 TESSALONICENSES 4:1-7

O que Deus quer de vocês é isto: que sejam completamente dedicados a ele e que fiquem livres da imoralidade. —1 TESSALONICENSES 4:3

Meu marido e eu trabalhamos com os jovens há quase duas décadas. Em notícias de casamentos, sempre vejo nomes e rostos conhecidos. Lendo sobre um casal que não reconheci, me conscientizei da fragmentação da nossa sociedade. O casal parecia feliz negando as consequências de terem celebrado sua lua de mel antes do casamento.

Infelizmente, o sexo fora do casamento tornou-se comum, até na igreja. Justificamos dizendo que merecemos ser felizes ou porque, afinal, o casamento está próximo. Criamos regras próprias e desobedecemos aos mandamentos de Deus. O resultado é desastroso — especialmente porque o pecado proibido dá prazer.

Nossa carne deseja os benefícios do prazer sexual sem os limites da Palavra de Deus, mas lemos: "Que o casamento seja respeitado por todos, e que os maridos e as esposas sejam fiéis um ao outro…" (Hebreus 13:4). A pureza sexual ultrapassa o corpo e chega ao coração (1 Coríntios 6:18-20). Estamos dispostas a confiar nos padrões de Deus porque confiamos em Seu amor? Faremos as coisas do nosso jeito porque o jeito dele parece injusto ou difícil demais?

Deus concebeu o sexo para ser algo bom (Gênesis 2:24), e a honra do homem e a beleza da mulher irradiam da sua escolha de não "…perturbar o nosso amor" (Cântico dos Cânticos 2:7). Deus honra o casamento. —Regina Franklin

Nossas ações revelam se obedecemos ao Senhor Deus ou não.

Minhas notas e motivos de oração:

Orar por

10 de fevereiro — O mais importante?

LEITURA: MATEUS 22:34-40

...Ame o Senhor, seu Deus, com todo o coração, com toda a alma e com toda a mente. —MATEUS 22:37

É fácil respondermos a pergunta feita a Jesus: "Mestre, qual é o mais importante de todos os mandamentos da Lei?" (v.36). O Senhor já nos ensinou: Ame-o, com o coração, alma e mente.

Este é o mandamento mais importante para nós? O que mais influencia o nosso comportamento e forma de viver?

Os outros mandamentos podem parecer mais importantes se considerarmos nossa criação ou inclinação pessoal. Mas devemos cuidar com a "lei" n.º 1 e a nossa necessidade de autopromoção.

Imagine que alguém esteja espalhando mentiras sobre você. O que você fará? Lançará imediatamente um contra-ataque para preservar o seu bom nome? Ou considerará o que o Deus de amor exige: "Não torneis a ninguém mal por mal?" (Romanos 12:17).

E quando você sente-se sobrecarregada com o trabalho, ou pressionada a pisar em alguém para subir na empresa — qual o maior mandamento nesta hora? Ainda é amar a Deus? Buscar o reino de Deus sobre todas as coisas? (Mateus 6:33).

Jesus afirmou que "amar a Deus" é o maior e mais importante mandamento (v.38). Esta palavra implica prioridade. Amar a Deus exige de nós darmos a Ele a *mais alta* prioridade; a *primazia* sobre os anseios humanos, e deve ser a primeira consideração em todas as nossas decisões. Você observa isso em todas as situações que vivencia?

—Poh Fang Chia

Em suma, amar a Deus acima de tudo é o principal!

Minhas notas e motivos de oração:

Melhor do que o seu melhor

11 de fevereiro

LEITURA: COLOSSENSES 1:19-29

É para realizar essa tarefa que eu trabalho e luto com a força de Cristo, que está agindo poderosamente em mim. —COLOSSENSES 1:29

João tornou-se vendedor numa conhecida companhia de seguros, e o seu objetivo era ser eficaz e trabalhar nessa empresa sem comprometer a sua integridade cristã. Alguns o consideraram ingênuo. No ponto de vista deles, uma pessoa poderia ter ou estabilidade no emprego ou integridade cristã — não ambos.

Mas João não titubeou no compromisso de manter seu testemunho cristão no mundo dos negócios. Embora estivesse numa área que exigisse cálculos precisos, ele tinha um pronto fraco no que se referia aos cálculos aritméticos. Isto o forçava a depender mais de Cristo em todas as coisas, o que intensificava o seu testemunho.

Ele tornou-se o maior vendedor da empresa, e Deus o usou como instrumento para ganhar muitos colegas para Cristo. Mais tarde, como gerente da filial, João e sua equipe tornaram-se a maior filial da empresa no mundo todo — tudo isso sem comprometer a integridade cristã.

Você está lutando para viver e trabalhar num lugar difícil sem se comprometer? Está dando o seu melhor, mas ainda não tem sido suficiente? Colossenses 1:29 nos lembra de que a dependência do poder de Deus, que está presente em nós, é o que nos torna eficazes. João, o homem de negócios, resumiu a questão assim: "Deus me ajuda a fazer mais do que eu posso!" Ele fará o mesmo por você. —Joanie Yoder

Não nos gloriemos do que fazemos por Cristo, mas do que Ele faz por nós.

Minhas notas e motivos de oração:

12 de fevereiro

Ciente da imagem

LEITURA: 2 CORÍNTIOS 3:1-3,17,18

...nós [...] refletimos a glória que vem do Senhor.
[...] nos tornando cada vez mais parecidos com o Senhor,
que é o Espírito. —2 CORÍNTIOS 3:18

Ao rever antigas fotos familiares, meus primos e eu brincamos sobre as características físicas que cada um herdou. Primeiramente as negativas: pernas curtas, dentes tortos, topetes rebeldes. Identificamos facilmente em nossos ancestrais as nossas partes do corpo menos preferidas. Além dos atributos físicos, herdamos traços de caráter — alguns bons, outros nem tanto. Mas nem sempre prestamos tanta atenção a estes.

De acordo com minhas observações não científicas, as pessoas tentam superar de muitas maneiras as imperfeições físicas — séries de exercícios, programas de perda de peso, maquiagem, tingimento de cabelos, cirurgia estética. Mas em vez de tentarmos superar as nossas falhas de caráter, tendemos a usá-las como pretexto para um mau comportamento. Suponho que isso ocorra porque mudar a nossa aparência é mais fácil do que mudar o caráter. Mas imagine como estaríamos melhores se aplicássemos a nossa energia no desenvolvimento do caráter.

Como filhas de Deus, não estamos limitadas à nossa composição genética. Podemos entregar nossas falhas a Ele e permitir que o Senhor cumpra o que tinha em mente quando nos criou como expressões únicas de Seu amor. O poder de Espírito de Deus e a vida do Seu Filho estão agindo em nós, nos conformando à Sua imagem (2 Coríntios 3:18). —Julie Ackerman Link

O Espírito Santo desenvolve em nós
a imagem nítida de Cristo.

Minhas notas e motivos de oração:

Um alongamento

13 de fevereiro

LEITURA: 1 JOÃO 2:24–3:3

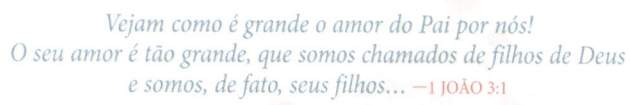

*Vejam como é grande o amor do Pai por nós!
O seu amor é tão grande, que somos chamados de filhos de Deus
e somos, de fato, seus filhos…* —1 JOÃO 3:1

Sara sentia dores na coluna lombar que não melhoravam. O seu médico a encaminhou à fisioterapia e ela fazia 25 séries de alongamentos diariamente. A dor diminuiu, mas não por completo. Assim, o médico pediu-lhe radiografias e a enviou a outro terapeuta, o qual a instruiu a interromper as 25 séries do outro profissional e fazer apenas um alongamento, se necessário. Surpreendentemente, um alongamento funcionou melhor.

Às vezes, as verdades mais simples são as melhores. Quando pediram a Karl Barth para resumir numa frase todo o trabalho teológico de sua vida, ele respondeu: "Jesus me ama!" Uns afirmam que ele acrescentou: "Isto eu sei, pois a Bíblia assim me diz."

O amor de Deus por nós é evidente. Ele deu o Seu Filho para nos resgatar de nós mesmas. Cristo morreu na cruz, levando o fardo de nosso pecado, e em seguida, ressuscitou, dando-nos nova vida nele. Que amor maravilhoso! Como João nos diz: "Vejam como é grande o amor do Pai por nós! O seu amor é tão grande, que somos chamados de filhos de Deus e somos, de fato, seus filhos. É por isso que o mundo não nos conhece, pois não conheceu a Deus" (1 João 3:1).

Naturalmente, o amor de Jesus por nós não é um curativo ou um "elixir" para todos os problemas da vida. É a única verdade em que podemos sempre nos amparar para adquirir um propósito na vida e ter paz com Deus. —Anne Cetas

É maravilhoso pensar que Jesus me ama.

Minhas notas e motivos de oração:

Orar por

14 de fevereiro

Efeito chiclete

LEITURA: FILIPENSES 4:4-9

...encham a mente de vocês com tudo o que é bom e merece elogios, [...] é verdadeiro, digno, correto, puro, agradável e decente. —FILIPENSES 4:8

Elas se infiltram e grudam dentro da sua cabeça. Canções como "Hoje à noite quem dorme é o leão", a canção do "Barney" ou o meu pesadelo pessoal: "Há um mundo bem melhor."

Dizem que a única maneira de se livrar dessas melodias que grudam na memória é substituí-las por outra música — uma canção mais "limpa". Novas palavras e uma melodia diferente podem expulsar a antiga.

Talvez pudéssemos ter mais limpeza também em nossos pensamentos. Quando os pensamentos lascivos ou vingativos fluem em nossa mente, a leitura e a meditação na Palavra de Deus podem ajudar a limpá-los.

As Escrituras nos dizem para amar o Senhor: "...Ame o Senhor, seu Deus, com todo o coração, com toda a alma e com toda a mente" (Mateus 22:37) e para não nos conformarmos com este mundo, mas transformar-nos pela completa mudança da mente, para que possamos experimentar "...a vontade de Deus, isto é, aquilo que é bom, perfeito e agradável a ele" (Romanos 12:2). A Bíblia nos instrui a pensar sobre coisas que são verdadeiras, nobres, puras, amáveis, admiráveis, excelentes e dignas de louvor (Filipenses 4:8).

Quando a nossa mente devaneia em direção ao mal, a melhor "limpeza" é permitir que a sabedoria da Bíblia permeie os nossos pensamentos e coração (2 Timóteo 3:16).

—Cindy Hess Kasper

Caráter é a soma total de todos os nossos pensamentos, palavras e ações.

Minhas notas e motivos de oração:

Um desafio perigoso

15 de fevereiro

LEITURA: 2 CRÔNICAS 20:1,15-22

…pois a batalha não é contra vocês, mas contra mim. —2 CRÔNICAS 20:15

Quando Nik Wallenda atravessou as Cataratas do Niágara num cabo de aço de 549 m, que tinha apenas 13 cm de diâmetro, tomou todas as precauções possíveis. Somando-se ao drama e ao perigo da altura em que ele se encontrava e à água correndo abaixo, uma espessa névoa lhe obscureceu os olhos. O vento causado pelo balançar das águas ameaçou seu equilíbrio e desafiou a sua estabilidade. E por causa desses perigos, ele orou muito e louvou a Deus.

Os israelitas também louvaram a Deus ao serem perigosamente desafiados, quando um grupo de guerreiros se reuniu para lutar contra eles (2 Crônicas 20:2). Após humildemente pedir ajuda a Deus, o rei Josafá nomeou um coro para marchar à frente do exército israelita na batalha. Os adoradores cantaram: "Louvem a Deus, o SENHOR, porque o seu amor dura para sempre" (v.21). Ao cantarem, o Senhor permitiu que as forças inimigas se atacassem e se destruíssem mutuamente.

Louvar a Deus em meio ao desafio pode significar dominar os nossos instintos naturais. Temos a tendência de nos proteger, criar estratégias e nos preocuparmos. A adoração pode nos preservar de pensamentos perturbadores e orgulho. Isso nos lembra o que os israelitas aprenderam: "…a batalha não é contra vocês, mas contra mim" (v.15). —Jennifer Benson Schuldt

Não importa o que está a nossa frente, Deus nunca nos desampara.

Minhas notas e motivos de oração:

16 de fevereiro

Ferramentas da fé

LEITURA: SALMOS 8; 105:1-4

Procurem a ajuda do Senhor; estejam sempre na sua presença. —SALMO 105:4

Alguns jogadores de futebol, são excepcionais. São os atletas que os técnicos procuram, aqueles com capacidades fora do comum de correr, lançar, chutar bem de longa e curta distância e atacar.

Usando esta analogia um ex-jogador, e agora técnico, sugeriu que o cristão desenvolva cinco habilidades:

• *Aceite a Palavra de Deus como prioridade.* "…não sejam apenas ouvintes dessa mensagem, mas a ponham em prática" (Tiago 1:22).

• *Saiba que é incapaz de crescer sem a comunhão dos cristãos.* Vocês estão lutando juntos, com um só desejo (Filipenses 1:27).

• *Ore regularmente.* "…orem sempre com o coração agradecido" (Filipenses 4:6; Salmo 105:4).

• *Fale a outros sobre o seu relacionamento com Cristo.* "…falem dos seus atos maravilhosos" (Salmo 105:1,2).

• *Seja humilde e ame os outros como Cristo o amou.* "Não façam nada por interesse pessoal ou por desejos tolos […]. Tenham entre vocês o mesmo modo de pensar que Cristo Jesus tinha" (Filipenses 2:3-5).

O técnico concluiu: "Os jogadores precisam extrair o máximo de suas capacidades. Em cada geração, uns poucos selecionados nascem com a habilidade de jogar com cinco capacidades. Os cristãos, por outro lado, podem ser seguidores de Cristo, com estas cinco habilidades sempre que andarem no caminho. Por que deveríamos escolher a mediocridade?" —Roxanne Robbins

Sejam humildes e considerem os outros superiores a vocês mesmos.
Apóstolo Paulo

Minhas notas e motivos de oração:

Em queda livre

17 de fevereiro

LEITURA: DEUTERONÔMIO 32:1-14

O Deus Eterno é o nosso protetor; ele sempre nos protege com os seus braços... —DEUTERONÔMIO 33:27

No terno cântico de Moisés encontrado na leitura bíblica de hoje, Deus é retratado como uma águia mãe dedicada em quem seus jovens filhos podem confiar até mesmo na assustadora experiência de aprender a voar (Deuteronômio 32:11).

A águia mãe constrói um ninho para seus filhotes, acolchoando-o com penas do próprio peito. Mas o instinto dado por Deus, com o qual a águia prepara esse abrigo seguro, também obriga os filhotes a sair antes que seja tarde demais. As águias foram criadas para voar, e o amor não falhará em ensiná-las. Somente assim, elas se tornarão o que foram criadas para ser.

Assim, um dia, a mãe águia desorganizará os ramos do ninho, tornando-o um local desconfortável para se estar. E pegará um filhote confuso, pairará pelo céu e o soltará. O filhote começará a cair em queda livre. Onde estará a mamãe nesse momento? Ela não está muito longe. Rapidamente, ela mergulhará e pegará o novato com uma asa forte. E repetirá este exercício até que cada filhote seja capaz de voar sozinho.

Você está com medo de cair em queda livre? Lembre-se de que Deus voará em seu resgate e abrirá os braços eternos para ampará-la. Ele também lhe ensinará algo novo e maravilhoso com essa experiência. Sob a proteção dos braços de Deus não há nada a temer. —Joanie Yoder

O amor de Deus não nos mantém distantes das adversidades, mas nos sustenta nelas.

Minhas notas e motivos de oração:

Orar por

18 de fevereiro

Transparência

LEITURA: ATOS 5:1-12

...Então por que resolveu fazer isso? Você não mentiu para seres humanos — mentiu para Deus! —ATOS 5:4

Era cedo para o meu compromisso e aproveitei a quietude do trajeto, a despeito do trânsito congestionado. De repente, meu telefone celular soou. Atendi e ouvi a voz alegre da minha irmã dizer: "Estou acenando para você há cinco minutos! Você deve estar perdida em pensamentos!" "Onde você está?", perguntei. "No carro à sua frente!" Eu não a tinha visto acenar porque o carro dela tem película escura.

Como igreja, somos chamadas a viver em comunidade. A ideia de nos observarem ou saberem sobre o lixo em nossa vida pode gerar desconforto. Mas é necessário que nos conheçam, é básico nos relacionamentos, e uma segurança contra os dispositivos do inimigo.

Ananias e Safira mentiram sobre a doação de toda a receita obtida com a venda da sua propriedade. Foram julgados por fingirem ser o que não eram. Fingiram imitar a sinceridade dos seus próximos (Atos 4:34-37), e esqueceram que Deus conhece a verdadeira condição do nosso coração (Provérbios 24:12). Valorizemos a:

• Santidade e sinceridade em tudo o que fizermos (2 Coríntios 1:12).

• Honestidade sobre onde estamos espiritualmente (Efésios 4:25).

• Aceitação dos alertas dos que nos amam (Provérbios 27:6).

Os cristãos que levam a sério a presença do Espírito Santo que neles habita, reconhecem o significado da *transparência*.

—Regina Franklin

Quem se abriga na escuridão torna-se vulnerável ao inimigo.

Minhas notas e motivos de oração:

Caminho difícil

19 de fevereiro

LEITURA: 2 CORÍNTIOS 12:1-10

...pois o meu poder é mais forte quando você está fraco.
—2 CORÍNTIOS 12:9

Os diamantes são pedras preciosas; belas e valiosas, mas o seu início é carvão comum, sujo e combustível. Com os anos de intenso calor e pressão alta, eles se tornam puros e fortes, o que os torna uma boa metáfora para a força espiritual. Deus usa as intensas forças externas para nos livrar das impurezas e para aperfeiçoar a Sua força em nós.

A força de Deus se aperfeiçoa na fraqueza, diz o apóstolo Paulo (2 Coríntios 12:9). Gostaria que isto não fosse verdade, pois odeio ser fraca. O tratamento de quimioterapia e radiação me ensinaram mais do que quis saber sobre a fraqueza física. Em seguida, um acontecimento menor me fez mergulhar num estado de fraqueza emocional que me pegou desprevenida. Depois de perder quase 90 cm de cabelo e ficar sem cabelos por quase um ano, um corte de cabelo malfeito não devia ter sido grande coisa. Mas foi, e eu me senti boba por ser tão fraca. Somos capazes de criar uma ilusão de força e autossuficiência, mas a repentina perda de saúde, emprego ou um relacionamento valioso é um lembrete surpreendente de nossa total dependência de Deus.

Quando experimentamos a fornalha ardente do sofrimento, seja este físico ou emocional, perseguição externa ou humilhação interior — sabemos que o propósito amoroso de Deus é nos tornar puras e fortes.
—Julie Ackerman Link

O sofrimento é o fogo que Deus usa para nos purificar e fortalecer.

Minhas notas e motivos de oração:

Orar por:

20 de fevereiro

Recompensas

LEITURA: 2 CORÍNTIOS 5:1-11

Porém, acima de tudo, o que nós queremos é agradar o Senhor, seja vivendo no nosso corpo aqui, seja vivendo lá com o Senhor. —2 CORÍNTIOS 5:9

No ministério infantil em minha igreja, entregamos cartões de encorajamento para as crianças quando percebemos o seu bom comportamento. Elas os colecionam e recebem recompensas pelas boas escolhas que fizeram. Estamos tentando valorizar e reforçar o bom comportamento em vez de focar no mau comportamento.

Quando um líder entregou um cartão a Teodoro, de 11 anos, ele respondeu: "Não, obrigado. Não preciso de um, eu quero me comportar bem e não preciso de uma recompensa por isso." Para ele, fazer o certo era a sua recompensa e, definitivamente, tem bons valores enraizados em seu coração, e quer vivê-los — com recompensas ou não.

Como cristãs, um dia seremos recompensadas. Lemos na segunda carta de Paulo aos coríntios: "…E cada um vai receber o que merece, de acordo com o que fez de bom ou de mau na sua vida aqui na terra" (5:10). Mas obter uma recompensa não deve ser a nossa motivação para viver corretamente. Muito menos para ganhar a salvação. Viver por amor a Deus e agradar-lhe deve ser o desejo do nosso coração.

Quando amamos a Deus, o nosso alvo é agradar quem nos amou: "Nós o amamos porque ele nos amou primeiro" (1 João 4:19 ARC) e servi-lo com motivos puros (Provérbios 16:2; 1 Coríntios 4:5). A melhor recompensa será estar com Ele! —Anne Cetas

O nosso desejo de agradar a Deus é o nosso maior motivo para obedecer-lhe.

Minhas notas e motivos de oração:

O impasse

21 de fevereiro

LEITURA: 1 JOÃO 4:1-6

…Porque o Espírito que está em vocês é mais forte do que o espírito que está naqueles que pertencem ao mundo. —1 JOÃO 4:4

Quando uma livraria local reorganizou suas prateleiras, percebi o aumento no número de títulos relacionados à feitiçaria e bruxaria. A seção de religião havia se tornado um "impasse" entre a luz e as trevas. Os títulos cristãos ladeavam um lado do corredor e o mesmo número de livros sobre ocultismo alinhava-se do outro.

Às vezes, podemos pensar em Deus e Satanás da mesma forma como pensei sobre os livros nessa livraria. Vemos ambos como oponentes, mas iguais em força e com o mesmo poder ilimitado. No entanto, Deus é Deus e Satanás não o é. Deus é mais forte do que qualquer força das trevas. Ele faz o que lhe agrada (Salmo 135:6), enquanto o poder de Satanás é limitado àquilo que Deus permite. Quando Satanás presumiu que o infortúnio faria Jó amaldiçoar Deus, o Senhor disse a Satanás: "…Faça o que quiser com tudo o que Jó tem, mas não faça nenhum mal a ele mesmo" (Jó 1:12). Satanás teve que jogar conforme as regras de Deus.

O Senhor está no controle de tudo, e nós como cristãs não precisamos nos paralisar por medo do poder de Satanás sobre a nossa vida ou sobre a vida dos cristãos ao nosso redor. Satanás nos prova e tenta nos influenciar, mas a Bíblia nos garante: "…o Espírito que está em vocês é mais forte do que o espírito que está naqueles que pertencem ao mundo" (1 João 4:4). —Jennifer Benson Schuldt

Os poderes do mal ao seu redor não são páreo para o poder de Jesus dentro de você.

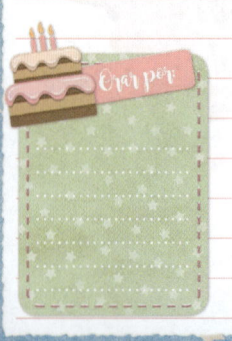

Minhas notas e motivos de oração:

Orar por

22 de fevereiro

Crianças de rua

LEITURA: GÁLATAS 6:1-10

A pessoa que pensa que é importante, quando, de fato, não é, está enganando a si mesma. —GÁLATAS 6:3

Amo as crianças ugandenses e tento incluí-las em programas que fornecem alimento, moradia, acesso aos estudos e mentores de qualidade. Meus esforços são gratificantes, às vezes, porém, os resultados são desapontadores — em particular quando as crianças que amei e nas quais investi, roubam-me e retornam às ruas.

Fui enganada por dois jovens e concluí que estava farta. Enviei ao mentor dos culpados uma mensagem dizendo: "Seus garotos me levaram ao limite. Portanto, até manifestar-me em contrário, estou de licença da ajuda às crianças de rua."

Minutos depois, uma passagem do Novo Testamento invadiu meus pensamentos: "Não nos cansemos de fazer o bem. Pois, se não desanimarmos, chegará o tempo certo em que faremos a colheita" (Gálatas 6:9).

Tentei esquecer essas palavras e não consegui. Mergulhei mais na Palavra de Deus para descobrir como poderia evitar o cansaço de "...fazer o bem" no futuro. Nesse processo, Deus me ensinou a:

• Doar com sabedoria. "... pois Deus ama quem dá com alegria" (2 Coríntios 9:7).

• Ter em mente que "...sempre que pudermos, devemos fazer o bem a todos..." (Gálatas 6:10).

• Deus nos recriou em "...Cristo Jesus, [...] para que fizéssemos as boas obras que ele já havia preparado para nós" (Efésios 2:10).

Agradeça, ainda hoje, a Deus por permitir que você o sirva. —Roxanne Robbins

Participe de Sua obra com alegria, e continue fazendo o que é bom.

Minhas notas e motivos de oração:

Coisas do coração

23 de fevereiro

LEITURA: PROVÉRBIOS 4:20-27

Sobre tudo o que se deve guardar, guarda o coração, porque dele procedem as fontes da vida... —PROVÉRBIOS 4:23 (ARA)

O coração bombeia entre 3,5 e 7 milhões de litros de sangue pelo corpo em um ano — dependendo de nossas atividades. Doze horas desse esforço erguem 70 toneladas a 30 cm do chão. Firme e silencioso, ele nos mantêm vivos.

Por isso o texto "...guarda o coração, porque dele procedem as fontes da vida" (v.23) faz sentido. Se o coração falhar, o corpo falhará. E se estiver saudável, poderemos fazer coisas incríveis.

A Bíblia se refere a ele como mais do que um órgão humano. Ele representa o centro das nossas emoções e raciocínios. Lemos em Mateus 15:18,19 que "...o que sai da boca vem do coração [...]. Porque é do coração que vêm os maus pensamentos...".

Com que intuito devemos guardar o coração? Em outras palavras, devemos assumir uma postura proativa e honesta para manter o coração saudável. Para o coração físico, significa exercitar-se regularmente, manter uma dieta saudável e fazer exames clínicos periódicos. Para o coração espiritual significa: manter uma nutrição saudável com a Palavra de Deus. Como enchemos a nossa mente? Há pecados obstruindo a nossa comunicação com Deus?

Certifique-se de que o seu objetivo seja refletir a presença de Deus e fazer Sua vontade. Que os Seus propósitos sejam concretizados. Que o mundo, a carne e o amor pelo pecado sejam subjugados e lançados fora.

—Poh Fang Chia

Onde surge o pecado, que cresça o amor pela santidade.

Minhas notas e motivos de oração:

24 de fevereiro

Somos conhecidas

LEITURA: JEREMIAS 1:4-10

...quando você ainda estava na barriga da sua mãe, eu o escolhi e separei para que você fosse um profeta para as nações. —JEREMIAS 1:5

Gosto de café descafeinado, sem calorias, superquente, bem encorpado, mas não o saboreio todo dia. Acho que meu pedido específico fez o atendente lembrar-se de quem sou e do meu nome. A surpresa por ele me reconhecer fez minha ficha cair. Uma lição do Senhor — sou conhecida.

Quem sou eu? Para onde estou indo? A minha vida faz a diferença? Esmagadas pelas mentiras do diabo a respeito da nossa insignificância, às vezes nos escondemos. De repente ouvimos uma voz e percebemos que o Deus do Universo nos chamou pelo nome! (Isaías 43:1). Não somos apenas observadas. Somos conhecidas.

Jeremias, o profeta chorão, foi separado e escolhido desde o ventre da sua mãe. Ele foi um facilitador do plano divino de redenção; levando os israelitas ao arrependimento. A complexidade da sua tarefa às vezes o confundia.

Talvez os desafios da vida a tenham feito questionar se o que você sabe é verdade. Deus sabe quantos cabelos tenho? Ele enxerga os meus vales profundos? (Jeremias 15:15-18).

Em 1 Pedro 2:9 lemos que somos: "...raça escolhida, os sacerdotes do Rei, a nação completamente dedicada a Deus, o povo que pertence a ele...". O Senhor quer que descansemos na certeza de que somos conhecidas e que Ele é um Deus que "...[está] vigiando para que as [Suas] palavras se cumpram" (Jeremias 1:12). —Regina Franklin

Somos Suas servas, chamadas para transmitir a Sua mensagem redentora por meio de nossa vida.

Minhas notas e motivos de oração:

Prove e diga

25 de fevereiro

LEITURA: SALMO 34

Procure descobrir, por você mesmo, como o Senhor Deus é bom. Feliz aquele que encontra segurança nele! —SALMO 34:8

Deus é bom mesmo quando a vida não é boa? Maria acreditava que sim, e eu me surpreendi quando ouvi o seu pastor compartilhar a história dela em seu funeral. Mesmo morta, ela estava falando!

Maria tinha sido viúva, muito pobre e totalmente confinada à sua casa devido as dores da sua idade avançada. Mas, como o salmista, ela aprendeu a louvar a Deus na adversidade. Com os anos, ela passara a saborear, com profunda gratidão, todas as coisas boas que Ele enviava ao seu caminho.

Seu pastor contou que a visitava de vez em quando. Por causa da dor incapacitante, ela levava muito tempo para chegar até a porta. Assim, ele telefonava antes e dizia que estava a caminho e o tempo que demoraria para chegar. E, Maria começava a árdua e lenta jornada até a porta, chegando quase na hora em que ele também chegava. O pastor sempre podia contar com as palavras triunfantes que ela usava para cumprimentá-lo: "Deus é bom!"

Tenho observado que aqueles que mais falam sobre a bondade de Deus costumam ser os que mais enfrentam tribulações. Eles optam por realçar a misericórdia e a graça de Deus ao invés de concentrar-se nos próprios problemas. Com isso, provam da bondade do Senhor.

Maria não apenas nos desafia a provar e ver, mas também a provar e ver que o Senhor é bom — mesmo quando a vida não é.
—Joanie Yoder

Os que bendizem a Deus nas tribulações serão abençoados por Ele em suas provações.

Minhas notas e motivos de oração:

26 de fevereiro

Rochedo que abriga

LEITURA: SALMO 94:3-23

*Mas o SENHOR me defende;
ele é a minha rocha e o meu abrigo.* —SALMO 94:22

Certa vez, durante minhas férias, andei por todo o contorno da margem de um grande lago. Conforme me aproximava de uma pilha de cascalhos, percebi um pequeno refúgio entre as rochas e observei que uma pequena planta havia criado raízes ali. A planta parecia estar absorvendo a quantidade certa de luz solar e de água e recebia também algo mais: proteção. Nenhum aguaceiro ou ventania prejudicaria suas delicadas folhas.

O *habitat* seguro da planta me fez lembrar dos versos de um hino: "Rocha eterna, fendida por mim, quero me esconder em ti." Estas palavras expressam o que muitas de nós sentem quando nos deparamos com pessoas mal-intencionadas, orgulhosas, cruéis e sem consideração com Deus (Salmo 94:4-7). Quando somos alvo do mau procedimento de alguém, podemos nos lembrar do testemunho do salmista: "Mas o SENHOR me defende; ele é a minha rocha e o meu abrigo" (v.22).

Como nossa Rocha, Deus é fidedigno e forte. Como nosso abrigo, Ele pode prover segurança até que os problemas passem. O salmista lembra que: Ele o cobrirá com as suas asas, e debaixo delas você estará seguro" (91:4). Tendo Deus como nosso Defensor, não precisamos temer o que os outros farão. Podemos confiar que Deus nos dará auxílio quando as provações surgirem. —Jennifer Benson Schuldt

Podemos encontrar refúgio na Rocha Eterna.

Minhas notas e motivos de oração:

Ídolos em nós

27 de fevereiro

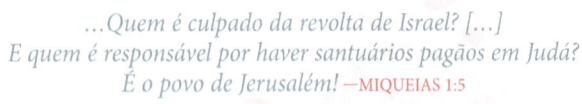

LEITURA: MIQUEIAS 1:1-7

...Quem é culpado da revolta de Israel? [...]
E quem é responsável por haver santuários pagãos em Judá?
É o povo de Jerusalém! —MIQUEIAS 1:5

Resolvi aproveitar o tempo livre para ver a famosa réplica do Parthenon — o templo da deusa grega Atena. Embora a arquitetura inspirasse admiração, não consegui me esquivar do sentimento de frio e vazio que se abateu sobre mim. Com 12 m de altura, a estátua dourada de Atena era o centro de todas as atenções. Meu coração se sentiu pesado ao pensar nas multidões que se curvaram diante da estátua original.

A tentação da idolatria existe em cada uma de nós. Há uma luta entre o desejo de criar um deus que nos sirva e o chamado para ser uma serva de Deus. Nos tempos do bezerro de ouro, a idolatria de Israel não era apenas uma rejeição a Javé. Infelizmente, eles tentaram criar a imagem do próprio Deus (Êxodo 32:4-6).

O rei Jeroboão determinou o local de adoração, e seu orgulho os conduziu ao cativeiro espiritual. No reinado de Manassés, Judá adorava na cidade certa, mas eles permitiram que a cultura local moldasse a sua adoração. Manassés ergueu altares pagãos no templo de Deus. (2 Crônicas 33:7-9). Considere o seguinte sobre Deus, para evitar a adoração a um deus fabricado:

- Só Ele é digno de adoração (Habacuque 2:18-20).
- Deus é que nos define (Romanos 1:21-23).
- Ele é totalmente soberano (Isaías 45:9).

Clame a Deus hoje e peça-lhe que revele os ídolos que há em seu coração. —Regina Franklin

Um coração puro conduz à verdadeira adoração.

Minhas notas e motivos de oração:

Orar por

28 de fevereiro

Nosso intercessor

LEITURA: HEBREUS 7:11-28

...porque Jesus vive para sempre a fim de pedir a Deus em favor delas. —HEBREUS 7:25

Amanhecia, e eu estava dolorosamente consciente de estar viúva há poucas semanas. Depois de outra noite em claro, eu me sentia cansada demais para orar por mim mesma. "Senhor," suspirei, "preciso de alguém que ore por mim neste momento".

Quase instantaneamente, o Espírito de Deus confortou minha mente confusa, com as palavras do texto de hoje, lembrando-me de que Jesus estava orando por mim naquele exato momento. Com uma onda de alívio, reconheci que Ele era meu intercessor permanente. Nunca esquecerei como aquela manhã fria tornou-se dourada de esperança. A partir de então, tenho buscado coragem e força, inúmeras vezes, no meu fiel Sumo Sacerdote.

O ministro escocês Robert Murray McCheyne (1813–43) testificou: "Se eu pudesse ouvir Cristo orando por mim no quarto ao lado, eu não temeria um milhão de inimigos. Mas a distância não faz diferença. Ele está orando por mim!"

Também podemos receber força e coragem de Jesus. Ele é o nosso representante sacerdotal diante de Deus Pai.

As circunstâncias difíceis estão gerando medo em seu coração? Sem dúvida, peça que outros orem por você. Mas não se esqueça de contar com as orações do próprio Jesus. Pela fé, ouça-o orar o dia inteiro por você como se estivesse no quarto ao lado. —Joanie Yoder

Não há tristeza na Terra que o céu não a sinta.

Minhas notas e motivos de oração:

Notas:

Março

A surpresa do general

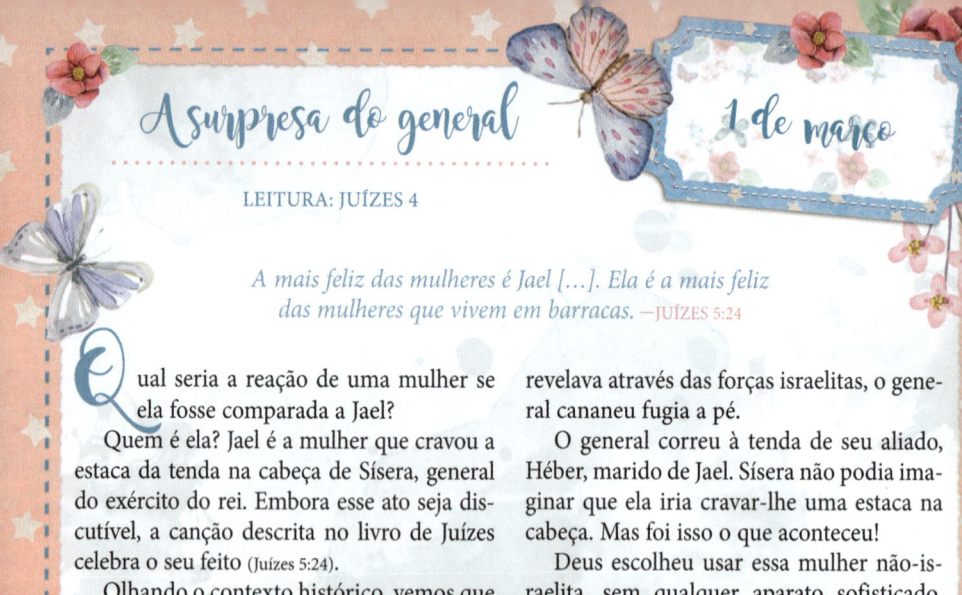

1 de março

LEITURA: JUÍZES 4

A mais feliz das mulheres é Jael [...]. Ela é a mais feliz das mulheres que vivem em barracas. —JUÍZES 5:24

Qual seria a reação de uma mulher se ela fosse comparada a Jael?

Quem é ela? Jael é a mulher que cravou a estaca da tenda na cabeça de Sísera, general do exército do rei. Embora esse ato seja discutível, a canção descrita no livro de Juízes celebra o seu feito (Juízes 5:24).

Olhando o contexto histórico, vemos que Jabim, rei de Canaã, oprimia Israel. Sísera era o seu instrumento de subjugação. Ele tinha 900 carros de ferro (Juízes 4:3), o que era considerado um armamento pesado. Ninguém esperava que Israel vencesse uma batalha contra Sísera, no monte Tabor. No entanto, Deus prometeu vitória a Seu povo. As tropas de Sísera se envolveram em grandes confusões, e à medida que o poder de Deus se revelava através das forças israelitas, o general cananeu fugia a pé.

O general correu à tenda de seu aliado, Héber, marido de Jael. Sísera não podia imaginar que ela iria cravar-lhe uma estaca na cabeça. Mas foi isso o que aconteceu!

Deus escolheu usar essa mulher não-israelita, sem qualquer aparato sofisticado, para salvar o Seu povo desse poderoso inimigo. Ele pode nos usar também, independente dos nossos defeitos tão óbvios.

É nossa a escolha de cumprir ou não, plenamente, o nosso chamado, usando tudo o que Deus nos deu para Sua glória. Que Ele confunda os poderosos usando-nos em todas as nossas fraquezas. Ele é quem edifica e destrói. —Poh Fang Chia

...O poder supremo pertence a Deus e não a nós. 2 Coríntios 4:7

Minhas notas e motivos de oração:

2 de março

Satisfação única

LEITURA: COLOSSENSES 2:6-10

...e, por estarem unidos com Cristo, vocês também têm essa natureza. Ele domina todos os poderes e autoridades espirituais. —COLOSSENSES 2:10

Minha amiga Ana tem 60 e poucos anos, é solteira e vive em radiante satisfação. "Mas como isso é possível?", muitas vezes lhe perguntam. Para responder esta questão, ela escreveu um livro chamado *Complete As One* (Completos como um, inédito), o qual se baseia em Colossenses 2:10. Ela se lembra de ter sido desafiada, anos atrás, por um comentário sobre uma amiga: "Você sabe o que aprecio em Joana? Ela tem tanta satisfação em servir a Cristo."

Essa palavra, "satisfação em servir a Cristo", causou um impacto profundo sobre Ana. Ela tinha 21 anos naquela época e era convertida há três. As amigas dela estavam noivando e casando, e ela se alegrava por elas. Ela ouvia comentários do tipo: "Você está vendo como a Maria está radiante?" e "Nunca vi o João tão feliz". Isto a levou a pensar: estes amigos são cristãos. Certamente, é adequado que irradiem felicidade, mas por que precisam arranjar um parceiro antes de experimentar a alegria e a plenitude que os cristãos devem ter? Em razão disso, ela começou a orar: "Senhor, não quero me casar até aprender a estar satisfeita contigo."

Embora ainda esteja solteira, ela acredita que Deus já respondeu a sua oração. Ela firmou e alicerçou a sua fé em Cristo. E essa é a chave para ser aperfeiçoada e plena — solteira ou casada. —Joanie Yoder

Para ter satisfação duradoura, coloque a vontade de Deus em primeiro lugar.

Minhas notas e motivos de oração:

Mais do que suficiente

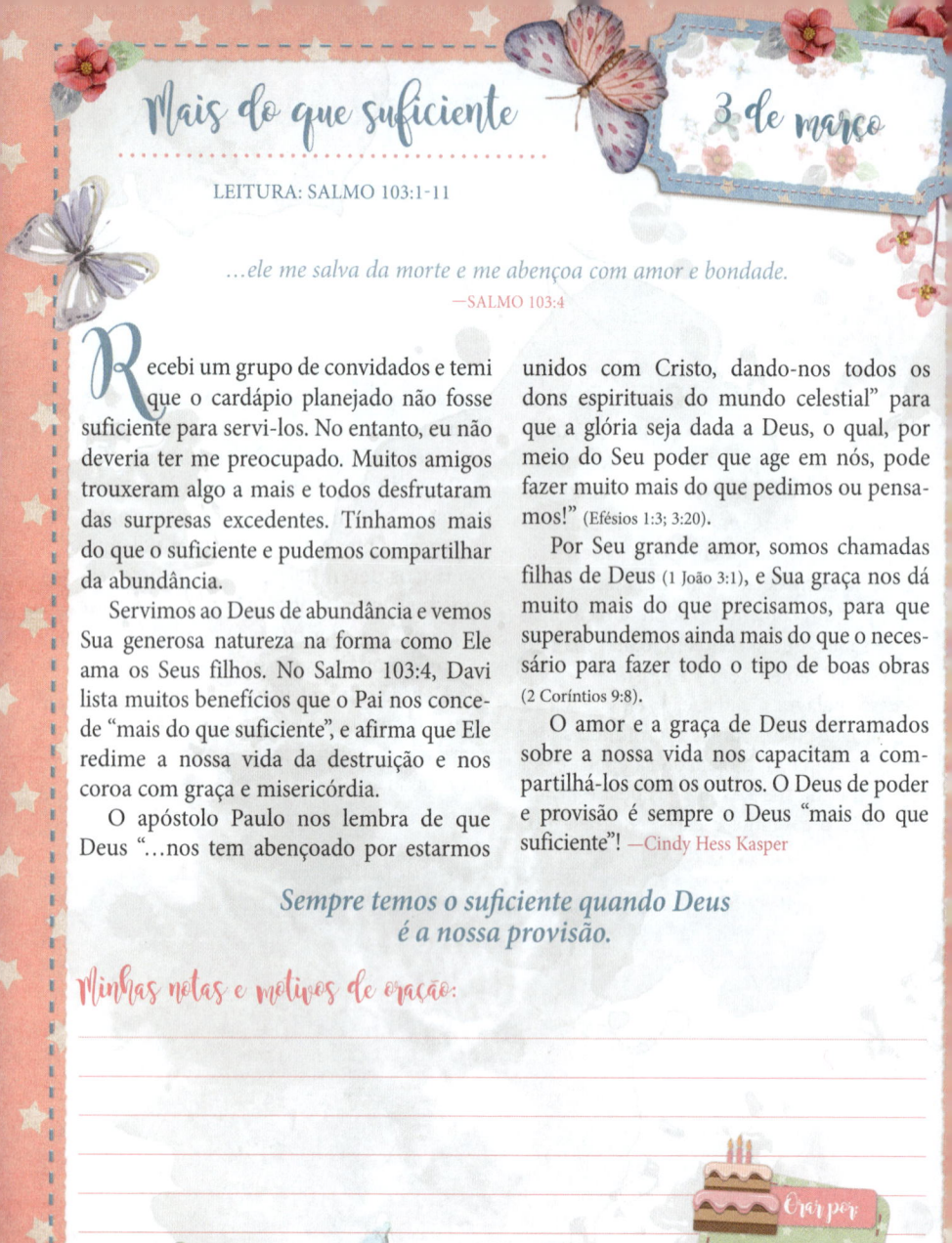

3 de março

LEITURA: SALMO 103:1-11

> ...ele me salva da morte e me abençoa com amor e bondade.
> —SALMO 103:4

Recebi um grupo de convidados e temi que o cardápio planejado não fosse suficiente para servi-los. No entanto, eu não deveria ter me preocupado. Muitos amigos trouxeram algo a mais e todos desfrutaram das surpresas excedentes. Tínhamos mais do que o suficiente e pudemos compartilhar da abundância.

Servimos ao Deus de abundância e vemos Sua generosa natureza na forma como Ele ama os Seus filhos. No Salmo 103:4, Davi lista muitos benefícios que o Pai nos concede "mais do que suficiente", e afirma que Ele redime a nossa vida da destruição e nos coroa com graça e misericórdia.

O apóstolo Paulo nos lembra de que Deus "...nos tem abençoado por estarmos unidos com Cristo, dando-nos todos os dons espirituais do mundo celestial" para que a glória seja dada a Deus, o qual, por meio do Seu poder que age em nós, pode fazer muito mais do que pedimos ou pensamos!" (Efésios 1:3; 3:20).

Por Seu grande amor, somos chamadas filhas de Deus (1 João 3:1), e Sua graça nos dá muito mais do que precisamos, para que superabundemos ainda mais do que o necessário para fazer todo o tipo de boas obras (2 Coríntios 9:8).

O amor e a graça de Deus derramados sobre a nossa vida nos capacitam a compartilhá-los com os outros. O Deus de poder e provisão é sempre o Deus "mais do que suficiente"! —Cindy Hess Kasper

Sempre temos o suficiente quando Deus é a nossa provisão.

Minhas notas e motivos de oração:

4 de março

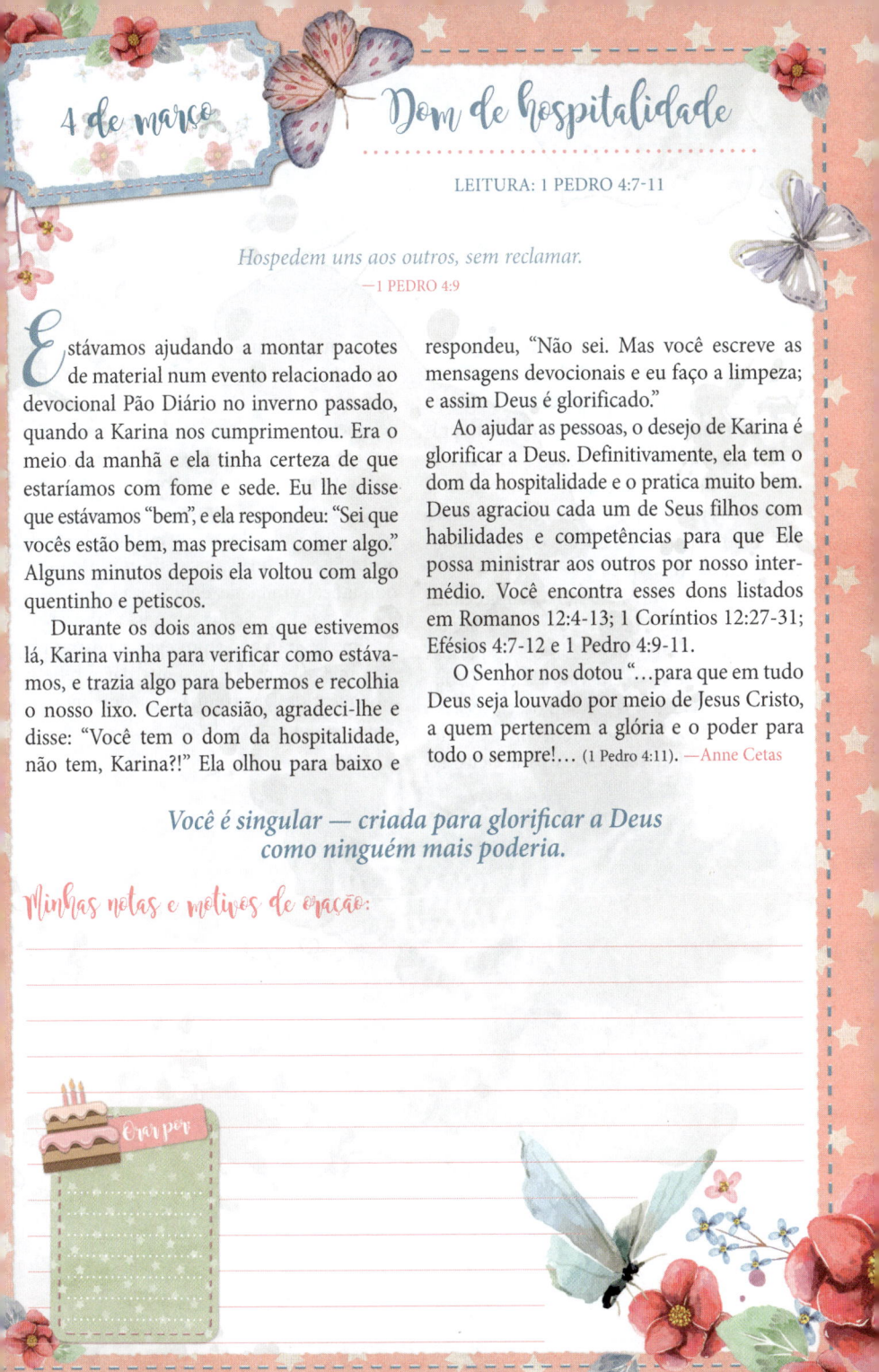

Dom de hospitalidade

LEITURA: 1 PEDRO 4:7-11

Hospedem uns aos outros, sem reclamar.
—1 PEDRO 4:9

Estávamos ajudando a montar pacotes de material num evento relacionado ao devocional Pão Diário no inverno passado, quando a Karina nos cumprimentou. Era o meio da manhã e ela tinha certeza de que estaríamos com fome e sede. Eu lhe disse que estávamos "bem", e ela respondeu: "Sei que vocês estão bem, mas precisam comer algo." Alguns minutos depois ela voltou com algo quentinho e petiscos.

Durante os dois anos em que estivemos lá, Karina vinha para verificar como estávamos, e trazia algo para bebermos e recolhia o nosso lixo. Certa ocasião, agradeci-lhe e disse: "Você tem o dom da hospitalidade, não tem, Karina?!" Ela olhou para baixo e respondeu, "Não sei. Mas você escreve as mensagens devocionais e eu faço a limpeza; e assim Deus é glorificado."

Ao ajudar as pessoas, o desejo de Karina é glorificar a Deus. Definitivamente, ela tem o dom da hospitalidade e o pratica muito bem. Deus agraciou cada um de Seus filhos com habilidades e competências para que Ele possa ministrar aos outros por nosso intermédio. Você encontra esses dons listados em Romanos 12:4-13; 1 Coríntios 12:27-31; Efésios 4:7-12 e 1 Pedro 4:9-11.

O Senhor nos dotou "…para que em tudo Deus seja louvado por meio de Jesus Cristo, a quem pertencem a glória e o poder para todo o sempre!… (1 Pedro 4:11). —Anne Cetas

Você é singular — criada para glorificar a Deus como ninguém mais poderia.

Minhas notas e motivos de oração:

Guarde sua marca

5 de março

LEITURA: COLOSSENSES 3:1-14

E, acima de tudo, tenham amor, pois o amor une perfeitamente todas as coisas. —COLOSSENSES 3:14

Uma conhecida loja de roupas exige que os seus vendedores se vistam como os manequins que fazem propaganda de suas roupas nas janelas da loja. Esta prática é denominada "guardar a marca". A ideia por detrás dela é que os compradores terão mais probabilidade de comprar roupas porque desejarão se parecer com as pessoas que veem vestindo-as.

Numa cultura orientada ao consumo, é fácil pensarmos que é possível "comprar" a aceitação, vestindo as mesmas coisas que as pessoas vestem. Os lojistas querem nos fazer crer que ter boa aparência nos tornará desejáveis.

Às vezes, até nos convencemos de que podemos ganhar seguidores para Deus, ao nos tornarmos atraentes para o mundo. Mas a Bíblia é clara a respeito do que é realmente importante para Deus. O Senhor quer que sejamos parecidas com Jesus em nosso caráter. De certo modo, Jesus é a nossa "marca", pois estamos sendo conformadas à Sua imagem (Romanos 8:29). Atraímos outras pessoas para Cristo quando nos revestimos dos Seus atributos, os quais incluem misericórdia, bondade, humildade, delicadeza e paciência (Colossenses 3:12) e, acima de tudo, amor (v.14).

Em vez de polir e proteger a nossa própria imagem, precisamos guardar e refletir a imagem de Deus, que está sendo aperfeiçoada em nós por intermédio de Cristo.
—Julie Ackerman Link

Uma das tarefas do Espírito é nos modelar à semelhança de Cristo.

Minhas notas e motivos de oração:

Orar por

6 de março

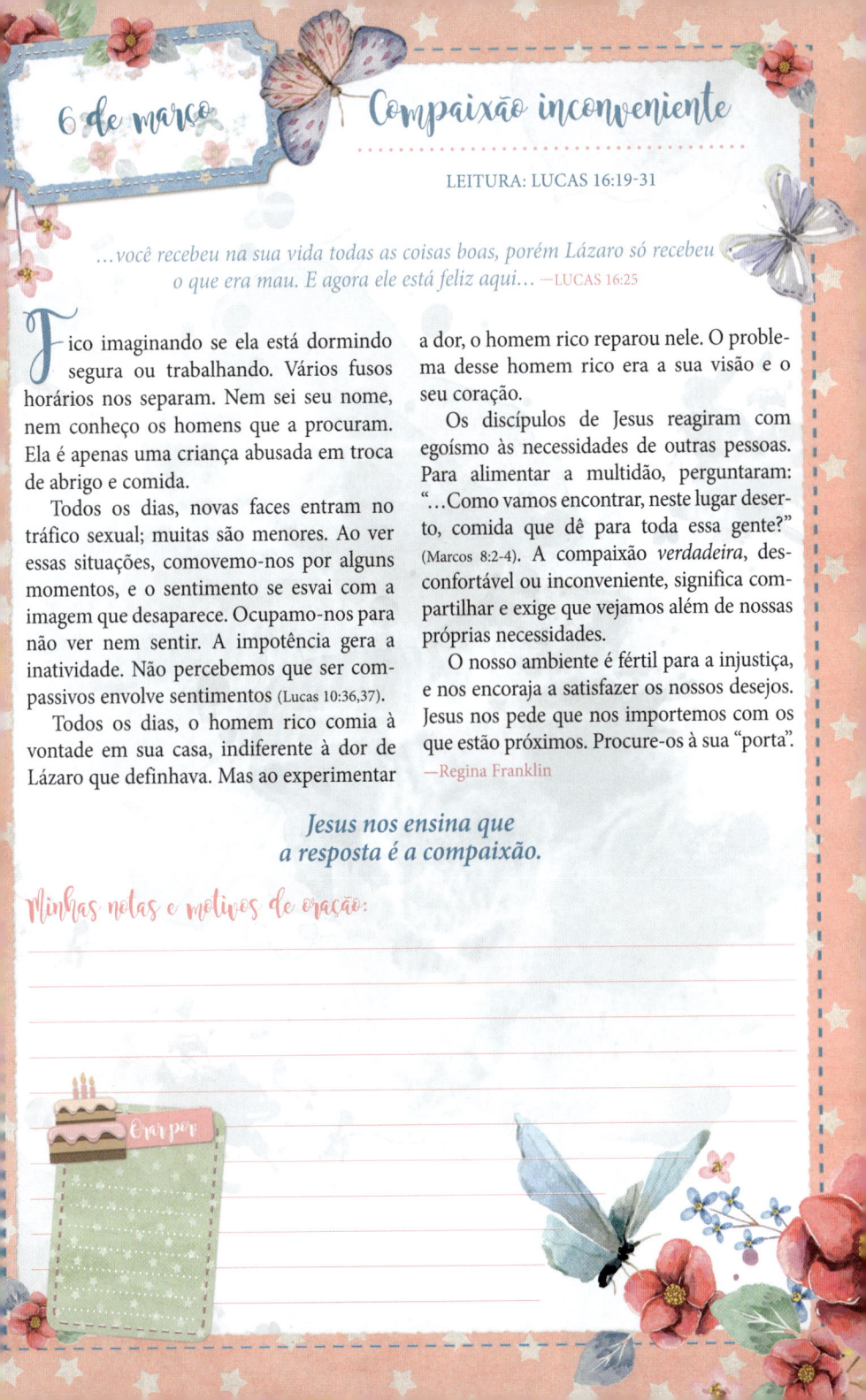

Compaixão inconveniente

LEITURA: LUCAS 16:19-31

...você recebeu na sua vida todas as coisas boas, porém Lázaro só recebeu o que era mau. E agora ele está feliz aqui... —LUCAS 16:25

Fico imaginando se ela está dormindo segura ou trabalhando. Vários fusos horários nos separam. Nem sei seu nome, nem conheço os homens que a procuram. Ela é apenas uma criança abusada em troca de abrigo e comida.

Todos os dias, novas faces entram no tráfico sexual; muitas são menores. Ao ver essas situações, comovemo-nos por alguns momentos, e o sentimento se esvai com a imagem que desaparece. Ocupamo-nos para não ver nem sentir. A impotência gera a inatividade. Não percebemos que ser compassivos envolve sentimentos (Lucas 10:36,37).

Todos os dias, o homem rico comia à vontade em sua casa, indiferente à dor de Lázaro que definhava. Mas ao experimentar a dor, o homem rico reparou nele. O problema desse homem rico era a sua visão e o seu coração.

Os discípulos de Jesus reagiram com egoísmo às necessidades de outras pessoas. Para alimentar a multidão, perguntaram: "...Como vamos encontrar, neste lugar deserto, comida que dê para toda essa gente?" (Marcos 8:2-4). A compaixão *verdadeira*, desconfortável ou inconveniente, significa compartilhar e exige que vejamos além de nossas próprias necessidades.

O nosso ambiente é fértil para a injustiça, e nos encoraja a satisfazer os nossos desejos. Jesus nos pede que nos importemos com os que estão próximos. Procure-os à sua "porta".

—Regina Franklin

*Jesus nos ensina que
a resposta é a compaixão.*

Minhas notas e motivos de oração:

Fim de jogo

7 de março

LEITURA: JUÍZES 16:15-19

Então, ela disse: Por que você diz que me ama se isso não é verdade?... —JUÍZES 16:15

Algumas garotas japonesas se derretem por namorados que nem existem. Um jogo on-line simula o namoro e permite que as garotas escolham um rapaz virtual. Elas interagem com outros jogadores e leem uma série de conversas para cortejar seu amor até ele finalmente retornar o afeto. Esses jogos podem ser inofensivos, mas os "jogos" de namoro na vida real trazem consequências amargas.

Dalila é famosa pelo jogo de sedução que fez com Sansão. O homem musculoso realmente a amava, mas ela estava em conluio com governantes filisteus; inimigos jurados de Sansão. Eles prometeram "…mil e cem barras de prata" (Juízes 16:5) pelo segredo da força de Sansão.

Ele era fisicamente forte, mas emocionalmente fraco. Sansão permitiu que sua namorada o manipulasse perguntando: "Por que você diz que me ama se isso não é verdade?…" (v.15).

As palavras de Dalila são similares à pergunta de muitas pessoas: "Se você realmente me ama, você…" (preencha). Soa familiar? Sim? Repense o seu relacionamento (1 Coríntios 13:5).

Dalila descobriu que as tranças de Sansão o mantinham forte, o fez dormir e chamou alguém para raspar-lhe a cabeça. Quando ele estava vulnerável, ela passou a subjugá-lo (v.19).

O melhor a fazer com os que usam nossa emoção para sua própria satisfação é dizer-lhes: "Fim de jogo". —Jennifer Benson Schuldt

O amor verdadeiro não é egoísta.

Minhas notas e motivos de oração:

8 de março

Dicas de beleza

LEITURA: PROVÉRBIOS 31:10-31

*A formosura é uma ilusão, e a beleza acaba,
mas a mulher que teme o Senhor Deus será elogiada.* —PROVÉRBIOS 31:30

Certo dia, discutimos no almoço sobre o que se deve comer baseado no tipo sanguíneo. Nossas conversas foram temperadas com perguntas como: "Se sou B positivo, devo comer frango ou peixe?" Os "gurus" desse tipo de alimentação afirmam que essa dieta pode mantê-la em forma e com boa aparência.

Todas nós desejamos isso e somos atraídas pela beleza. Provérbios 31 nos oferece excelentes dicas. Seu texto resume grande parte da sabedoria encontrada nesse livro e apresenta a verdadeira beleza da mulher sábia que teme ao Senhor.

Observe:

• *Confiável* (vv.11,12). Ela fará o bem, e não o mal aos outros.

• *Perspicaz* ou sábia (vv.13-18). Ela administra sabiamente seu tempo e seus recursos.

• *Generosa* (vv.19,20). Ela doa aos pobres e necessitados — não é apática.

• *Diligente* (vv.21-25). Ela se certifica de que tudo seja providenciado para a sua família. Tem um sorriso no rosto e alegria no coração porque fez o melhor para prover.

• *Fala com sabedoria e bondade* (v.26). Ela diz o que precisa ser dito e faz o que precisa ser feito!

Vemos que a verdadeira beleza de uma pessoa brota da alma. Sua gentileza, cuidado e paixão fluem do seu relacionamento com Deus (v.30). Sigamos seu exemplo e vistamo-nos com "…a beleza de um espírito calmo e delicado, que tem muito valor para Deus" (1 Pedro 3:4). —Poh Fang Chia

*Encham a mente de vocês com tudo o que é bom
e merece elogios…* Filipenses 4:8

Minhas notas e motivos de oração:

Suficiente para doar

9 de março

LEITURA: PROVÉRBIOS 28:21-28

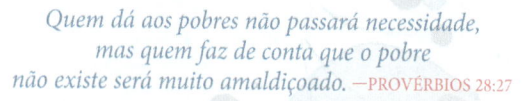

*Quem dá aos pobres não passará necessidade,
mas quem faz de conta que o pobre
não existe será muito amaldiçoado.* —PROVÉRBIOS 28:27

Não é preciso muito para doar (2 Coríntios 6:10). Um dia uma amiga me levou a um vilarejo em Uganda para conhecer sua família. Sendo a única pessoa branca nesse local em meses, a notícia de uma "Muzungu" por perto, correu. Logo, 30 crianças se juntaram para me ver.

Após fingir que não percebia os seus olhares e cochichos, pedi licença e fui até elas. Brinquei e comecei a correr atrás delas que gritando, riam e fugiam para as suas cabanas. Elas reapareciam para que eu voltasse a correr atrás delas. Foi muito legal demonstrar este amor em ação às crianças (Lucas 18:16).

A brincadeira improvisada durou quase uma hora. Ao paramos de brincar, as crianças me levaram de mãos dadas à cabana de minha amiga. O sogro dela, um pastor sábio e gentil, olhou para as crianças e disse: "Você fez novos amigos" (Colossenses 1:8).

O Senhor usou as crianças e este sábio pastor para lembrar-me de que mesmo que meus recursos financeiros sejam limitados (2 Coríntios 6:10), Deus me dará oportunidades para demonstrar o Seu amor aos pobres (1 João 3:17).

A Bíblia nos ensina a dar com alegria e generosidade (Deuteronômio 15:10). Podemos e devemos doar parte de nossa renda para ajudar os necessitados, prover o empobrecido, levar-lhes palavras de encorajamento ou outros recursos úteis (Lucas 6:36). —Roxanne Robbins

Ao doarmos, Deus promete que não passaremos necessidades. Provérbios 28:27

Minhas notas e motivos de oração:

10 de março

Apenas Suas mãos

LEITURA: EFÉSIOS 3:14-21

> …que a glória seja dada a Deus,
> o qual, por meio do seu poder que age em nós, pode fazer
> muito mais do que nós pedimos… —EFÉSIOS 3:20

Jennifer tinha acabado de ouvir uma notícia perturbadora sobre o aumento de casos de depressão entre as mulheres. A notícia citava uma elevação do alcoolismo associada e uma dependência maior em drogas vendidas com prescrição médica.

"Então, o que o Senhor está fazendo a esse respeito?", Jennifer orava. Mas, quanto mais ela pensava sobre o assunto, mais sentia que Deus estava pedindo que fizesse algo. Tudo o que ela conseguia ver, porém, eram suas próprias limitações.

Para ajudar a refletir, listou algumas razões que a impediam de agir: timidez, medo de se envolver, falta de tempo, coração endurecido, sentimentos de incapacidade, medo do fracasso — uma relação intimidadora!

Ao terminar sua lista, Jennifer percebeu que era hora de buscar os filhos na escola. Ela vestiu o casaco e pegou as luvas, que estavam ali frouxas e inúteis — até colocá-las em suas mãos. Naquele momento, percebeu que Deus não queria que pensasse em suas limitações. O Senhor queria que o Seu poder fosse refletido por intermédio dela, assim como as luvas que tinham se tornado úteis quando ela as colocou.

Por que nos sentimos inadequadas para a obra que Deus nos deu? Ele quer amar os outros por nosso intermédio, "…por meio do seu poder que age em nós…" (Efésios 3:20).

—Joanie Yoder

O chamado de Deus para uma tarefa inclui a Sua força para completá-la.

Minhas notas e motivos de oração:

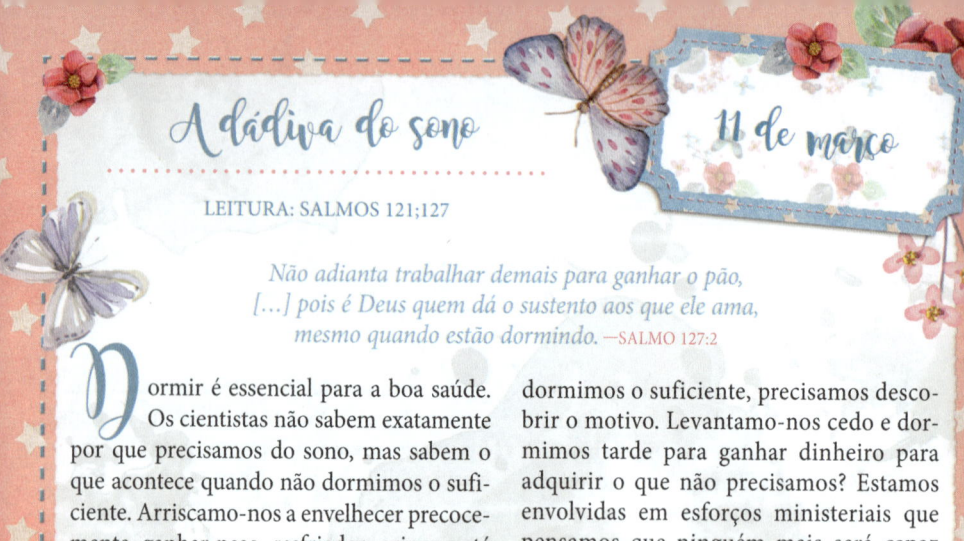

A dádiva do sono

11 de março

LEITURA: SALMOS 121;127

Não adianta trabalhar demais para ganhar o pão, [...] pois é Deus quem dá o sustento aos que ele ama, mesmo quando estão dormindo. —SALMO 127:2

Dormir é essencial para a boa saúde. Os cientistas não sabem exatamente por que precisamos do sono, mas sabem o que acontece quando não dormimos o suficiente. Arriscamo-nos a envelhecer precocemente, ganhar peso, resfriados, gripes e até câncer. O que Deus aperfeiçoa em nosso corpo enquanto dormimos nada mais é do que um milagre. Enquanto dormimos, Deus repõe nossas energias, refaz e reconstitui nossas células, e reorganiza as informações em nosso cérebro.

São muitas as razões para não dormirmos o suficiente, e algumas não podemos resolver, mas a Bíblia indica que o excesso de trabalho não deveria ser uma delas (Salmo 127:2). Dormir é uma dádiva de Deus que devemos receber com gratidão. Se não dormimos o suficiente, precisamos descobrir o motivo. Levantamo-nos cedo e dormimos tarde para ganhar dinheiro para adquirir o que não precisamos? Estamos envolvidas em esforços ministeriais que pensamos que ninguém mais será capaz de fazer?

Às vezes, minha tendência é acreditar que o meu trabalho quando estou acordada é mais importante do que o trabalho que Deus faz enquanto durmo. No entanto, recusar a dádiva do sono, dada por Deus, é como dizer-lhe que o meu trabalho é mais importante que o dele.

Deus não quer que ninguém seja escravo do trabalho. Ele quer que desfrutemos a Sua dádiva do sono. —Julie Ackerman Link

Se não sairmos de cena e descansarmos um pouco, podemos simplesmente desmoronar. Havner

Minhas notas e motivos de oração:

12 de março

Barreira de comunicação

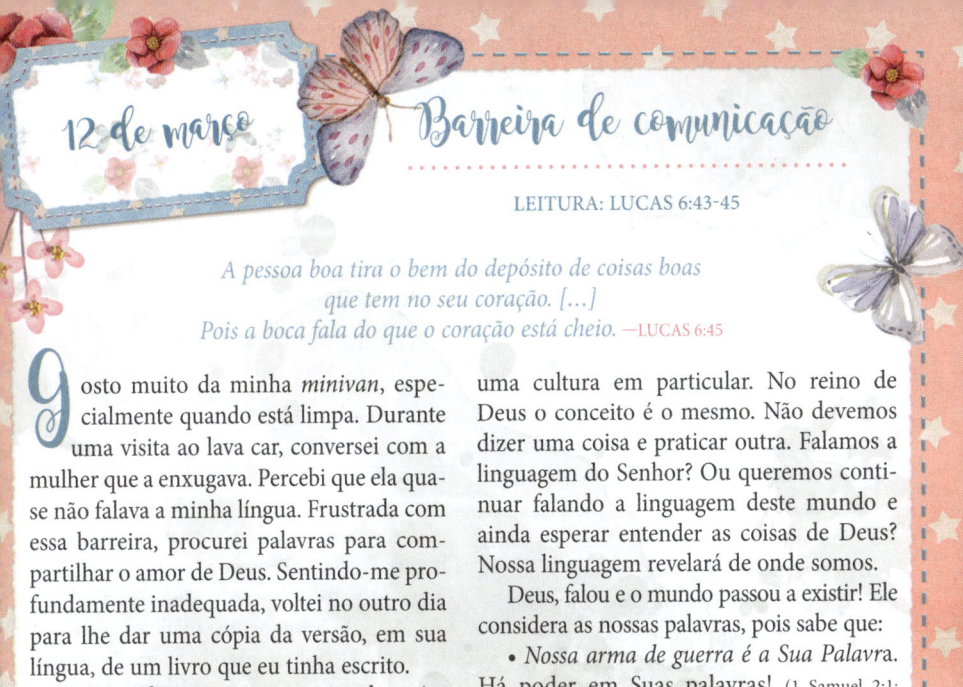

LEITURA: LUCAS 6:43-45

A pessoa boa tira o bem do depósito de coisas boas que tem no seu coração. […] Pois a boca fala do que o coração está cheio. —LUCAS 6:45

Gosto muito da minha *minivan*, especialmente quando está limpa. Durante uma visita ao lava car, conversei com a mulher que a enxugava. Percebi que ela quase não falava a minha língua. Frustrada com essa barreira, procurei palavras para compartilhar o amor de Deus. Sentindo-me profundamente inadequada, voltei no outro dia para lhe dar uma cópia da versão, em sua língua, de um livro que eu tinha escrito.

Como é frequente termos uma barreira de comunicação entre nós e Deus! A negatividade, dúvida e mexericos são apenas algumas delas, e prejudicam o nosso relacionamento com o Senhor.

Falar a mesma língua nos permite trocar ideias e revela o nosso entendimento de uma cultura em particular. No reino de Deus o conceito é o mesmo. Não devemos dizer uma coisa e praticar outra. Falamos a linguagem do Senhor? Ou queremos continuar falando a linguagem deste mundo e ainda esperar entender as coisas de Deus? Nossa linguagem revelará de onde somos.

Deus, falou e o mundo passou a existir! Ele considera as nossas palavras, pois sabe que:

• *Nossa arma de guerra é a Sua Palavra.* Há poder em Suas palavras! (1 Samuel 2:1; Salmo 149:5).

• *Nossas palavras revelam o que está em nosso coração.* Refletem quem somos em nosso interior (Deuteronômio 30:14).

• *O que dizemos tem importância* (Mateus 12:36).

—Regina Franklin

O amor a Deus requer que sejamos consistentes com o que cremos.

Minhas notas e motivos de oração:

Pátria celestial

13 de março

LEITURA: HEBREUS 11:8-16

Mas nós somos cidadãos do céu...
—FILIPENSES 3:20

Certa tarde, durante o Ensino Médio, minha melhor amiga e eu pegamos dois cavalos para passearmos. Lentamente, atravessamos os campos de flores silvestres e os bosques. Quando direcionamos os cavalos para o estábulo, eles dispararam como dois foguetes. Os equinos sabiam que era hora de jantar e de uma boa escovada, e estavam ansiosos por isso.

A verdadeira casa do cristão é o céu (Filipenses 3:20). Mesmo assim, às vezes, nossos desejos nos amarram ao aqui e agora. Desfrutamos os bons presentes de Deus — casamento, filhos, netos, viagens, carreiras, amigos. Ao mesmo tempo, a Bíblia nos desafia a focarmos "...nas coisas lá do alto..." (Colossenses 3:1,2). As coisas lá do alto podem incluir os benefícios invisíveis do céu: presença permanente de Deus (Apocalipse 22:3-5), repouso eterno (Hebreus 4:9) e herança incorruptível (1 Pedro 1:4).

Recentemente, li: "Os cristãos desejam a herança celestial; e, quanto maior é a fé, mais fervoroso [é o desejo]." Vários fiéis do Antigo Testamento mencionados em Hebreus 11 tinham grande fé em Deus, que os capacitou a aceitar Suas promessas antes de recebê-las (v.13). Uma dessas promessas era o céu. Se depositarmos a nossa fé em Deus, Ele nos fará desejar aquela "pátria celestial" (v.16) e nos fará ter desapego por este mundo. —Jennifer Benson Schuldt

Para o cristão, o céu é o seu lar.

Minhas notas e motivos de oração:

14 de março

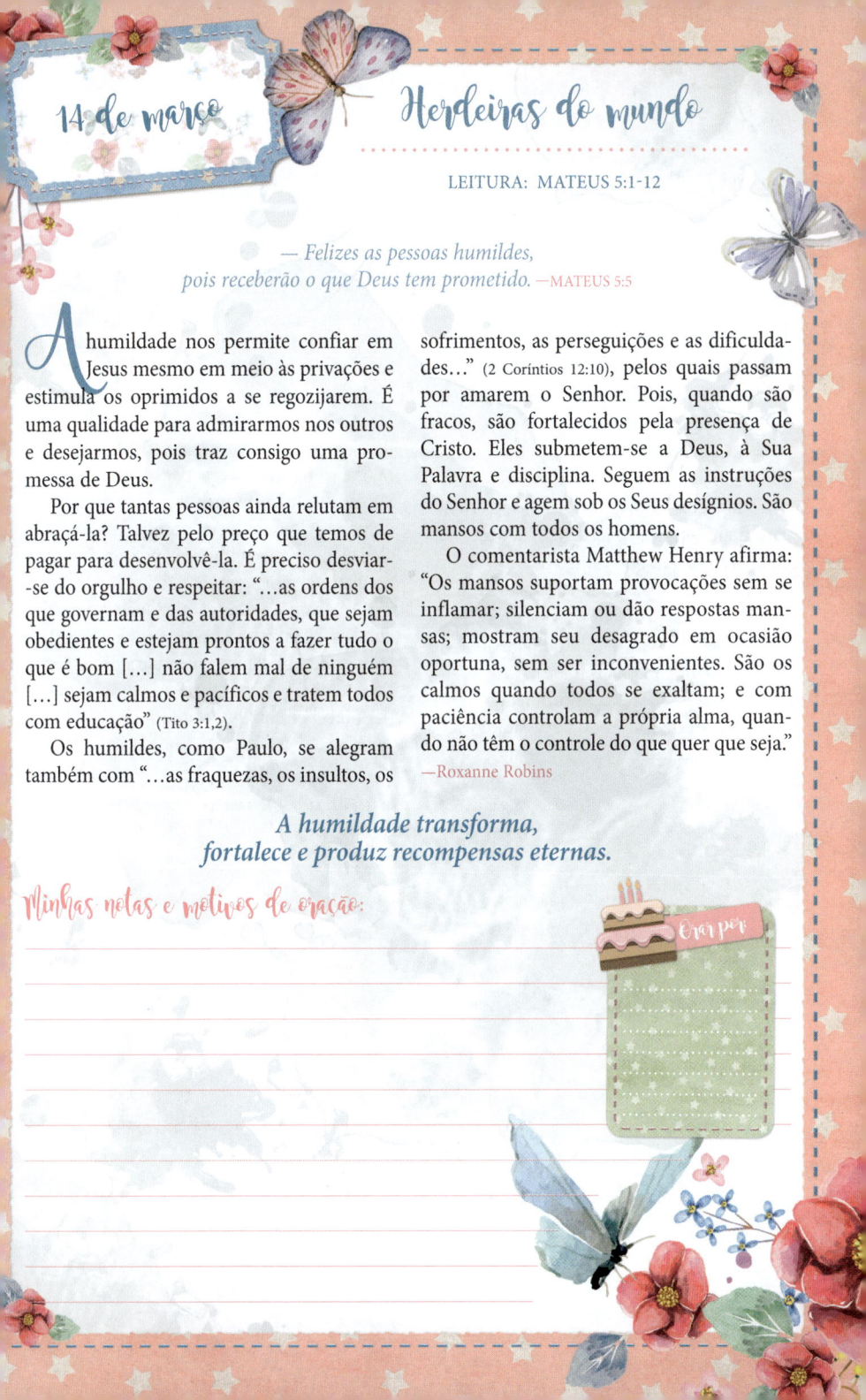

Herdeiras do mundo

LEITURA: MATEUS 5:1-12

— Felizes as pessoas humildes, pois receberão o que Deus tem prometido. —MATEUS 5:5

A humildade nos permite confiar em Jesus mesmo em meio às privações e estimula os oprimidos a se regozijarem. É uma qualidade para admirarmos nos outros e desejarmos, pois traz consigo uma promessa de Deus.

Por que tantas pessoas ainda relutam em abraçá-la? Talvez pelo preço que temos de pagar para desenvolvê-la. É preciso desviar-se do orgulho e respeitar: "…as ordens dos que governam e das autoridades, que sejam obedientes e estejam prontos a fazer tudo o que é bom […] não falem mal de ninguém […] sejam calmos e pacíficos e tratem todos com educação" (Tito 3:1,2).

Os humildes, como Paulo, se alegram também com "…as fraquezas, os insultos, os sofrimentos, as perseguições e as dificuldades…" (2 Coríntios 12:10), pelos quais passam por amarem o Senhor. Pois, quando são fracos, são fortalecidos pela presença de Cristo. Eles submetem-se a Deus, à Sua Palavra e disciplina. Seguem as instruções do Senhor e agem sob os Seus desígnios. São mansos com todos os homens.

O comentarista Matthew Henry afirma: "Os mansos suportam provocações sem se inflamar; silenciam ou dão respostas mansas; mostram seu desagrado em ocasião oportuna, sem ser inconvenientes. São os calmos quando todos se exaltam; e com paciência controlam a própria alma, quando não têm o controle do que quer que seja."

—Roxanne Robins

A humildade transforma, fortalece e produz recompensas eternas.

Minhas notas e motivos de oração:

À margem

15 de março

LEITURA: FILIPENSES 4:10-20

> *...de acordo com as gloriosas riquezas que ele tem para oferecer por meio de Cristo Jesus, lhes dará tudo o que vocês precisam.* —FILIPENSES 4:19

Quando as borboletas saem de seus casulos, no parque da cidade, elas têm um paraíso tropical preparado e perfeitamente adequado ao suprimento de todas as suas necessidades. A temperatura e a umidade são perfeitas. O alimento contém o perfeito equilíbrio de calorias e nutrientes para mantê-las saudáveis. Não há necessidade de irem a qualquer outro lugar. Contudo, algumas borboletas veem o céu azul brilhante fora do abrigo e passam os seus dias voando junto ao teto de vidro, muito longe do abundante suprimento de alimentos.

Quero dizer a essas borboletas: "Vocês não sabem que tudo que necessitam está aí dentro? O lado de fora é frio e agressivo, e vocês morrerão em poucos minutos se conseguirem o que estão desejando."

Pergunto-me se essa é a mensagem que Deus tem para mim e questiono: olho com desejo para as coisas que me causariam algum mal? Uso minha energia para obter o que não necessito e não deveria ter? Ignoro a abundante provisão de Deus porque imagino que algo além do meu alcance é melhor? Invisto o meu tempo à margem da fé?

Deus supre todas as nossas necessidades com as Suas riquezas (Filipenses 4:19). Então, em vez de nos esforçarmos para obter o que não temos, vamos abrir o nosso coração para receber com gratidão tudo o que Ele já nos concedeu. —Julie Ackerman Link

As nossas necessidades nunca esgotarão os suprimentos divinos.

Minhas notas e motivos de oração:

Orar por:

16 de março

Uma canção

LEITURA: DEUTERONÔMIO 31:16-22

Eu louvarei o nome do Senhor. […]. O Senhor é a nossa rocha; ele é perfeito e justo em tudo o que faz… —DEUTERONÔMIO 32:3,4

Alegrei-me quando recebi um presente em minha correspondência — um CD com os versículos em canções. Ouvi-o muitas vezes, e as melodias aninharam-se em minha mente. Em pouco tempo, pude cantar as palavras de alguns versículos no livro de Salmos sem a ajuda da gravação.

A música pode nos ajudar a lembrar de palavras e ideias que de outra maneira esqueceríamos. Deus sabia que os israelitas se esqueceriam dele quando entrassem na Terra Prometida (Deuteronômio 31:20). Eles o abandonariam, se curvariam aos ídolos, e os problemas surgiriam (vv.16-18). Por causa disto, Deus pediu a Moisés para compor uma canção e ensiná-la aos israelitas para que eles pudessem lembrar-se da proximidade que tiveram com o Senhor no passado e do pecado que havia interferido no relacionamento deles com o Pai (31:19-22). Talvez o mais importante tenha sido que Deus queria que Sua nação se lembrasse do Seu caráter; Ele é a Rocha, "O Senhor é a nossa rocha; ele é perfeito e justo em tudo o que faz. Ele é fiel e correto e julga com justiça e honestidade" (32:4).

No que Deus deseja ser lembrado por você hoje? Seu poder, Sua santidade, Seu amor ou Sua fidelidade? Você conhece alguma canção de exaltação ao caráter do Senhor? Cante-a de todo o seu coração! Cante-a para o Senhor (Efésios 5:19). —Jennifer Benson Schuldt

Lembrar-se da bondade de Deus traz uma canção ao nosso coração.

Minhas notas e motivos de oração:

Orar por

Por que você está aqui?

17 de março

LEITURA: GÁLATAS 2:20; 5:16-24

As pessoas que pertencem a Cristo Jesus crucificaram a natureza humana [...] com todas as paixões e desejos dessa natureza. —GÁLATAS 5:24

"Tudo bem. Cuido disso," finalizei bruscamente. Fiz o que não queria ter feito, e frustrei-me. Pouco antes eu tinha dito a uma amiga que Deus estava me ensinando a confiar em meu marido, ao invés de reagir. *Será que conseguiria aprender?*

Enquanto estivermos vivos, dois desejos lutarão em nosso interior (Gálatas 5:17). Em Sua morte na cruz, Jesus destruiu o poder do pecado sobre nós. Mas a nossa luta com o pecado não se encerra ao recebemos a salvação (Romanos 7:18). Cristo nos deixou claro que a obediência e a renúncia são decisões diárias (Lucas 9:23).

O inimigo quer nos convencer de que não estamos indo a lugar algum, que nunca seremos livres, que nada mudou, e que o poder de Deus não é real. Enraivecidas por fazer o que não devemos, questionamos se essas mentiras são verdadeiras.

Não vencemos nossa natureza pecaminosa com esforço próprio — a salvação vem pela graça (Efésios 2:8). Ao escolher essa graça, minha vida não mais me pertence "...Cristo é quem vive em mim. E esta vida que vivo agora, eu a vivo pela fé no Filho de Deus..." (Gálatas 2:20). Posso vencer a tentação ao entregar minha vida a Cristo e Ele viver em mim (Romanos 6:6-8).

Não podemos andar onde não escolhemos ir. A pessoa espiritualmente morta rejeitou a liberdade e a vida que se encontra em Jesus. —Regina Franklin

A Palavra de Deus promete liberdade.

Minhas notas e motivos de oração:

18 de março

Ouça atentamente

LEITURA: ÊXODO 6:11-13

…Se até os israelitas não querem me dar atenção, o rei também não vai querer. Eu não tenho facilidade para falar. —ÊXODO 6:12

Desde o início dos tempos, o anseio de ser ouvida por Deus e pelos outros é um desejo do nosso coração. Como o salmista escreveu: "Ó Deus, defensor dos meus direitos, responde-me quando eu te chamar! Eu estava em dificuldade, mas tu me ajudaste. Tem misericórdia de mim e ouve a minha oração!" (Salmo 4:1).

Moisés ansiava por um público acolhedor, que o ouvisse. Ele era um orador inseguro e reclamou com Deus: "…não vão acreditar em mim, nem vão dar atenção ao que eu falar…" (Êxodo 4:1).

O rei Davi também ansiava por um bom ouvinte. Ele clamou: "Ouve, ó Deus, a minha oração! Escuta as minhas palavras" (Salmo 54:2).

Há regras para uma boa comunicação e existem diversos tipos de obstáculos que nos impedem de ouvir e de sermos ouvidas. Estas barreiras incluem:

• Adiantar-se: pensar sobre o que será dito, planejando a réplica;

• Ausentar-se da conversa: pensar sobre outros assuntos nesse momento;

• Interromper o raciocínio da outra pessoa para interpor os seus;

• Desconsiderar mentalmente o seu ouvinte sem refletir, achando que já compreendeu a perspectiva dele;

• Bloquear e recusar-se a reconhecer o tópico que outro está tratando, bloqueando seletivamente a mensagem.

Devemos evitar essas práticas para sermos ouvidas e compreendidas. Agindo assim, seremos sábias (Provérbios 12:15). —Roxanne Robbins

É importante ouvirmos atentamente a Deus e aos outros.

Minhas notas e motivos de oração:

Irrefreável

19 de março

LEITURA: NÚMEROS 22:10-34

...o Senhor Deus fez com que Balaão visse o Anjo, que estava no caminho com a espada na mão. Balaão se ajoelhou... —NÚMEROS 22:31

Abaixo. Acima. Em volta. No meio. Nada me impedirá de fazê-lo. Ouço, com frequência, as pessoas expressarem esse tipo de atitude quando têm uma ideia ou veem uma oportunidade que lhes pareça boa ou vantajosa. Dedicam todos os seus recursos para conquistá-la.

Para mostrar que esta maneira de pensar pode falhar, chamo uma jumenta, que pertence a um homem chamado Balaão, como minha testemunha.

Um rei vizinho ofereceu uma tarefa vantajosa a Balaão, e este perguntou a Deus se lhe era permitido aceitá-la (Números 22). O Senhor lhe mostrou que não, então, os representantes do rei fizeram uma oferta melhor. Pensando que Deus poderia ter mudado de ideia, Balaão perguntou-lhe novamente. Deus lhe permitiu ir com os representantes, mas sob rigorosas condições. O Senhor conhecia o coração desse homem e não estava contente com ele. Então colocou o Seu anjo no caminho, porém Balaão não podia vê-lo, mas sua jumenta podia. Quando o animal se recusou a continuar, o profeta irritou-se por este lhe impedir de seguir.

Essa história nos ensina que nem todos osbstáculos devem ser superados. Alguns são colocados por Deus para nos proteger. Quando os nossos planos são dificultados, não devemos presumir que Satanás está tentando nos impedir. Pode ser que o Senhor esteja nos protegendo. —Julie Ackerman Link

Deus sempre nos protege — mesmo quando não percebemos a necessidade.

Minhas notas e motivos de oração:

20 de março

Quem sou eu?

LEITURA: ÊXODO 3:7-15

> Moisés perguntou a Deus: — Quem sou eu para ir falar com o rei do Egito e tirar daquela terra o povo de Israel? —ÊXODO 3:11

Anos atrás, o evangelista Billy Graham foi falar na Universidade de Cambridge, Inglaterra, e ele não se sentiu qualificado para discursar aos sofisticados pensadores. Não tinha mestrado ou doutorado e nunca tinha estudado em seminário. Ele falou a um amigo: "Não sei se já me senti mais inadequado e totalmente despreparado." E pediu ajuda a Deus que o usou para compartilhar a verdade do evangelho e da Cruz de Cristo.

Moisés também se sentiu inadequado quando Deus o recrutou para dizer ao Faraó que libertasse os israelitas. Moisés perguntou: "…Quem sou eu para ir falar com o rei do Egito…? (Êxodo 3:11). Apesar de questionar sua eficácia por não ter "…facilidade para falar" (4:10), o Senhor lhe respondeu: "…Eu estarei com você…" (3:12). Sabendo que teria de compartilhar o plano de resgate de Deus e contar aos israelitas quem o enviara, Moisés perguntou ao Senhor: "…Aí o que é que eu digo?" E Deus respondeu: "…Eu Sou me enviou a vocês" (vv.13,14). O Seu nome "Eu Sou" revelou o Seu caráter eterno, onipresente, onipotente e onisciente.

Mesmo quando questionamos as nossas habilidades para fazer o que Deus nos pediu, Ele é confiável. Nossas imperfeições são menos importantes do que a Sua suficiência. Quando perguntamos: "Quem sou eu?", lembremo-nos de que Deus responde: "Eu Sou". —Jennifer Benson Schuldt

Você não precisa temer para onde vai se já sabe que Deus está ao seu lado.

Minhas notas e motivos de oração:

Orar por:

Estradas esburacadas

21 de março

LEITURA: SALMOS 18:30-33; 27:4,5; 40:1-8

*Tirou-me de uma cova perigosa, de um poço de lama.
Ele me pôs seguro em cima de uma rocha
e firmou os meus passos.* —SALMO 40:2

Meus pensamentos estavam longe, quando um buraco na estrada sacudiu meu carro, e percebi que tinha ignorado as placas que indicavam que a rodovia estava em obras. A escuridão encobria o desnível no asfalto. Dias depois ao dirigir por outro trecho da mesma estrada a suavidade da via pavimentada fez meus pneus rodarem bem. A diferença era visível.

Isaías 26:7 diz: "O caminho das pessoas direitas é fácil; tu, ó Deus justo, tornas plano o caminho por onde elas andam." O caminho do Senhor é sempre correto e Ele é fiel para endireitar as veredas diante de nós. Às vezes, o tempo e os métodos de Deus são diferentes de nossas expectativas. Limitadas por nossa visão, lutamos para compreender a ação dele ao tentarmos ultrapassar os locais em que as obras estão em andamento. Quando os solavancos nos ferem, buscamos recobrar as forças.

Ter confiança é fundamental (Salmo 40:3,4). Ansiamos ver o resultado do que Ele está fazendo. Esquecemos que os vales escuros surgirão (Salmo 23:4). Sem confiança, nossa fé enfraquecerá, e sem fé vacilaremos no esforço próprio (Hebreus 11:6).

Nestes trechos, descobrimos que "esperar com paciência" significa encontrar libertação (Salmo 40:1). Não importa se o atoleiro é consequência das nossas próprias escolhas ou de outros, somente Ele pode nos salvar.

—Regina Franklin

*Pés firmes em terreno sólido, não se referem
ao que vemos, mas a quem olhamos.*

Minhas notas e motivos de oração:

22 de março

Viajantes do mundo

LEITURA: ROMANOS 10:1-17

…*"Como é bonito ver os mensageiros trazendo boas notícias!"*
—ROMANOS 10:15

Uma garota inglesa começou uma viagem de 11 anos ao redor do mundo, em 1983. Com 16 anos, fez isso a pé! Por quê? Ela explicou: "Eu tinha de me descobrir."

Se você acha que não conseguiria ou que não empreenderia tamanha jornada, fique tranquila. Um podólogo nos informa que já a fazemos. Ele afirma que os pés de uma pessoa comum viajam mais de quatro vezes a circunferência da Terra durante a vida.

É uma boa caminhada! Mas onde nossos pés nos levam e por quê?

Na carta aos Romanos, Paulo escreveu sobre os pés daqueles que levam o evangelho por onde vão (10:15). E afirmou que, a menos que alguém vá e fale sobre Jesus aos outros, eles não ouvirão e não serão salvos.

Com isso em mente, podemos andar com uma causa — não a de nos descobrir, mas ajudar os outros a descobrir Cristo. Por esta razão, Deus recruta os nossos pés ao Seu serviço, chamando-os até de formosos!

Mas o que dizer sobre pessoas, como Joni Eareckson Tada, que estão incapacitadas de andar? Ela testemunha: "Aprendi que você pode estar numa cadeira de rodas e ainda assim caminhar com Jesus!" Sim, todos os cristãos podem viver para Jesus por onde quer que forem. Nossa vida pode ser um testemunho resplandecente do poder e da verdade do evangelho.

Para onde seus pés irão hoje? Como você anunciará as boas-novas de Cristo?
—Joanie Yoder

Amar os perdidos é o primeiro passo para levá-los a Cristo.

Minhas notas e motivos de oração:

Descontrolada

LEITURA: TIAGO 1:19-21

23 de março

…cada um esteja pronto para ouvir, mas demore para falar e ficar com raiva. —TIAGO 1:19

Um touro entrou na cozinha pela porta dos fundos, desceu pelo corredor e rodopiou na sala de estar, na casa de uma família alemã, causando prejuízos enormes.

Ao imaginar o rebuliço, lembro-me da ira que explode repentinamente, ricocheteando e deixando desgastes emocionais em nossos lares. Ela tem poder destruidor e deve ser evitada: "…não deixem que isso faça com que pequem…" (Efésios 4:26).

Tiago nos ensina como controlar a ira, devemos "…estar prontos para ouvir" (v.19). Isso não nos soa natural. Porém, ouvir com prontidão nos dá a chance de descobrir a verdade. Meu filho me desrespeitou ou apenas agiu como criança? O meu marido realmente quis dizer aquilo ou foi um mal-entendido? Qual é o meu grau de responsabilidade nesta situação?

Após treinar o nosso ouvir, temos que praticar o falar tardio. Expressar o nosso pensamento com calma nos dá tempo para orar por domínio próprio e responder adequadamente. "A resposta delicada acalma o furor…" (Provérbios 15:1). Ser tardio para falar refreia o poder destrutivo das palavras.

Se a ira for inevitável, ignore os impulsos explosivos e evite que aumentem. Tiago prossegue dizendo: "…a raiva humana não produz o que Deus aprova" (1:20). Depende de nós estarmos prontas para ouvir, e tardias para falar e assim afastar a confusão.

—Jennifer Benson Schuldt

Como um touro descontrolado, a ira indomável é perigosa.

Minhas notas e motivos de oração:

Orar por

24 de março

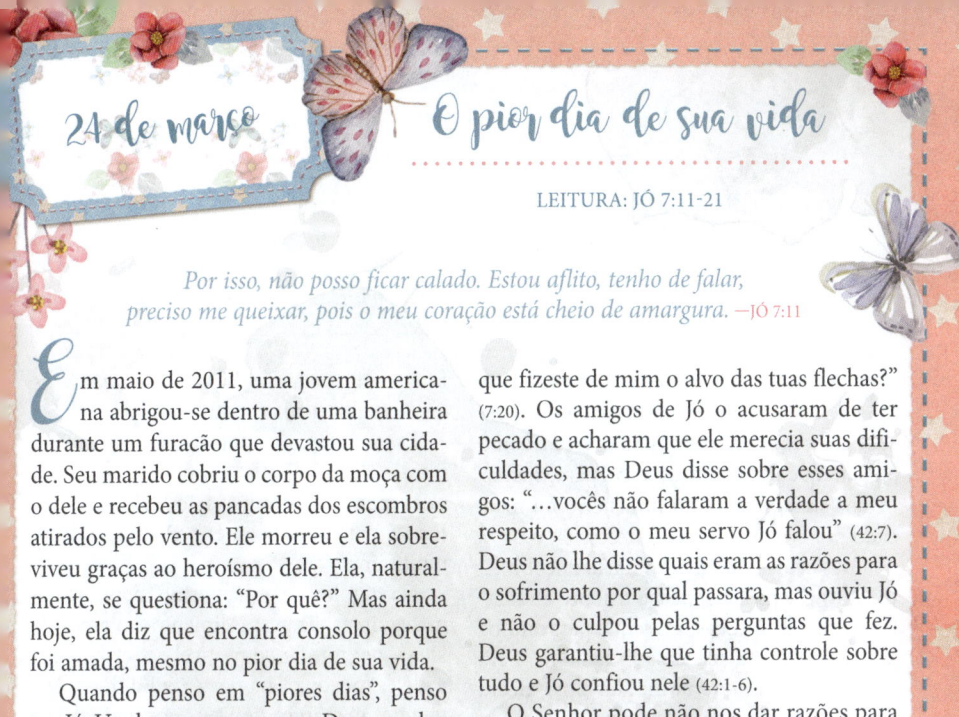

O pior dia de sua vida

LEITURA: JÓ 7:11-21

Por isso, não posso ficar calado. Estou aflito, tenho de falar, preciso me queixar, pois o meu coração está cheio de amargura. —JÓ 7:11

Em maio de 2011, uma jovem americana abrigou-se dentro de uma banheira durante um furacão que devastou sua cidade. Seu marido cobriu o corpo da moça com o dele e recebeu as pancadas dos escombros atirados pelo vento. Ele morreu e ela sobreviveu graças ao heroísmo dele. Ela, naturalmente, se questiona: "Por quê?" Mas ainda hoje, ela diz que encontra consolo porque foi amada, mesmo no pior dia de sua vida.

Quando penso em "piores dias", penso em Jó. Um homem que amava Deus, perdeu seus animais, seus servos e dez filhos num único dia! (Jó 1:13-19). Jó lamentou profundamente e também perguntou o porquê? Ele clamou: "Se pequei, que mal fiz a ti [...]? Por que fizeste de mim o alvo das tuas flechas?" (7:20). Os amigos de Jó o acusaram de ter pecado e acharam que ele merecia suas dificuldades, mas Deus disse sobre esses amigos: "...vocês não falaram a verdade a meu respeito, como o meu servo Jó falou" (42:7). Deus não lhe disse quais eram as razões para o sofrimento por qual passara, mas ouviu Jó e não o culpou pelas perguntas que fez. Deus garantiu-lhe que tinha controle sobre tudo e Jó confiou nele (42:1-6).

O Senhor pode não nos dar razões para as nossas provações. Mas felizmente, mesmo nos piores dias de nossa vida, temos a certeza de que somos amadas por Ele (Romanos 8:35-39). —Anne Cetas

O amor de Deus não impede as nossas provações, mas nos ampara em meio a elas.

Minhas notas e motivos de oração:

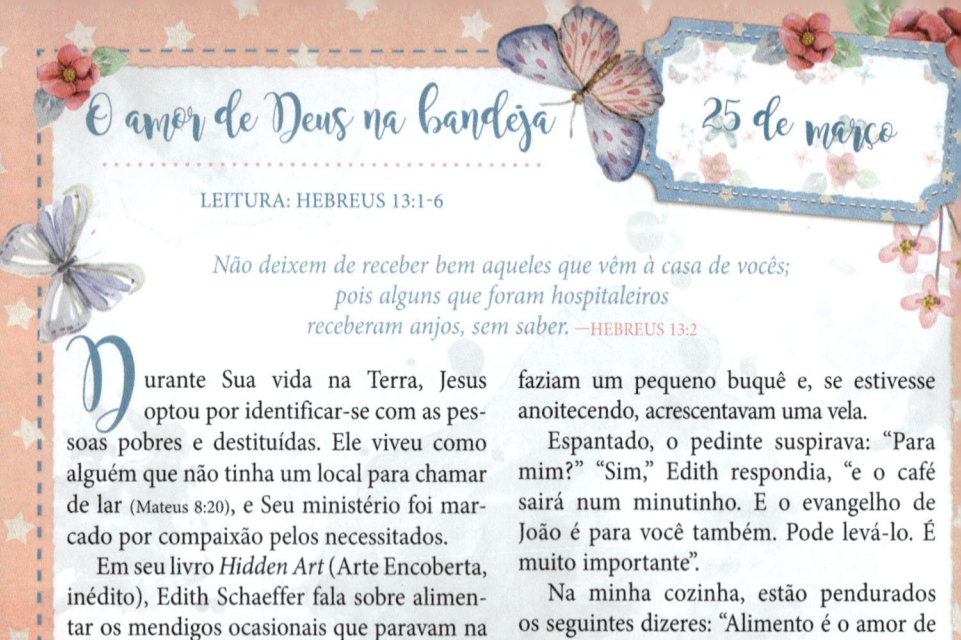

O amor de Deus na bandeja

25 de março

LEITURA: HEBREUS 13:1-6

Não deixem de receber bem aqueles que vêm à casa de vocês; pois alguns que foram hospitaleiros receberam anjos, sem saber. —HEBREUS 13:2

Durante Sua vida na Terra, Jesus optou por identificar-se com as pessoas pobres e destituídas. Ele viveu como alguém que não tinha um local para chamar de lar (Mateus 8:20), e Seu ministério foi marcado por compaixão pelos necessitados.

Em seu livro *Hidden Art* (Arte Encoberta, inédito), Edith Schaeffer fala sobre alimentar os mendigos ocasionais que paravam na porta de trás de sua casa e pediam: "Será que a senhora poderia me dar uma xícara de café e um pedaço de pão?"

Edith os convidava para sentar-se e, então, preparava uma bandeja de alimentos digna de um rei: sopa quente e sanduíches bem recheados, cortados e lindamente dispostos na bandeja com guarnições. As crianças faziam um pequeno buquê e, se estivesse anoitecendo, acrescentavam uma vela.

Espantado, o pedinte suspirava: "Para mim?" "Sim," Edith respondia, "e o café sairá num minutinho. E o evangelho de João é para você também. Pode levá-lo. É muito importante".

Na minha cozinha, estão pendurados os seguintes dizeres: "Alimento é o amor de Deus de forma comestível." Certamente, aqueles mendigos na porta de Edith experimentavam o amor de Deus por meio dela e de sua família.

Que tal servir o amor de Deus a alguém? Por meio da sua generosidade, você estará servindo a Cristo — e, talvez, a um anjo disfarçado (Hebreus 13:2). —Joanie Yoder

Alimento é o amor de Deus de forma comestível.

Minhas notas e motivos de oração:

Orar por

26 de março

Medite

LEITURA: SALMOS 63:6; 119:9-18

...sempre darei atenção às tuas ordens.
—SALMO 119:117

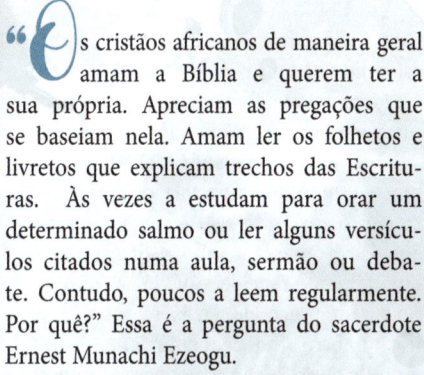

"Os cristãos africanos de maneira geral amam a Bíblia e querem ter a sua própria. Apreciam as pregações que se baseiam nela. Amam ler os folhetos e livretos que explicam trechos das Escrituras. Às vezes a estudam para orar um determinado salmo ou ler alguns versículos citados numa aula, sermão ou debate. Contudo, poucos a leem regularmente. Por quê?" Essa é a pergunta do sacerdote Ernest Munachi Ezeogu.

Vale a pena propor essa pergunta aos cristãos ao redor do mundo. Por que os cristãos não passam mais tempo na meditação da Palavra de Deus?

Por meio da meditação nas Escrituras, somos consoladas nas tribulações e alimentamos nossa alma. Conheça alguns versículos sobre as riquezas que encontramos ao mergulhar nas profundezas da Palavra de Deus:

- "...Estude esse livro dia e noite e se esforce para viver de acordo com tudo o que está escrito nele. Se fizer isso, tudo lhe correrá bem, e você terá sucesso" (Josué 1:8).
- "...ó Deus, ficamos pensando no teu amor" (Salmo 48:9).
- "...eu, que sou teu servo, meditarei nas tuas leis" (Salmo 119:23).
- "Respeito e amo os teus mandamentos e medito nas tuas leis" (Salmo 119:48).
- "Eu lembro dos teus julgamentos do passado, e eles me confortam, ó SENHOR" (Salmo 119:52).
- "Dá-me apoio, e estarei em segurança; e sempre darei atenção às tuas ordens" (Salmo 119:117). —Roxanne Robbins

A Palavra de Deus é a expressão da Sua bondade e graça.

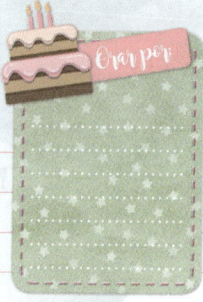

Orar por

Minhas notas e motivos de oração:

O braço forte de Deus

27 de março

LEITURA: ÊXODO 6:1-8

Vou livrá-los da escravidão [...].
Estenderei o braço poderoso para fazer cair sobre os egípcios
um castigo horrível e salvarei vocês. —ÊXODO 6:6

Minha amiga Joana queria muito se tornar pianista clássica, viajar e apresentar-se como solista ou pianista para outra pessoa. Durante o curso superior de piano, ela teve tendinite no braço direito e ficou debilitada demais para participar do recital solo obrigatório. Acabou colando grau em história e literatura da música.

Ela conhecia Jesus como seu Salvador, mas tinha se rebelado contra Ele durante vários anos. Depois, por meio de outras circunstâncias difíceis, percebeu o Senhor estendendo-lhe a mão e voltou-se para Ele. Finalmente, seu braço se fortaleceu e seu sonho de viajar e tocar se realizou. Diz ela: "Agora, posso tocar para a glória de Deus, não para a minha própria. Seu braço estendido restaurou a minha vida espiritual e a força em meu braço, para capacitar-me a servi-lo com o dom que Ele me concedeu."

O Senhor prometeu a Moisés que o Seu braço estendido resgataria os israelitas do cativeiro no Egito (Êxodo 6:6). Ele cumpriu aquela promessa, embora Seu povo frequentemente rebelde, duvidasse (14:30,31). O poderoso braço de Deus se estende para nós também. Independentemente do resultado de nossa situação, podemos confiar que Ele realizará Sua vontade para cada um de Seus filhos. Podemos depender do braço forte de Deus. —Anne Cetas

Com o poder de Deus na retaguarda
e amparada em Seus braços, você pode enfrentar o futuro.

Minhas notas e motivos de oração:

28 de março

Conversa terna

LEITURA: GÊNESIS 16:6-11

…pois o Senhor Deus ouviu o seu grito de aflição.
—GÊNESIS 16:11

Algumas letras de canções e as perguntas que afloram quando vivemos isoladas expressam o desejo de nos relacionarmos. *Alguém me quer? Alguém precisa de mim? O que farei se a resposta for "não"?*

Para Agar, a resposta foi *não* e ela partiu, deixando Sarai e Abrão. Ela estava gerando uma criança de Abrão, mas "…Sarai começou a maltratá-la tanto, que ela fugiu" (Gênesis 16:6).

Apenas o anjo do Senhor a procurou, e a encontrou só no deserto, e perguntou-lhe: "…de onde você vem e para onde está indo?" (v.8). Embora Deus soubesse as respostas, Seu mensageiro estabeleceu o diálogo com Agar para aliviar a dor do seu isolamento.

Nessa conversa terna, o anjo a tranquilizou dizendo que sua solidão era temporária e deu-lhe uma revelação do próprio Deus — mostrando que Ele realmente se importava com ela.

Deus se importava com a solidão de Agar, e "…o Senhor Deus ouviu o seu grito de aflição" (v.11). Embora a Bíblia não registre o apelo desesperado de Agar, parece que o diálogo restaurador de Deus começou no momento mais desolador e solitário de sua vida.

Você sofre a dor da ausência de amigos ou parentes? Lembre-se de que Deus escuta o seu apelo angustiado e está pronto para falar aberta e ternamente com você — para tirá-la da sua solidão. O Deus que vê, aliviou a alma de Agar. —Jennifer Benson Schuldt

Ele é o Deus vivo e me vê.

Minhas notas e motivos de oração:

Parceiros de oração

29 de março

LEITURA: 1 TESSALONICENSES 3:6-13

Irmãos, lembrem de nós nas suas orações.
—1 TESSALONICENSES 5:25

Encontrei minha amiga Ângela para almoçar, pois não nos víamos por meses. Ao final do nosso encontro, ela puxou um pedaço de papel com anotações do nosso encontro anterior. Era uma lista dos meus pedidos de oração pelos quais ela tinha orado desde então. Ângela recapitulou cada um deles e perguntou-me se Deus já os tinha respondido ou se devia fazer alguma atualização. Em seguida, conversamos sobre seus pedidos de oração. É encorajador ter uma parceira de oração!

O apóstolo Paulo tinha um compromisso de orar pelas igrejas às quais servia, incluindo a de Tessalônica. Ele agradeceu a Deus pela fé, o amor e a esperança das pessoas (1 Tessalonicenses 1:2,3). Desejava revê-los e pedia a Deus "noite e dia" para que lhe fosse possível visitá-los novamente (3:10,11). Pediu ao Senhor: "faça com que cresça cada vez mais o amor que … [eles] têm uns pelos outros e por todas as pessoas…" (3:12). Paulo também orava para que o coração deles fosse isento de culpa perante Deus (v.13). Eles devem ter se encorajado ao ler sobre as suas preocupações e orações. Paulo também conhecia sua própria necessidade da presença e do poder de Deus, e pediu: "Irmãos, lembrem de nós nas suas orações" (5:25).

Amoroso Pai, obrigada por desejar que falemos contigo. Ensina-nos a sermos parceiras de oração. —Anne Cetas

O melhor tipo de amiga é a parceira de oração.

Minhas notas e motivos de oração:

30 de março

Mesmo assim

LEITURA: JOÃO 11:17-23

Mas eu sei que, mesmo assim, Deus lhe dará tudo o que o senhor pedir a ele. —JOÃO 11:22

O dia estava chuvoso e eu aguardava um amigo à entrada de um casamento. Eu cumprimentava os convidados pensando: "Onde está ele?". Ele nem apareceu.

Marta deve ter se decepcionado ao esperar que Jesus viesse curar o seu irmão Lázaro. Embora a minha decepção não tenha sido tão importante, a de Marta, poderia ter ameaçado o cerne de nossa fé.

Quando Jesus recebeu a notícia da doença de Lázaro, esperou dois dias para ir a Betânia. Mas Marta não permitiu que essa decepção roubasse sua confiança em Deus. Compreensivelmente, ela ficou desapontada quando Jesus não apareceu para curar seu irmão. Ainda assim, ao ouvir que o Mestre estava a caminho, "…foi encontrar-se com ele" (João 11:20). Também podemos correr para Ele quando estamos deprimidas e desiludidas.

Podemos expressar nossa decepção assim como ela. Marta não se conteve e lhe disse: "…Se o senhor estivesse aqui o meu irmão não teria morrido!" (v.21). E continuou: "…Mas eu sei que, mesmo assim, Deus lhe dará tudo o que o senhor pedir a ele" (v.22). Mesmo sem entender, mesmo em meio a dor. Apesar de tudo isso. As palavras "mesmo assim" abriram as portas para o milagre de Jesus se realizar e revelaram a fé que Marta tinha nele.

Você quer que Deus cuide das suas preocupações? Diga a Jesus que você crê nele.
—Jennifer Benson Schuldt

Não permita que a dor da decepção extinga o fervor de sua fé.

Minhas notas e motivos de oração:

Não existe outro

31 de março

LEITURA: ISAÍAS 45:14-25

…Deus está com vocês, e não há outro deus além dele.
—ISAÍAS 45:14

Naquele hospital africano, eu me preparava para dar banho no Henrique, de 6 anos, quando encontrei um trapo sujo em seu pulso. A mãe dele explicou: "O curandeiro da vila o colocou para afastar os maus espíritos, e ele sarar." Passei meses na enfermaria de câncer pediátrico, e fiz amizade com muitos pais — e com ela também. E lhe perguntei: "Podemos remover esse trapo e pedir a Jesus Cristo para curá-lo?" Ela concordou.

Oramos e ele se submeteu a quimioterapia. O câncer entrou em remissão e a mãe dele e eu nos regozijamos, reconhecendo que Deus "…é o único Deus. Não há outro!" (Isaías 45:14).

Deus falou ao rei Ciro: "…eu o criei para que me servisse e nunca esquecerei de você […] Eu irei na sua frente e aplanarei as montanhas; arrebentarei portões de bronze e quebrarei as suas trancas de ferro. Eu lhe darei tesouros escondidos, riquezas guardadas em lugares secretos a fim de que você saiba que eu sou o Senhor" (44:21; 45:2,3).

Deus nos equipa: "…eu lhe dou força para lutar. Faço isso para que, de leste a oeste, o mundo inteiro saiba que além de mim não existe outro deus. Eu, e somente eu, sou o Senhor" (45:5,6).

Ele faz o trabalho: "Eu, e somente eu, sou o Senhor. Eu sou o Criador da luz e da escuridão e mando bênçãos e maldições; eu, o Senhor, faço tudo isso" (vv.6,7). Amém.

—Roxanne Robbins

Nos desafios e nos momentos difíceis, Deus deseja revelar-se a nós.

Minhas notas e motivos de oração:

Abril

Mesmo endereço

1 de abril

LEITURA: CT 2:14; 3:1-4

Noites e noites, na minha cama, eu procurei o meu amado…
—CÂNTICO DOS CÂNTICOS 3:1

Certo senhor ao perceber que a comida estava desaparecendo de sua geladeira instalou uma câmera de segurança que mostrou alguém movendo-se pela casa, em sua ausência. A polícia investigou e encontrou uma mulher de 58 anos morando na despensa por quase um ano!

É difícil imaginar que duas pessoas compartilharam o mesmo endereço sem se comunicarem. Infelizmente, muitos casamentos são assim. É preciso esforço para permanecer juntos e dois se tornarem "…uma só pessoa" (Efésios 5:31).

A esposa de Salomão demonstrou unidade ao dizer: "Noites e noites, […] eu procurei o meu amado…" (3:1). O carinho no casamento abre o coração para a comunhão quando se está junto.

Ela decidiu, "…procurei o meu amado…" (v.2), e saiu pela porta para encontrar seu marido! Maridos e esposas precisam buscar-se um ao outro, apesar das inconveniências geradas pelas longas horas de trabalho, louças sujas e esportes em geral.

Finalmente, ela o alcança e diz: "…abracei o meu amado…" (v.4). Feliz por tê-lo encontrado ela o conduz à cama! Essa é uma parte do plano de Deus para a "unidade" que faz o relacionamento conjugal tornar-se tão especial.

O casamento é muito mais do que compartilhar o mesmo endereço. Envolve os pensamentos agradáveis, momentos juntos e intimidade física. É um presente de Deus.

—Jennifer Benson Schuldt

…tenham cuidado para que nenhum de vocês seja infiel… Malaquias 2:15

Minhas notas e motivos de oração:

2 de abril

Gemidos agora; glória depois

LEITURA: ROMANOS 8:16-30

E essa pequena e passageira aflição que sofremos vai nos trazer uma glória enorme e eterna, muito maior do que o sofrimento. —2 CORÍNTIOS 4:17

Uma vez, ouvi falar de um seminário cristão chamado "Como ter uma vida sem estresse". Essa esperança, irreal, na mesma hora me deixou estressada! Mesmo assim, todas nós desejamos alívio.

Uma amiga cristã, cuja família está vivendo tempos difíceis, admitiu sentir-se decepcionada com Deus. Ela falou: "Tenho orado, sofrido e reivindicado promessas, mas nada muda. O frustrante é que sei que Ele tem poder para nos tirar desta situação. Já o vi fazer isso antes, mas, desta vez, Ele está em silêncio."

Larry Crabb, em seu livro *De dentro para fora* (Ed. Betânia, 1992), enfatiza que nossa única esperança de obter alívio completo das adversidades é estar com Jesus no céu. "Até lá," ele diz, "ou gememos ou fingimos que não sofremos". E acrescenta: "A experiência de gemer, entretanto, é precisamente aquilo do qual o cristianismo moderno tenta muitas vezes ajudar-nos a escapar."

Minha amiga tem gemido; ela não finge que não está sofrendo. Como todas nós, ela simplesmente quer que as coisas sejam transformadas. Mas o fato é que algo está mudando: ela! Paulo nos garantiu, em 2 Coríntios 4:17, que nossos sofrimentos presentes são leves e momentâneos comparados às mudanças eternas e pesadas que estão produzindo em nós. Então, não desistamos. A glória está adiante! (Romanos 8:18) —Joanie Yoder

Deus frequentemente usa algum empecilho para nos impulsionar.

Minhas notas e motivos de oração:

Não fomos abandonadas

3 de abril

LEITURA: ISAÍAS 49:13-16

…eu nunca esqueceria vocês […] o seu nome está escrito nas minhas mãos. —ISAÍAS 49:15,16

Anos atrás, quando meu marido e eu visitávamos o Museu Aeroespacial Smithsonian em Washington, DC, EUA, percebemos um carrinho de bebê vazio sem ninguém por perto. Presumimos que os pais o deixaram ali por ser volumoso demais e, agora, carregavam seu filho. Mas, chegando perto, vimos um bebê dormindo dentro dele. Onde estavam os pais… um irmão… uma babá? Ficamos por ali por um bom tempo antes de chamarmos um funcionário do museu. Ninguém apareceu para reclamar aquela preciosa criança! Na última vez em que o vimos, o carrinho estava sendo empurrado para um lugar seguro.

Aquela experiência me fez pensar a respeito de ser abandonada. É uma sensação opressiva de que ninguém liga a mínima para você. Uma sensação real e insuportavelmente dolorosa. Mas embora as pessoas possam vir a nos abandonar, o amor e a presença de Deus estão garantidos. O Senhor promete que nunca nos deixará (Deuteronômio 31:8). Ele estará conosco onde formos, "…todos os dias, até o fim dos tempos" (Mateus 28:20).

O Senhor nunca falhará em Seu compromisso com os Seus filhos. Mesmo que sejamos abandonadas pelos outros, podemos confiar em Sua promessa de que não há nada "…que possa nos separar do amor de Deus" (Romanos 8:35-39). —Cindy Hess Kasper

O nosso conforto é confiarmos na presença de Deus.

Minhas notas e motivos de oração:

4 de abril

Restaurar e salvar

LEITURA: SALMO 138

Quando te chamei, tu me respondeste...
—SALMO 138:3

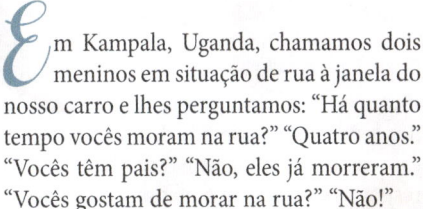

Em Kampala, Uganda, chamamos dois meninos em situação de rua à janela do nosso carro e lhes perguntamos: "Há quanto tempo vocês moram na rua?" "Quatro anos." "Vocês têm pais?" "Não, eles já morreram." "Vocês gostam de morar na rua?" "Não!"

Comovidos com o relato deles sobre a vida nas ruas, ligamos a um amigo que trabalha com jovens em situação de risco. Ele veio até nós e surpreendentemente, em menos de uma hora, abrigou os dois órfãos Saddam e Moisés.

Nesse novo lar, Saddam e Moisés foram acolhidos e nutridos com o amor de Deus (Jeremias 31:3,4). A comovente história da transformação de Saddam inclui estes fatos:

• "Quando te chamei, tu me respondeste e, com o teu poder, aumentaste as minhas forças" (Salmo 138:3). Em Cristo, Saddam recusou propostas que tentaram atraí-lo de volta à rua, oferecendo dinheiro em troca de crueldades.

• "Quando estou cercado de perigos [...]. A tua força me protege do ódio dos meus inimigos..." (v.7). Durante os quatro anos em que Saddam vagou pelas ruas, Deus o protegeu de homens que queriam lhe fazer mal.

• "Tu cumprirás tudo o que me prometeste. O teu amor dura para sempre, ó Senhor Deus" (v.8). Hoje Saddam é professor numa turma de ensino bíblico para garotos em situação de rua.

Quem é o seu "Saddam"? Deus requer alguma atitude de sua parte? —Roxanne Robbins

Tu estás lá nas alturas, mas assim mesmo te interessas pelos humildes... Salmo 138:6

Minhas notas e motivos de oração:

Há poder

5 de abril

LEITURA: TIAGO 5:13-18

...A oração de uma pessoa obediente a Deus tem muito poder. —TIAGO 5:16

Minha irmã soube que tinha câncer, e eu pedi que meus amigos orassem. Ela fez a cirurgia, e oramos para que o cirurgião removesse todo o câncer e ela não precisasse se submeter à quimioterapia ou radiação. E Deus respondeu positivamente! Quando compartilhei as novidades, uma amiga comentou, "estou feliz pelo poder da oração." Respondi, "E eu grata que Deus, desta vez, respondeu 'sim'".

Lemos em Tiago que "...A oração de uma pessoa obediente a Deus tem muito poder" (5:16). Mas "muito poder" significa que quanto mais oramos, ou mais pessoas pedirmos para orar aumentará a probabilidade de Deus responder *sim*? Já recebi *não* e *espere* suficientes para questionar essa posição.

A oração é poderosa, e um mistério muito grande. Fomos ensinadas a ter fé, a pedir sincera e audaciosamente, a perseverar, a nos rendermos à vontade divina. No entanto, o Senhor responde em Sua sabedoria e as respostas dele são as melhores. Estou agradecida por Deus querer ouvir o nosso coração, não importa qual for a resposta, Ele ainda é bom.

Gosto das palavras do teólogo Ole Hallesby: "A oração e o sentimento de incapacidade são inseparáveis. Apenas os que se sentem incapazes podem orar verdadeiramente ... Nossa necessidade é a nossa melhor oração." Por meio da oração podemos lidar com as nossas incapacidades. —Anne Cetas

O clamor impotente é uma oração no ouvido atento do Pai.

Minhas notas e motivos de oração:

Orar por

6 de abril

Pregadores negligentes

LEITURA: MATEUS 23:1-12

*…vocês devem obedecer e seguir tudo o que eles dizem.
Porém não imitem as suas ações,
pois eles não fazem o que ensinam.* —MATEUS 23:3

Algumas pessoas que se opõem ao cristianismo, talvez não se oponham tanto contra Cristo quanto se opõem à hipocrisia. Ironicamente, não lhes passa pela cabeça que ninguém se opôs mais à hipocrisia do que o próprio Cristo.

Todas nós encontramos zombadores que repetem como papagaios a frase: "A igreja está cheia de hipócritas!" Mas não nos precipitemos ao reagir e repudiemos essas declarações feitas sem cuidado a menos que sejam verdadeiras.

Tendemos a achar que isso não se aplica a nós, mas vamos refletir novamente. Quantas vezes somos como a mulher cristã que olha pela janela apenas para ver a vizinha barulhenta aproximando-se de sua porta? Os filhos da mulher cristã, novinhos e impressionáveis, ouvem quando ela resmunga: "Ah não! Ela de novo não!" Segundos depois, ao abrir a porta, ela a recebe com falsidade: "Que bom ver você!"

Nossos lábios e nossa vida pregam mensagens confusas. Na leitura de hoje, Jesus descreveu os mestres hipócritas da lei e alertou os Seus discípulos: "Porém não imitem as suas ações, pois eles não fazem o que ensinam…" (Mateus 23:3).

Deus proíbe que alguns desses que se opõem a Cristo sejam influenciados pela nossa hipocrisia negligente.

Senhor, ajuda-nos a sermos "semeadoras" cuidadosas. —Joanie Yoder

*O hipócrita ora nos cultos dominicais
e tira proveito do seu semelhante no dia seguinte.*

Minhas notas e motivos de oração:

Continuem firmes

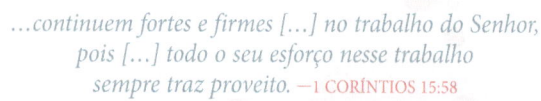

7 de abril

LEITURA: COLOSSENSES 1:19-27

...continuem fortes e firmes [...] no trabalho do Senhor, pois [...] todo o seu esforço nesse trabalho sempre traz proveito. —1 CORÍNTIOS 15:58

Como nosso projeto final para aula de ciências naturais do Ensino Médio, eu e um amigo construímos uma mesa de fluxo. Com a ajuda do meu pai, construímos uma caixa de madeira comprida com uma dobradiça no meio. Em seguida, nós a forramos com plástico e a enchemos com areia. Numa das extremidades, anexamos uma mangueira. Na outra extremidade, tinha um buraco de drenagem. Depois de montar tudo isso, levantamos uma das extremidades da mesa de fluxo, ligamos a água e vimos como ela criou um caminho diretamente para o buraco na outra extremidade. A próxima parte do experimento foi colocar uma pedra para interromper o fluxo do líquido e observar a mudança no curso da água.

Este projeto me ensinou muito sobre a vida e a ciência. Aprendi que não posso mudar a direção das coisas se eu estiver à margem do rio. Tenho que entrar no fluxo da vida e permanecer lá para desviá-lo. Isso é o que Jesus fez. A Bíblia se refere à salvação como uma rocha (2 Samuel 22:47; Salmo 62:2,6,7) e o apóstolo Paulo esclarece que Cristo é essa Rocha (1 Coríntios 10:4). Deus colocou Jesus na corrente da história para mudar o curso desta.

Quando permanecemos firmes em Cristo, abundantes na obra do Senhor, Deus nos usa para mudar o curso da história por meio de atos de obediência que levam outros a Ele. —Julie Ackerman Link

Certifique-se de colocar os seus pés no lugar certo, e firme-se.
Abraham Lincoln

Minhas notas e motivos de oração:

8 de abril

Seja a vencedora

LEITURA: NÚMEROS 12:1-15

...Será que o Senhor tem falado somente por meio de Moisés? Será que não tem falado também por meio de nós?...

—NÚMEROS 12:2

Antes que as duas irmãs Vênus e Serena Williams competissem em 2008, Vênus disse: "Cada uma por si." Elas são atletas profissionais, mas nós também enfrentamos altos e baixos semelhantes e intensos com nossos irmãos.

Moisés tinha muitos desafios com os seus irmãos Arão e Miriam. Eles tiveram ciúmes dele e o criticaram, dizendo: "...Será que o Senhor tem falado somente por meio de Moisés?..." (v.2).

Este profeta não os confrontou. Com irmãos que se preocupam com minúcias, devemos reagir com humildade e lembrar que quem fica fora da briga "merece elogios" (Provérbios 20:3). Talvez tenhamos que corrigir o erro com amor e seguir o exemplo de mansidão. Moisés "...era um homem humilde, o mais humilde do mundo" (Números 12:3).

Sendo Deus "...bondoso com os humildes" (Tiago 4:6), não devíamos nos impressionar por Ele defender Moisés contra seus irmãos. Observe que: "...Miriam foi atacada por uma terrível doença da pele, que ficou branca como a neve..." (Números 12:10). Quando servimos a Deus humildemente não precisamos tomar o conflito em nossas mãos. Ele acerta o que é preciso à Sua maneira e em Seu tempo.

Agravado o conflito, jamais desejaríamos que uma irmã irritante contraísse lepra. Como Vênus e Serena, só queremos vencer quando se trata de rivalidade fraternal. —Jennifer Benson Schuldt

A melhor maneira de vencermos é permanecermos humildes e pedirmos a Deus que nos guie.

Minhas notas e motivos de oração:

Coragem colorida

9 de abril

LEITURA: 1 CORÍNTIOS 4:10-17

Sigam o meu exemplo como eu sigo o exemplo de Cristo.
—1 CORÍNTIOS 11:1

A propaganda sobre um relógio sugeria que os ouvintes comprassem um relógio com uma pulseira de cor brilhante e que usassem roupas de outras cores. Quando as pessoas notassem o seu relógio pelo contraste entre as cores, a propaganda diria: "Elas verão que a sua coragem é colorida. E vão querer imitá-la." Ficamos satisfeitas quando vemos que outras pessoas seguem o nosso exemplo.

Talvez você ache o apóstolo Paulo um pouco orgulhoso ao lhe dizer para seguir o seu exemplo de autossacrifício. Mas uma segunda leitura nessas palavras: "Portanto, eu peço que sigam o meu exemplo" (1 Coríntios 4:16), demonstra porque ele escreveu com tanta confiança.

Ele podia dizer às pessoas para o imitarem, pois ele próprio imitava Cristo (11:1), o maior Servo de todos.

A perseguição que suportou e o posicionamento que sustentou na igreja (4:10-17) ocorreram porque ele seguiu Jesus. Quando Paulo mencionou que ainda que os coríntios tivessem milhares de mestres na fé cristã, mesmo assim ele seria o seu pai na fé (v.15), reconhecia que Jesus é a única razão para as pessoas confiarem em seus ensinamentos.

Se quisermos que os outros nos imitem, devemos primeiro imitar a Jesus. Se tivermos qualquer motivo para que nos imitem é porque seguimos o exemplo de Cristo. Tudo é por Ele, não por nós. —Anne Cetas

Somos exemplo para os outros apenas se seguimos fielmente a Cristo.

Minhas notas e motivos de oração:

10 de abril

O cálice

LEITURA: MATEUS 26:36-46

...A tristeza que estou sentindo é tão grande que é capaz de me matar... —MATEUS 26:38

Após longas noites buscando forças em Seu Pai, esta seria diferente. Angustiado, Jesus buscou por três vezes a companhia dos discípulos. A doce comunhão com o Pai, em oração, era difícil, pois em breve o Pai o deixaria. Era o que mais temia. Que tristeza tão grande!

Por muitos anos achei que Jesus temia somente a crucificação — a dor excruciante. Sêneca, filósofo romano, a descreveu assim: "Podemos encontrar alguém que preferiria definhar-se na dor, morrendo aos poucos, ou deixar que sua vida se dissipasse gota a gota, em vez de expirar de uma vez por todas? Podemos encontrar algum homem disposto a ser amarrado ao tronco maldito, repugnante, já deformado, dilatando-se pelas duras chicotadas nos ombros e peito, e expirando o fôlego de vida em meio à longa e interminável agonia?"

A dor física não foi o motivo por Jesus ter pedido libertação. A percepção de que a comunhão com o Pai se desfaria quando Ele levasse os nossos pecados sobre si, o fez clamar por ajuda. Se fosse apenas o sofrimento físico, o medo seria a emoção mais apropriada para o Mestre, não a tristeza.

Ao dizer: "...seja feito [...] o que tu queres" (v.39), Ele escolheu suportar a dor, a vergonha e a solidão que o esperavam.

Incomodemo-nos mais por estarmos longe de Deus do que por nosso desconforto físico. —Poh Fang Chia

O sofrimento de Jesus nos ensina a valorizar a nossa comunhão com Deus.

Minhas notas e motivos de oração:

Orar por

Trabalho dedicado

11 de abril

LEITURA: MATEUS 21:1-11

*...Agora o seu rei está chegando.
Ele é humilde e está montado num jumento...*
—MATEUS 21:5

As pessoas frequentemente se referem aos jumentos com termos depreciativos. Talvez você já tenha ouvido a expressão: "Sou uma pessoa que precisa trabalhar igual um jumento", ou "O fulano é teimoso igual uma mula".

Estes dizeres negligenciam as contribuições de um animal muito valoroso. Os jumentos servem à raça humana há milhares de anos. Já foram valorizados como símbolos de humildade, docilidade e paz.

Nos tempos bíblicos, os jumentos que nunca tinham sido montados eram considerados especialmente adequados aos propósitos religiosos. Assim, foi mais apropriado que Jesus mandasse buscar um jumentinho para realizar a tarefa real de carregá-lo para Jerusalém. Que invejável a missão do jumento! Tão parecida com a nossa como seguidores de Jesus!

Uma missionária na China se chama de "a jumentinha do Senhor". É uma cristã humilde, que "carrega" fielmente seu Senhor de cidade em cidade e treina outras pessoas para fazer o mesmo. O Senhor precisa de muitos "jumentos" no mundo de hoje, pessoas humildes que o carreguem para "Jerusalém" e o tornem conhecido.

Assim como o jumento foi solto para ser usado por Jesus (Marcos 11:4,5), também devemos ser libertas das amarras mundanas para que possamos servir a Cristo. Estamos dispostas a fazer o trabalho do jumento?

—Joanie Yoder

O trabalho humilde se torna santo quando é feito para Deus.

Minhas notas e motivos de oração:

12 de abril

Visita divina

LEITURA: LUCAS 7:11-17

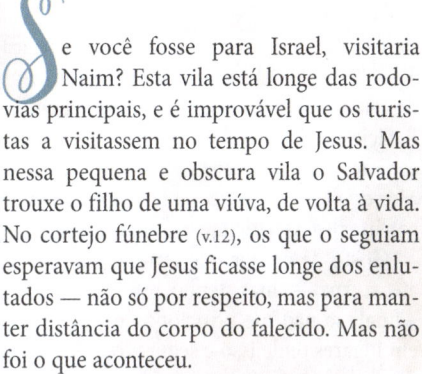

…Deus veio salvar o seu povo!
—LUCAS 7:16

Se você fosse para Israel, visitaria Naim? Esta vila está longe das rodovias principais, e é improvável que os turistas a visitassem no tempo de Jesus. Mas nessa pequena e obscura vila o Salvador trouxe o filho de uma viúva, de volta à vida. No cortejo fúnebre (v.12), os que o seguiam esperavam que Jesus ficasse longe dos enlutados — não só por respeito, mas para manter distância do corpo do falecido. Mas não foi o que aconteceu.

Ao ver a mãe caminhando ao lado do caixão do filho, Jesus "ficou com muita pena dela" (v.13), e rompeu a tradição religiosa, da lei da pureza ritual (Números 19:11,13) e tocou o caixão.

A viúva, perdera seu único filho, e corria o risco de ficar desamparada, pois iria enterrar aquele que cuidaria dela na velhice. Assim, quando Jesus o trouxe à vida (v.15), Ele também tirou esta mãe de situação desesperadora. Após testemunhar esse milagre, a multidão declarou: "…Deus veio salvar o seu povo!" (v.16).

Hoje compreendemos melhor a "visita" de Deus à Terra — a obra de Jesus em nosso favor: "…quando não tínhamos força espiritual, Cristo morreu pelos maus…" (Romanos 5:6).

Estávamos desamparadas, sem esperança, mas Jesus veio e entregou a Sua vida por nós. Ao romper as barreiras do pecado e da morte para nos salvar, movido de profunda compaixão, Ele nos tocou. —Poh Fang Chia

Ninguém tem maior amor do que Jesus tem por nós.

Minhas notas e motivos de oração:

Seguidores volúveis

13 de abril

LEITURA: JOÃO 12:12-19; 19:14-16

...Veja! Aí vem o seu Rei, montado num jumentinho!
—JOÃO 12:15

Como a opinião pública pode mudar rápido! Quando Jesus entrou em Jerusalém para a festa da Páscoa, Ele foi aclamado por multidões que desejavam coroá-lo rei (João 12:13). Mas, ao fim da mesma semana, as multidões exigiam que Ele fosse crucificado (19:15).

Reconheço pertencer a essas multidões volúveis. Amo aplaudir um time que está vencendo, mas o meu interesse esfria quando ele começa a perder. Amo fazer parte de um movimento local, novo e empolgante, mas quando essa energia se desloca para outra parte da cidade, não estou pronta para deslocar-me. Amo seguir Jesus quando Ele está fazendo o impossível, mas saio de *fininho* quando Ele espera que eu faça algo difícil. É empolgante seguir Jesus quando o faço como parte da multidão "da onda". É fácil confiar nele quando Ele derrota os espertos e os poderosos (Mateus 12:10; 22:15-46). Mas quando Ele começa a falar a respeito de sofrimento, sacrifício e morte, eu hesito.

Gosto de pensar que teria seguido Jesus até a cruz — mas, tenho minhas dúvidas. Afinal, se não me posiciono em favor dele em lugares onde isso é seguro, o que me faz pensar que o faria cercada por uma multidão de opositores?

Sou muito grata por Jesus ter morrido por seguidores inconstantes, assim podemos nos tornar seguidoras fiéis. —Julie Ackerman Link

Cristo merece seguidores em tempo integral.

Minhas notas e motivos de oração:

14 de abril

Você pode vencê-la!

LEITURA: MATEUS 28:1-10

…Onde está, ó morte, o seu poder de ferir?
—1 CORÍNTIOS 15:55

A propaganda no rádio soava intrigante. O locutor disse: "Você pode vencer o óbito — para sempre! Participe do meu seminário e lhe mostrarei como." Por alguns momentos, fiquei a imaginar o que ele diria sobre ser capaz de vencer a morte e quais seriam as suas sugestões. Talvez algo sobre dieta, exercício ou congelamento do corpo? Escutei mais atentamente, e percebi que ele dissera: "Você pode vencer o débito — para sempre."

Mas a melhor notícia é que podemos vencer o óbito porque Jesus pagou o nosso débito! (1 Coríntios 15:55-57). Nossa dívida de pecado significava a separação de Deus, mas Jesus entregou a Sua vida de boa vontade e foi crucificado para pagar o que devíamos.

Quando Maria e Maria Madalena foram ao túmulo no terceiro dia para ungir o Seu corpo, um anjo lhes disse: "…ele não está aqui; já foi ressuscitado, como tinha dito…" (Mateus 28:6). Com grande júbilo, elas correram para contar a notícia aos discípulos dele. No caminho, Jesus foi ao encontro delas e disse: "Que a paz esteja com vocês!" (v.9). Jesus ressuscitou e Seus seguidores tinham motivo para alegrar-se.

Ele removeu o poder da morte (v.55). Agora, nós também temos a vitória ao crer na morte e ressurreição do Filho de Deus por nós. Por intermédio da obra perfeita de Jesus, podemos vencer a morte — para sempre! —Anne Cetas

Tínhamos um débito que não podíamos pagar;
Jesus pagou a dívida que não era dele.

Minhas notas e motivos de oração:

Orar por

Não é a minha história

15 de abril

LEITURA: JOÃO 21:15-22

Jesus respondeu: Se eu quiser que ele viva até que eu volte, o que é que você tem com isso? Venha comigo! —JOÃO 21:22

"Estou contando a sua história, não a dela. Não conto a alguém outra história senão a sua própria." Essa passagem, do livro *O Cavalo e seu Menino*, de C. S. Lewis, faz parte de *As Crônicas de Nárnia*. O garoto, Shasta, encara aventuras e dificuldades e precisa aprender a confiar em quem conheceu sua história desde o princípio.

Pedro teve o mesmo dilema. Após Sua ressurreição, Jesus falou a Pedro sobre o que precisaria ser sólido como a rocha na vida dele. Seu alicerce deveria basear-se no compromisso de amor por Cristo. Não em amor baseado em ação (Mateus 26:35; João 13:36-38). Nessa ocasião, Jesus profetizou o martírio final de Pedro.

A reação de Pedro foi familiar. Referiu-se a João, e perguntou: "E quanto a este?" (João 21:21). Jesus recordou-lhe: "...Venha comigo!" (v.22). A única história que Pedro precisava conhecer era a sua própria.

A tentação de basear nossa obediência no que vemos na história do outro é verdadeira, mas algumas coisas, não devemos conhecer. Pedro nunca planejou negar Cristo, mas permitiu que coisas que não compreendia ditassem suas ações. Sua vida tinha a promessa de um grande destino, mas ele tinha de aprender a confiar e obedecer mesmo sem compreender.

E nós, confiamos nele o suficiente para obedecer-lhe mesmo quando o Senhor diz: "Siga-me"? —Regina Franklin

Deus é grande o bastante para responder às nossas perguntas.

Minhas notas e motivos de oração:

16 de abril

Entre as flores

LEITURA: LUCAS 24:13-34

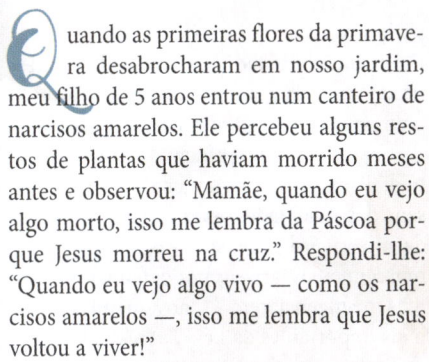

E os apóstolos diziam: — De fato, o Senhor foi ressuscitado e foi visto por Simão! —LUCAS 24:34

Quando as primeiras flores da primavera desabrocharam em nosso jardim, meu filho de 5 anos entrou num canteiro de narcisos amarelos. Ele percebeu alguns restos de plantas que haviam morrido meses antes e observou: "Mamãe, quando eu vejo algo morto, isso me lembra da Páscoa porque Jesus morreu na cruz." Respondi-lhe: "Quando eu vejo algo vivo — como os narcisos amarelos —, isso me lembra que Jesus voltou a viver!"

Sabemos que Jesus ressuscitou, pois de acordo com o evangelho de Lucas, Ele abordou dois viajantes que estavam a caminho para uma aldeia chamada Emaús três dias após Sua crucificação. Jesus caminhou com eles; ceou com eles, e lhes ensinou sobre as profecias do Antigo Testamento (24:15-27). Este encontro mostrou aos viajantes que Jesus conquistou a morte — Ele tinha ressuscitado dentre os mortos. Em decorrência disso, a dupla retornou a Jerusalém e relatou aos discípulos que o Senhor tinha ressuscitado (v.34).

Se Ele não tivesse voltado a viver novamente, nossa fé não teria sentido e ainda estaríamos sob a penalidade do nosso pecado (1 Coríntios 15:17). Mas a Bíblia diz que: "Jesus foi entregue para morrer por causa dos nossos pecados e foi ressuscitado a fim de que nós fôssemos aceitos por Deus" (Romanos 4:25). Hoje, temos paz com Deus porque Jesus está vivo! —Jennifer Benson Schuldt

A cruz e o túmulo vazios oferecem salvação completa.

Minhas notas e motivos de oração:

Fogo e chuva

17 de abril

LEITURA: ISAÍAS 16:5

…Ele governará com fidelidade, procurará julgar com justiça e se esforçará para fazer o que é direito. —ISAÍAS 16:5

Quando um incêndio se alastrou por aqueles belos cânions, destruiu o habitat de todos os tipos de vida selvagem e também muitos lares. As pessoas ao redor do país clamaram a Deus, pedindo-lhe que enviasse chuva para apagar as chamas, dar fim à destruição e descanso aos bombeiros. As orações de algumas pessoas tinham uma condição interessante: elas pediam pela misericórdia de Deus e que Ele enviasse as chuvas sem os raios, que poderiam causar mais incêndios.

Isto me lembra do quanto vivemos sob a tensão das coisas que nos salvam e nos matam. Com o fogo, cozinhamos o nosso alimento e nos mantemos aquecidos, mas ele pode nos consumir. Com a água, podemos nos manter hidratados e o nosso planeta resfriado, mas ela pode nos derrubar. O muito ou o pouco de cada um é uma ameaça à vida.

Vemos o mesmo princípio na vida espiritual. Para prosperar, as civilizações precisam das qualidades aparentemente opostas da misericórdia e justiça (Zacarias 7:9). Jesus repreendeu os fariseus por defenderem a lei, mas negligenciarem "…aos mandamentos mais importantes da Lei…" (Mateus 23:23).

Podemos tender à justiça ou a misericórdia, porém Jesus as mantém em perfeito equilíbrio (Isaías 16:5; 42:1-4). A Sua morte satisfez a necessidade de Deus por justiça e a nossa por misericórdia. —Julie Ackerman Link

A justiça e a misericórdia de Deus se encontram na cruz.

Minhas notas e motivos de oração:

18 de abril

Moeda de Deus

LEITURA: MATEUS 25:14-29

O Reino do Céu será como um homem que ia fazer uma viagem. Ele chamou os seus empregados e os pôs para tomarem conta... —MATEUS 25:14

As roupas embaladas, os cartões médicos separados em caso de emergência, e as listas de instruções estavam dobrada num envelope. Meus sogros, eficientes e capazes, tinham cuidado de nossos filhos em outras ocasiões, mas queríamos que soubessem que queríamos que lhes cuidassem como nós.

Antes de partir, Jesus investiu os Seus dias ensinando os Seus seguidores o que deviam lembrar-se. Ele viera para mudar o mundo, e para que eles levassem avante a mensagem, Jesus teria que mudar a sua razão de viver e o foco da atenção de cada um deles (Mateus 6:19-21).

Às vezes imaginamos que Jesus fala sobre os nossos dons espirituais na parábola dos talentos. Advertimos uns aos outros para que os usemos para o Mestre e para que não sejam enterrados por medo. Mas o contexto destas parábolas oferece outro aspecto.

Jesus pensava em Seu eventual retorno (Mateus 25:1-13). Ele nos alerta para a Sua volta, pois os que não estiverem prontos serão excluídos da celebração. Vemos isso na parábola dos talentos, na história de Zaqueu e na declaração de Jesus: "Porque o Filho do Homem veio buscar e salvar quem está perdido" (Lucas 19:10-27).

Para saber se estamos sendo bons mordomos, precisamos conhecer a "Sua moeda". Jesus valorizava pessoas.

Ele quer que saibamos comercializar com a Sua moeda, não apenas com a nossa.

—Regina Franklin

Jesus quer que amemos as pessoas como Ele as ama.

Minhas notas e motivos de oração:

Regozije-se!

19 de abril

LEITURA: SALMOS 16

*Por isso o meu coração está feliz e alegre,
e eu, um ser mortal, me sinto bem seguro.* —SALMO 16:9

Por toda a África, de Serra Leoa a Uganda, os líderes rebeldes capturaram centenas de crianças inocentes para transformá-las em soldados. Forçadas a cometer crimes e assassinatos, às vezes contra seus familiares, estas crianças-soldado raramente se perdoam ou se adaptam à sociedade caso tenham a rara oportunidade de voltar atrás.

Quando o milagre acontece, e a criança se perdoa e experimenta o perdão de Deus — há motivo para regozijar-se!

Vi 100 dessas crianças cantando e louvando a Deus por terem sido resgatadas de seus opressores. Eles celebravam citando o Salmo 13:4-6, que diz: "Assim os meus inimigos não poderão se alegrar com a minha desgraça, nem poderão dizer: 'Nós o derrotamos!' Eu confio no teu amor. O meu coração ficará alegre, pois tu me salvarás. E, porque tens sido bom para mim, cantarei hinos a ti, ó SENHOR."

Nas mãos de seus captores, elas tinham orado assim: "Condena e castiga-os, ó Deus! Que os próprios planos deles os façam cair na desgraça! Expulsa-os da tua presença, pois eles muitas vezes quebram as tuas leis e se revoltam contra ti" (Salmo 5:10).

As crianças puderam viver o salmo que diz: "…Os que te amam encontram a felicidade em ti. Pois tu, ó SENHOR Deus, abençoas os que te obedecem, a tua bondade os protege como um escudo" (Salmo 5:11,12).

—Roxanne Robbins

*Mas os que buscam abrigo em ti ficarão contentes
e sempre cantarão de alegria…* Salmo 5:11

Minhas notas e motivos de oração:

20 de abril

Conheça Deus em Sua Palavra

LEITURA: 1 JOÃO 5:1-13

Eu escrevo essas coisas a vocês que creem no Filho de Deus, para que vocês saibam que têm a vida eterna. —1 JOÃO 5:13

Infelizmente, muitos cristãos verdadeiros são atormentados pela dúvida em relação à própria salvação. Muito embora já tenham se arrependido e creiam em Jesus como seu Salvador, ainda cogitam: "Será que estou mesmo salvo?"

Meu falecido marido Bill frequentemente me falava sobre algo que lhe aconteceu quando ele tinha 2 anos de idade. Um dia, ele desobedientemente se afastou de casa e se perdeu. Quando seus pais perceberam que ele estava desaparecido, saíram a procurá-lo. Finalmente, para imenso alívio de todos, eles localizaram o menininho chorando e o levaram para casa em segurança.

Dias depois, Bill ouviu, por acaso, a mãe contar este incidente a uma visita. Quando ela chegou à parte onde eles saíram a procurá-lo, ele começou a reviver a história. "Mamãe! Mamãe!", ele soluçou. "Você já me encontrou?" Surpresa e profundamente tocada pela dúvida do filho, ela o abraçou e disse: "Claro, filhinho! Você não se lembra daquele momento feliz? Veja: você está conosco, e faremos de tudo para que sempre esteja." Aquilo o tranquilizou. Ele simplesmente acreditou em sua palavra.

A carta de 1 João, do Novo Testamento, foi escrita para dar aos cristãos a garantia da salvação. Essa garantia pode ser nossa se recebemos a Deus por meio de Sua palavra.

—Joanie Yoder

A obra de Cristo nos dá a proteção;
a Palavra de Deus nos dá a certeza.

Minhas notas e motivos de oração:

Melhor é ofertar

21 de abril

LEITURA: 2 CORÍNTIOS 8:11-15

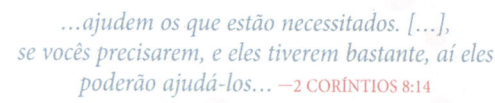

*…ajudem os que estão necessitados. […],
se vocês precisarem, e eles tiverem bastante, aí eles
poderão ajudá-los…* —2 CORÍNTIOS 8:14

Você já ficou sem dinheiro? Um estudante tinha três empregos e quando o seu carro quebrou, teve que decidir entre pagar o aluguel ou consertar o carro. Optou pelo carro e seria despejado, mas seu chefe lhe concedeu um bônus para pagar o aluguel. Hoje, ele dirige um site que ajuda outros a solucionarem pequenos problemas financeiros. Surpreendentemente, cerca de 70% dos que receberam essa ajuda, doam ao site dele. Vemos nisso, a prática dos ensinamentos do apóstolo Paulo aos coríntios (v.14).

Sabemos que devemos usar as riquezas deste mundo para ajudar os necessitados (Lucas 16:9), porém creio que Deus se interessa mais por nossa prontidão em ofertar do que na quantia que doamos. "…Deus ama quem dá com alegria" (2 Coríntios 9:7), e Ele pode usar qualquer quantia para sustentar os outros. Paulo declarou: "Porque, se alguém quer dar, Deus aceita a oferta conforme o que a pessoa tem…" (2 Coríntios 8:12).

Ofertar com zelo não significa necessariamente, zerar a nossa conta bancária. Paulo lembrou aos cristãos: "Não estou querendo aliviar os outros e pôr um peso sobre vocês" (2 Coríntios 8:13). Melhor é ofertar, "…de acordo com o que [temos]" (v.11).

O que Deus lhe concedeu? Você está pronta a ofertar para ajudar a suprir as necessidades das pessoas ao seu redor — modesta ou generosamente? —Jennifer Benson Schuldt

*Deus se alegra
quando somos generosas.*

Minhas notas e motivos de oração:

22 de abril

Grandes expectativas

LEITURA: 2 REIS 5:1-5

Eu pensava que pelo menos o profeta [...] oraria ao Senhor, seu Deus, e que passaria a mão sobre o lugar doente e me curaria! —2 REIS 5:11

Recebemos o aviso para que buscássemos abrigo, e o céu carregado confirmava a grande tempestade. A luz elétrica piscava. Peguei uma lanterna e levei meu filho ao porão.

Quando liguei para meu marido, ele me atendeu dizendo: "Só um instante". Eu pensei "Como ele me deixa de lado numa emergência?" Mesmo ele trabalhando a 70 quilômetros, minhas expectativas exigiam atenção total dele naquela hora!

Naamã (2 Reis 5) e eu temos que lidar com expectativas altas demais. Desesperado pela cura da lepra, ele foi até o profeta Eliseu, que não lhe deu a atenção desejada. A instrução de Eliseu para que "…fosse se lavar sete vezes no rio Jordão…" (v.10) foi entregue por um mensageiro. Em vez de sentir-se grato, Naamã desdenhou: "Eu pensava que pelo menos o profeta ia sair e falar comigo" (v.11).

Além da atenção e cuidado, Naamã queria cura imediata. Esperou que Eliseu "…oraria ao Senhor, seu Deus, e que passaria a mão sobre o lugar doente e [o] curaria" (v.11). Como isso não aconteceu, ele "…foi embora muito bravo" (v.12).

Como Naamã, nossas expectativas podem gerar raiva e amargura. São nossos amigos e familiares que sofrem as consequências quando erroneamente exigimos que eles satisfaçam as nossas necessidades. Em vez disso, precisamos lembrar que só Deus pode fazê-lo. Ele prometeu que nunca nos deixaria e jamais nos abandonaria (Hebreus 13:5). Podemos descansar em Seu cuidado e provisão ilimitados. —Jennifer Benson Schuldt

As expectativas quando postas em Deus, nunca são altas demais.

Minhas notas e motivos de oração:

Super-homens e aviões

23 de abril

LEITURA: OBADIAS 1:1-7

O seu orgulho o enganou...
—OBADIAS 1:3

Minha filha viaja pelo mundo todo como comissária de bordo e, muitas vezes, vem para casa com histórias fascinantes. Uma dessas histórias fala sobre o ex-campeão de boxe na categoria peso pesado Muhammad Ali. Ele estava sentado numa aeronave que se preparava para decolar. Uma comissária de bordo, notando que ele não tinha prendido o cinto de segurança, pediu-lhe gentilmente: "Com licença, senhor, mas será que poderia atar o seu cinto de segurança?"

Conta a história que Muhammad Ali olhou para cima com um sorrisinho travesso e disse com uma voz pesada e empedrada: "O Super-Homem não precisa de cinto de segurança!" Sem perder tempo, a comissária de bordo revidou com sua resposta rápida: "O Super-Homem não precisa de avião. Então, que tal atar o cinto?"

Claro que Ali estava apenas brincando. Se a pessoa realmente acreditasse ser o Super-Homem, sofreria uma tremenda desilusão. Seria como os antigos edomitas da passagem bíblica de hoje, que foram enganados por seu próprio orgulho. A verdade é que todos nós temos a mesma tendência.

O autor A. W. Tozer habilmente descreveu o tipo de cristã que o Senhor deseja que sejamos: "...que pararam de ser 'enganados' sobre a própria força e não têm medo de ser 'pegos' pela dependência mais que suficiente do Senhor." —Joanie Yoder

Para experimentar a força de Deus, devemos admitir a nossa fraqueza.

Minhas notas e motivos de oração:

24 de abril

Respeito

LEITURA: 1 PEDRO 2:13-25

Respeitem todas as pessoas, amem os seus irmãos na fé, temam a Deus e respeitem o Imperador. —1 PEDRO 2:17

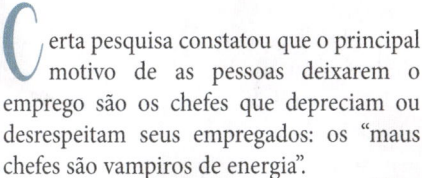

Certa pesquisa constatou que o principal motivo de as pessoas deixarem o emprego são os chefes que depreciam ou desrespeitam seus empregados: os "maus chefes são vampiros de energia".

Como você deve reagir se estiver subordinada a alguém assim? Não há motivo para ser rude ou grosseira com outro ser humano. Aplique este princípio bíblico: "Façam tudo sem queixas nem discussões para que vocês não tenham nenhuma falha ou mancha. Sejam filhos de Deus, vivendo sem nenhuma culpa no meio de pessoas más, que não querem saber de Deus. No meio delas vocês devem brilhar como as estrelas no céu" (Filipenses 2:14,15). As Escrituras nos dizem para respeitar…

• *As autoridades governamentais:* "…sejam obedientes…" (1 Pedro 2:13,14).
• "…todas as pessoas…" (1 Pedro 2:17).
• *Aos patrões:* "…sejam obedientes aos seus patrões e os respeitem, não somente os que são bons e compreensivos, mas também aqueles que os tratam mal" (1 Pedro 2:18).
• *Aos líderes cristãos:* "…com o maior respeito e amor…" (1 Tessalonicenses 5:12,13).
• *Aqueles que buscam:* "…Estejam sempre prontos para responder a qualquer pessoa que pedir que expliquem a esperança que vocês têm. Porém façam isso com educação e respeito…" (1 Pedro 3:15,16).

Como Deus lhe pede para demonstrar maior respeito pelos outros? —Roxanne Robbins

Por causa do Senhor, sejam respeitosas.

Minhas notas e motivos de oração:

Mula de carga

25 de abril

LEITURA: ÊXODO 18:14-23

…Isso é muito trabalho para você fazer sozinho.
—ÊXODO 18:18

A mula precisava descansar. Ela levava, muitas vezes ao dia, cargas de 250 quilos para um canteiro de obras no topo de uma colina. Cansada, desmaiou, e alguns observadores exigiram que o dono a poupasse.

Todas nós precisamos de alívio ocasional, mesmo as engajadas no ministério cristão. Podemos compreender a situação da mula quando os problemas se acumulam e nossos joelhos arqueiam sob o peso.

Moisés quase sucumbiu ao arbitrar as disputas entre os israelitas. Seu sogro Jetro percebeu e disse: "…você vai ficar cansado demais […] é muito trabalho para você fazer sozinho" (Êxodo 18:18). Também precisamos estar atentas aos que percebem os sinais de esgotamento em nós.

A sobrecarga não precisa impedir a nossa eficácia para Deus. Jetro aconselhou Moisés: "…leve a ele [Deus] os problemas deles" (v.19). Moisés precisava dividir a carga. E assim o fez.

Ele os instruiu nas leis de Deus para que pudessem resolver os problemas por si mesmos (v.20). Depois, escolheu alguns líderes para cuidar dos problemas pequenos que ainda precisavam de atenção, e ele cuidava dos mais complexos. Como Jetro predisse, eles o ajudaram a levar a carga, "…facilitando para ele" (v.22).

Você sucumbe ao praticar o bem? Procure ajuda em pessoas interessadas em como você está servindo e peça auxílio!
—Jennifer Benson Schuldt

Afinal, o que se espera de nós é levar "…as cargas uns dos outros…" Gálatas 6:2 (ARA)

Minhas notas e motivos de oração:

Orar por

26 de abril

Chamando-a

LEITURA: 1 SAMUEL 3:1-10

Então o Senhor Deus tornou a chamar Samuel...
—1 SAMUEL 3:6

Alguns colegas de trabalho e eu tínhamos passado pela inspeção de segurança do aeroporto e nos dirigíamos ao portão de embarque quando ouvi meu nome: "Chamando Anne Cetas." Por não ser um nome comum, sabíamos que só poderia ser o meu. Presumi que me distraíra e esquecera algo no balcão de serviços. Perguntei a um funcionário da empresa aérea, que me instruiu a pegar um telefone vermelho, dizer meu nome e perguntar-lhes por que me chamavam. Achei o telefone e liguei, mas, o atendente disse: "Não a chamamos." Eu lhes disse: "Com certeza, era o meu nome." Ele repetiu: "Não a chamamos." Nunca descobri por que fora chamada naquele dia.

Muito tempo atrás, o pequeno Samuel ouviu o seu nome ser chamado (1 Samuel 3:4). As Escrituras dizem que: "Samuel não conhecia o Senhor pois o Senhor ainda não havia falado com ele" (v.7). Eli, o sacerdote do templo, teve de ajudá-lo a entender quem o estava chamando (vv.8,9). Em seguida, Deus revelou Seu plano para a vida de Samuel.

O Senhor tem um plano para nós também, e Ele nos chama: "Venham a mim, todos vocês que estão cansados de carregar as suas pesadas cargas, e eu lhes darei descanso" (Mateus 11:28). Esse é o Seu chamado para recebermos o dom de Sua salvação, repouso e paz.

O Salvador está nos chamando a irmos a Ele. —Anne Cetas

Cristo chama os cansados a encontrarem seu descanso nele.

Minhas notas e motivos de oração:

Consumidas

27 de abril

LEITURA: MATEUS 6:19-21

Pois onde estiverem as suas riquezas, aí estará o coração de vocês. —MATEUS 6:21

Um fazendeiro escondeu 12 mil dólares num monte de feno — que, infelizmente, foram roídos por famintos roedores. Os ratos destruíram quase um terço da sua poupança!

Ao ler sobre esse infortúnio pensei nas palavras de Jesus: "Não ajuntem riquezas aqui na terra…" (Mateus 6:19), pois traças (ou ratos) podem reduzi-las em nada. A riqueza pode tornar-se chamariz para ladrões, e o que armazenamos aqui é temporário.

Por isso pensemos "…nas coisas lá do alto, não nas que são aqui da terra" (Colossenses 3:2). A eternidade nos ajuda a evitar que sejamos consumidas por coisas temporárias. Como evitar que a nossa conta bancária receba a nossa maior atenção? Jesus nos ensina a acumular tesouros no céu, onde nada apodrece nem se perde. Mas, como?

Sejamos ricas em boas ações, generosas, prontas a compartilhar o que temos (1 Timóteo 6:18,19). Os atos tangíveis de bondade e amor são a verdadeira riqueza.

Se isso não for o suficiente para satisfazer o nosso querer por permanente abundância, invistamos em nosso relacionamento com Deus (Lucas 12:21). Quanto mais íntima for a comunhão com Ele, menos nos preocuparemos com os bens transitórios deste mundo.

Para manter o nosso coração no lugar certo acumulemos tesouros no céu, e não sejamos consumidas com o que armazenamos em montes de feno! —Jennifer Benson Schuldt

O lugar apropriado para armazenar tesouros é o céu.

Minhas notas e motivos de oração:

28 de abril

Resumos da vida

LEITURA: GÊNESIS 50:14-22

...mas Deus mudou o mal em bem para fazer o que hoje estamos vendo, isto é, salvar a vida de muita gente. —GÊNESIS 50:20

Quando lecionava inglês, meus alunos liam versões condensadas e eram incentivados a utilizar os guias de estudo, e ler as obras completas. Sem isso seria como ler a receita do bolo sem prová-lo. Os atalhos são incompletos.

Em nossa caminhada espiritual, as provações são úteis para o desenvolvimento do caráter. Entretanto, quando somos pressionadas pelas mãos do oleiro, somos rápidas para afirmar que a vida é injusta ou a buscar uma saída (Jeremias 18:6).

Acostumado com as dores das escolhas dos outros, José enfrentou situações complicadas. Porém, as lições que aprendeu vieram daquilo que ele acreditava sobre o coração de Deus (Gênesis 50:20). A questão não é se tempos difíceis virão, mas qual será a nossa reação. Jesus disse que a chuva cai sobre os bons e os maus (Mateus 5:45). Portanto, o desafio é buscar a bondade que vem das Suas mãos em meio a qualquer provação que encontrarmos.

Paulo escreveu: "Pois sabemos que todas as coisas trabalham juntas para o bem daqueles que amam a Deus, daqueles a quem ele chamou de acordo com o seu plano" (Romanos 8:28). Para que tudo coopere para o nosso bem, devemos:

• Amar a Deus, demonstrando obediência (João 14:23).

• Almejar cumprir o propósito de Deus em nós (Romanos 8:28,29), para Sua glória (2 Coríntios 3:18).

José conheceu a bondade de Deus.

—Regina Franklin

À medida que amarmos a Cristo, conheceremos a bondade divina nos momentos difíceis também.

Minhas notas e motivos de oração:

Você já orou?

29 de abril

LEITURA: FILIPENSES 4:4-13

Não se preocupem com nada, mas em todas as orações peçam a Deus o que vocês precisam e orem sempre com o coração agradecido.
—FILIPENSES 4:6

Vários anos atrás, eu me mudei para a Inglaterra, mas voltei ao meu país muitas vezes, frequentemente ficando com as mesmas famílias. Uma delas morava numa casa de campo onde um minúsculo quarto no andar de cima sempre me esperava.

Jamais esquecerei uma visita em que, como de costume, carreguei minha bagagem para cima, subindo aquelas conhecidas escadas. Desta vez, porém, uma aflição secreta em meu coração parecia pesar mais do que as malas. À medida que eu me aproximava do topo das escadas, vi uma placa antiga que eu tinha esquecido. Ela dizia:

"Você já orou a respeito?"

Ofegando física e espiritualmente, tive de admitir: "Não, não orei!" Então, me coloquei de joelhos e finalmente falei com Deus sobre o problema.

Em vez de ficar ansiosa por nada, eu me tornara ansiosa por tudo. Em vez de orar por tudo, eu não orava por nada. Mas agora, pela oração, aquela minha carga pesada de preocupação tornara-se de Deus, e o Seu leve dom da paz tornara-se meu.

Em seu livro *Livres da tirania da urgência* (Ed. Ultimato, 2011), Charles Hummel escreve que, se não oramos, "dizemos, com as nossas ações, não com os nossos lábios, que não precisamos de Deus". O fator determinante sobre como carregamos nossos fardos está na nossa resposta à questão daquela antiga placa: "Você já orou a respeito?" —Joanie Yoder

Um cristão que não ora é um cristão sem poder.

Minhas notas e motivos de oração:

30 de abril

Negócios inacabados

LEITURA: LUCAS 23:32-43

…Jesus, lembra-te de mim quando vieres no teu reino.
—LUCAS 23:42 (ARA)

Aos 99 anos, Leo Plass recebeu seu diploma universitário. Ele tinha deixado sua formação em magistério para trás, na década de 1930, ao abandonar a universidade para ganhar a vida cortando e transportando árvores. Setenta e nove anos depois, ele completou os três créditos necessários para se formar e resolver esse importante negócio inacabado em sua vida.

Muitas de nós podemos nos identificar com ele. Nossos negócios inacabados podem incluir pedidos de desculpas não ditos ou, ainda mais importante, decisões espirituais inacabadas. Um dos criminosos que foi crucificado ao lado de Jesus precisava tomar tal decisão urgentemente. Com apenas alguns suspiros separando-o da eternidade, ele percebeu quem Jesus era e queria estar com Ele no céu. O ladrão reconheceu o seu pecado e a inocência de Jesus e disse: "…Jesus, lembra-te de mim quando vieres no teu reino" (Lucas 23:42). "Jesus lhe respondeu: Em verdade te digo que hoje estarás comigo no paraíso" (v.43).

Deus não quer que ninguém pereça (2 Pedro 3:9). Sua oferta de salvação está disponível a todos, independentemente de idade, saúde ou fase de vida. Sua oferta está disponível a você. Não demore para receber Jesus como Salvador (2 Coríntios 6:2). Resolva este importante negócio inacabado e você aguardará pela eternidade com Ele. —Jennifer Benson Schuldt

Aceitar a salvação aqui significa estar segura no futuro.

Minhas notas e motivos de oração:

Notas:

Maio

Preguiçosas agitadas

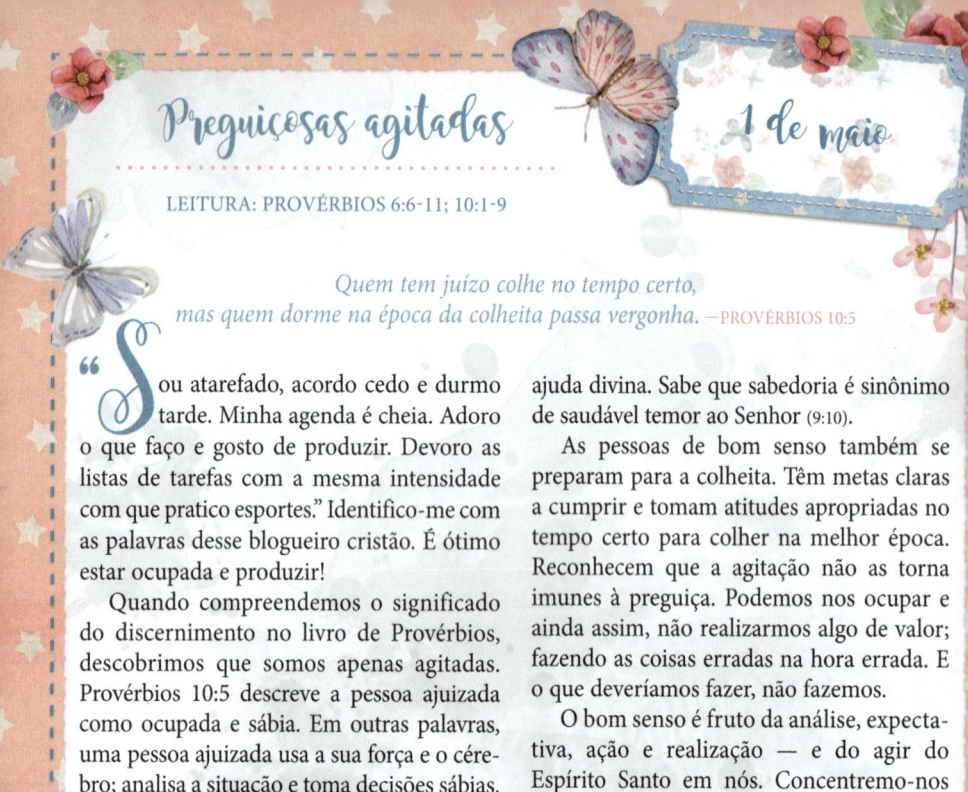

1 de maio

LEITURA: PROVÉRBIOS 6:6-11; 10:1-9

Quem tem juízo colhe no tempo certo, mas quem dorme na época da colheita passa vergonha. —PROVÉRBIOS 10:5

"Sou atarefado, acordo cedo e durmo tarde. Minha agenda é cheia. Adoro o que faço e gosto de produzir. Devoro as listas de tarefas com a mesma intensidade com que pratico esportes." Identifico-me com as palavras desse blogueiro cristão. É ótimo estar ocupada e produzir!

Quando compreendemos o significado do discernimento no livro de Provérbios, descobrimos que somos apenas agitadas. Provérbios 10:5 descreve a pessoa ajuizada como ocupada e sábia. Em outras palavras, uma pessoa ajuizada usa a sua força e o cérebro; analisa a situação e toma decisões sábias. Sabe como agir e falar em situações diferentes. Não foge de desafios, e os analisa com a ajuda divina. Sabe que sabedoria é sinônimo de saudável temor ao Senhor (9:10).

As pessoas de bom senso também se preparam para a colheita. Têm metas claras a cumprir e tomam atitudes apropriadas no tempo certo para colher na melhor época. Reconhecem que a agitação não as torna imunes à preguiça. Podemos nos ocupar e ainda assim, não realizarmos algo de valor; fazendo as coisas erradas na hora errada. E o que deveríamos fazer, não fazemos.

O bom senso é fruto da análise, expectativa, ação e realização — e do agir do Espírito Santo em nós. Concentremo-nos nas prioridades e projetos que se originaram nos sábios planos de Deus. —Poh Fang Chia

Ter zelo por Deus não significa apenas ocupar-se.

Minhas notas e motivos de oração:

2 de maio

Provisão

LEITURA: GÊNESIS 21:22-33; 23:1-18

*Abraão plantou uma árvore em Berseba e ali adorou o S*ENHOR*, o Deus Eterno.* —GÊNESIS 21:33

Eu gostaria de visitar as tumbas escavadas nas montanhas do Egito. Com os segredos mantidos por mais de 3 mil anos, a descoberta das tumbas, em 1881, revelou a riqueza das primeiras dinastias.

No cativeiro, Israel manteve a esperança viva, parcialmente, devido a uma tumba em Canaã (Gênesis 50:24,25). As Escrituras relatam aliança feitas por Abraão enquanto ele morava nessa terra. Para garantir água ao seu gado, ele cavou um poço e deu a Abimeleque sete ovelhas "...para que [me] sirvam de testemunho de que eu cavei este poço" (21:30). A segunda ocorreu quando Abraão comprou um terreno para um túmulo após a morte da sua esposa Sara (23:17,18).

Estrangeiro nessa terra, Abraão pôde dar água aos seus rebanhos e enterrar seus mortos como Deus havia prometido. Tendo sido alertado do cativeiro de gerações futuras (Gênesis 15:13), Abraão possuiu por fé aquilo que finalmente pertenceria, na realidade, aos seus descendentes. Mais tarde, Josué lideraria Israel de volta à Terra Prometida conforme Deus havia dito: "...eu lhes darei toda a terra que pisarem" (Josué 1:3).

Começando com o poço e o túmulo em Canaã, as promessas de Deus se manifestaram em Cristo. Não é necessário o poço visível, pois a vida que Ele concede nos sacia (João 4:14,15); e um túmulo se torna uma promessa (João 11:25). —Regina Franklin

O Deus que promete, cumpre sempre a Sua palavra no tempo certo.

Minhas notas e motivos de oração:

Orar por

Bolsa vermelha

3 de maio

LEITURA: LUCAS 6:36; 10:30-37

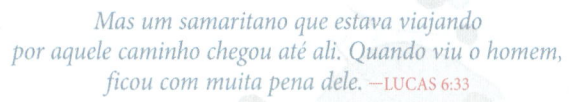

Mas um samaritano que estava viajando por aquele caminho chegou até ali. Quando viu o homem, ficou com muita pena dele. —LUCAS 6:33

Encontrei uma bolsa vermelha vazia à minha porta com um bilhete pedindo doações. Larguei-a isentando-me de colaborar, pois: a) não era da minha igreja, b) já tinha participado de outro projeto e c) tinha muito para fazer.

Resolvi reler a parábola do Bom Samaritano, e pensei: *"Graças a Deus não desamparo ninguém"*. E a bolsa vermelha chamou, novamente, a minha atenção.

Senti-me como o sacerdote que "…tratou de passar pelo outro lado da estrada" (Lucas 10:31), e manteve-se à distância. Ele trabalhava no templo, mas parou e disse: "Parece que o detonaram." Encolheu os ombros e desviou-se do local.

O samaritano apareceu e ao ver o homem "…ficou com muita pena" (v.33). A compaixão o diferenciou dos religiosos egoístas que passaram por ali, não as boas obras.

Jesus respondia com atenção ao sofrimento humano. "Jesus chorou" (João 11:35), e ressuscitou Lázaro. Teve pena da viúva (Lucas 7:13), e trouxe o filho dela de volta à vida. Jesus viu "…a multidão e teve pena daquela gente…" (Marcos 6:34), e começou a ensiná-los.

Você está indiferente às necessidades alheias? Abrirá os olhos e o coração às "bolsas vermelhas"? Jesus enalteceu o Bom Samaritano como exemplo de servo compassivo, e nos encarregou de fazer o mesmo ao dizer: "…vá e faça a mesma coisa" (Lucas 10:37). —Jennifer Benson Schuldt

O verdadeiro serviço cristão é resultado da compaixão.

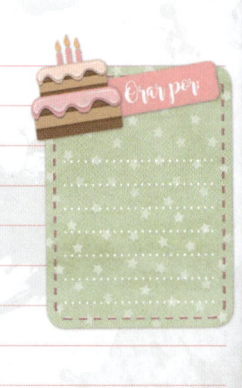

Minhas notas e motivos de oração:

4 de maio

A melhor vida

LEITURA: JOÃO 1:35-42

A primeira coisa que André fez foi procurar o seu irmão Simão e dizer a ele: —Achamos o Messias. ("Messias" quer dizer "Cristo".) —JOÃO 1:41

Alguns meses atrás, fui à Flórida a trabalho. Em meu voo de retorno, tive a agradável surpresa ao ver que o meu banco tinha bastante espaço para as pernas. Senti-me muito bem por não ter sido acomodada numa área menor. E por cima, o assento ao meu lado estava vazio! Todos os ingredientes para uma boa soneca.

Em seguida, lembrei-me daqueles à minha volta em assentos desconfortáveis. Convidei algumas pessoas que eu conhecia que poderiam juntar-se a mim num lugar melhor, mas para minha surpresa, todas quiseram ficar em seus próprios assentos. Talvez não quisessem se incomodar com o deslocamento ou sentiam-se bem onde estavam.

Como cristãs, temos um convite melhor ainda: Recebemos uma nova vida de fé em Jesus e queremos que outros a experimentem também. Alguns a desejarão, e outros não. No evangelho de João lemos que André tinha começado a seguir Jesus. A primeira coisa que André fez foi encontrar o seu irmão Simão e convidá-lo a conhecer Jesus, o Messias (1:41), como ele havia feito.

Jesus lhes ofereceu um novo e maravilhoso modo de viver, de conhecê-lo e desfrutar das Suas promessas: O Senhor lhes ofereceu o Seu perdão (Romanos 3:24), a Sua presença contínua (Hebreus 13:5), a esperança (Romanos 15:13), a paz (João 14:27), e a eternidade (1 Tessalonicenses 4:17).

Jesus sempre oferece o melhor. —Anne Cetas

Se você quer que outro saiba o que Cristo fará por ele, permita-lhe ver o que Ele fez por você.

Minhas notas e motivos de oração:

Orar por

A quem de direito

5 de maio

LEITURA: ROMANOS 13:1-10

Portanto, paguem ao governo o que é devido. Paguem todos os seus impostos e respeitem e honrem todas as autoridades. —ROMANOS 13:7

Meu marido e eu vivemos numa área rural rodeada por fazendas onde é popular ler e repetir: "Se você fez uma refeição hoje, agradeça a um fazendeiro." Definitivamente, eles merecem a nossa gratidão. Os fazendeiros fazem o trabalho duro do preparo do solo, plantio das sementes e colheita dos alimentos que nos impedem de morrer de fome.

Toda vez que agradeço a um fazendeiro, também tento lembrar-me de louvar a Deus, pois Ele é o único responsável pela produção do alimento que comemos. O Senhor nos concede a luz, envia chuva e cria a vida e energia dentro da semente que lhe dá a força para romper através do solo e produzir frutos.

Embora a Terra e todas as coisas pertençam a Deus (Salmo 24:1), Ele escolheu os seres humanos para serem os seus cuidadores. Somos responsáveis por usar os recursos da terra, como Ele os usaria para fazer a Sua obra no mundo (115:16). E como mordomos da criação física de Deus, somos mordomos do Seu projeto para a sociedade. Fazemos isso ao respeitar quem Ele colocou em posição de autoridade; pagando os impostos, honrando os que merecem, e ao continuar a pagar a nossa dívida de amor (Romanos 13:7,8). Reservamos para Deus, todo o louvor e glória pois lhe pertencem. O Senhor é o único que faz todas as coisas tornarem-se possíveis (Salmo 96:8). —Julie Ackerman Link

Os caminhos insondáveis de Deus merecem o nosso louvor sem limites.

Minhas notas e motivos de oração:

6 de maio

Água para o povo

LEITURA: MATEUS 25:31-46

*Pois eu estava com fome,
e vocês me deram comida...*
—MATEUS 25:35

Ao mudar-me para Uganda, abri meu lar para dois órfãos de pais aidéticos. Certa noite saímos para jantar. No retorno, ao passar por uma pedreira, disse: "Há muitos aqui que não podem ir à escola. Sem instrução, devem trabalhar duro sob o sol escaldante, martelando pedras enormes, transformando-as em pequenos cascalhos."

No dia seguinte, os meninos correram até a cozinha gritando: "Tia, água para o povo!" Compreendi que eles queriam distribuir garrafas de água aos homens da pedreira. E assim fizemos.

Quando estes garotos estiverem na presença de Deus, fico pensando se o Senhor lhes dirá: "Então o Rei dirá aos que estiverem à sua direita: 'Venham, vocês que são abençoados pelo meu Pai! Venham e recebam o Reino que o meu Pai preparou para vocês desde a criação do mundo. Pois eu estava com fome, e vocês me deram comida; *estava com sede, e me deram água*. Era estrangeiro, e me receberam na sua casa. Estava sem roupa, e me vestiram; estava doente, e cuidaram de mim. Estava na cadeia, e foram me visitar'" (Mateus 25:34-36).

Os meninos tinham apenas cinco anos quando deram água aos estranhos, e poderão ouvir: "...quando vocês fizeram isso ao mais humilde dos meus irmãos, foi a mim que fizeram" (Mateus 25:40). Peça a Deus que motive o seu coração para agir em favor do mais humilde. —Roxanne Robbins

*Pois ele dá água aos que têm sede
e coisas boas aos que estão com fome.* Salmo 107:9

Minhas notas e motivos de oração:

O próximo capítulo

7 de maio

LEITURA: HEBREUS 12:1-11

...deixemos [...] o pecado [...]. Conservemos os nossos olhos fixos em Jesus, pois é por meio dele que a nossa fé começa.
—HEBREUS 12:1,2

Estêvão tinha quase 5 anos quando seu pai, o piloto missionário Nate Saint, e mais quatro homens foram assassinados em 1956, pela tribo Waodani no Equador. Mas como resultado do amor e perdão demonstrado pelas famílias desses mártires, cresce atualmente, uma comunidade de cristãos entre esta tribo.

Estêvão tornou-se adulto e mudou-se novamente para o Equador. Ali ele se tornou amigo de Mincaye, um dos homens que matou o seu pai. O lema da vida de Estêvão é: "Permita que Deus escreva a sua história." Ele diz: "Há muitas pessoas [...] que querem escrever sua própria história e deixar que Deus a edite ou acerte as arestas se algo der errado. Há muito tempo decidi permitir que Deus escreva a minha história." Quando Estêvão sofreu um acidente grave em 2012, ele tranquilizou sua família: "Vamos permitir que Deus escreva este capítulo também." Sua fé continua a sustentá-lo rumo à recuperação.

A história continua a desenrolar-se para todos os seguidores de Jesus Cristo. Nenhuma de nós sabe como será o próximo capítulo de nossa vida. Mas ao olharmos para Jesus e corrermos "...sem desanimar, a corrida marcada para nós..." podemos confiar nele — o Autor e o Aperfeiçoador da nossa fé (Hebreus 12:1,2). Jesus escreveu o início da nossa história, e escreverá o próximo capítulo assim como o seu final. —Cindy Hess Kasper

Permita que a sua vida conte ao mundo ao seu redor a história do amor e da misericórdia de Cristo.

Minhas notas e motivos de oração:

8 de maio
Habilidades de comunicação

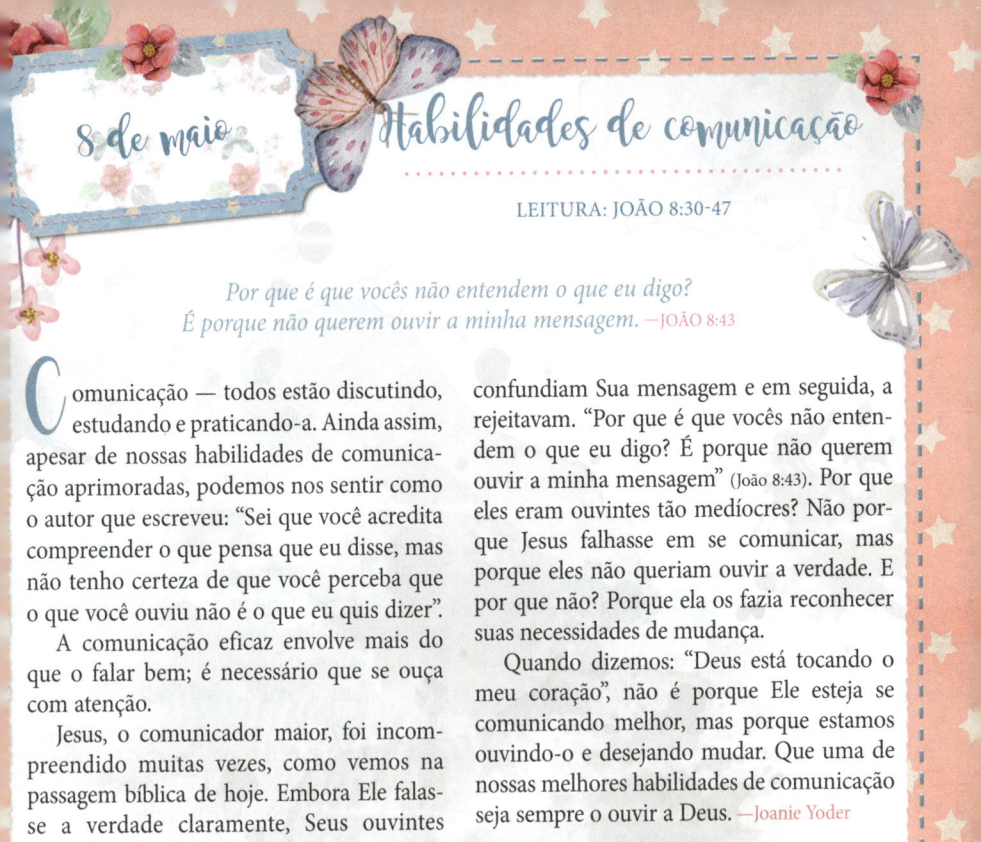

LEITURA: JOÃO 8:30-47

Por que é que vocês não entendem o que eu digo?
É porque não querem ouvir a minha mensagem. —JOÃO 8:43

Comunicação — todos estão discutindo, estudando e praticando-a. Ainda assim, apesar de nossas habilidades de comunicação aprimoradas, podemos nos sentir como o autor que escreveu: "Sei que você acredita compreender o que pensa que eu disse, mas não tenho certeza de que você perceba que o que você ouviu não é o que eu quis dizer".

A comunicação eficaz envolve mais do que o falar bem; é necessário que se ouça com atenção.

Jesus, o comunicador maior, foi incompreendido muitas vezes, como vemos na passagem bíblica de hoje. Embora Ele falasse a verdade claramente, Seus ouvintes confundiam Sua mensagem e em seguida, a rejeitavam. "Por que é que vocês não entendem o que eu digo? É porque não querem ouvir a minha mensagem" (João 8:43). Por que eles eram ouvintes tão medíocres? Não porque Jesus falhasse em se comunicar, mas porque eles não queriam ouvir a verdade. E por que não? Porque ela os fazia reconhecer suas necessidades de mudança.

Quando dizemos: "Deus está tocando o meu coração", não é porque Ele esteja se comunicando melhor, mas porque estamos ouvindo-o e desejando mudar. Que uma de nossas melhores habilidades de comunicação seja sempre o ouvir a Deus. —Joanie Yoder

Será difícil sintonizar a mensagem do céu
se estivermos repletas de estática terrestre.

Minhas notas e motivos de oração:

Famintos

9 de maio

LEITURA: ROMANOS 10:8-15

Mas como é que as pessoas irão pedir, se não crerem nele? […] E como poderão ouvir, se a mensagem não for anunciada?
—ROMANOS 10:14

É difícil crer que 193 milhões de pessoas nunca viram as Escrituras traduzidas em sua língua. É difícil entender como mais de 2.200 idiomas ainda não têm uma tradução da Bíblia. Achamos natural ler a Palavra de Deus em nosso idioma, e normal ter versões diferentes. Infelizmente, às vezes a lemos como obrigação em vez de privilégio.

Os que estão espiritualmente despertos sabem que a sede por Deus está ligada à fome por Sua Palavra: "Como são doces as tuas palavras! São mais doces do que o mel" (Salmo 119:103). Dando vida a todos os que a leem, elas revelam o coração de Deus, e deixam claro o Seu plano de salvação (1 Timóteo 2:3,4).

O profeta Isaías afirmou: "O povo que andava na escuridão viu uma forte luz; a luz brilhou sobre os que viviam nas trevas" (9:2). Se nos valermos de nossos próprios métodos, erramos o alvo. Por ser a Palavra a revelação de Cristo, ela não é apenas o parâmetro da verdade, é a própria verdade. Promete nos dar entendimento e luz para os nossos caminhos (Salmo 119:104,105).

O desafio está em nos assegurarmos de que ela esteja em nossa boca e coração (Romanos 10:8).

Ninguém precisa convencer o faminto a alimentar-se. Nossa gratidão por termos a Bíblia precisa nos deixar famintas por ver o restante do mundo suprido e nutrido pela Palavra de Deus. —Regina Franklin

A Bíblia supre o alimento espiritual que precisamos.

Minhas notas e motivos de oração:

10 de maio

A hora certa?

LEITURA: ECLESIASTES 3:1-13

Tudo neste mundo tem o seu tempo; cada coisa tem a sua ocasião. —ECLESIASTES 3:1

Conheci cristãos que lutavam com o sentimento de culpa por se recusarem a assumir responsabilidades na igreja ou em organizações paraeclesiásticas. Eles têm bons motivos para serem cautelosos ao estabelecer suas prioridades, pois enfrentam transições da vida de solteiro para casado, de estudante para o mercado de trabalho.

Em Eclesiastes 3:1-8, a sabedoria reconhece que tudo tem seu tempo. Há "tempo de procurar e tempo de perder" (v.6). Em algum momento devemos abrir mão de certos compromissos e concentrar nossas energias em outros — deixando de lado o que fazíamos no passado. Se você é mãe, não se sinta culpada por investir tempo cuidando do seu filho e não dispor de tanto tempo para servir na igreja quanto antes. É necessário que vivenciemos nossas mudanças.

Apesar de tudo ter seu tempo determinado, somente Deus sabe que tempo é esse (vv.9-11). Cabe a nós tomarmos as melhores e mais sábias decisões e fazer "...tudo para a glória de Deus" (1 Coríntios 10:31).

É falsa a ideia de que a fé é demonstrada somente através do que fazemos para Deus. Com certeza, podemos demonstrá-la produzindo frutos na vida de outros cristãos. A fé, como aprendemos na Bíblia, demonstra aquilo que Deus, em Seu poder e graça, está fazendo por nós, em nós, e por meio daqueles que nele creem. —Poh Fang Chia

Andamos pela fé quando confiamos em Deus.

Minhas notas e motivos de oração:

Orar por

Absolutamente grata

11 de maio

LEITURA: 1 TESSALONICENSES 5:12-22

...e sejam agradecidos a Deus em todas as ocasiões...
—1 TESSALONICENSES 5:18

Minha filha é alérgica a amendoim. Sua sensibilidade é tão aguda, que se comer o menor fragmento de um amendoim sua vida estará ameaçada. Por esse motivo, lemos cuidadosamente todos os rótulos das embalagens de alimentos. Carregamos uma seringa contendo o medicamento (para reações alérgicas) a todos os lugares que vamos. E, quando comemos fora, telefonamos com antecedência e perguntamos à equipe do restaurante a respeito dos itens do cardápio.

Apesar destas precauções, ainda fico preocupada com a sua segurança atual e futura. Esta situação não é algo pelo qual eu sou naturalmente grata. Contudo, a Palavra de Deus nos desafia: "...e sejam agradecidos a Deus em todas as ocasiões. Isso é o que Deus quer de vocês por estarem unidos com Cristo Jesus" (1 Tessalonicenses 5:18). Não há como fugir disto. Quando o futuro é incerto, a dor nos abate e surgem as necessidades, Deus quer que oremos com gratidão.

É difícil ser grata em meio as dificuldades, mas não impossível. Daniel "...orou, dando graças ao seu Deus..." (6:10), sabendo que a sua vida estava em perigo. Jonas prometeu cantar louvores (2:9) enquanto estava no interior de um peixe! Estes exemplos, com a promessa de que tudo coopera para o nosso bem e para a glória de Deus (Romanos 8:28), podem nos inspirar a sermos gratas em tudo. —Jennifer Benson Schuldt

Podemos dar graças a Deus em todas as circunstâncias por não nos deixar desamparadas.

Minhas notas e motivos de oração:

12 de maio

Síndrome da pressa

LEITURA: FILIPENSES 3:7-16

Não estou querendo dizer que já consegui tudo [...] ou que já fiquei perfeito, mas continuo a correr para conquistar o prêmio... —FILIPENSES 3:12

"Depressa!" "Você está devagar demais!" "Estamos atrasados!" Com que frequência falamos palavras impacientes como estas, revelando nosso ritmo de vida acelerado? Se não tomarmos cuidado, nos tornaremos pessoas que vivem na via rápida, exigindo chegadas e resultados imediatos. Os especialistas em estresse chamam este problema de "síndrome da pressa".

Em Filipenses 3, o testemunho do apóstolo Paulo de crescimento permanente nos lembra de que a maturidade cristã pode ser estimulada, não apressada. Em seu livro *Seu destino é a cruz* (Ed. Vida, 1984), Paul Billheimer diz que, assim como Deus leva tempo para fazer um carvalho, leva tempo para fazer um santo. O crescimento cristão é um processo.

Billheimer escreve: "Uma maçã verde não é adequada para se comer, mas não devemos condená-la por isso. Ela ainda não está pronta, porque Deus não terminou de aprontá-la. É uma fase de sua trajetória."

Você está se sentindo impaciente com relação ao seu crescimento espiritual? Lembre-se de que Deus não terminou Seu trabalho em você — e nem pretende terminar até que a chame de volta para casa. Apenas tenha a certeza de que seu objetivo é conhecer a Cristo e ser cada vez mais semelhante a Ele. Então, devagar, mas com segurança, sob o céu azul e a tempestade, Ele a levará à maturidade. É Sua cura certa para a "síndrome da pressa". —Joanie Yoder

Não existem atalhos para a maturidade espiritual.

Minhas notas e motivos de oração:

Ei, isso é meu

13 de maio

LEITURA: 1 REIS 1:5-10

> ...Davi nunca o havia repreendido...
> —1 REIS 1:6

Meu filho brincava na biblioteca quando uma menina tirou um caminhão dele. Ele a olhou como se dissesse: "Ei, isso é meu!" Não havia ninguém por perto para contê-la.

Como pais, somos responsáveis por "...educar a criança no caminho em que deve andar..." (Provérbios 22:6). A disciplina as ajuda a lidar com o mau comportamento e estabelecer diretrizes.

Davi provavelmente desejou ter feito um trabalho melhor com seus filhos. À beira da morte, seu filho Adonias declarou: "Eu reinarei" (1 Reis 1:5 ARA), sem esperar a escolha do pai. Ele não o respeitava porque "...Davi nunca o havia repreendido..." (v.6). Corrigir nossos filhos os ensina a respeitar os outros — inclusive os pais.

Às vezes podemos oferecer orientações apenas questionando-os. Infelizmente, Davi jamais perguntou a Adonias: "Por que você agiu dessa maneira?"

Adonias continuou a perseguir o trono de Israel até que seu irmão Salomão — o legítimo rei — o matou. Ouça a advertência: "Corrija os seus filhos enquanto eles têm idade para aprender..." (Provérbios 19:18).

Queremos que os nossos filhos tenham uma vida significativa e que honrem a Deus, porém "...as crianças fazem tolices..." (Provérbios 22:15). Precisamos ajudá-las a controlar suas travessuras pela correção e disciplina. —Jennifer Benson Schuldt

Disciplinar nossos pequeninos os ajuda a calcular as consequências das suas atitudes.

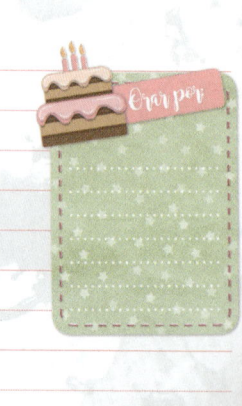

Minhas notas e motivos de oração:

Orar por:

14 de maio — Respostas delicadas

LEITURA: PROVÉRBIOS 15:1-5

A resposta delicada acalma o furor, mas a palavra dura aumenta a raiva. —PROVÉRBIOS 15:1

Sentindo-me frustrada, joguei minha pasta sobre a mesa. Isso satisfez a minha irritação, por um instante. Minha alteração era por causa da festa da escola de minha filha. Como ela estava chateada por perder a festa devido a outro compromisso assumido anteriormente, ela descontou sua frustração em mim. Irritou-se por mandá-la cumprir sua obrigação. Mas o meu esforço para ensinar-lhe algo foi ofuscado pela minha irritação.

Por mais dedicadas que sejamos, temos momentos em que a fala é tudo, menos delicada e sábia (Provérbios 31:26). É difícil ser mãe, tão difícil quanto deixar o nosso eu de lado e ensiná-los a fazer o mesmo.

Queremos que os nossos filhos aceitem a nossa correção (Provérbios 15:5), mas, como filhos de Deus, os pais precisam acatar a correção que Ele nos traz em Sua Palavra (Hebreus 12:6). A delicadeza raramente é a nossa reação às situações conflitantes. Devemos permitir que Espírito Santo a cultive em nossa vida (Gálatas 5:22,23).

Caminhar com as próprias forças é garantir que os conflitos se tornem um desafio de autoridade. A resposta delicada talvez não acabe com a raiva deles, mas refreia a nossa própria. Podemos permitir que as emoções nos comandem, ou andar no poder do Espírito Santo seguindo os princípios de Sua Palavra, mesmo que nossa carne esteja exigindo o contrário (Gálatas 5:17).

—Regina Franklin

O falar com sabedoria requer submissão à direção do Espírito Santo

Minhas notas e motivos de oração:

Orar por

O que está em jogo?

15 de maio

LEITURA: PROVÉRBIOS 19:15-25

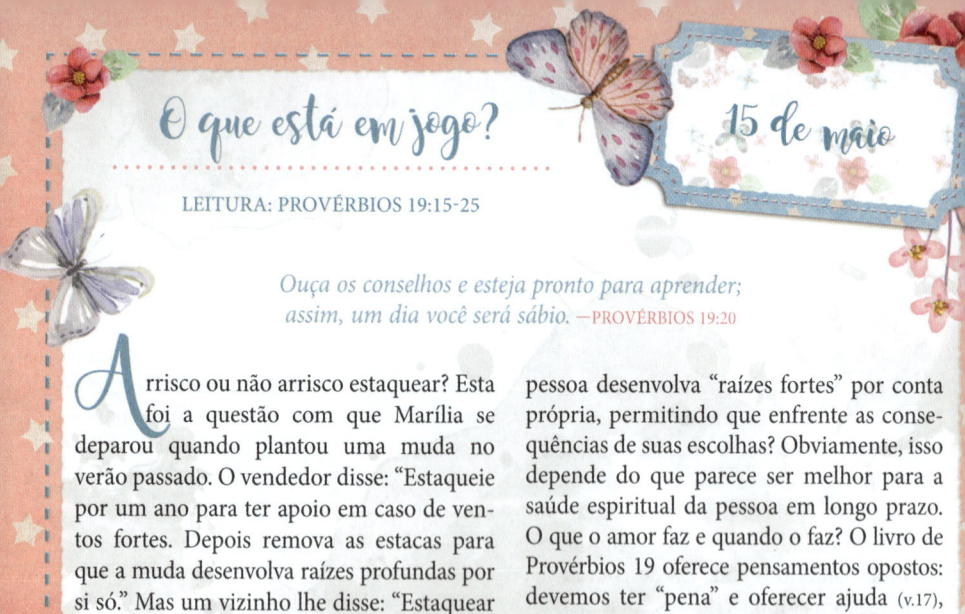

Ouça os conselhos e esteja pronto para aprender; assim, um dia você será sábio. —PROVÉRBIOS 19:20

Arrisco ou não arrisco estaquear? Esta foi a questão com que Marília se deparou quando plantou uma muda no verão passado. O vendedor disse: "Estaqueie por um ano para ter apoio em caso de ventos fortes. Depois remova as estacas para que a muda desenvolva raízes profundas por si só". Mas um vizinho lhe disse: "Estaquear pode fazer mais mal do que bem. A árvore precisa começar a desenvolver raízes fortes desde já, ou talvez nunca o faça. Em longo prazo, para o bem da planta, é melhor não estaquear".

Indagamo-nos sobre essa questão também nos relacionamentos. Por exemplo, se alguém se meteu em apuros, nós o resgatamos "apoiando-o", ou deixamos que essa pessoa desenvolva "raízes fortes" por conta própria, permitindo que enfrente as consequências de suas escolhas? Obviamente, isso depende do que parece ser melhor para a saúde espiritual da pessoa em longo prazo. O que o amor faz e quando o faz? O livro de Provérbios 19 oferece pensamentos opostos: devemos ter "pena" e oferecer ajuda (v.17), contudo há perigos em resgatar o outro porque você pode precisar fazê-lo novamente (v.19). Prover a ajuda correta requer sabedoria além da nossa própria.

Deus não nos deixou sozinhas. Ele nos dará a sabedoria quando lhe pedirmos. E à medida que dependemos dele, nossas raízes também se aprofundarão nele. —Anne Cetas

A verdadeira sabedoria olha para o mundo sob a perspectiva de Deus.

Minhas notas e motivos de oração:

Orar por

16 de maio

Temos valor

LEITURA: LUCAS 2:41-52

Conforme crescia, Jesus ia crescendo também em sabedoria, e tanto Deus como as pessoas gostavam cada vez mais dele.
—LUCAS 2:52

Cresci numa cidade pequena. Ninguém lá era famoso. Nenhuma rua era movimentada. Não havia muita coisa para fazer. Contudo, sempre fui grata por minha criação calma e descomplicada.

Certa noite, quando meu marido e eu participávamos de um jantar de negócios, uma nova conhecida me perguntou de onde eu era. Quando lhe contei, ela disse: "Você não fica constrangida de admitir isso?"

Não sabendo se ela estava brincando, simplesmente respondi: "Não".

Embora, às vezes, minha cidade fosse menosprezada por sua falta de sofisticação, não lhe faltava as coisas que realmente importam. Minha família fazia parte de uma igreja na qual os pais criavam os filhos "…com a disciplina e os ensinamentos cristãos" (Efésios 6:4).

Cristo também cresceu numa cidade pequena: Nazaré. Um homem chamado Natanael perguntou: "…E será que pode sair alguma coisa boa de Nazaré?…" (João 1:46). Jesus provou que a resposta é sim. Embora tivesse crescido num lugar insignificante, Ele foi a pessoa de maior significância da história.

A experiência me ensinou e as Escrituras confirmam — não importa onde você cresceu, mas como cresceu. Às vezes, sentimo-nos insignificantes em comparação a pessoas sofisticadas de lugares proeminentes. Mas, temos valor para Deus e Ele pode nos fortalecer no espírito e encher-nos com a Sua sabedoria. —Julie Ackerman Link

O que nos tornamos é mais importante do que o local de onde viemos.

Minhas notas e motivos de oração:

Amor... o melhor caminho

17 de maio

LEITURA: 1 CORÍNTIOS 12:31; 13:1-13

…Quem ama nunca desiste, porém suporta tudo com fé, esperança e paciência. O amor é eterno. —1 CORÍNTIOS 13:7,8

Dia após dia, milhares de cristãos batalham para trazer alívio e o amor de Cristo aos aflitos e empobrecidos. Muitos servos presenciam brutalidades e sofrimentos inimagináveis.

Tantos dedicam-se a caminhar ao lado do "…mais humilde…" (Mateus 25:40). Foram movidos à ação por uma mensagem inspiradora, literatura ou cântico que lhes abriu o coração e mente para as lutas que outros enfrentam ao redor do mundo.

Após entrarem na terra do oprimido e depauperado, eles testificam que são sustentados diariamente pela Palavra de Deus e por seus colaboradores. As músicas de adoração também os inspiram. E assim esses servos prosseguem em sua luta para estender a justiça e as provisões de Deus aos que sofrem. Em 1 Coríntios 13:7,8, vemos que o amor é a motivação para servir ao necessitado: "Quem ama nunca desiste…".

Talvez você tenha visto essa passagem ser aplicada somente no contexto do casamento, mas aplique-a por amor ao destituído. Você pode:
• Proteger alguém que sofre alguma forma de abuso?
• Confiar em Deus para supri-la e ofertar generosamente aos pobres?
• Levar a esperança ao investir tempo com alguém que sofre?
• Perseverar em servir mesmo desgastada?
• Demonstrar amor, mesmo a alguém difícil de gostar?

Ore para Deus lhe mostrar como demonstrar amor a alguém ainda hoje.

—Roxanne Robbins

O amar a Deus reflete-se no amor que demonstramos aos necessitados…

Minhas notas e motivos de oração:

18 de maio

Marcas preciosas

LEITURA: 1 TIMÓTEO 1:12-17

…ele achou que eu era merecedor e porque me escolheu para servi-lo. —1 TIMÓTEO 1:12

Achei que ninguém perceberia a imperfeição em minha mesa. Porém, minha amiga percebeu as reentrâncias e tive de admitir que meu filho tinha deixado suas marcas de dentes ali. Ela sorriu e disse: "Será difícil desfazer-se delas; essas marcas são preciosas."

A maioria de nós tem reentrâncias, riscos e outras marcas em nosso coração e mente: as cicatrizes embaraçosas do passado. Mas Deus pode usar-nos no ministério apesar dessas imperfeições.

Paulo recontou seu passado a Timóteo: "…Cristo Jesus […] achou que eu era merecedor e […] me escolheu para servi-lo. Ele fez isso apesar de eu ter dito blasfêmias contra ele no passado e de o ter perseguido e insultado…" (1:12,13). Ele reconhecia suas ofensas, mas compreendeu que: "Quem está unido com Cristo é uma nova pessoa; acabou-se o que era velho, e já chegou o que é novo" (2 Coríntios 5:17).

A nova vida resulta da misericórdia de Deus, disponível aos que creem em Cristo. Ele deseja usar-nos "…para que Cristo Jesus… [possa] mostrar toda a sua paciência…" (1 Timóteo 1:16).

Deus quer usá-lo devido ao seu passado, não a despeito dele. Aos Seus olhos, nossas marcas são preciosas. "Pois foi Deus quem nos fez o que somos agora; […] ele nos criou para que fizéssemos as boas obras que ele já havia preparado para nós" (Efésios 2:10).

—Jennifer Benson Schuldt

Deus transforma as vidas marcadas por dependência, imoralidade e, até mesmo, abusos.

Minhas notas e motivos de oração:

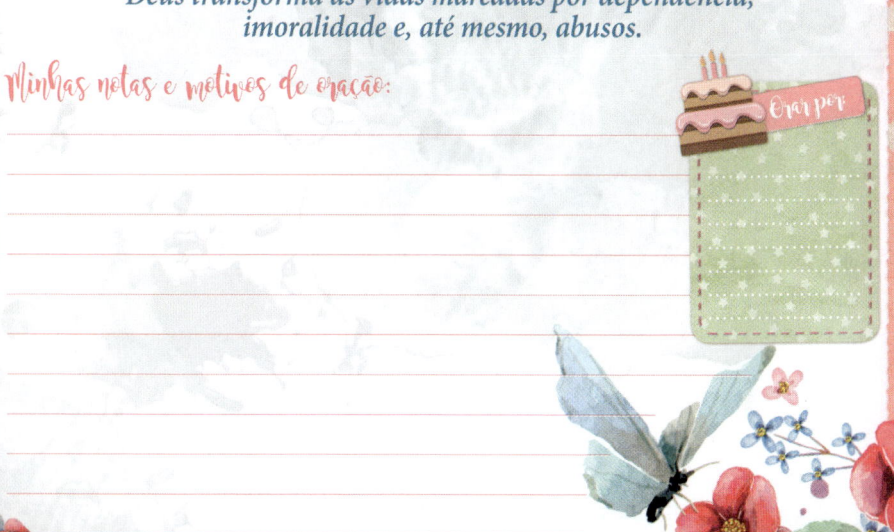

Orar por

Você está lutando?

19 de maio

LEITURA: HEBREUS 12:1-17

…isso no momento nos parece motivo de tristeza [...]. Porém os que foram corrigidos recebem como recompensa uma vida correta… —HEBREUS 12:11

Era o segundo ano de minha viuvez e lutas. Todas as manhãs, minha vida de oração era um único suspiro: "Senhor, eu não deveria estar enfrentando tantas lutas!" Certa manhã, ouvi Sua voz baixa e tranquila me perguntar: "E por que não?"

Então, a resposta surgiu: o orgulho desconhecido! De alguma forma, eu pensava que alguém com minha maturidade espiritual deveria estar acima de tais lutas. Que pensamento ridículo, já que não tinha sido viúva antes e precisava de liberdade para ser uma aluna verdadeira e até mesmo aprendiz que luta.

Ao mesmo tempo, lembrei-me da história de um homem que levou um casulo para casa a fim de que pudesse observar o surgimento da borboleta monarca. À medida que a borboleta lutava para atravessar a abertura minúscula, o homem a ampliava com a tesoura. A borboleta saiu com facilidade — mas suas asas estavam mirradas. O esforço pela abertura estreita é a maneira de Deus impulsionar os fluidos do corpo para as asas. A tesoura "misericordiosa", na realidade, era cruel.

A carta aos Hebreus, no capítulo 12, descreve a vida cristã como um esforço que envolve disciplina, correção e treinamento na justiça. Obviamente, tal corrida não pode ser realizada sem um empenho santo contra o próprio eu e o pecado. Às vezes, a luta é exatamente aquilo que precisamos.

—Joanie Yoder

A correção de Deus é compassiva, jamais cruel.

Minhas notas e motivos de oração:

Orar por

20 de maio

Fraude

LEITURA: ATOS 5:1-5

Então Pedro disse a Ananias: — Por que você deixou Satanás dominar o seu coração? Por que mentiu para o Espírito Santo?... —ATOS 5:3

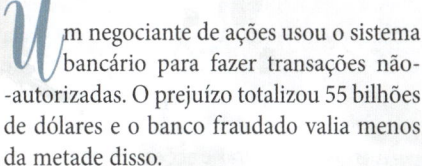

Um negociante de ações usou o sistema bancário para fazer transações não-autorizadas. O prejuízo totalizou 55 bilhões de dólares e o banco fraudado valia menos da metade disso.

Ananias e sua esposa Safira cometeram erro semelhante. Venderam um terreno e retiveram parte do valor, ofertando apenas o restante. Eles agiram de acordo nessa fraude! Nem sempre podemos confiar nos outros por orientações éticas, especialmente quando eles têm algo a ganhar.

Deus estabelece os padrões, e leva a sério quando não os consideramos. A falta de integridade escolhe a influência de Satanás sobre a do Espírito Santo. Isso é forte demais? Ananias mentiu, e Pedro lhe perguntou:

"...Por que você deixou Satanás dominar o seu coração? Por que mentiu para o Espírito Santo?..." (Atos 5:3).

Mentir ao Espírito Santo é errado, e impossível — jamais escapamos dele. A Bíblia adverte: "...E fiquem sabendo que vocês serão castigados por causa dos seus próprios pecados" (Números 32:23). A confrontação é certa, e para Ananias foi fatal — "...caiu morto..." (Atos 5:5).

Duvido que Ananias tenha visto sua mentira como ofensa grave a Deus. Talvez tenha pensado: *Não é nada demais, ninguém descobrirá*. Não sabia que "A pessoa honesta anda em paz e segurança, mas a desonesta será desmascarada" (Provérbios 10:9).

—Jennifer Benson Schuldt

O Senhor fez os pesos e as medidas; por isso quer que sejam usados com honestidade. Provérbios 16:11

Minhas notas e motivos de oração:

Cristão conservador?

21 de maio

LEITURA: ROMANOS 5:1-11

Agora que fomos aceitos por Deus pela nossa fé nele, temos paz com ele por meio do nosso Senhor Jesus Cristo.
—ROMANOS 5:1

Encontrei o ator Tim Robbins na recepção de um festival de cinema, e tivemos uma conversa interessante. Falamos sobre as causas e efeitos da guerra, direitos humanos, e por que os atores famosos, e não os atletas profissionais, estão mais dispostos a apoiar ou se opor a vários líderes políticos.

Ele me perguntou o que significa "cristão conservador". Isso me atingiu em cheio, pois parece que o Corpo de Cristo expõe melhor as posições políticas e morais do que a transformadora mensagem: "Todos pecaram e estão afastados da presença gloriosa de Deus. Mas, pela sua graça e sem exigir nada, Deus aceita todos por meio de Cristo Jesus, que os salva. Deus ofereceu Cristo como sacrifício para que, pela sua morte na cruz, Cristo se tornasse o meio de as pessoas receberem o perdão dos seus pecados, pela fé nele" (Romanos 3:23-25).

As nossas palavras e ações definem nossa fé e o dom da salvação que recebemos pela graça de Deus? Estamos livres de contendas e rixas? (Isaías 58:4). Ajudamos a libertar os oprimidos e a cuidar dos pobres? (v.7). Irradiamos o brilho de Cristo ao nosso redor? (v.10). Falamos e demonstramos a verdade do evangelho em amor? (1 Coríntios 13:1).

Que Deus nos ensine como podemos demonstrar com amor o que Ele fez por nós e que deseja que façamos pelos outros.
—Roxanne Robbins

Os dias [...] são maus; por isso aproveitem bem todas as oportunidades que vocês têm. Efésios 5:16

Minhas notas e motivos de oração:

22 de maio

Seu bom propósito

LEITURA: ROMANOS 8:28,29

Pois sabemos que todas as coisas trabalham juntas para o bem daqueles que amam a Deus... —ROMANOS 8:28

Quantas vezes e com que facilidade esta referência bíblica de Romanos 8:28 escapa da nossa boca! Mas talvez precisemos compreender melhor o que este versículo diz de verdade.

No livro que escreveu em coautoria com a esposa Nanci, Randy Alcorn oferece alguns esclarecimentos sobre Romanos 8:28. Outra versão da Bíblia diz: "Deus age em todas as coisas para o bem..." (NVI). O autor assinala que a passagem não afirma que cada coisa é boa individualmente, mas que Deus age a fim de que elas cooperem para o bem.

Relembrando dos dias da infância dele, diz também que, muitas vezes, ele observava a mãe assar bolos. Um dia, quando ela havia separado todos os ingredientes: farinha, açúcar, fermento em pó, ovo, baunilha, ele experimentou um pouco de cada um. Com exceção do açúcar, todos tinham gosto horrível. Mas a mãe os misturou e colocou a massa no forno. "Não fazia sentido para mim", ele se recorda, "que a combinação de coisas individualmente desagradáveis produzisse algo tão gostoso".

Alcorn conclui que Deus também "toma todos os estresses indesejáveis de nossa vida, mistura-os, e os coloca sob o calor da crise para produzir um resultado perfeito".

Olhemos além das circunstâncias imediatas e lembremos que os propósitos de Deus sempre têm um bom final. —Joanie Yoder

Quando as coisas parecem ruins, não se esqueça: Deus é bom.

Minhas notas e motivos de oração:

Orar por

Siga em frente

23 de maio

LEITURA: ÊXODO 16:2-7

…Lá, nós podíamos pelo menos nos sentar e comer carne e outras comidas à vontade… —ÊXODO 16:3

O pai de um ator que morreu de overdose de remédios o descreveu como responsável, gentil, amante da vida e altruísta. Talvez por isso tantos se surpreenderam ao saber que ele lutava contra o vício em heroína.

Lutamos sempre com nossos anseios. Muitas coisas podem nos escravizar. Mas Deus pode nos libertar, como livrou os israelitas da escravidão. Quando o Senhor nos liberta, quer que sigamos em frente.

As circunstâncias adversas fizeram os israelitas lembrarem-se dos "…bons e velhos tempos" (Êxodo 16:3). Os pensamentos retroativos estragam o nosso esforço de seguir em frente, e impede-nos de andar no Espírito (Gálatas 5:25).

Deus quer que caminhemos em fé e creiamos em Sua provisão diária. Quando os israelitas perceberam que onde estavam não havia suprimentos, Deus lhes proveu o maná e lhes disse para juntar "…uma porção que dê para um dia" (Êxodo 16:4). Nós também devemos viver um dia de cada vez, confiando em Deus para nos prover uma rota de fuga a fim de abandonarmos nossos desejos mesquinhos. Deus "…não deixará que vocês sofram tentações que vocês não têm forças para suportar…" (1 Coríntios 10:13).

Não permita que "…o pecado domine o corpo mortal de vocês" (Romanos 6:12). Siga em frente, diariamente, confiando que "…pela manhã, vereis a glória do SENHOR" em sua jornada (Êxodo 16:7). —Jennifer Benson Schuldt

Se Deus lhe mostrou a rota de fuga, não olhe para trás.

Minhas notas e motivos de oração:

24 de maio
O preço da ressurreição

LEITURA: JOÃO 11:17-50; 12:10,11

Então os chefes dos sacerdotes resolveram matar Lázaro também. —JOÃO 12:10

A estátua do Cristo Redentor, no Rio de Janeiro, é um marco famoso nessa cidade. Nela, as marcas dos cravos lembram como Jesus sofreu para que pudéssemos ter liberdade. Sua vitória na cruz teve alto preço.

Os que recebem o dom gratuito da salvação devem considerar o seu custo. Jesus disse aos Seus discípulos que todos estavam convidados a segui-lo, mas nem todos estavam dispostos a pagar o preço (Lucas 14:26-35). Ninguém pode alcançar, por si mesmo, a salvação (Efésios 2:8), porque o sangue de Cristo é o único sacrifício suficiente para o pecado (Levítico 17:11; Hebreus 9:22). Então qual é o preço que devemos pagar?

João menciona a morte de Lázaro. Sentimos a tristeza das irmãs daquele homem, e de Jesus ao aproximar-se da sepultura. A morte é o amargo resultado do pecado original. Mas para Jesus, a "ressurreição e a vida" (João 11:25), a morte não era o fim. A ressurreição, como a redenção, é um dom. Apropriar-se dela significa deixar o restante para trás.

O milagroso retorno de Lázaro à vida não foi bem visto pelos fariseus. Algo precisa morrer em cada uma de nós. Ou crucificamos o que não pode nos sustentar para verdadeiramente vivermos em Cristo (Gálatas 2:20), ou permanecemos na morte para nos agarrarmos naquilo que eventualmente nos destruirá (Romanos 7:5). —Regina Franklin

A nova vida que temos em Cristo não se identifica com o mundo nem com os desejos da carne.

Minhas notas e motivos de oração:

Empreste-me

25 de maio

LEITURA: 1 PEDRO 3:13-16

…Estejam sempre prontos para responder a qualquer pessoa que pedir que expliquem a esperança que vocês têm. —1 PEDRO 3:15

Na Suécia, há uma biblioteca onde os usuários emprestam "pessoas", em vez de livros. São nove indivíduos incluindo um imã, um cigano e um jornalista. Os usuários podem retirar a pessoa para uma conversa de 45 minutos no café da biblioteca e conhecê-la melhor.

Como cristãs as pessoas ao nosso redor nos "emprestam" o tempo todo. Por isso Pedro aconselha: "…Estejam sempre prontos para responder a qualquer pessoa que pedir que expliquem a esperança que vocês têm: […] façam isso com educação e respeito…" (1 Pedro 3:15,16). Ele deseja que compartilhemos nossa fé em amor, sem preconceitos." Deus, por amor, entregou "…o seu único Filho, para que todo aquele que nele crer não morra, mas tenha a vida eterna" (João 3:16).

Nossos amigos podem se interessar pela vida eterna ao perceberem o quanto a fé influencia o nosso dia a dia, pois "…não [vivemos] como vivem as pessoas deste mundo…" (Romanos 12:2), e as pessoas percebem!

Muitas vezes tememos compartilhar a nossa fé. Oremos por oportunidades e confiemos que se tivermos que sofrer por fazer o que é certo, Deus nos recompensará (1Pedro 3:14).

Preparemo-nos para compartilhar a nossa fé com amor. E vamos nos esforçar para viver de maneira a sermos as primeiras a nos voluntariar: "empreste-me!", quando se tratar de defender Jesus. —Jennifer Benson Schuldt

Viva para agradar a Deus e permita que o Espírito de Deus a dirija.

Minhas notas e motivos de oração:

Orar por

26 de maio

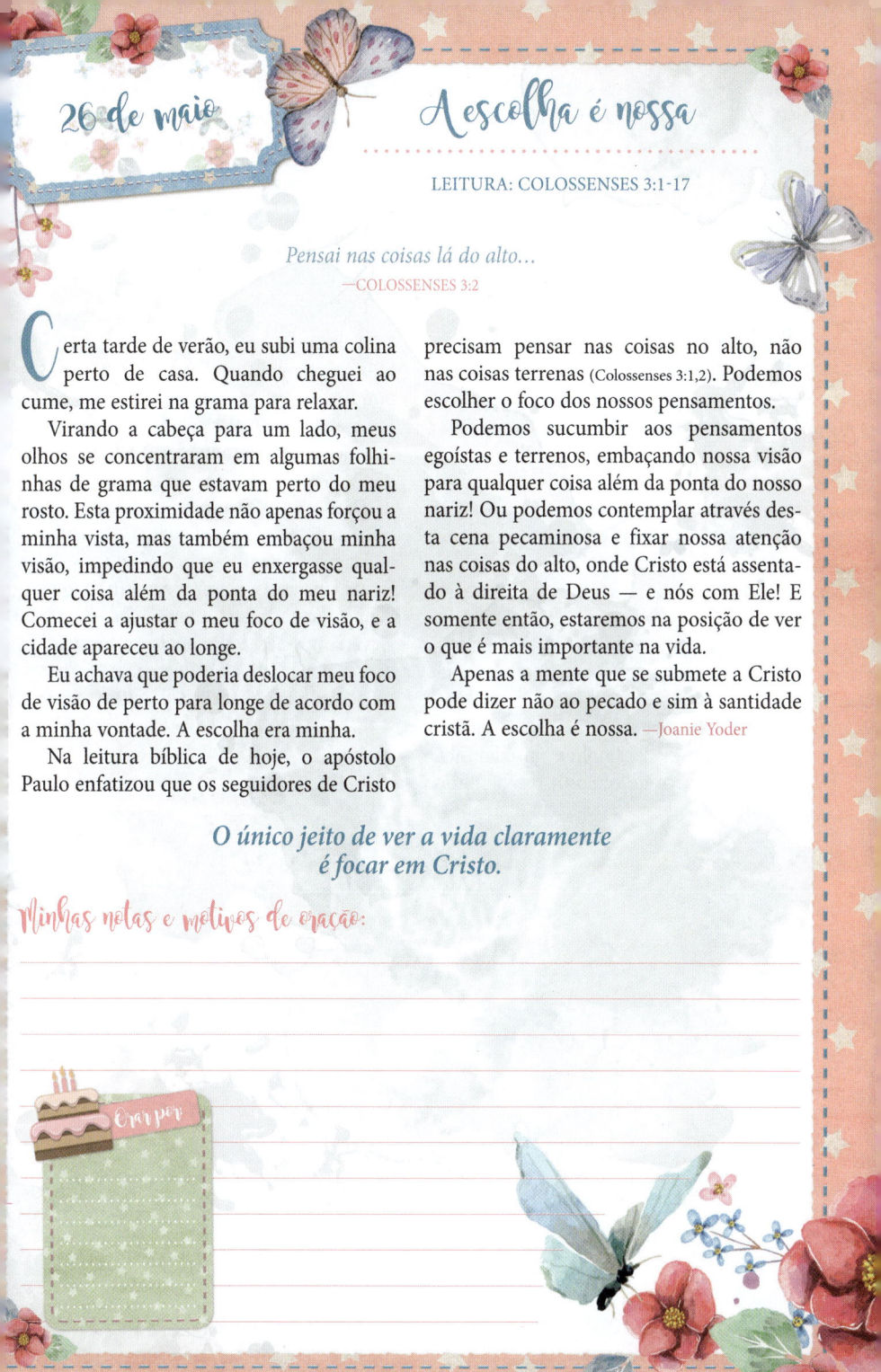

A escolha é nossa

LEITURA: COLOSSENSES 3:1-17

Pensai nas coisas lá do alto...
—COLOSSENSES 3:2

Certa tarde de verão, eu subi uma colina perto de casa. Quando cheguei ao cume, me estirei na grama para relaxar.

Virando a cabeça para um lado, meus olhos se concentraram em algumas folhinhas de grama que estavam perto do meu rosto. Esta proximidade não apenas forçou a minha vista, mas também embaçou minha visão, impedindo que eu enxergasse qualquer coisa além da ponta do meu nariz! Comecei a ajustar o meu foco de visão, e a cidade apareceu ao longe.

Eu achava que poderia deslocar meu foco de visão de perto para longe de acordo com a minha vontade. A escolha era minha.

Na leitura bíblica de hoje, o apóstolo Paulo enfatizou que os seguidores de Cristo precisam pensar nas coisas no alto, não nas coisas terrenas (Colossenses 3:1,2). Podemos escolher o foco dos nossos pensamentos.

Podemos sucumbir aos pensamentos egoístas e terrenos, embaçando nossa visão para qualquer coisa além da ponta do nosso nariz! Ou podemos contemplar através desta cena pecaminosa e fixar nossa atenção nas coisas do alto, onde Cristo está assentado à direita de Deus — e nós com Ele! E somente então, estaremos na posição de ver o que é mais importante na vida.

Apenas a mente que se submete a Cristo pode dizer não ao pecado e sim à santidade cristã. A escolha é nossa. —Joanie Yoder

O único jeito de ver a vida claramente é focar em Cristo.

Minhas notas e motivos de oração:

Aproximação

27 de maio

LEITURA: 2 CORÍNTIOS 6:14-18

Como podem Cristo e o Diabo estar de acordo?
O que é que um cristão e um descrente têm em comum.
—2 CORÍNTIOS 6:15

Meu filho gosta do *Magnetix*, pois as peças se atraem ou se repelem. São fáceis de montar. Para ele, elas saem de onde estão guardadas e vão para o chão, sozinhas!

Nos relacionamentos, é diferente. A Palavra de Deus nos manda buscar relacionamentos amorosos apenas com pessoas do sexo oposto e que sejam cristãos verdadeiros (2 Coríntios 6:14; 7:39).

Paulo reconhece a importância de nos relacionarmos com não-cristãos, para falar-lhes de Jesus (Colossenses 4:5,6). Porém, os limites em nossas relações são importantes, e implicam em compreender a *koinonia*. Essa palavra grega significa comunhão e envolve intimidade. Implica em comunhão íntima que permite que um receba ânimo do outro. Vai além do conhecer alguém.

A intimidade com o que não crê em Cristo pode nos influenciar a adotar outros pontos de vista e escolhas (Êxodo 23:32). Precisamos estar alertas para não compactuarmos com o pecado (Salmo 1:1). Isso inclui não tomar atitudes que neguem o chamado de Deus para aplicarmos mudanças saudáveis em nossa própria vida (Romanos 16:19).

Davi assumiu o compromisso de receber forças apenas dos que permitiram que o Senhor fosse a sua morada (Salmo 119:63). Deveríamos ser assim, pois as pessoas de nossa convivência influenciam a nossa capacidade de alcançarmos outros a Jesus.

—Regina Franklin

Felizes são aqueles que não se deixam levar pelos conselhos dos maus... **Salmo 1:1**

Minhas notas e motivos de oração:

28 de maio

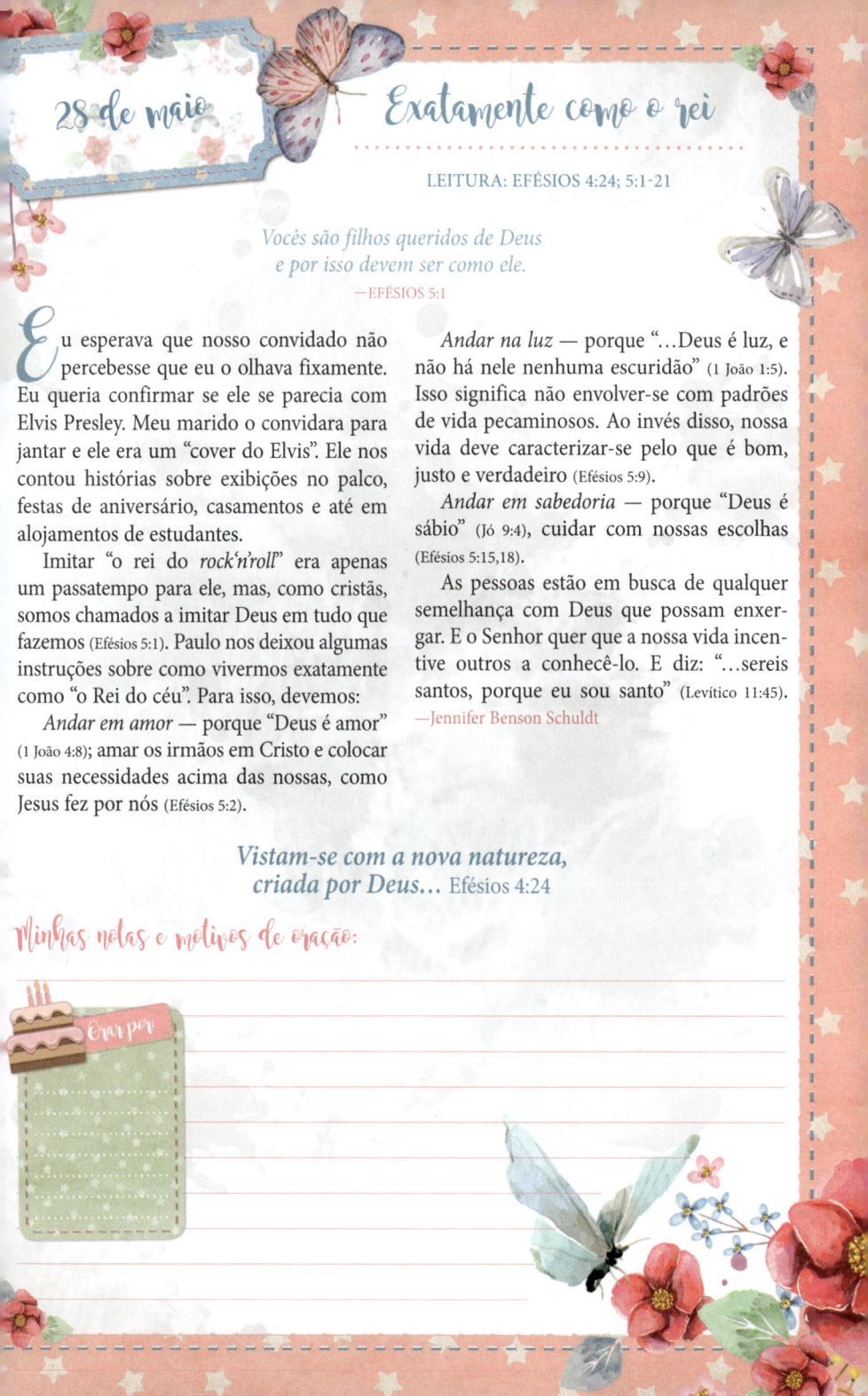

Exatamente como o rei

LEITURA: EFÉSIOS 4:24; 5:1-21

> Vocês são filhos queridos de Deus
> e por isso devem ser como ele.
> —EFÉSIOS 5:1

Eu esperava que nosso convidado não percebesse que eu o olhava fixamente. Eu queria confirmar se ele se parecia com Elvis Presley. Meu marido o convidara para jantar e ele era um "cover do Elvis". Ele nos contou histórias sobre exibições no palco, festas de aniversário, casamentos e até em alojamentos de estudantes.

Imitar "o rei do *rock'n'roll*" era apenas um passatempo para ele, mas, como cristãs, somos chamados a imitar Deus em tudo que fazemos (Efésios 5:1). Paulo nos deixou algumas instruções sobre como vivermos exatamente como "o Rei do céu". Para isso, devemos:

Andar em amor — porque "Deus é amor" (1 João 4:8); amar os irmãos em Cristo e colocar suas necessidades acima das nossas, como Jesus fez por nós (Efésios 5:2).

Andar na luz — porque "…Deus é luz, e não há nele nenhuma escuridão" (1 João 1:5). Isso significa não envolver-se com padrões de vida pecaminosos. Ao invés disso, nossa vida deve caracterizar-se pelo que é bom, justo e verdadeiro (Efésios 5:9).

Andar em sabedoria — porque "Deus é sábio" (Jó 9:4), cuidar com nossas escolhas (Efésios 5:15,18).

As pessoas estão em busca de qualquer semelhança com Deus que possam enxergar. E o Senhor quer que a nossa vida incentive outros a conhecê-lo. E diz: "…sereis santos, porque eu sou santo" (Levítico 11:45).

—Jennifer Benson Schuldt

> Vistam-se com a nova natureza,
> criada por Deus… Efésios 4:24

Minhas notas e motivos de oração:

Desinteresse pela religião

29 de maio

LEITURA: JOÃO 5:18,37-47

…eu quis abraçar todo o seu povo, assim como a galinha ajunta os seus pintinhos debaixo das suas asas, mas vocês não quiseram!
—MATEUS 23:37

Ouvi a propaganda de uma igreja que me chamou a atenção: "Por já ter ouvido sobre o cristianismo, talvez você não se interesse por religião. Bom, você pode se surpreender — Jesus também não tinha interesse! Mas Ele gostava de relacionar-se com pessoas e de ensinar o amor ao próximo." E continuou: "Você pode não gostar de tudo em nossa igreja, mas oferecemos um relacionamento autêntico, e estamos aprendendo a amar a Deus e uns aos outros. Você é bem-vindo, venha nos visitar."

Talvez eles tenham exagerado nos detalhes sobre Jesus e religião, porque a Bíblia fala de "tudo que é perfeito" como ações úteis aos outros (Tiago 1:17). Mas Jesus teve dificuldades com pessoas religiosas. Ele disse aos fariseus, guiados por leis e tradições, não pelo amor ao Senhor: "Por fora vocês parecem boas pessoas, mas por dentro estão cheios de mentiras e pecados" (Mateus 23:28). Eles não tinham o amor de Deus em seus corações (João 5:42). O Mestre queria relacionar-se com eles, mas eles não queriam ir a Ele "…a fim de ter vida" (v.40).

Se o fato de ser "religioso" significa seguir um conjunto de regras para parecermos bondosas — em vez de desfrutar de um relacionamento com o Salvador — Jesus não está interessado. Ele oferece perdão e amor a todos os que desejam um relacionamento pessoal com Ele. —Anne Cetas

Há um anseio em cada coração que apenas Jesus pode satisfazer.

Minhas notas e motivos de oração:

30 de maio

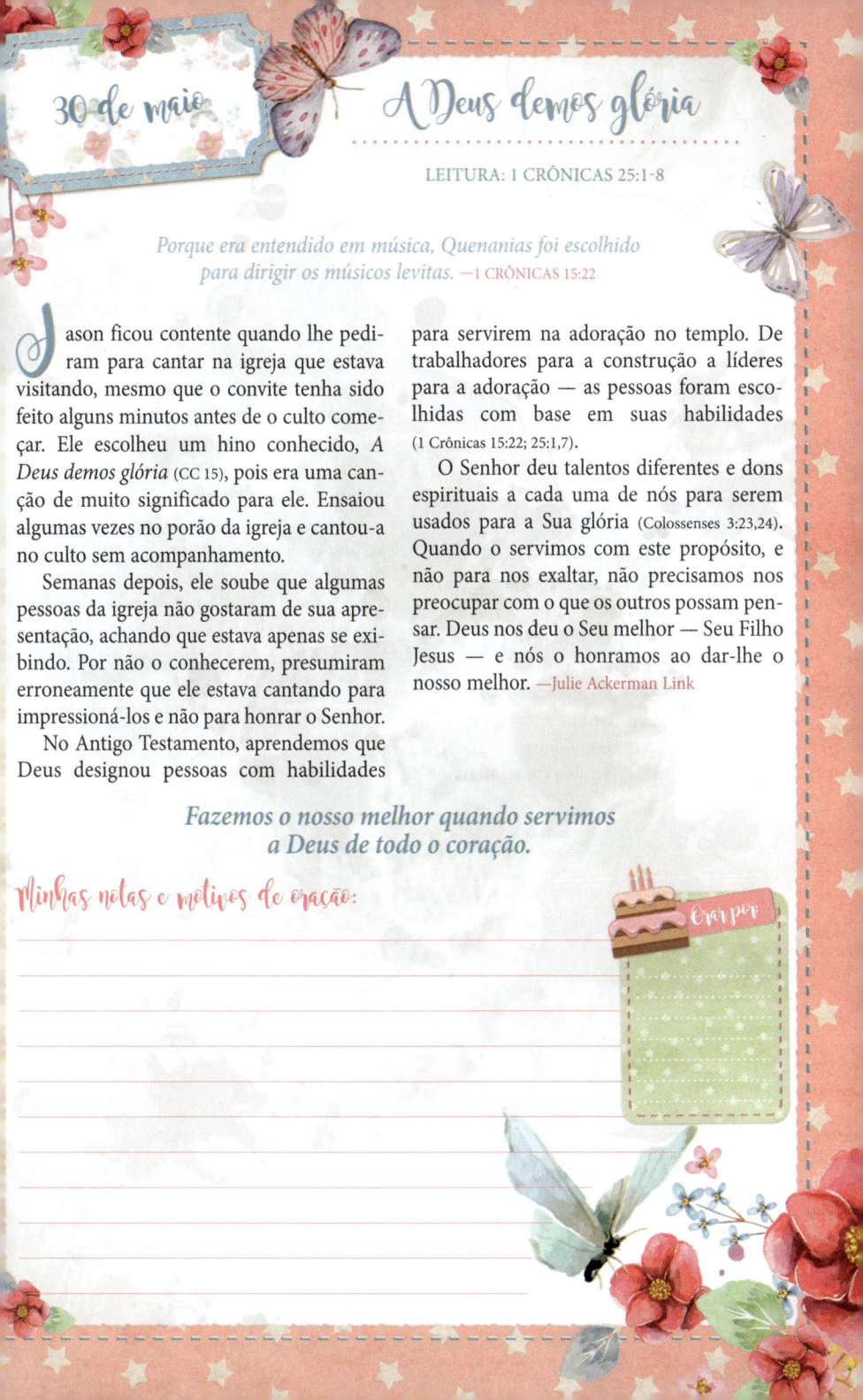

A Deus demos glória

LEITURA: 1 CRÔNICAS 25:1-8

Porque era entendido em música, Quenanias foi escolhido para dirigir os músicos levitas. —1 CRÔNICAS 15:22

Jason ficou contente quando lhe pediram para cantar na igreja que estava visitando, mesmo que o convite tenha sido feito alguns minutos antes de o culto começar. Ele escolheu um hino conhecido, *A Deus demos glória* (CC 15), pois era uma canção de muito significado para ele. Ensaiou algumas vezes no porão da igreja e cantou-a no culto sem acompanhamento.

Semanas depois, ele soube que algumas pessoas da igreja não gostaram de sua apresentação, achando que estava apenas se exibindo. Por não o conhecerem, presumiram erroneamente que ele estava cantando para impressioná-los e não para honrar o Senhor.

No Antigo Testamento, aprendemos que Deus designou pessoas com habilidades para servirem na adoração no templo. De trabalhadores para a construção a líderes para a adoração — as pessoas foram escolhidas com base em suas habilidades (1 Crônicas 15:22; 25:1,7).

O Senhor deu talentos diferentes e dons espirituais a cada uma de nós para serem usados para a Sua glória (Colossenses 3:23,24). Quando o servimos com este propósito, e não para nos exaltar, não precisamos nos preocupar com o que os outros possam pensar. Deus nos deu o Seu melhor — Seu Filho Jesus — e nós o honramos ao dar-lhe o nosso melhor. —Julie Ackerman Link

Fazemos o nosso melhor quando servimos a Deus de todo o coração.

Minhas notas e motivos de oração:

O rei poderia

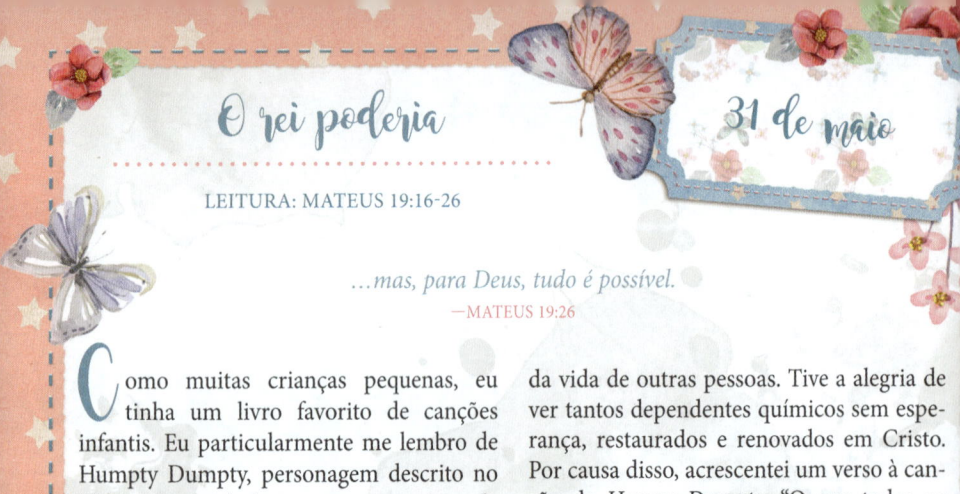

31 de maio

LEITURA: MATEUS 19:16-26

> …mas, para Deus, tudo é possível.
> —MATEUS 19:26

Como muitas crianças pequenas, eu tinha um livro favorito de canções infantis. Eu particularmente me lembro de Humpty Dumpty, personagem descrito no filme *O gato de botas* como uma grande criatura em forma de ovo com o rosto pintado e braços e pernas magrinhos. Ele ficava sentado todo feliz num muro estreito. Caía e se quebrava em inúmeros pedaços. Quando criança, eu sentia a falta de esperança naquela situação sempre que lia que eles "não conseguiam mais juntar os pedaços de Humpty Alexandre Dumpty".

Desde a infância, busquei conhecer a Cristo como meu Senhor e Salvador. Já o conheci como o grande Oleiro, remodelando os pedaços estilhaçados da minha vida e da vida de outras pessoas. Tive a alegria de ver tantos dependentes químicos sem esperança, restaurados e renovados em Cristo. Por causa disso, acrescentei um verso à canção de *Humpy Dumpty*: "O que todos os cavalos e os homens do Rei não conseguiram, o Rei conseguiu!"

Você ou alguém que lhe é querido está se sentindo despedaçado hoje? Lembre-se de que ninguém está perdido e além da ajuda salvadora de Deus. Jesus falou: "…para Deus tudo é possível" (Mateus 19:26).

Quando os pedaços partidos da vida parecem além da esperança de restauração, não desista. Temos um Rei que pode recompor as pessoas. —Joanie Yoder

Não há desesperança para os que colocam a sua esperança em Deus.

Minhas notas e motivos de oração:

Junho

Um simples nome?

1 de junho

LEITURA: MATEUS 16:13-20

Portanto, eu lhe digo: você é Pedro, e sobre esta pedra construirei a minha Igreja, e nem a morte poderá vencê-la. —MATEUS 16:18

"Que há num simples nome? A rosa, com outro nome não teria igual perfume?" O povo da antiga Israel achava que o significado do nome tinha vital importância. Os pais os escolhiam baseando-se nas características ou caráter que desejavam para o futuro dos filhos.

Simão era conhecido por ser um pescador rude, impulsivo e instável, quando Jesus o chamou para ser Seu discípulo. Mais tarde, Jesus mudou o nome de Simão para Pedro, que significa rocha, entretanto, levou tempo até ele fazer jus ao seu novo nome.

Lemos em Mateus 26 que Pedro falhou com Jesus ao negá-lo três vezes. Antes disso, houve o episódio triste no jardim do Getsêmani, em que Jesus sentiu tristeza "…tão grande, que [era] capaz de [lhe] matar" (v.38). Ele foi falar com os discípulos três vezes. E os encontrou dormindo. "…Disse a Pedro: 'Será que vocês não podem vigiar comigo nem uma hora?'" (v.40).

Noutro texto, vemos Pedro voltando ao seu antigo ofício de pescador, talvez por estar desapontado consigo mesmo (João 21). Mas a história não termina. Jesus o ajudou essencialmente a entender que Deus não o tinha abandonado e ainda queria usá-lo.

Se você já conhece Jesus como Salvador, e agora se identifica com o nome de Cristo, você é cristão. Esse título enaltece quem você já é e o chama para ser aquilo que ainda será. —Poh Fang Chia

Anime-se! Deus ainda não completou Sua obra em você.

Minhas notas e motivos de oração:

2 de junho

Amadas para amar

LEITURA: DEUTERONÔMIO 10:12-22

*…o que o SENHOR Deus exige de você.
[…] que vocês o temam e sigam todas as suas ordens; quer que
o amem e que o sirvam…* —DEUTERONÔMIO 10:12

"Um coração não é julgado pelo quanto você ama, mas pelo quanto você é amado pelos outros." Vi esta citação, atribuída ao livro *O Mágico de Oz*, numa placa em uma loja de presentes.

O Mágico de Oz pode ser uma boa história, mas não é fonte confiável de orientação espiritual. Deus disse algo bem diferente. Segundo Ele, o maior mandamento é amar — amá-lo primeiro e depois os outros (Marcos 12:29-31). As Escrituras nada dizem sobre a expectativa de ser amado em troca. De fato, Jesus afirmou o oposto em Seu sermão mais famoso: "Felizes são vocês quando os insultam, perseguem e dizem todo tipo de calúnia contra vocês por serem meus seguidores. Fiquem alegres e felizes, pois uma grande recompensa está guardada no céu para vocês…" (Mateus 5:11,12).

Quando se trata de amor, o mais importante a sabermos é: todo o amor começa com Deus (1 João 4:19). Assim como Moisés disse aos israelitas, Deus os escolheu para amá-los (Deuteronômio 10:15), e por isso, eles devem amar os outros, até mesmo os estrangeiros (v.19). A intenção de Deus é que as pessoas que recebem o Seu amor se tornem o Seu canal de amor para os outros.

Se não estivermos em Deus — a essência do amor — nenhuma de nós poderá incondicionalmente amar ou ser amada (1 João 4:7,8).

—Julie Ackerman Link

Aquele que não ama não conhece a Deus, pois Deus é amor.
1 João 4:8

Minhas notas e motivos de oração:

Orar por:

O sábio caddie

3 de junho

LEITURA: ATOS 1:1-8

...Jesus deu esta ordem: Fiquem em Jerusalém e esperem até que o Pai lhes dê o que prometeu, conforme eu disse a vocês. —ATOS 1:4

O mais conhecido dos torneios de golfe é de impressionar. Moro na cidade-sede desses jogos há 15 anos e fui apenas uma vez a este famoso lugar. Apesar disso aprendi que os jogadores profissionais valorizam bastante seus *caddies* (carregador dos tacos de golfe). Eles são mais do que carregadores, atravessam juntos o campo. O golfista depende do conhecimento deles nesse relacionamento de confiança.

Ciente das dificuldades que Seus discípulos enfrentariam após Sua ascensão ao Pai, Jesus sabia que não poderiam ficar sozinhos (João 14:16,17), pois enfrentariam desafios de vida e morte. Precisariam de alguém que tivesse sabedoria e os ajudasse a manterem-se no caminho, qualquer que fosse a dificuldade.

Para vivermos de forma pura perante o Senhor, precisamos andar na sabedoria do Espírito Santo e depender de Sua voz (João 1:32,34). Para isso, Ele nos capacita a:

• Ouvir a voz de Deus (Romanos 8:26,27);

• Ter sabedoria para compreender a Palavra (João 14:16);

• Testemunhar sobre a herança que temos em Jesus e nossa habilidade de vencer o inimigo (Romanos 8:11-16).

Muitas vezes preferimos dizer ao Espírito o que fazer, esperamos que nos sirva como assistente. Mas Ele não está em nossa vida quando queremos. É o nosso Conselheiro diário, e nos leva além do jogo para vivermos a vida. —Regina Franklin

O Espírito Santo nos capacita a seguir a Cristo.

Minhas notas e motivos de oração:

4 de junho

Um jeito de amar

LEITURA: JÓ 16:1-6

Como gostaria que alguém me ouvisse!...
—JÓ 31:35

Em seu livro *Listening To Others* (Ouvindo os outros, inédito), Joyce Huggett relata suas experiências de ouvir pessoas em sofrimento. Ela diz que, muitas vezes, elas alardeavam o que ela tinha feito por elas. E diz: "Em muitas ocasiões, eu não tinha 'feito' nada. Tinha 'apenas ouvido'. Rapidamente cheguei à conclusão de que 'apenas ouvir' era realmente o jeito mais eficaz de ajudar os outros."

Esta foi a ajuda que os amigos de Jó, prolixos e dados a dar lição de moral, não conseguiram lhe dar. Ele reclamou que eles eram "consoladores molestos" (Jó 16:2) e ficou tão perturbado que até acusou a Deus de não o ouvir. Ele gritou: "Tomara eu tivesse quem me ouvisse!" (31:35).

O que o ato de ouvir atentamente realiza? Ouvir é uma maneira de amar os outros. Diz: "Quero compreender e conhecê-lo." Conforta o coração partido, edifica os relacionamentos e estimula a fé em Deus. Ouvir também é um meio de aprender sobre os fatos. Salomão, em Provérbios 18:13, advertiu que é tolo responder um assunto sem ouvi-lo antes.

Mais do que tudo, ouvir os outros deve refletir nossa consideração por Deus e Sua Palavra. Ele tem tanto que deseja ensinar e dizer-nos. Ao reservar um momento de quietude hoje para ouvi-lo com atenção, você será mais capaz de ouvir as pessoas que sofrem ao seu redor. —Joanie Yoder

Você pode ganhar mais amigos com os seus ouvidos do que com a boca.

Minhas notas e motivos de oração:

Orar por

Força e beleza

5 de junho

LEITURA: JOÃO 15:1-8

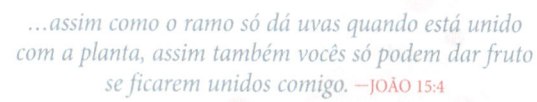

...assim como o ramo só dá uvas quando está unido com a planta, assim também vocês só podem dar fruto se ficarem unidos comigo. —JOÃO 15:4

Certa vez, um jovem disse ao pastor Ray Stedman: "Não sei o que há comigo. Esforço-me para ser um bom cristão, mas não consigo. Sempre faço a coisa errada e não consigo viver como um cristão."

O pastor apontou a um pinheiro e perguntou: "Quais qualidades esta árvore tem? Força e beleza? Não é isso o que você busca também? De onde elas vêm?" O jovem respondeu: "Das raízes."

Jesus usou uma planta para ensinar uma lição semelhante aos Seus seguidores (v.1). Ele descreveu os discípulos como ramos unidos a Ele mesmo — a videira. Um ramo consegue dar fruto sozinho? Não. É preciso extrair sua força da videira. Jesus disse que o segredo para gerar frutos não estava na força ou determinação, mas em estar unido à Fonte da vida. O Mestre nos promete: "Se vocês ficarem unidos comigo, e as minhas palavras continuarem em vocês, vocês receberão tudo o que pedirem" (v.7). Não é um convite para perseguirmos nossos desejos egoístas, mas demonstra que na oração extraímos de Deus os recursos necessários para produzir frutos. Em seguida, temos o resultado de uma oração respondida: "E a natureza gloriosa do meu Pai se revela quando vocês produzem muitos frutos e assim mostram que são meus discípulos" (v.8).

Você quer ser forte e cheia de beleza espiritual? Permaneça em Jesus e dependa dele!

—Poh Fang Chia

Jesus responde aos clamores daqueles que produzem frutos por meio do Seu poder.

Minhas notas e motivos de oração:

Orar por:

6 de junho

180 graus

LEITURA: JEREMIAS 6:16-19

…vejam quais são as melhores estradas, procurem saber qual é o melhor caminho. Andem nesse caminho e vocês terão paz… —JEREMIAS 6:16

Quem fala italiano, sabe que "Mônaco di Baviera" significa Munique. É fácil perceber como duas mulheres em viagem confundiram Mônaco com Munique. Elas partiram do norte da Itália, querendo ir para Mônaco, mas seguiram placas que as levaram a Alemanha! Eu as compreendo. Ir para o lado errado não é divertido, mas pior ainda é o desviar-se da vontade de Deus.

O profeta Jeremias guiou a nação de Israel de volta: "…os seus pecados são muitos, e muitas vezes eles têm abandonado a Deus" (Jeremias 5:6). Talvez, como Israel, você recusou a direção do Senhor e precisou fazer uma conversão para atender a Sua vontade. Jeremias aconselha: "Fiquem nas encruzilhadas […] procurem saber qual é o melhor caminho…" (Jeremias 6:16).

O conselho de Deus é tão eficaz quanto é o nosso desejo de agir adequadamente: "…procurem saber qual é o melhor caminho. Andem nesse caminho…". Isso significa romper nossa amizade com o mundo e permitir que Deus transforme a nossa maneira de pensar para experimentarmos "…aquilo que é bom, perfeito e agradável a ele" (Romanos 12:2).

Nossa confusão sobre a direção de Deus pode advir de nos recusarmos a ouvi-lo e rejeitarmos Sua Palavra. As conversões são permitidas! Quando paramos e buscamos a Sua vontade: "…Deus […] mostrará o caminho certo" (Provérbios 3:6). —*Jennifer Benson Schuldt*

Faça uma pausa e peça conselhos a outros cristãos.

Minhas notas e motivos de oração:

Pesado demais

7 de junho

LEITURA: MATEUS 11:28-30

Venham a mim, todos vocês que estão cansados de carregar as suas pesadas cargas, e eu lhes darei descanso. —MATEUS 11:28

Ao dar a partida em meu carro no escuro da madrugada, percebi no painel uma luz de aviso sobre o cinto de segurança. Verifiquei minha porta, abri e a fechei novamente. Puxei meu cinto de segurança para testá-lo. Mas a luz do sensor permanecia acesa. Então, lentamente, estendi o braço e levantei minha bolsa até alguns centímetros acima do banco do passageiro. A luz se apagou.

Aparentemente, um telefone celular, três pacotes de moedas, um livro de capa dura e meu almoço, guardados em minha enorme bolsa, equivaliam ao peso de um passageiro pequeno, disparando o sensor!

Embora eu possa esvaziar facilmente uma bolsa, não é fácil livrar-me de outros pesos. Esses fardos da vida oprimem o espírito.

Seja o peso que nos oprime decorrente de culpas, como o que consumiu os pensamentos de Davi (Salmo 32:1-6); de medo, como o que Pedro sentiu (Mateus 26:20-35); ou de dúvida, como a de Tomé (João 20:24-29), Jesus nos convidou a levá-los a Ele: "Venham a mim, todos vocês que estão cansados de carregar as suas pesadas cargas, e eu lhes darei descanso" (Mateus 11:28).

Não fomos feitas para suportar os fardos sozinhas. Quando os lançamos sobre aquele que deseja carregá-los (Salmo 68:19; 1 Pedro 5:7), Ele os substitui por perdão, cura e restauração. Nenhuma carga é pesada demais para Ele. —Cindy Hess Kasper

Lance sobre Deus as pesadas cargas que a oprimem.

Minhas notas e motivos de oração:

8 de junho

Muito amado

LEITURA: 1 CORÍNTIOS 13:3-13

Quem ama não fica alegre quando alguém faz uma coisa errada, mas se alegra quando alguém faz o que é certo. —1 CORÍNTIOS 13:6

Os filmes baseados em livros deixam muito a desejar, mas alguns retratam muito bem seus adoráveis personagens. Neles, os relacionamentos revelam os desejos de cada coração: de ser amado, verdadeiramente amado. Muitas críticas nos filmes são construtivas, não significam rejeição, mas indicam que há coisas melhores.

O crescimento espiritual não acontece sem o confronto com a verdade. Em João 14:6, Jesus disse: "Eu sou o caminho, a verdade e a vida; ninguém pode chegar até o Pai a não ser por mim." A verdade divina é inseparável do amor de Deus: exigiu o sacrifício da cruz e tornou o amor possível.

Jesus nos ama e fala conosco diretamente. Ele faz isso para que firmemos os nossos pés na rocha sólida de Sua Palavra. Ele nos quer prontas e dispostas a amar *verdadeiramente* ao próximo.

Não é fácil ouvir a verdade e as palavras duras ferem. No entanto, o amor subsiste aos detalhes. "O amigo quer o nosso bem, mesmo quando nos fere…" (Provérbios 27:6). O amor anseia pela retidão e trilha o difícil caminho de falar a verdade que é bíblica. Cometemos grande injustiça ao corpo de Cristo quando fingimos que o pecado não existe (Efésios 4:25).

Deus age em nós quando praticamos o Seu chamado à verdade de duas maneiras: devemos estar dispostas a *anunciar* (Provérbios 27:17) e *receber* (Salmo 141:5). —Regina Franklin

O amor a Deus conduz-se em verdade. Menos do que isso não é amor verdadeiro.

Minhas notas e motivos de oração:

Orar por

Reparo de estradas

9 de junho

LEITURA: JEREMIAS 31:31-34

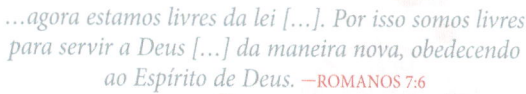

...agora estamos livres da lei [...]. Por isso somos livres para servir a Deus [...] da maneira nova, obedecendo ao Espírito de Deus. —ROMANOS 7:6

Onde moramos, nós brincamos que temos duas estações: o inverno e a manutenção de estradas. Os invernos rigorosos danificam as superfícies das estradas, e as equipes de manutenção começam o seu trabalho logo que o gelo derrete e o solo degela. Chamamos este trabalho de "recapeamento", mas ele mais parece "destruição". Às vezes, reparar os buracos não é opção e é preciso reconstruir a estrada.

Sentimos isso quando Deus age em nossa vida. No Antigo Testamento, o Senhor disse ao Seu povo para esperarem pela renovação no caminho entre Ele e o povo (Isaías 62:10,11; Jeremias 31:31). Quando Deus enviou Jesus, para os judeus pareceu como se o caminho deles para chegar a Deus fora destruído. Mas Jesus não estava destruindo nada, estava completando (Mateus 5:17). O antigo caminho, pavimentado com leis foi repavimentado com o amor sacrificial de Jesus.

Deus está agindo, substituindo os caminhos do pecado e legalismo pelo caminho de amor que Jesus completou. Quando Ele remove nossa antiga maneira de pensar e agir, pode nos parecer como se tudo o que nos é familiar estivesse sendo destruído. Mas Deus não está destruindo nada, Ele está construindo um caminho melhor. E podemos confiar que o resultado final será de relacionamentos mais tranquilos com os outros e um relacionamento mais íntimo com Ele. —Julie Ackerman Link

Com frequência, o incômodo precede o progresso espiritual.

Minhas notas e motivos de oração:

Orar por

10 de junho

E-u a-m-o...

LEITURA: ROMANOS 6:1-11

Se já morremos com Cristo, cremos que também viveremos com ele. —ROMANOS 6:8

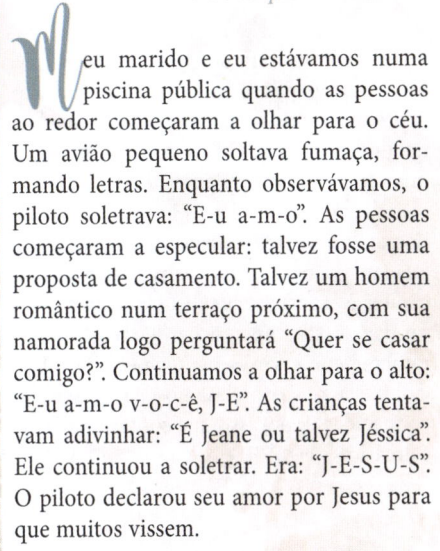

Meu marido e eu estávamos numa piscina pública quando as pessoas ao redor começaram a olhar para o céu. Um avião pequeno soltava fumaça, formando letras. Enquanto observávamos, o piloto soletrava: "E-u a-m-o". As pessoas começaram a especular: talvez fosse uma proposta de casamento. Talvez um homem romântico num terraço próximo, com sua namorada logo perguntará "Quer se casar comigo?". Continuamos a olhar para o alto: "E-u a-m-o v-o-c-ê, J-E". As crianças tentavam adivinhar: "É Jeane ou talvez Jéssica". Ele continuou a soletrar. Era: "J-E-S-U-S". O piloto declarou seu amor por Jesus para que muitos vissem.

Frequentemente, um amigo meu termina as suas orações com: "Eu te amo, Senhor." Ele diz: "Não consigo deixar de dizer 'Eu te amo' depois de tudo o que Ele fez por mim." Em Romanos 6:1-11, nosso texto bíblico de hoje, o apóstolo Paulo nos conta um pouco do que Jesus fez por nós, que merece o nosso amor: Ele foi crucificado, sepultado e ressuscitou. Por essa razão, aqueles que colocam a fé em Jesus têm, agora, uma nova vida (v.4), não precisam mais ser controlados pelo pecado ou medo da morte (vv.6,9) e, um dia, nós também ressuscitaremos para viver com Ele para sempre (v.8).

Não é de admirar que digamos: "Eu te amo, Jesus!" —Anne Cetas

Para demonstrar o Seu amor, Jesus morreu por nós; para demonstrarmos o nosso, vivemos para Ele.

Minhas notas e motivos de oração:

Orar por

Amar e saber

11 de junho

LEITURA: ROMANOS 5:6-11

Mas Deus nos mostrou o quanto nos ama: Cristo morreu por nós quando ainda vivíamos no pecado. —ROMANOS 5:8

Em um romance de Jonathan Safran Foer, um dos personagens, falando do edifício *Empire State* de Nova Iorque, disse: "Eu conheço esta construção, porque a amo."

Essa declaração me fez refletir sobre a relação entre amor e conhecimento. Queremos sempre saber tudo sobre algo que amamos. Quando amamos um lugar, queremos explorar cada centímetro dele. Quando amamos uma pessoa, queremos conhecer todos os detalhes de sua vida; saber o que ela gosta; qual o seu lazer, onde cresceu, quem são seus amigos, em que acredita. A lista é interminável. Mas algumas de nós queremos ser amadas sem permitir que os outros nos conheçam. Temos medo de não sermos amadas se conhecerem quem somos verdadeiramente.

Quando se trata de Deus, não devemos nos preocupar com isso. Seu amor é muito superior ao nosso: "…Deus nos mostrou o quanto nos ama: Cristo morreu por nós quando ainda vivíamos no pecado" (Romanos 5:8). Além disso, Ele se faz conhecido para nós, e por intermédio da criação, da Sua Palavra e de Cristo, Deus nos revela Seu caráter e amor. Porque Deus nos ama, apesar das nossas imperfeições. Podemos seguramente confessar os nossos pecados a Ele. Com Deus, não precisamos temer sermos conhecidas. É por isso que conhecer a Deus é amá-lo. —Julie Ackerman Link

Não há alegria maior do que saber que Deus nos ama.

Minhas notas e motivos de oração:

Orar por

12 de junho

O que é amor?

LEITURA: SALMO 103:1-14

E o amor é isto: não fomos nós que amamos a Deus, mas foi ele que nos amou e mandou o seu Filho... —1 JOÃO 4:10

Quando perguntamos: "O que é o amor?", as crianças têm grandes respostas. Noeli, de 7 anos, disse: "Amor é quando você diz a um garoto que gosta da camisa dele, e ele a usa todos os dias." Rebeca, de 8, respondeu: "Desde que a vovó ficou com artrite, ela não consegue mais se curvar e lixar as unhas dos pés. Então, o vovô sempre faz isso por ela, mesmo depois de suas mãos também terem artrite. Isso é amor." Jéssica, também de 8 anos, concluiu: "Você realmente não deve dizer 'eu te amo', a não ser que você realmente queira dizer isso. Mas se você quiser dizê-lo, diga muitas vezes."

As pessoas se esquecem, mas às vezes precisamos nos lembrar de que Deus nos ama. Concentramo-nos nas dificuldades da vida e questionamos: "Onde está o amor?" Mas se pararmos e considerarmos tudo o que Deus tem feito por nós, nos lembraremos o quanto somos amadas por Ele, que é amor (1 João 4:8-10).

O Salmo 103 enumera os "benefícios" que Deus derrama sobre nós em amor: Ele perdoa os pecados (v.3), nos farta de coisas muito boas (v.5), faz justiça e julga (v.6). Ele é bondoso, misericordioso e amoroso (v.8). Ele não nos trata como merecemos (v.10) e afasta de nós o nosso pecado, desde o Oriente até o Ocidente (v.12). Ele não se esqueceu de nós!

Deus é amor e Ele está derramando esse amor em você e sobre mim. —Anne Cetas

A morte de Cristo é a medida do amor de Deus por você.

Minhas notas e motivos de oração:

Orar por

Cristãs como flores para corte

13 de junho

LEITURA: JOÃO 15:1-8

...porque sem mim vocês não podem fazer nada.
—JOÃO 15:5

Quase toda mulher gosta de receber um buquê de flores. Depois de as admirar e cheirar, ela se apressa em colocá-las na água. Embora estejam frescas e lindas quando são presenteadas, os dias dessas flores já estão contados. Por terem sido desligadas de sua fonte de vida, logo murcharão e morrerão. Um dia, elas serão jogadas fora.

O autor Lloyd Ogilvie vê nisto uma imagem do cristão cuja vitalidade espiritual desbota e murcha. Tal pessoa se torna um "cristão do tipo de flor para corte". Esta é uma ilustração similar àquela que Jesus usou para descrever a videira e os ramos. Assim como o ramo não pode dar fruto por si só, Ele explicou, não podemos dar fruto a menos que habitemos nele, que é a videira verdadeira (João 15:4).

Se um ramo pudesse falar, ele não se desculparia pela necessidade de depender da videira para dar fruto. Em vez disso, diria: "Eu fui feito para isto!" Da mesma forma, Jesus sabia que fomos criadas para depender dele, nossa fonte de vida, sem necessidade de desculpa! Na realidade, tal dependência é o único jeito de evitar ser uma "cristã do tipo de flor para corte".

Abracemos Sua declaração: "Sem mim nada podeis fazer". Ele realmente está dizendo: "Comigo, você pode fazer tudo aquilo que eu designar para você, incluindo dar fruto!" —Joanie Yoder

A comunhão com Cristo é o segredo da produtividade.

Minhas notas e motivos de oração:

Orar por

14 de junho

Dividendos altruístas

LEITURA: SALMO 41:1-3

Felizes são aqueles que ajudam os pobres...
—SALMO 41:1

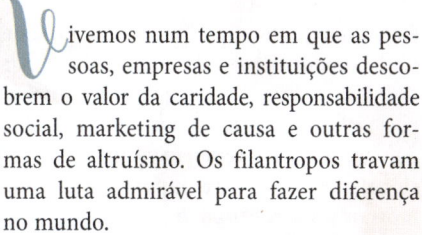

Vivemos num tempo em que as pessoas, empresas e instituições descobrem o valor da caridade, responsabilidade social, marketing de causa e outras formas de altruísmo. Os filantropos travam uma luta admirável para fazer diferença no mundo.

Por que se motivam a ajudar os oprimidos e menos afortunados? Douglas Jacobsen e Rodney Sawatsky em seu livro *Gracious Christianity: Living the Love We Profess* (Cristianismo Bondoso: Vivendo o Amor que Professamos, inédito) sugerem: "Todos querem ser tratados com justiça e dignidade, […] o que os cristãos consideram bom, apropriado e louvável é o mesmo que os outros também consideram."

Não há lei que proíba o amor, compaixão e bondade (Gálatas 5:22,23). Essas virtudes não são exclusivamente cristãs.

A salvação é obtida pela fé e graça de Deus, não por nossos esforços (Efésios 2:8,9). Porém, ajudar os necessitados nos faz compreender melhor o coração de Deus. Ninguém se torna rei "...só porque constrói casas forradas de cedro, melhores do que as dos outros...", diz o Senhor a respeito do rei Josias. Mas Josias "...tratou com justiça os pobres e os necessitados, e tudo lhe correu bem. Quem faz isso mostra que, de fato, me conhece...", diz o Senhor (Jeremias 22:15,16).

Deus pôs dentro dos seres humanos o desejo de apoiar os oprimidos e os necessitados. —Roxanne Robbins

Quando ajudamos os outros,
conhecemos melhor o nosso Deus.

Minhas notas e motivos de oração:

Devedora

15 de junho

LEITURA: 2 CORÍNTIOS 5:12-17

Porque somos dominados pelo amor que Cristo tem por nós…
—2 CORÍNTIOS 5:14

Dizem as histórias que, quando jovem, Robert Robinson (1735–90) gostava de envolver-se em confusão com os seus amigos. Aos 17 anos, porém, ouviu uma pregação de George Whitefield baseada em Mateus 3:7 e reconheceu a sua necessidade de salvação em Cristo. O Senhor transformou a vida de Robinson e ele se tornou um pregador. Ele também compôs vários hinos, incluindo o mais conhecido, *Fonte és Tu de toda bênção* (HCC 17).

Ultimamente, tenho ponderado sobre a maravilhosa graça de Deus para nós e na última estrofe de um hino: "Devedor à Tua graça, cada dia e hora sou!" Vem me à mente as palavras do apóstolo Paulo: "Porque somos dominados pelo amor que Cristo tem por nós, pois reconhecemos que um homem, Jesus Cristo, morreu por todos, o que quer dizer que todos tomam parte na sua morte. Ele morreu por todos para que os que vivem não vivam mais para si mesmos, mas vivam para aquele que morreu e foi ressuscitado para a salvação deles" (2 Coríntios 5:14,15).

Não podemos conquistar o amor e a graça de Deus. Mas porque Ele nos concedeu liberalmente, só podemos amá-lo, em retribuição, vivendo por Ele! Isso deve incluir o aproximar-se dele, ouvir a Sua Palavra, servir e obedecê-lo por gratidão e amor.

Como devedoras, somos chamadas a viver cada dia para Jesus, que se entregou por nós. —Anne Cetas

Quem conhece a graça de Deus a demonstra.

Minhas notas e motivos de oração:

Orar por

16 de junho

Alvo ou canal?

LEITURA: COLOSSENSES 1:24-29

É para realizar essa tarefa que eu trabalho e luto com a força de Cristo, que está agindo poderosamente em mim. —COLOSSENSES 1:29

Certo dia, em meu tempo devocional, um pensamento me veio à mente: "Não permita que a vida simplesmente aconteça para você. Permita que aconteça por você."

A primeira frase me descrevia perfeitamente, já que minha tendência era ver a vida como algo que me acontecia. Sentia-me um alvo gasto, e usava toda a minha energia para me defender dos dardos das provações da vida.

Mas a segunda frase, "Permita que aconteça por você", apresentava uma abordagem diferente. Em vez de me esquivar dos dados inflamáveis da vida, eu deveria deixar que a vida e o amor de Deus fossem canalizados por meu intermédio, abençoando-me no caminho para abençoar os outros.

Em vez de ser um alvo da vida, escolhi tornar-me um canal de Deus. Assim poderia começar a viver com mais eficácia para Ele.

Alguns dias, retrocedo e volto a ser alvo, mas logo transbordo de amor e poder para abençoar os outros. Então, pela confissão, fé e obediência, me submeto ao centro de abastecimento celestial e volto a ser canal de bênção.

Em sua carta aos Colossenses, Paulo mencionou os muitos problemas que estava enfrentando. Porém, estava determinado a ser um canal de bênção permitindo que Deus agisse por meio dele.

E você? Você é um alvo ou um canal? Este é um desafio e uma escolha dados por Deus a todo cristão. —Joanie Yoder

Deus a abençoa para você abençoar outras pessoas.

Minhas notas e motivos de oração:

Fora de contexto

17 de junho

LEITURA: LUCAS 4:1-13

...a tua mensagem é a verdade.
—JOÃO 17:17

Um amigo fez declarações aleatórias e cheias de desespero, e todos se preocuparam, dando-lhe conselhos e oferecendo encorajamento. Mais tarde, descobrimos que ele se divertiu ao repetir letras de canções fora de contexto para iniciar conversações. Os amigos que tentaram ajudá-lo, desperdiçaram seu tempo oferecendo ajuda e conselhos desnecessários. As consequências dessas declarações desorientadoras não foram sérias, mas poderiam ter sido. Ao dedicar tempo para reagir à falsa necessidade, alguém poderia ter negligenciado a necessidade de outra pessoa.

Algumas pessoas ao se utilizarem de palavras fora de contexto querem apenas chamar a atenção ou vencer uma discussão. Outras são mais sinistras. Distorcem a verdade para dominar os outros, e colocam em perigo não apenas vidas, mas também almas.

Quando as pessoas usam as palavras para manipulação, para que as pessoas se comportem de determinadas maneiras — ou pior, quando citam a Bíblia fora de contexto para convencer outros a fazerem coisas erradas — só existe uma defesa: Precisamos saber o que Deus realmente diz em Sua Palavra. Jesus foi capaz de resistir à tentação com a verdade (Lucas 4). Dispomos desse mesmo recurso. Deus nos deu a Sua Palavra e o Espírito para nos guiar e impedir que sejamos enganadas ou confundidas.
—Julie Ackerman Link

Se nos apegarmos à verdade de Deus, não cairemos nas armadilhas das mentiras de Satanás.

Minhas notas e motivos de oração:

Orar por:

18 de junho

Reencontro final

LEITURA: JOÃO 14:1-4

E, depois que eu for e preparar um lugar para vocês, voltarei e os levarei comigo para que onde eu estiver vocês estejam também. —JOÃO 14:3

Quando jovens, éramos bem amigas, ríamos das paqueras, passávamos bilhetinhos, trançávamos nossos cabelos numa só trança. Após nossa formatura, nos distanciamos. Eventualmente, uma se casou; e a outra não. As cartas e ligações diminuíram até cessarem completamente.

A separação é difícil e a curiosidade também. O que ela faz? Onde estará? Jesus sabia que os discípulos se sentiriam angustiados em Sua iminente partida. Pouco antes da crucificação Ele os confortou com a esperança do reencontro.

Jesus lhes assegurou de que não os abandonaria ao dizer: "...vou preparar um lugar para vocês..." (João 14:2). Ele queria que enxergassem o propósito para a separação, e até antecipou que lhes prepararia acomodações!

Era importante que os discípulos vissem essa separação como algo temporário. Jesus lhes prometeu: "...depois que eu for e preparar um lugar para vocês, voltarei e os levarei comigo para que onde eu estiver vocês estejam também" (v.3). Eles se reencontrariam no tempo certo. Para consolar até os mais duvidosos na multidão, Jesus lhes assegurou que essa futura reunião seria o reencontro final. Ele disse: "...para que onde eu estiver vocês estejam também" (v.3). Nós também podemos antever o nosso reencontro final com Jesus. Seu conselho é simples, "...Não fiquem aflitos..." (v.1).

—Jennifer Benson Schuldt

Jesus nos assegura de que a eternidade com Ele compensará todo o tempo de separação.

Minhas notas e motivos de oração:

Orar por

Mensagem aos ladrões

19 de junho

LEITURA: EFÉSIOS 4:17-32

Quem roubava que não roube mais, porém comece a trabalhar a fim de viver honestamente e poder ajudar os pobres.
—EFÉSIOS 4:28

As câmeras nos filmaram num café na África. Um homem vestindo uma jaqueta preta entrou e sentou-se numa mesa do outro lado do restaurante. Nós nem reparamos nele, nem quando sentou-se mais próximo. Ele se aproveitou disso ao fecharmos os olhos para orar, e tirou minha bolsa do encosto da cadeira, escondeu-a sob a jaqueta e saiu correndo.

Talvez tenha ficado muito feliz ao descobrir que na bolsa havia dinheiro, máquina fotográfica e outros objetos de valor. Talvez nem tenha sentido qualquer remorso, "…Como o ladrão fica envergonhado quando é pego, assim o povo de Israel passará vergonha…" (Jeremias 2:26).

A Bíblia ordena: "Quem roubava que não roube mais, porém comece a trabalhar a fim de viver honestamente e poder ajudar os pobres" (Efésios 4:28). Esta mensagem também se aplica aos que não furtam bolsas, mas talvez se apoderaram de algo que pertence à outra pessoa. Você já levou os créditos pelo trabalho ou ideia de um colega? Já roubou a felicidade de alguém dizendo algo doloroso ou falso sobre essa pessoa?

Confesso que muitas vezes agi assim e descobri que a recompensa jamais supera a alegria do trabalho duro e da doação como alguém que pertence a Deus (v.30). Quando ofertamos, acumulamos tesouros no céu, que jamais envelhecem, desgastam ou são roubados (Lucas 12:33). —Roxanne Robbins

…Ainda que as suas riquezas aumentem, não confiem nelas. Salmo 62:10

Minhas notas e motivos de oração:

20 de junho

Aprovação

LEITURA: ROMANOS 14:7-18

...quem serve a Cristo dessa maneira agrada a Deus e é aprovado por todos. —ROMANOS 14:18

Em *O Grande Gatsby*, F. Scott Fitzgerald narra as tentativas de Jay Gatsby para obter a aprovação de sua amada. O livro espelha as lutas do autor por autoaprovação e a de sua esposa Zelda. A ficção e a vida real colidem nesse texto.

A vida e obra dele não eram centradas em Deus, porém, o desejo de viver pela aprovação dos outros é uma luta que até os cristãos enfrentam. Ninguém quer viver com medo da opinião alheia. A preocupação com o que os outros pensarão brota do nosso medo de rejeição.

Jesus agradava cada vez mais a Deus e as pessoas (Lucas 2:52). Paulo procurou "...sempre ter a consciência limpa diante de Deus e das pessoas" (Atos 24:16). O problema existe quando a aprovação dos outros se torna a nossa meta.

Nossas opiniões com frequência são obscurecidas por nossa natureza pecaminosa. Dedicamo-nos a atender às expectativas alheias, colocando a opinião dos outros acima da opinião de Deus (João 12:42,43). No entanto, o que nos importa é a aprovação divina (2 Coríntios 10:18).

Viver para agradar aos outros, mesmo com boas intenções, é busca vã. Ser aprovada por Deus (2 Timóteo 2:15) significa viver para agradá-lo, avaliando e julgando os nossos desejos e pensamentos pela Palavra (Hebreus 4:12).

Apenas a opinião de Deus importa; Ele é consistente e verdadeiro. —Regina Franklin

As expectativas de Deus em relação a nós não mudam de acordo com nossas emoções ou circunstâncias.

Minhas notas e motivos de oração:

Vigilância sobrenatural

21 de junho

LEITURA: MATEUS 6:1-6,16-18

…E o seu Pai, que vê o que você faz em segredo, lhe dará a recompensa teu Pai, que vê em secreto, te recompensará. —MATEUS 6:18

Não muito longe de minha casa, as autoridades instalaram uma câmera para fotografar motoristas que ultrapassam o sinal vermelho. Depois, os infratores recebem, pelo correio, uma multa contendo a foto da transgressão, a prova visual de sua infração de trânsito.

Às vezes, penso em Deus da mesma maneira que penso naquela câmera — Ele está lá em cima, apenas esperando para flagrar-me fazendo algo errado. Embora o Senhor veja nossos pecados (Hebreus 4:13), Ele também vê e se interessa por nossas boas obras. Por meio da Sua vigilância sobrenatural, Deus vê o tamanho do nosso sacrifício quando ofertamos dinheiro à igreja ou aos necessitados (Marcos 12:41-44). Ele escuta nossas orações feitas em secreto (Mateus 6:6). E, quando jejuamos, podemos portar-nos como de costume, tendo a certeza de que nosso Pai "…vê em secreto" (v.18).

Saber que Deus vê tudo nos livra de pensar sobre os olhos vigilantes dos outros. Quando fazemos o que é certo, não necessitamos do aplauso de espectadores; quando pecamos, não precisamos nos preocupar com nossa reputação se acertamos as contas com Deus e com aqueles a quem prejudicamos. Podemos descansar, sabendo que "Deus está sempre vigiando tudo o que acontece no mundo a fim de dar forças a todos os que são fiéis a ele com todo o coração" (2 Crônicas 16:9). —Jennifer Benson Schuldt

Os outros veem o que fazemos, mas Deus vê os nossos motivos ao fazê-lo.

Minhas notas e motivos de oração:

22 de junho

Criando sua vida

LEITURA: MARCOS 10:35-45

...e quem quiser ser o primeiro, que seja o escravo de todos.
—MARCOS 10:44

Parecia bom o conselho que li num livro de autoajuda: Faça somente aquilo em que você for bom, pois assim você se sentirá mais realizado. O autor estava tentando ajudar os leitores a criar o tipo de vida que eles queriam. Não sei sobre você, mas se eu fizesse somente aquilo em que eu sou boa, não faria muita coisa!

No evangelho de Marcos 10, lemos a respeito de dois discípulos, Tiago e João, que tinham alguns planos para o tipo de vida que desejavam para si um dia. Eles pediram para estar à direita e à esquerda de Jesus em Seu reino (v.37). Os outros 10 discípulos estavam zangados com eles por tal pedido (v.41). (Possivelmente porque queriam essas posições para si mesmos!)

Mas Jesus aproveitou a oportunidade para ensinar-lhes sobre outro tipo de vida; de serviço aos outros. Ele disse: "...quem quiser ser importante, que sirva os outros, e quem quiser ser o primeiro, que seja o escravo de todos" (vv.43,44). Parece que o projeto de Deus para nós é que sirvamos uns aos outros.

Mesmo Jesus, o Filho de Deus, "...não veio para ser servido, mas para servir..." (v.45). Ao olharmos para o exemplo de Cristo e dependermos da ajuda do Espírito Santo, também podemos ser servas e assim viveremos a vida plena. —Anne Cetas

As grandes ocasiões para servir a Deus são raras, mas as pequenas ocorrem diariamente.

Minhas notas e motivos de oração:

Anormais

23 de junho

LEITURA: SALMO 73;
MATEUS 5:3-10; HEBREUS 11:13-16

Parece que não adiantou nada eu me conservar puro e ter as mãos limpas de pecado. —SALMO 73:13

A Bíblia tem o seu próprio tipo de música popular. Nos salmos, essas fascinantes canções "populares" contam as experiências de vários homens e mulheres. Contam histórias sobre transtornos emocionais, problemas e perturbações que os cristãos enfrentaram.

O Salmo 73 começa igual a algumas músicas populares contemporâneas, com o autor reclamando das injustiças do mundo. A letra é de uma honestidade impactante. Asafe, o músico-chefe de Davi, questiona se a sua busca por Deus valeu a pena (vv.13,14). As pessoas egoístas, mesquinhas "…têm muito e ficam cada vez mais ricos" (v.12). Eles zombam de Deus e nada lhes acontece. Asafe se questiona se ele foi um anormal por manter seu coração puro. Valeu a pena?

Mas quando ele vai ao santuário de Deus, encontra nova perspectiva e entendimento (v.16). Asafe é relembrado de que os ímpios e suas atitudes terão fim, e renova o desejo de quebrantar o seu coração diante de Deus (v.21). Ele compreendeu que nada no céu ou na terra é melhor do que estar perto do soberano Senhor (vv.23,28).

Aprendemos com esse clássico atemporal que ao voltarmos os nossos olhos para Deus, adquirimos a Sua perspectiva. Percebemos então, que a vida não é tão melancólica e sombria, e vemos, claramente, que Deus está no controle e se importa conosco. —Poh Fang Chia

…Deus é a minha força, ele é tudo o que sempre preciso. Salmo 73:26

Minhas notas e motivos de oração:

24 de junho

Um pedido de oração

LEITURA: 2 TESSALONICENSES 3:1-5

…irmãos, orem por nós…
—2 TESSALONICENSES 3:1

Recentemente, uma missionária nos visitou no curso bíblico que eu estava fazendo. Ela descreveu como tinha sido encaixotar suas coisas, despedir-se dos amigos e mudar-se para um país distante. Quando ela e sua família chegaram, foram saudados com um florescente comércio de drogas e rodovias perigosas. A barreira linguística trouxe crises de solidão. Eles contraíram quatro diferentes vírus gástricos, e a filha mais velha escapou da morte, após cair de uma escada. Eles precisavam de oração.

O apóstolo Paulo vivenciou perigos e dificuldades como missionário. Ele foi preso, naufragou e foi espancado. Não é de admirar que suas cartas contenham pedidos de oração. Ele pediu aos cristãos de Tessalônica para que orassem por sucesso na disseminação do evangelho, que a Palavra de Deus se propagasse e fosse glorificada (2 Tessalonicenses 3:1) e para que Deus o livrasse de "pessoas más e perversas" (v.2). Paulo sabia que precisaria "falar com coragem" e tornar conhecido o "segredo do evangelho" (Efésios 6:19) — este era outro pedido de oração.

Você conhece pessoas que necessitam de ajuda sobrenatural ao propagarem a boa-nova de Cristo? Lembre-se do apelo de Paulo: "…irmãos, orai por nós…" (2 Tessalonicenses 3:1) e interceda por eles diante do trono do nosso poderoso Deus. —Jennifer Benson Schuldt

Interceda pelos outros em oração;
o trono de Deus é sempre acessível.

Minhas notas e motivos de oração:

Luz transformadora

25 de junho

LEITURA: 1 JOÃO 1:5-9

A mensagem que Cristo nos deu e que anunciamos a vocês é esta: Deus é luz, e não há nele nenhuma escuridão. —1 JOÃO 1:5

Eu era pequena e odiava descer ao porão de casa, pois parecia uma caverna. Cada degrau me distanciava mais da luz e me levava mais fundo na escuridão. Sem luz próxima para acender, tinha que descer todo o trajeto e chegar até o final do porão para finalmente alcançar o interruptor de luz. Minha imaginação nunca se acostumou com aquela aventura.

Em João 12:46, Jesus explicou que veio como a Luz para expor os pecados de nossa vida. Se nos deixarmos enganar pelas mentiras do inimigo, ficaremos presos em lugares escuros. Talvez temamos que nos rejeitem se conhecerem a verdade, ou saibam que não venceremos sem os nossos segredos. Podemos ter vivido escondidas na escuridão, a ponto de não reconhecer a luz. Mas isso não é a vida verdadeira.

Deus não tolera o pecado escondido (Lucas 12:2,3). Seu imenso amor por nós insiste na verdade, e a verdade exige luz (João 3:21). A escuridão e a luz não podem ocupar o mesmo lugar.

Andaremos na luz ou nas trevas? Depende do que fizermos com as áreas escuras de nossa vida. Fingimos que não existem? Tentamos escondê-las? Ou as arrastamos para a luz, sem nos importarmos com as dificuldades, para que a Sua luz exponha o que há de errado e a corrija? A transformação é um processo que nos faz ver o que não víamos antes (2 Coríntios 4:16).

—Regina Franklin

Para ser livre em Cristo é necessário andar sob Sua luz.

Minhas notas e motivos de oração:

26 de junho

A vantagem da fraqueza

LEITURA: 2 CORÍNTIOS 12:1-10

Mas ele me respondeu: "A minha graça é tudo o que você precisa, pois o meu poder é mais forte quando você está fraco..."
—2 CORÍNTIOS 12:9

É sempre uma alegria conversar com um antigo amigo de faculdade e falar sobre o que o Senhor nos ensinou desde que nos vimos pela última vez.

Uma vez, Antônio começou com um sorrisinho envergonhado: "Sabe, não consigo acreditar em quantos anos levou para aprender minha última lição; e sou professor de ensino bíblico!" E listou algumas das provações e tribulações que ele e sua família enfrentaram e como se sentia indigno para ensinar aos adultos do estudo bíblico. "Semana a semana, eu me sentia um fracasso total", ele confidenciou, "e continuava imaginando se este poderia ser a minha última aula antes de pedir demissão."

Certo dia, Antônio percebeu que uma jovem o esperava para falar com ele. Como era uma amiga da família, ela sabia da situação que eles estavam vivendo. "Toni," ela disse, "espero que você não me compreenda mal, mas você é um professor muito melhor quando está passando por momentos difíceis!"

Outro sorriso envergonhado passou pelo rosto dele quando me contou: "Só então eu senti que entendi a resposta do Senhor ao espinho na carne de Paulo: *A minha graça te basta, porque o poder se aperfeiçoa na fraqueza.*"

A fraqueza nos ajuda a nos relacionarmos com os outros e permite que o poder de Deus aja em nossa vida. Que esse possa ser o nosso maior bem. —Joanie Yoder

Podemos enfrentar situações além das nossas reservas, mas nunca além dos recursos de Deus.

Minhas notas e motivos de oração:

Girassóis

27 de junho

LEITURA: 2 CORÍNTIOS 1:8-11

…Os sofrimentos que suportamos foram tão grandes e tão duros, que já não tínhamos mais esperança de escapar de lá com vida. —2 CORÍNTIOS 1:8

O quadro *Os Girassóis* de Van Gogh brilhava na parede do museu. Divaguei sobre como esse homem fracassado criara uma imagem tão bela. Vincent Van Gogh sofreu muitas provações, mas produziu quase 900 pinturas em 10 anos.

Como ele, o apóstolo Paulo suportou grandes dificuldades, mas sua carreira por Cristo floresceu. Certa vez, escreveu: "…porquanto foi acima das nossas forças, a ponto de desesperarmos até da própria vida" (2 Coríntios 1:8). Ele sabia que o fim se aproximava, mas manteve-se firme.

Ele nos revela o segredo: "…confiar não em nós mesmos e sim em Deus, que ressuscita os mortos" (v.9). A vida bem-sucedida em Cristo requer toda a sabedoria de Deus, Seu amor, Seu poder e toda a Sua proteção.

Confiar em Deus ajuda a desenvolver a segurança nele. Paulo alegrava-se por sua intimidade com o Senhor ao declarar: "…ele continuará a nos salvar" (v.10). Ele estava livre para ministrar, sem desespero ou medo aterrorizante.

Creio que podemos ser produtivas para Cristo ao enfrentarmos lutas e dificuldades. Jesus não foi ingênuo ao dizer: "…fui eu que os escolhi para que vão e deem fruto…" (João 15:16). Ele sabia que somente a confiança em Deus produziria a convicção necessária para iluminar o mundo a nossa volta, assim como *Os girassóis* de Van Gogh que ainda brilham. —Jennifer Benson Schuldt

Não nos cansemos de fazer o bem…
Gálatas 6:9

Minhas notas e motivos de oração:

28 de junho

Na tenda

LEITURA: JOSUÉ 11:15-23

Josué tomou toda aquela terra, isto é, a região montanhosa de Judá, toda a região sul... —JOSUÉ 11:16

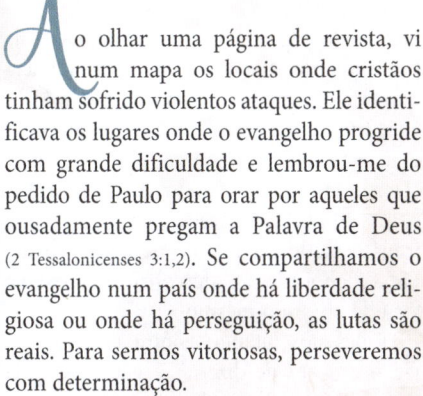

Ao olhar uma página de revista, vi num mapa os locais onde cristãos tinham sofrido violentos ataques. Ele identificava os lugares onde o evangelho progride com grande dificuldade e lembrou-me do pedido de Paulo para orar por aqueles que ousadamente pregam a Palavra de Deus (2 Tessalonicenses 3:1,2). Se compartilhamos o evangelho num país onde há liberdade religiosa ou onde há perseguição, as lutas são reais. Para sermos vitoriosas, perseveremos com determinação.

A intimidade com o Senhor solidifica o nosso propósito e sustenta a nossa obediência quando as circunstâncias parecem incertas. Os israelitas ficavam em pé na entrada de suas tendas enquanto Josué seguia Moisés deixando seu lugar de conforto até entrar na presença de Deus. E ali ele ficava (Êxodo 33:11). Sua determinação preparou o caminho para onde Deus o estava levando.

Os nossos "momentos na tenda" são essenciais para achegar-nos a Deus, e podem incluir reflexões silenciosas, momentos de angústia e questionamentos. Ali, Deus examina o nosso coração e purifica nossas intenções. Na adoração e submissão, começamos a enxergar o Seu propósito (1 Coríntios 2:12-16).

A comunhão com Aquele que conhece o futuro nos fará superar o desânimo e alcançar a fé desejada. Deste lugar, a vitória é certa (Lucas 22:41-43). —Regina Franklin

Quando a luta parece ser esmagadora, estar "na tenda" determinará nossa reação.

Minhas notas e motivos de oração:

O vício de todas nós

29 de junho

LEITURA: JOÃO 8:21-36

Se o Filho os libertar, vocês serão, de fato, livres.
—JOÃO 8:36

Se não fosse pela graça de Deus, eu poderia estar na mesma situação." Quantas vezes digo isso — especialmente quando observo viciados em drogas. Acho que o digo humildemente, mas será que sou mesmo sincera?

Jesus disse aos Seus ouvintes que Sua verdade os libertaria (João 8:32). Mas eles já não estavam livres, protestaram? Então, Jesus aumentou a pressão: "Quem peca é escravo do pecado" (v.34). Em outras palavras, o pecado causa o vício. E, já que todos nós somos pecadores, o pecado é o nosso vício.

No pecado de cada um, encontra-se algum hábito "egoísta" que só pode ser expulso com a ajuda de Cristo. Muitos dependentes químicos recuperados descobriram que seu hábito "egoísta" é um problema mais profundo do que a própria dependência química. Essa é a história de Ken. Após anos fugindo de seus problemas com álcool e drogas, ele entregou a vida a Cristo. "Desde então," ele testemunha, "as coisas nem sempre são fáceis, mas Cristo tem transformado meu estilo de vista egoísta. Fiquei chocado ao descobrir que estava viciado em mim mesmo."

Todas nós lutamos contra esse mesmo vício. Em vez de dizer: "Se não fosse pela graça de Deus, eu poderia estar na mesma situação", deveríamos dizer: "Estamos na mesma situação". Ninguém é exceção. Todas nós precisamos da mesma graça. —Joanie Yoder

A graça de Deus salva o melhor e o pior dos pecadores.

Minhas notas e motivos de oração:

30 de junho

Orações lembradas

LEITURA: ATOS 10:1-8

...O anjo respondeu: — Deus aceitou as suas orações e a ajuda que você tem dado aos pobres. —ATOS 10:4

Amapala, a capital de Honduras é uma vila de belas paisagens, que escondem a sua obscura espiritualidade. Há muito poucas igrejas ali. A bruxaria e a sodomia são abundantes, e a aparência de cidade-fantasma reflete a ausência do evangelho que traz a vida. Na escuridão, entretanto, surge uma esperança. Um empresário cristão local apoia firmemente os que anunciam a Palavra de Deus.

A esperança e a oração nos conduzem à sala do trono de Deus. A oração não é vã quando pedimos de acordo com a Sua vontade. Sabemos que Ele nos ouve e responde as orações (1 João 5:14,15).

A história de Cornélio em Atos 10 revela o poder da oração na divulgação da mensagem de salvação. Ele "...de contínuo, orava a Deus" (v.2), e buscava a Sua presença. Com essa rendição, Deus ouviu as suas preces (v.31). Com oração e fé conseguimos "...a vitória sobre o mundo" (v.4). No tempo certo ele e muitos outros receberam a salvação em Cristo (vv.44-48).

O Espírito do Senhor atrai os que estão dispostos a clamar por restauração da justiça, e dispostos a suprir as necessidades (Ezequiel 22:30). Você está pronta a orar para que:

• Haja compreensão sobre a salvação através de Jesus Cristo? (Atos 26:18).

• Haja servos que anunciem o evangelho com coragem? (Efésios 6:19,20).

Deus se importa com as nossas necessidades. —Regina Franklin

Onde há oração, a esperança se fortalece.

Minhas notas e motivos de oração:

Orar por

Notas:

Julho

Tão perto, mas tão longe

1 de julho

LEITURA: MARCOS 10:17-31

…vá, venda tudo o que tem e dê o dinheiro aos pobres e assim você terá riquezas no céu. Depois venha e me siga.
—MARCOS 10:21

O apresentador de um programa na TV disse: "Descubra e soletre a palavra que falta para ganhar uma viagem à Europa. A frase é! 'O velho MacDonald tinha uma _____." O participante completou: "O velho MacDonald tinha uma *fazenda*." "Certo", soletre, disse-lhe o apresentador. "É fácil", disse o participante. "I-A-I-A-O" (que assim perdeu o prêmio por não soletrar a palavra fazenda). Podemos rir disso, mas ilustra como podemos estar tão perto e ao mesmo tempo, tão longe de receber as bênçãos de Deus. O jovem rico é um exemplo disso (v.17).

Ele correu até Jesus, ajoelhando-se. Não foi dissuadido pela oposição da classe dos líderes religiosos a qual ele pertencia (Lucas 18:18). Ele obedecia à risca os mandamentos desde a sua mocidade. Seu caráter moral era impecável, apesar de todas as tentações da juventude!

Contudo, ainda lhe faltava algo: Ele amava as riquezas mais do que a Deus (Marcos 10:22). Jesus lhe disse para abrir mão de tudo isso, por amor a Deus. Ele precisava negar-se a si mesmo e amar ao Senhor acima de tudo, abrindo mão de seu dinheiro.

Marcos registra a trágica escolha desse homem que partiu, de posse de suas riquezas terrenas, mas sem o tesouro eterno.

Se não confessou pessoalmente a sua fé em Jesus Cristo, entregando seu tudo a Ele, você poderá estar perto, mas muito longe, dele. —Poh Fang Chia

A fé em Jesus como Salvador salva o pecador.
Os bens materiais não salvam ninguém.

Minhas notas e motivos de oração:

2 de julho

Pedacinhos

LEITURA: ROMANOS 6:1-13

...vocês devem se considerar mortos para o pecado; mas, por estarem unidos com Cristo Jesus, devem se considerar vivos para Deus.
—ROMANOS 6:11

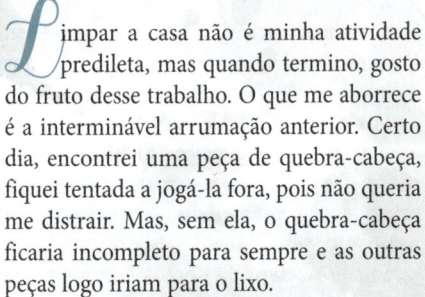

Limpar a casa não é minha atividade predileta, mas quando termino, gosto do fruto desse trabalho. O que me aborrece é a interminável arrumação anterior. Certo dia, encontrei uma peça de quebra-cabeça, fiquei tentada a jogá-la fora, pois não queria me distrair. Mas, sem ela, o quebra-cabeça ficaria incompleto para sempre e as outras peças logo iriam para o lixo.

Assim como jogar fora uma peça que sobrou, podemos querer dispensar um *pequeno* problema de pecado. Pensamos que o impacto será mínimo, porque parece inconsequente. Porém, devemos buscar um caráter que reflita o de Deus (Filipenses 1:6,9-11). O livro de Cântico dos Cânticos revela que temos um papel na proteção do nosso relacionamento de amor com Jesus: "Peguem as raposas, apanhem as raposinhas, antes que elas estraguem a nossa plantação de uvas, que está em flor" (2:15).

Em Romanos 6:23 vemos que o salário do pecado é a morte. Qualquer pecado ao qual nos apegamos nos separa de Deus (Isaías 59:2) e, traz a morte. Para cada um de nós é importante:

• *Guardar o coração.* O inimigo deseja usar nosso querer e tentações para abrir a porta ao pecado (Provérbios 4:23).

• *Confessar o pecado.* Ao admitir nossas faltas, lembramos que somos pecadoras, mas com Deus a transformação é possível (Romanos 6:7). —Regina Franklin

Preocupe-se com os pequenos pecados em sua vida, antes que eles se tornem maiores.

Minhas notas e motivos de oração:

Orar por

Fuga da prisão

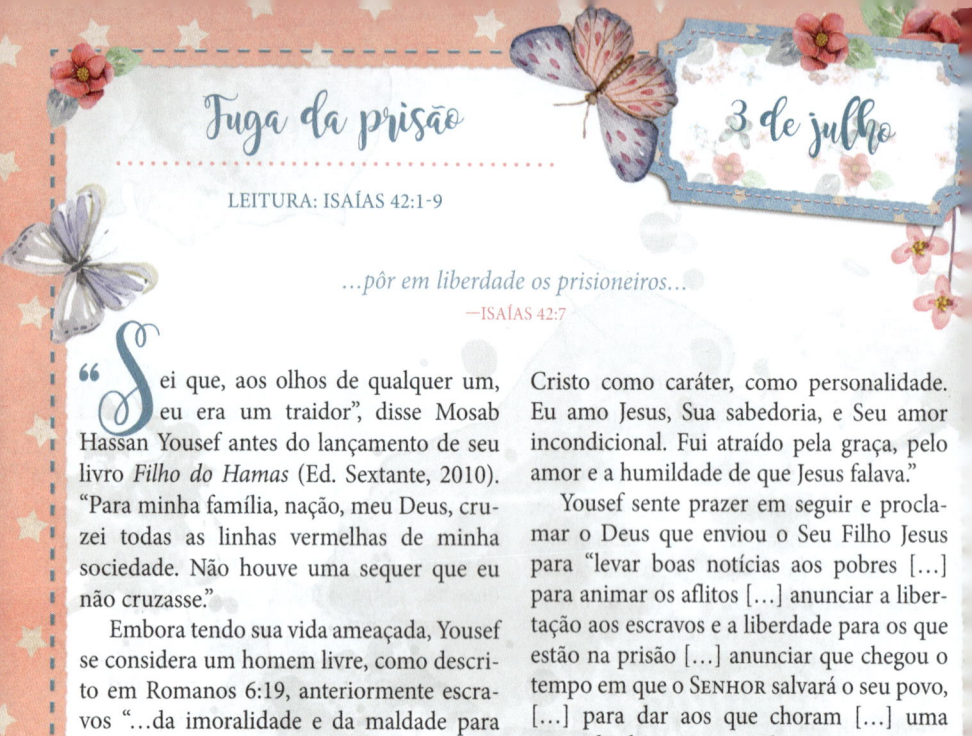

3 de julho

LEITURA: ISAÍAS 42:1-9

...pôr em liberdade os prisioneiros...
—ISAÍAS 42:7

"Sei que, aos olhos de qualquer um, eu era um traidor", disse Mosab Hassan Yousef antes do lançamento de seu livro *Filho do Hamas* (Ed. Sextante, 2010). "Para minha família, nação, meu Deus, cruzei todas as linhas vermelhas de minha sociedade. Não houve uma sequer que eu não cruzasse."

Embora tendo sua vida ameaçada, Yousef se considera um homem livre, como descrito em Romanos 6:19, anteriormente escravos "...da imoralidade e da maldade para servir o mal", mas, agora, escravos "...daquilo que é direito para viver uma vida dedicada a Deus".

Yousef escreveu: "Converti-me ao cristianismo porque fui convencido por Jesus Cristo como caráter, como personalidade. Eu amo Jesus, Sua sabedoria, e Seu amor incondicional. Fui atraído pela graça, pelo amor e a humildade de que Jesus falava."

Yousef sente prazer em seguir e proclamar o Deus que enviou o Seu Filho Jesus para "levar boas notícias aos pobres [...] para animar os aflitos [...] anunciar a libertação aos escravos e a liberdade para os que estão na prisão [...] anunciar que chegou o tempo em que o SENHOR salvará o seu povo, [...] para dar aos que choram [...] uma coroa de alegria, em vez de tristeza, um perfume de felicidade, em vez de lágrimas..." (Isaías 61:1-3). E agora diz: "Meu objetivo não é derrotar o meu inimigo. É conquistá-lo."

—Roxanne Robbins

Todo dia é o momento certo de proclamar Jesus Cristo.

Minhas notas e motivos de oração:

4 de julho

Coiote selvagem

LEITURA: ROMANOS 8:2-14

Portanto, meus irmãos, nós temos uma obrigação, que é a de não vivermos de acordo com a nossa natureza humana. —ROMANOS 8:12

Onde moro, às vezes, ouço ruídos estranhos. São os rugidos assustadores e selvagens das onças.

Quando os rugidos me acordam, fico pensando sobre a ferocidade que nosso interior abriga. Ela faz parte do nosso *DNA* espiritual. Paulo explicou assim: "...vejo uma lei diferente agindo naquilo que faço, uma lei que luta contra aquela que a minha mente aprova..." (Romanos 7:23). A transparência de Paulo nos ajuda a ver que até os cristãos que andam com Deus lutam contra a rebeldia em suas almas.

Paulo também nos lembra de que não temos a obrigação de obedecer nossa natureza pecaminosa (8:12). Se você for como eu, poderá esquecer-se de que tem escolha, e não precisa escutar os sussurros do seu lado selvagem.

Embora tenhamos a escolha quanto ao pecar, não temos a atitude correta sem o poder do Espírito Santo. Como cristãs, temos o Espírito Santo de Deus habitando em nós, e temos de permitir que Ele cumpra o trabalho dele. Paulo disse: "...deixem que o Espírito de Deus dirija a vida de vocês e não obedeçam aos desejos da natureza humana" (Gálatas 5:16).

Indomadas como as onças, "...as pessoas que têm a mente controlada pela natureza humana se tornam ′inimigas de Deus..." (Romanos 8:7). Com a ajuda do Espírito Santo, podemos trocar nossas tendências imprudentes pela paz de Deus. —Jennifer Benson Schuldt

...o Espírito de Deus é vida para vocês porque vocês foram aceitos por Deus. **Romanos 8:10**

Minhas notas e motivos de oração:

Orar por

Cuidado com soluções rápidas

5 de julho

LEITURA: SALMO 106:1-15

Mas logo esqueceram o que Deus tinha feito e agiram sem esperar o seu conselho. —SALMO 106:13

Algumas pessoas oram somente quando estão passando por uma crise. Sua mentalidade "solução rápida" vê Deus principalmente como um solucionador de problemas. Quando soluções misericordiosas acontecem, elas agradecem cortesmente, e então, praticamente esquecem o fato até a próxima crise.

Há uma história sobre uma menina rica, acostumada a possuir servos, que tinha medo de subir uma escada escura sozinha. Sua mãe sugeriu que ela superasse seu medo pedindo a Jesus que subisse com ela os degraus da escada. Quando a menina chegou ao topo, ela disse: "Obrigada, Jesus. Você pode ir agora."

Nós rimos da história, mas o Salmo 106 contém um sério aviso sobre o fato de destituir Deus de nossa vida — como se isso fosse possível. Israel tinha a tendência de esquecer as misericórdias do Senhor, e Deus chamou isso de rebelião (v.7). Eles ficaram com suas almas subnutridas porque escolheram ignorá-lo (vv.13-15). Que lições para nós!

Espere grandes coisas de Deus, mas não espere que Ele esteja à sua disposição. Em vez disso, esteja à disposição dele, ansiosa para cumprir Sua vontade.

Como a menina rica, vamos pedir a Deus que nos acompanhe pelos corredores escuros da vida. Porém, em vez de dispensá-lo depois que nossas necessidades especiais forem atendidas, nos acheguemos a Ele, pois a nossa vida depende disso! —Joanie Yoder

Você ora pelo que você quer ou pelo que Deus quer?

Minhas notas e motivos de oração:

6 de julho

Avaliadas

LEITURA: GÁLATAS 2:11-21

...todos são aceitos por Deus somente pela fé em Jesus Cristo [...].
Pois ninguém é aceito por Deus por fazer o que a lei manda.
—GÁLATAS 2:16

Parei de trabalhar fora para ficar em casa com meus filhos, e ao voltar a lecionar vi que nem senti falta de corrigir trabalhos e provas. Para corrigir as redações já estabeleci um padrão que me ajuda a avaliá-las.

Embora não recebamos notas por nossas atividades diárias, somos cercadas por avaliações de desempenho. Pelo que assistimos, compramos e postamos no *Facebook* podemos avaliar e ser avaliadas. Na sociedade as classificações determinam o valor de cada item, e podemos, enganosamente, transferir este raciocínio para o nosso crescimento espiritual.

A salvação não é conquistada (Efésios 2:5-9). No entanto, a humanidade gravita ao redor daquilo que conseguimos controlar — mensuramos até as disciplinas espirituais. Na carta aos Gálatas, capítulo 2, fica claro que nenhuma quantidade de leitura da Bíblia, oração ou jejum pode conquistar qualquer parte da herança de Deus. Existe apenas uma medida dessa graça: *Recebemos o que não merecemos*.

As obras não levam à salvação, mas as boas obras devem fluir da vida dos salvos por Cristo (Mateus 5:16). Se compreendermos que "...ele nos salvou porque teve compaixão de nós, e não porque nós tivéssemos feito alguma coisa boa...", então "...os que creem em Deus se interessem em usar o seu tempo fazendo o bem..." (Tito 3:5,8). —Regina Franklin

Para a nossa salvação só existe um padrão
que podemos considerar: o sangue de Jesus.

Minhas notas e motivos de oração:

Fé pequena num grande Deus

7 de julho

LEITURA: MATEUS 17:14-21

…se vocês tivessem fé, […] do tamanho de uma semente de mostarda poderiam dizer a este monte: "Saia daqui e vá […] ele iria… —MATEUS 17:20

Fé — todas nós gostaríamos de ter mais fé, especialmente quando enfrentamos problemas gigantescos. Mas a maioria de nós é experiente na fé. Nós nos sentamos em cadeiras sem testá-las; usamos fornos de micro-ondas sem analisar como funcionam; colocamos chaves nas portas e esperamos abri-las. Não saímos por aí lamentando: "Se eu tivesse mais fé nas cadeiras, nos micro-ondas, nas chaves…". Dependemos destes objetos, porque os consideramos confiáveis — não porque desenvolvemos um grande sentimento de confiança.

Jesus não disse aos Seus discípulos: "Tenham mais fé em Deus…". Ele simplesmente falou: "Tenham fé em Deus" (Marcos 11:22).

O estudioso da Bíblia, Stuart Briscoe escreve: "A fé tem tanto valor quanto seu objeto. Você pode ter uma fé tremenda no gelo fino e afundar… Você pode ter pouca fé no gelo grosso e estar perfeitamente seguro."

Muitos cristãos têm fé na fé, em vez de ter fé em Deus. Quando enfrentam tribulações, penam para alcançar a fé do tamanho da montanha. Mas Jesus ensinou que a fé do tamanho de um grão de mostarda já é suficiente se plantada no terreno da grandeza de Deus.

Qual é sua montanha hoje? Assim que você plantar seu grão de mostarda de fé em Deus, seu monte se tornará responsabilidade dele — e você poderá descansar em Sua fidelidade. —Joanie Yoder

Minhas notas e motivos de oração:

8 de julho

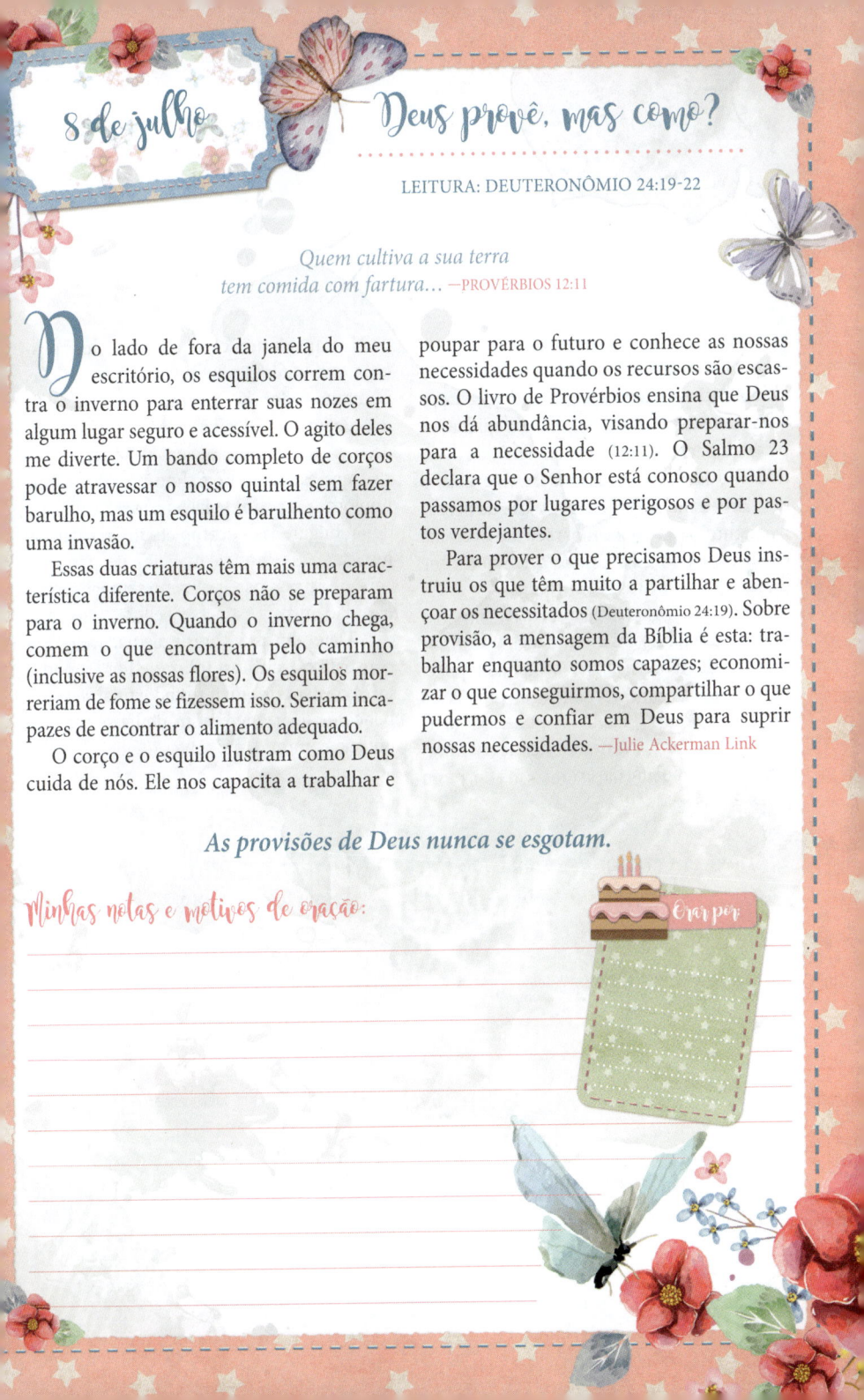

Deus provê, mas como?

LEITURA: DEUTERONÔMIO 24:19-22

Quem cultiva a sua terra tem comida com fartura… —PROVÉRBIOS 12:11

Do lado de fora da janela do meu escritório, os esquilos correm contra o inverno para enterrar suas nozes em algum lugar seguro e acessível. O agito deles me diverte. Um bando completo de corços pode atravessar o nosso quintal sem fazer barulho, mas um esquilo é barulhento como uma invasão.

Essas duas criaturas têm mais uma característica diferente. Corços não se preparam para o inverno. Quando o inverno chega, comem o que encontram pelo caminho (inclusive as nossas flores). Os esquilos morreriam de fome se fizessem isso. Seriam incapazes de encontrar o alimento adequado.

O corço e o esquilo ilustram como Deus cuida de nós. Ele nos capacita a trabalhar e poupar para o futuro e conhece as nossas necessidades quando os recursos são escassos. O livro de Provérbios ensina que Deus nos dá abundância, visando preparar-nos para a necessidade (12:11). O Salmo 23 declara que o Senhor está conosco quando passamos por lugares perigosos e por pastos verdejantes.

Para prover o que precisamos Deus instruiu os que têm muito a partilhar e abençoar os necessitados (Deuteronômio 24:19). Sobre provisão, a mensagem da Bíblia é esta: trabalhar enquanto somos capazes; economizar o que conseguirmos, compartilhar o que pudermos e confiar em Deus para suprir nossas necessidades. —Julie Ackerman Link

As provisões de Deus nunca se esgotam.

Minhas notas e motivos de oração:

Orar por

Os fracos e os aflitos

9 de julho

LEITURA: 1 TESSALONICENSES 5:9-15

...ajudem os fracos na fé e tenham paciência com todos.
—1 TESSALONICENSES 5:14

Conheci José, um menino de 10 anos, severamente desfigurado. Sua perna esquerda é apenas um coto. A direita é arqueada para trás, com os dedos danificados pelas chamas. Na mão esquerda dele faltam dois dedos e, apesar das várias cirurgias, o osso do punho se projeta para fora da pele.

Segurei-o para a enfermeira trocar-lhe os curativos e fiquei atônita quando ele me disse: "O Senhor vai me curar!"

Creio que o garoto está certo. Embora eu não saiba quando ou como Deus trará cura a ele, confio em Isaías, que profetizou que, o Dia do Senhor virá e: "...os cegos verão, e os surdos ouvirão; os aleijados pularão e dançarão, e os mudos cantarão de alegria. Pois fontes brotarão no deserto, e rios correrão pelas terras secas" (Isaías 35:5,6).

Nos lares e comunidades há pessoas debilitadas e sofredoras. Como José, necessitam demais de nosso amor e cuidado. Paulo nos ensina a amparar os fracos (1 Tessalonicenses 5:14). Suas palavras ecoam as do rei Salomão no Salmo 72, no qual ele implorou ao povo de Deus para:

• Julgar os outros com retidão e justiça (v.2).
• Tratar os pobres sempre com equidade (v.2).
• Defender os pobres e aflitos (v.4).
• Salvar os filhos dos necessitados (v.4).

O que você pode fazer hoje para ser uma bênção para alguém com deficiência física em sua comunidade? —Roxanne Robbins

...procurem em todas as ocasiões fazer o bem uns aos outros e também aos que não são irmãos na fé. **1 Tessalonicenses 5:15**

Minhas notas e motivos de oração:

Orar por

10 de julho

Plágio espiritual

LEITURA: JOÃO 1:1-18

A Palavra se tornou um ser humano e morou entre nós, cheia de amor e de verdade. E nós vimos a revelação da sua natureza divina... —JOÃO 1:14

Quando leciono a disciplina de redação, exijo que os alunos a escrevam na sala de aula. Sei que o que escrevem em sala é produto de seu próprio esforço. Desta maneira, me familiarizo com o estilo de escrita de cada um e posso detectar se "emprestam" as ideias uns dos outros. Os estudantes se surpreendem ao saber que o seu estilo literário, o que e como dizem, é tão peculiar como a sua própria voz. Assim como as palavras que falamos vêm de nosso coração, as que escrevemos também. E revelam quem somos.

Familiarizamo-nos com a voz de Deus, ao ler a Sua palavra, aprendemos sobre quem Ele é e como se expressa. Satanás, no entanto, tenta apresentar-se como anjo de luz (2 Coríntios 11:14). Usando as palavras de Deus de forma ligeiramente alterada, ele vem com argumentos convincentes para coisas que não são verdadeiras. Ele tenta convencer as pessoas a imitar a santidade, a confiar na aparência exterior da autodisciplina em vez de confiar na morte de Cristo para a salvação (Colossenses 2:23), Satanás tem levado muitos ao erro.

Deus foi ao extremo para assegurar-se de que reconheceríamos a Sua voz. Ele não apenas nos deu a Sua Palavra, mas nos deu o Verbo feito carne, Jesus (João 1:14), de modo que não seremos facilmente enganadas ou iludidas. —Julie Ackerman Link

Como é firme a tua promessa! E como este teu servo a ama! Salmo 119:140

Minhas notas e motivos de oração:

Um em dez

11 de julho

LEITURA: LUCAS 17:11-19

Ajoelhou-se aos pés de Jesus e lhe agradeceu.
—LUCAS 17:16

Nuvens de vapor saíam do capô de meu carro. Estacionei e chamei o reboque. Logo, um homem se aproximou, mas não era da empresa de reboque, e disse que podia consertar o problema. Permiti ao desconhecido abrir o capô e olhar o motor. Ele encheu o radiador com água e funcionou!

Anotei seu endereço, pretendendo enviar-lhe um agradecimento. Porém, nunca fiz isso.

Nove dos dez homens que Jesus curou da lepra não lhe agradeceram pela cura. A caminho de Jerusalém, eles o viram e gritaram: "…Jesus, Mestre, tenha pena de nós!" (Lucas 17:13). Com um simples comando, Cristo terminou seu isolamento, renovou os seus corpos e os resgatou da morte certa.

Quando um voltou para agradecer, Jesus lhe perguntou: "…Os homens que foram curados eram dez. Onde estão os outros nove? Por que somente este estrangeiro voltou para louvar a Deus?" (vv.17,18). Certamente, Jesus reconhece os ingratos de coração.

Embora eu deseje ser como o que agradeceu, minha tendência é imitar os outros nove. Minha vida incorreta de oração prova isso, ela é cheia de pedidos de misericórdia e bênçãos, mas fraca em gratidão.

Se você for como eu, precisará atentar mais naquele que dá e menos nas boas coisas que Ele provê. Sabemos que "Tudo de bom que recebemos e tudo o que é perfeito vêm do céu, vêm de Deus" (Tiago 1:17).

—Jennifer Benson Schuldt

O exemplo do "único dos dez" deve nos motivar. Sejamos agradecidas.

Minhas notas e motivos de oração:

12 de julho

Manter a companhia

LEITURA: 1 JOÃO 3:9,16-19

Pois lembramos, na presença do nosso Deus e Pai, como vocês puseram em prática a sua fé, como o amor de vocês os fez trabalhar tanto. —1 TESSALONICENSES 1:3

Na África é fácil encontrar homens e mulheres de todo o mundo que vêm à região para participar de missões curtas ou longas. Sentada à mesa de um café de Kampala, Uganda, encontrei um jovem casal, Amanda e Miguel. Eles vieram para ajudar a sua igreja a edificar um centro médico numa das áreas mais pobres do país.

Nossa conversa sobre como o Senhor os trouxe à África, me fez lembrar que, seja em nosso próprio bairro ou em outro país, é inspirador ouvir, falar e investir algum tempo com pessoas que vivenciaram o amor de Deus e, o compartilham com outras.

Essas pessoas se esforçam por viver a essência de 1 João 3, entusiasticamente:

• Abdicando de seu conforto em favor de outros (v.16).

• Demonstrando o amor de Deus com recursos financeiros, e sendo compassivo com os necessitados (v.17).

• Demonstrando amor através de suas ações, não somente em palavras (v.18).

• Permitindo que o seu comportamento transmita a verdade de Deus (v.19).

Em seu best-seller *O sucesso de amanhã começa hoje* (Ed. Mundo Cristão, 2005) John C. Maxwell escreve: "É fato que você se torna mais semelhante às pessoas com quem passa o seu tempo. Se você deseja aumentar sua fé, invista tempo com pessoas que exercitam a delas. Aprenda com elas. Descubra como pensam." E, eu acrescentaria, como agem. —Roxanne Robbins

Construa amizades com os que servem aos propósitos do Senhor.

Minhas notas e motivos de oração:

Orar por:

Força de sobra

13 de julho

LEITURA: 1 REIS 18:41–19:8

O poder do SENHOR Deus veio sobre Elias...
—1 REIS 18:46

John Evans, um equilibrista profissional, já equilibrou pessoas, livros e outros objetos oscilando no topo de sua cabeça em tempos recordes. Um de seus maiores feitos foi equilibrar um MINI Cooper sobre sua cabeça durante 33 segundos. Imagine a tensão de manter centenas de quilos de um automóvel sobre seu crânio!

Às vezes, o ministério cristão é um ato de equilíbrio que exige força sobre-humana. As exigências emocionais, físicas e mentais podem ser intensas. Férias ajudam, mas nem sempre são possíveis. Felizmente, Deus pode prover-nos força especial — como fez para Elias.

Após o embate contra Baal, Elias executou 450 falsos profetas. Em seguida, subiu o monte Carmelo e orou pelo fim de uma seca de três anos. Então "O poder do Senhor Deus veio sobre Elias..." (1 Reis 18:46), capacitando-o a correr até Jezreel, a aproximadamente 40 quilômetros de distância.

Nessa época, a rainha Jezabel tinha emitido uma ordem de prisão contra ele; e por isso, Elias andou mais 160 km até Berseba antes de perambular pelo deserto. Finalmente, sentou e orou: "Já chega, ó Senhor Deus! Acaba agora com a minha vida!" (19:4).

Felizmente, Deus conhece os nossos limites e pode nos dar forças como preferir. Ele pode nos fortalecer com uma palavra de encorajamento, ajuda ministerial ou discernimento da parte do Espírito Santo. No caso de Elias, Deus lhe enviou um anjo para fornecer pão e água, duas vezes.

É encorajador saber que "Elias era um ser humano como nós..." (Tiago 5:17), e que o Senhor lhe concedeu força para as exigências do ministério. Deus também pode nos suster enquanto ajudamos aos outros — com força de sobra. —Jennifer Benson Schuldt

Quando nossas forças estão no limite,
Deus nos fortalece com o Seu poder.

Minhas notas e motivos de oração:

14 de julho

Prostradas

LEITURA: 1 REIS 18:36-46

...Vá e olhe para o lado do mar. O ajudante foi e voltou dizendo:
— Não vi nada. Sete vezes Elias mandou que ele fosse olhar.
—1 REIS 18:43

Meu pai morreu de câncer, e eu me questionava se ele teria vivido mais se eu demonstrasse mais fé. Culpei-me por sua morte. Os sermões sobre cura eram como sal na ferida aberta. Sentia-me espiritualmente atacada ao ler sobre Jesus curando as multidões, ou Isaías 53:4 e Tiago 5:15. Estava convencida de que minhas orações não tinham poder.

Nossos inimigos espirituais querem convencer-nos de que o Senhor está afastado, e não quer responder nossas orações. Na perspectiva humana, a resposta de Deus, ou a ausência delas, pode fazer as mentiras de nossos inimigos espirituais parecerem verdades. Mas Deus quer que persistamos em oração (Lucas 11:9,10).

A persistência purifica-nos de qualquer idolatria. A oração significa o reconhecimento de que somente Deus é Deus e que Ele quer receber o nosso melhor e ser tudo para nós.

Elias demonstrou no Monte Carmelo que só Deus seria exaltado (1 Reis 18:36,37). Sua fé o manteve focado no que ele sabia ser verdade — o Deus soberano estava no controle, e era digno de profunda reverência. Elias escutou com o espírito o que era incapaz de ver com os olhos (v.41).

A oração não deve ser, apenas, a resposta à crise ou um pensamento volátil. É um momento de consagração perante o Senhor, um lugar de morada contínua ou um ato de devoção (Colossenses 4:2). —Regina Franklin

A oração significa nos prostrarmos na presença
de Deus até recebermos a Sua resposta.

Minhas notas e motivos de oração:

Orar por

Relacionamentos rompidos

15 de julho

LEITURA: LAMENTAÇÕES 3:19-26

Minha alma continuamente os recorda e se abate dentro de mim. Quero trazer à memória o que me pode dar esperança. —LAMENTAÇÕES 3:20,21 (ARA)

No Museu dos Relacionamentos Rompidos, na Croácia, um anão de jardim, uma casa de vidro e uma caixa feita com fósforos são alguns dos itens expostos. Os contribuintes têm a chance de "vencer o colapso emocional por meio da criação".

A Bíblia ensina a consertar corações feridos. Jeremias escreveu o livro de Lamentações com base em sua própria experiência de desgosto com a nação de Israel. Ele disse: "Minha alma, continuamente, os recorda e se abate dentro de mim" (3:20). Jeremias reconheceu sua dor. Ele não a escondeu ou se ocupou para esquecê-la. Ele expressou os seus sentimentos, provando que existe o "…tempo de prantear…" (Eclesiastes 3:4).

O profeta nunca perdeu de vista o amor de Deus e sabia que "…as suas misericórdias não têm fim" (v.22). No idioma hebraico, isso se refere a um tipo de amor chamado amor *chesed* — *amor leal*. As pessoas que estimamos podem partir o nosso coração, o amor de Deus nunca nos desapontará.

Jeremias proclamou: "…esperarei nele" (v.24). Embora seja tentador definhar por alguém que nos disse *adeus*, é melhor depositar a nossa esperança no Senhor. Ele jamais nos abandonará (Hebreus 13:5).

Não é errado dedicar tempo para lamentar perdas. Que Deus a conforte com o Seu amor fiel. Espere nele para a cura emocional. Lance fora as recordações que lhe causam sofrimento. —Jennifer Benson Schuldt

…De maneira alguma te deixarei, nunca jamais te abandonarei.
Hebreus 13:5 (ARA)

Minhas notas e motivos de oração:

Orar por

16 de julho

Horríveis fantasmas

LEITURA: SALMO 92:1-15

> *Na velhice, eles ainda produzem frutos; são sempre fortes e cheios de vida. Isso prova que o SENHOR Deus é justo, prova que ele, a minha rocha, não comete injustiça.* —SALMO 92:14,15

Em seu livro *Less Stress, More Peace* (Menos estresse, mais paz, inédito), Verna Birkey menciona uma mulher de 72 anos, chamada Jo, que se preocupava com o envelhecimento. Jo chamou esses medos de "horríveis fantasmas".

Para obter vitória sobre eles, ela escreveu uma "declaração de compromisso e fé", que citarei em parte:

"Meu querido Pai celestial, como posso expressar minha gratidão por seu enorme cuidado para comigo ao longo de todos esses anos? O Senhor tem sido tão bom! Por que, então, Senhor, esses fantasmas horríveis assombram meu pensamento? Temo perder esse marido maravilhoso que me deste. Terei que sofrer uma longa doença antes que me leve para casa? E se eu for parar em uma casa de repouso? E se me tornar senil?

Agora verbalizei esses horríveis fantasmas! Senhor, entrego a ti todas estas preocupações com a velhice. Vou reivindicar a promessa que concedeste no Salmo 92, que eu ainda darei frutos na velhice. Cada vez que um destes medos aparecer, eu voltarei e reverei este compromisso contigo até que eu tenha paz. Posso confiar em ti a respeito de minha velhice. Louvado seja o Senhor!"

Por que não escrever a sua própria "declaração de compromisso e fé" sobre seus horríveis fantasmas? —Joanie Yoder

A preocupação só nos assombra, mas a fé é frutífera.

Minhas notas e motivos de oração:

O efeito Oprah Winfrey

17 de julho

LEITURA: 2 REIS 5

...não era ocasião para você aceitar dinheiro e roupas, plantações de oliveiras e de uvas, ovelhas e gado ou empregados...
—2 REIS 5:26

Fui gerente de mídia e relações públicas para entidades americanas sem fins lucrativos, e descobri que quase todas ansiavam pelo reconhecimento da mídia, especialmente de uma famosa entrevistadora. Não me surpreendi. Afinal de contas, ela é considerada "a rainha da entrevista, ícone cultural e financeiro". O apoio dela vale bilhões. Alguns a consideram a mulher mais influente dos EUA, e, talvez do mundo.

Os especialistas cunharam o termo "Efeito Oprah" para descrever sua capacidade de impulsionar negócios e valorizar marcas. Algumas de nós adoraríamos nos beneficiar desse "efeito que faz acontecer". É fácil imaginar o que faríamos com os possíveis recursos adicionais. Provavelmente, daríamos mais aos pobres, aumentaríamos nossa influência e viveríamos com mais conforto.

A Escritura afirma que há momentos que precisamos nos abster de perseguir ou receber recompensas materiais. No caso do profeta Eliseu, por exemplo, teria sido errado ele solicitar ou aceitar recompensas por curar Naamã de lepra (2 Reis 5:15,16).

Eliseu sabia que, se aceitasse o "agradecimento" de Naamã, o general creditaria ao homem, não a Deus, a sua cura. Então, quando Naamã insistiu, Eliseu permaneceu firme, dizendo: "...Juro pelo Senhor, o Deus vivo, a quem sirvo, que não aceitarei nenhum presente" (v.16). —Roxanne Robbins

Somos as ferramentas que Deus pode usar para levar pessoas a Cristo.

Minhas notas e motivos de oração:

18 de julho

Ligadas a Deus

LEITURA: LAMENTAÇÕES 3:1-26

O Senhor é bom para todos os que confiam nele.
—LAMENTAÇÕES 3:25

Ao entrar num lugar apertado e tudo lhe for contrário, e parecer que você não aguenta mais, nunca desista, porque é ali que a maré mudará. —Harriet Beecher Stowe

Educação Física não era a minha matéria favorita e quando a professora me mandava fazer flexões na barra, meus braços se esticavam até eu cair. Atingir a meta de um minuto era impossível.

Jeremias foi fiel em seu ministério, e obedecia quando Deus lhe falava, mesmo quando a meta parecia impossível. Ministrando a uma nação apóstata (3:14), esse homem de grande fé sabia o que era ter relacionamento verdadeiro com o Deus Todo-poderoso. Que melhor posição pode haver do que ser porta-voz de Deus a uma nação? Como exemplo do que aconteceria a Cristo, as pessoas que ele serviu o rejeitaram. Tudo na vida dele lhe parecia amargo (vv.17-20).

Em tempos bons, temos pouca dificuldade para reconhecer a fidelidade de Deus. Jeremias, porém, declarou a grandeza do Senhor a partir de sua dor.

Isaías 40:31 nos lembra de que a nossa luta se transforma em força ao permitirmos que Deus assuma o controle. O termo hebraico para esperar significa, "unir". Quando esperamos no Senhor, não somos passivas. Ao contrário, ligamo-nos, movemos e descansamos nele (Mateus 11:29,30). Recuse-se a desistir, firme-se em Jesus (Apocalipse 2:25,26; 3:11).
—Regina Franklin

Como Jeremias, firmemo-nos quando vier a vontade de desistir.

Minhas notas e motivos de oração:

A grande farsa

19 de julho

LEITURA: 1 CORÍNTIOS 1:18-31

Para envergonhar os sábios, Deus escolheu aquilo que o mundo acha que é loucura... —1 CORÍNTIOS 1:27

Se estivermos comprometidas a agradar a Cristo, tentaremos exercer um bom testemunho entre os incrédulos. Alguns cristãos defendem que ser um bom exemplo significa manter uma aparência de força, mesmo quando eles estão fracos. Eles têm a falsa concepção de que qualquer aparência de fraqueza prejudicaria seu testemunho. Isso pode desencadear uma sutil atuação espiritual, ou o que eu chamo de "grande farsa".

Quando pretendemos dar um bom testemunho, temos que perguntar se estamos tentando representar a Deus ou a nós mesmas. E quando pretendemos ser fortes, devemos perguntar: "Na força de quem? De Deus ou da nossa?"

De acordo com Paulo, o Senhor nos permite testificar dele e de Sua força, não por menosprezar a nossa fraqueza, mas fazendo uso dela, "...ninguém pode ficar orgulhoso, pois sabe que está sendo visto por Deus" (1 Coríntios 1:29).

Os incrédulos são mais acertadamente ganhos para Cristo por pessoas "fortes" que fingem que nunca são fracas, ou por pessoas "fracas" que testemunham de uma força que não é propriamente sua? Os incrédulos dizem, muitas vezes, dos fortes: "Eu nunca poderia ser assim". Mas dos fracos, dizem muitas vezes: "Se Cristo pode ajudá-los, talvez ele tenha algo para mim."

Vamos admitir honestamente nossas fraquezas e nos oferecer a Deus para que sejamos usadas por Ele. —Joanie Yoder

Que sua vida demonstre aos outros o que Cristo pode fazer por eles.

Minhas notas e motivos de oração:

20 de julho

De quem é a tarefa?

LEITURA: EFÉSIOS 4:1-16

> É ele quem faz com que o corpo todo fique bem ajustado […] e o corpo todo cresce e se desenvolve por meio do amor. —EFÉSIOS 4:16

Conta-se a história de quatro pessoas, chamadas: Todo Mundo, Alguém, Qualquer Um e Ninguém. Pediu-se a Todo Mundo para fazer uma tarefa, mas ele tinha a certeza de que Alguém a faria. Alguém poderia tê-la feito, mas Ninguém a fez. Alguém ficou bravo porque a tarefa era de Todo Mundo. No entanto, Todo Mundo pensou que Qualquer Um a faria, e Ninguém percebeu que Todo Mundo não a faria. No fim, Todo Mundo culpou Alguém quando Ninguém fez o que Qualquer Um poderia ter feito.

Esse cenário existe em muitas igrejas, nas quais a maioria das pessoas sentadas nos bancos pensa que servir a Deus é tarefa para alguma outra pessoa.

Mas essa não é a intenção de Deus. Na carta aos Efésios, capítulo 4, as obras do ministério (contato com o mundo) e a edificação do Corpo de Cristo (manutenção da saúde da igreja) pertencem a todos os seguidores de Jesus! Elas não são tarefas exclusivas dos pastores ou dos funcionários. Toda a congregação deve ministrar e servir. Qualquer coisa menos do que isso é distorção do que Deus planejou para Sua Igreja.

Paulo declara: "…cada um de nós recebeu um dom especial, de acordo com o que Cristo deu" (4:7). Deus nos capacitou, singularmente, para certificar-se de que "…o corpo todo […] cresce e se desenvolve por meio do amor" (v.16). Não existem espectadores na igreja. Todas as pessoas têm um papel a desempenhar.

Há milhões de cristãos no mundo hoje, isso significa milhares de oportunidades para o maravilhoso poder transformador de Jesus Cristo ser apresentado às pessoas de todos os níveis e classes sociais. —Poh Fang Chia

Para cumprirmos a nossa tarefa no Corpo de Cristo é necessário o nosso envolvimento pessoal.

Minhas notas e motivos de oração:

Última moda

21 de julho

LEITURA: ISAÍAS 1:1-28

…Criei filhos e cuidei deles, mas eles se revoltaram contra mim.
—ISAÍAS 1:2

A moda é odiar a Deus, e a moda lucra com isso! Alguém criou uma logomarca satânica e admite que a fez como: "declaração contra o cristianismo".

Isso não é novidade. Deus disse: "…Criei filhos e cuidei deles, mas eles se revoltaram contra mim" (Isaías 1:2). Se isso reflete o seu lar, veja a reação de Deus aos Seus filhos rebeldes: "…o meu povo não sabe nada…" (v.3). Os filhos rebeldes nem sempre enxergam o nosso amor por eles. E tendem a rejeitá-lo em troca da aceitação dos outros. Vamos lembrar-lhes de que nos importamos com eles, mesmo que não recebam o nosso afeto.

Amá-los não significa capacitá-los a prosseguir insurgentes. A rebelião convida à punição. Isaías descreveu os rebeldes como: feridos, desanimados, cobertos de contusões, assolados e arrasados (vv.5-7). É doloroso observá-los, mas podemos orar para que o desconforto os impulsione a voltar à harmonia com Deus.

É difícil lidar com pessoas feridas. Precisamos ser razoáveis, mesmo quando os outros não o são. O motim de Israel enfureceu Deus, mas Ele os chamou: "Venham cá, vamos discutir este assunto…" (v.18).

Às vezes, é difícil saber o que dizer aos filhos imersos numa cultura que despreza Deus. Com amor os orientamos qual o caminho correto (Provérbios 22:6), e eles verão que a fé em Jesus nunca sai de moda.
—Jennifer Benson Schuldt

Eduque a criança no caminho em que deve andar, e até o fim da vida não se desviará dele. Provérbios 22:**6**

Minhas notas e motivos de oração:

22 de julho

Solteira ou casada?

LEITURA: 1 CORÍNTIOS 7:25-40

> …Pelo contrário, quero que façam o que é direito e certo e que se entreguem ao serviço do Senhor com toda a dedicação. —1 CORÍNTIOS 7:35

Como mulher solteira a minha visão do casamento baseia-se mais no que ele pode tirar da vida do que acrescentar. Com o tempo, compreendi o conselho de Paulo em 1 Coríntios 7. Bom é permanecer solteira, pois tenho oportunidades para servir a Cristo sem distrações (8,9).

• Solteiros não precisam lidar com os problemas dos casais (vv.25-28).

• Os cristãos não devem deixar o casamento e as coisas do mundo dominarem as suas preocupações. A atenção deve ser, primeiramente, Jesus e a eternidade (vv.29-31).

• Os solteiros são capazes de se dedicar mais plenamente no servir a Deus (vv.32-35).

Se o casamento tem essas desvantagens, por que Deus o instituiu? Aqui, todo o conselho da Palavra de Deus é importante! Os solteiros têm menos preocupações diárias, mas dois é melhor do que um (Eclesiastes 4:9). O plano de Deus para o casamento revela o homem e a mulher se complementam mutuamente no Seu serviço (Gênesis 2:18-25).

No casamento, há um altruísmo que nunca conseguimos atingir sozinhas. Nele, o viver para o melhor interesse mútuo é posto à prova e pode ser muito gratificante. O casamento que honra a Deus testemunha do amor de Cristo pela Igreja (Efésios 5:21-33).

Solteira ou casada, nossa preocupação deve ser o nosso relacionamento com Jesus (Lucas 14:26). —Poh Fang Chia

Continue a buscar ao Senhor e a descansar naquilo que Ele considera o melhor para você.

Minhas notas e motivos de oração:

Sabedoria do presidente

23 de julho

LEITURA: PROVÉRBIOS 1:1-7; 2:2

Confie no Senhor de todo o coração e não se apoie na sua própria inteligência. —PROVÉRBIOS 3:5

Quando o ex-presidente norte-americano Gerald Ford, morreu em dezembro de 2006, muitas pessoas o apreciaram ainda mais. Muitos sabiam que ele dedicara anos de sua vida ao serviço público antes de se tornar presidente. Mas poucos conheciam o papel integral que sua fé cristã desempenhou na formação das suas habilidades de liderança.

Durante seus anos na Casa Branca, Ford orou as palavras de Provérbios 3:5,6 todas as noites, como fazia desde menino. "Confie no Senhor de todo o coração e não se apoie na sua própria inteligência. Lembre-se de Deus em tudo o que fizer, e ele lhe mostrará o caminho certo." Segundo o rei Salomão, os propósitos de Provérbios, revelados no capítulo 1, são:

• Ensinar sabedoria e disciplina (v.2).
• Ajudar na compreensão das revelações dos sábios (v.2).
• Ensinar as pessoas a viverem de maneira inteligente (v.3).
• Ajudar os outros a serem: certos, justos e bons (v.3).
• Tornar sábios os inexperientes (v.4).
• Ensinar os jovens a serem ajuizados (v.4).
• Aumentar a sabedoria dos sábios (v.5).
• Orientar os instruídos (v.5).
• Desenvolver o temor do Senhor (v.7).

Ford compreendia a sabedoria de Provérbios, e aceitou a comunhão e a responsabilidade. Cercou-se de pessoas sábias que o incentivavam a manter-se fiel a Deus, às disciplinas cristãs, à família e aos amigos. —Roxanne Robbins

A sabedoria encontrada na Palavra de Deus é algo de que todas nós necessitamos desesperadamente.

Minhas notas e motivos de oração:

24 de julho

Opressoras

LEITURA: NEEMIAS 6:1-15

O que eles queriam era nos meter medo para não continuarmos o trabalho. —NEEMIAS 6:9

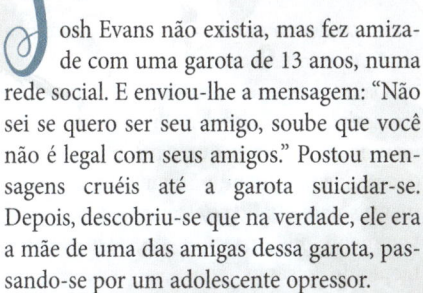

Josh Evans não existia, mas fez amizade com uma garota de 13 anos, numa rede social. E enviou-lhe a mensagem: "Não sei se quero ser seu amigo, soube que você não é legal com seus amigos." Postou mensagens cruéis até a garota suicidar-se. Depois, descobriu-se que na verdade, ele era a mãe de uma das amigas dessa garota, passando-se por um adolescente opressor.

Se você conheceu um opressor, entende que eles se nutrem do medo e humilhação que infligem. Quando Neemias e os israelitas reedificavam o muro de Jerusalém, seus assediadores procuravam atemorizá-los, dizendo para não continuarem a obra (v.9). Enviaram mensagens pedindo a Neemias para encontrá-los, pois queriam prejudicar o seu trabalho. Neemias respondeu-lhes que fazia uma grande obra e não poderia ir até onde eles estavam (v.3).

Os opressores mudaram a tática: ameaçaram contar ao rei que ele planejava uma rebelião. Neemias respondeu: "…você que inventou…" e orou. "Ó meu Deus lembra…" (vv.8,14). Invoquemos também Aquele que é glorioso em poder (Êxodo 15:6).

Os opressores existem em toda parte. Eles importunam durante um tempo, mas não em definitivo, só querem frustrar a obra para a qual Deus nos chamou (Romanos 8:31-33). Ao término do muro, os opressores de Neemias estavam amedrontados e humilhados (6:16). —Jennifer Benson Schuldt

A força que vem de Deus é suficiente para completarmos a obra que Ele tem nos dado.

Minhas notas e motivos de oração:

Quando Deus nos corrige

25 de julho

LEITURA: PROVÉRBIOS 3:5-18

Filho, preste atenção quando o Senhor Deus o castiga e não se desanime quando ele o repreende. —PROVÉRBIOS 3:11

Salomão nos avisou para não nos apoiarmos em nosso próprio entendimento (Provérbios 3.5). Isso significa que estamos propensas a cometer erros de julgamento. E como nós odiamos que nossos erros sejam corrigidos!

Algumas pessoas detestam tão intensamente a correção que o seu principal objetivo na vida parece ser a tentativa de evitar ou esconder todos os seus erros. Mas vamos ser práticas. A repreensão, se bem recebida, pode nos livrar de muita tristeza.

Segurando sua máquina de cortar grama, Eugene lutava para desprender a lâmina para afiá-la. Quando a sua maior chave fixa não conseguiu mover a porca, ele inseriu um cano de mais de um metro na chave fixa para poder fazer mais força. Quando isso não ajudou, ele começou a bater no cano com uma grande pedra. Finalmente o seu vizinho o alertou de que a rosca girava para o outro lado. Quando Eugene fez os movimentos para o lado contrário, a porca girou facilmente. Ele disse: "Eu fui salvo da frustração do fracasso."

Você está forçando sua vida na direção errada? Bem-vinda à correção de seu Pai celestial, que se deleita em você. Confie na sabedoria de Deus em vez de confiar em sua própria sabedoria, e Ele irá redirecionar sua vida. Isso é uma promessa! (Provérbios 3:6). —Joanie Yoder

A única maneira de estarmos certas é concordar com Deus quando ele diz que estamos erradas.

Minhas notas e motivos de oração:

26 de julho

Ame os seus inimigos

LEITURA: LUCAS 6:27-36

Mas eu digo a vocês que estão me ouvindo: amem os seus inimigos e façam o bem para os que odeiam vocês. —LUCAS 6:27

Posso não amar a Deus como deveria, mas estou determinada a esforçar-me. Talvez não ame minha família como deveria, mas dedico-me a isso. Posso não amar o próximo desse modo, mas estou tentando. Mas amar o inimigo? Parece impossível!

Por que isso é tão difícil? Os inimigos maquinam, apunhalam pelas costas, nos sujeitam às angustias e podem causar-nos sofrimento físico. Mas Jesus diz: "…amem os seus inimigos…" fazendo-lhes o bem (Lucas 6:27,35).

O amor é a decisão de fazer o que é correto e bom por outra pessoa, e significa abençoar os que são contra você, orar por eles, revidar o mal com o bem e ajudá-los até mesmo quando não merecem. As três motivações para amar são:

- "…terão uma grande recompensa…" (v.35). Jesus nos promete: se o honrarmos amando os inimigos, Ele nos recompensará.
- "…serão filhos do Deus Altíssimo…" (v.35). Como filhas do Altíssimo, podemos dizer como os mártires de todos os tempos: "Você é incapaz de tirar a minha verdadeira vida, porque ela é eterna em Jesus Cristo."
- "Tenham misericórdia dos outros, assim como o Pai de vocês…". Somos chamadas a imitar nosso Pai, que é misericordioso até com os "ingratos e maus" (vv.35,36).

Escolhamos o amor acima do ódio. Nenhuma ocasião justifica o mal pelo mal; e, da mesma maneira, nenhuma injustiça justifica o comportamento injusto.

—Poh Fang Chia

Seguimos as orientações de Deus quando escolhemos amar os nossos inimigos.

Minhas notas e motivos de oração:

Orar por

Possível

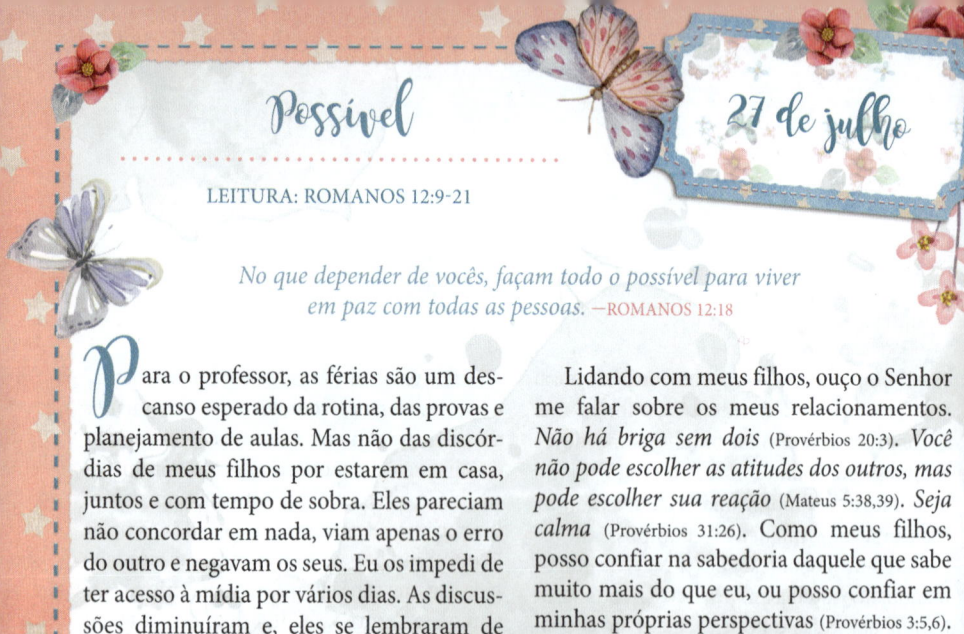

27 de julho

LEITURA: ROMANOS 12:9-21

No que depender de vocês, façam todo o possível para viver em paz com todas as pessoas. —ROMANOS 12:18

Para o professor, as férias são um descanso esperado da rotina, das provas e planejamento de aulas. Mas não das discórdias de meus filhos por estarem em casa, juntos e com tempo de sobra. Eles pareciam não concordar em nada, viam apenas o erro do outro e negavam os seus. Eu os impedi de ter acesso à mídia por vários dias. As discussões diminuíram e, eles se lembraram de que se gostavam.

Como sacrifícios vivos, separados e transformados, os seguidores de Jesus devem se tornar reflexos ativos da vontade de Deus (Romanos 12:1,2). Na quietude de um momento devocional essa meta agita o nosso coração. No dia a dia, porém, ela parece impossível.

Lidando com meus filhos, ouço o Senhor me falar sobre os meus relacionamentos. *Não há briga sem dois* (Provérbios 20:3). *Você não pode escolher as atitudes dos outros, mas pode escolher sua reação* (Mateus 5:38,39). *Seja calma* (Provérbios 31:26). Como meus filhos, posso confiar na sabedoria daquele que sabe muito mais do que eu, ou posso confiar em minhas próprias perspectivas (Provérbios 3:5,6).

O amor piedoso surge quando escolho, primeiro, lidar com as minhas próprias faltas (Romanos 12:9). A paz relacional não é anulação. É uma decisão de agir sobre as coisas pelas quais sou responsável, enquanto coloco nas mãos de Jesus as que não posso mudar (Lucas 1:37; Marcos 9:23). —Regina Franklin

Precisamos confiar em Deus, e crer que para Ele nada é impossível.

Minhas notas e motivos de oração:

28 de julho

Fale a verdade

LEITURA: JEREMIAS 42:1-22

Agora, eu lhes contei tudo, mas vocês não estão obedecendo ao Senhor, nosso Deus, em nada do que ele me mandou dizer. —JEREMIAS 42:21

Nessa sociedade altamente pluralista, os nossos vizinhos podem ser estrangeiros: E, em nome da harmonia, devemos respeitar visões e opiniões diferentes. Porém quando as vozes da cultura declaram que a homossexualidade, o aborto e a coabitação são estilos de vida aceitáveis, o que os seguidores de Jesus devem fazer? Quando a verdade de Deus é substituída por "tolerância", como expressamos a nossa fé?

Na época de Jeremias a verdade era tratada com desprezo. Um grupo de guerrilheiros da Judeia e o povo resgatado pediu orientação ao profeta (42:1-5). Jerusalém tinha sido destruída e o Egito fazia forte pressão. Após receber uma mensagem de Deus, Jeremias entregou ao povo o pronunciamento divino. Deus lhes dissera que eles não deveriam ir ao Egito e, se o fizessem, seriam destruídos. O povo, porém, rejeitou a advertência de Jeremias (43:4). Chamaram-no de mentiroso e acrescentaram insulto à injúria, forçando-o a acompanhá-los (vv.2,6).

Jeremias sabia que o povo não queria ouvi-lo. Mas anunciou a Palavra de Deus com arrojo sem tentar torná-la mais palatável ao povo.

Precisamos ter discernimento acerca de como apresentar a verdade de Deus a diversas plateias, mas nunca a alterar. Sejamos o sal e a luz de Deus para os perdidos numa cultura decadente. Falemos a Sua verdade em amor. —Poh Fang Chia

Precisamos nos posicionar sobre as questões que atacam a essência do ensino bíblico.

Minhas notas e motivos de oração:

Manuseie com cuidado

29 de julho

LEITURA: 2 TIMÓTEO 3:10-17

E, desde menino, você conhece as Escrituras Sagradas, as quais lhe podem dar a sabedoria que leva à salvação… —2 TIMÓTEO 3:15

Meus infortúnios automobilísticos começaram numa tarde em que visitamos alguns amigos. Eles me deixaram usar o seu *kart*. Mostraram-me o acelerador, e presumiram que eu encontraria o freio. Quando percebi, estava indo em direção à estrada em velocidade máxima. Pulei fora para evitar uma colisão.

Mais importante do que qualquer entretenimento, a Palavra de Deus é arma e ferramenta. Como o soldado treina para usar armas na batalha, e o construtor aprende a usar suas ferramentas, os que creem em Jesus precisam ser treinados a manusear as Escrituras.

Contando sobre a tentação de Jesus, Mateus demonstra que Satanás também usou a Palavra de Deus (4:1-11). Manipulador, o inimigo estava interessado em seus próprios propósitos egoístas, não na verdade. Deus zela por Sua Palavra, e vigia o seu cumprimento (Jeremias 1:12). Por isso, não hesitemos em:

• Manter nosso coração puro diante do Senhor para receber a instrução do Espírito Santo (Provérbios 4:23; Mateus 5:8).

• Empunhar a espada inclui aceitar nossa incapacidade de saber tudo, mesmo estando desejosos de aprender (1 Timóteo 4:12-16).

• Manusear a Palavra para não nos envergonharmos para compartilhá-la (2 Timóteo 2:15, 4:2-4).

Nos últimos dias, o engano aumentará (Marcos 13:22). Façamos o necessário para aprender a manusear a Bíblia. —Regina Franklin

Deus anseia que sejamos exímias espadachins, treinadas e prontas para comunicar Sua verdade.

Minhas notas e motivos de oração:

30 de julho

Fiel até o fim

LEITURA: HEBREUS 12:1-4

...e continuemos a correr, sem desanimar, a corrida marcada para nós. —HEBREUS 12:1

Após correr 32 quilômetros da *Maratona Salomon Kielder*, na Grã-Bretanha, um corredor saiu da pista e tomou um ônibus até uma área arborizada próxima à linha de chegada. Em seguida, ele retomou a corrida e chegou em terceiro lugar. Quando os comissários lhe perguntaram os motivos de tal atitude, ele declarou ter parado de correr porque estava cansado.

Muitas de nós conseguimos sentir a mesma exaustão de um atleta esgotado ao corrermos a carreira da fé cristã. A carta aos Hebreus nos incentiva a corrermos "...sem desanimar, a corrida marcada para nós" (12:1). Correr com perseverança exige que deixemos de lado o pecado que bloqueia o nosso caminho e larguemos os pesos que nos limitam. Talvez tenhamos de avançar em meio à perseguição (2 Timóteo 3:12).

Para evitar desgaste e desânimo em nossa alma (Hebreus 12:3), a Bíblia nos incita a fitarmos Cristo. Quando prestarmos mais atenção nele do que em nossas lutas, perceberemos que Ele está correndo ao nosso lado — sustentando-nos quando tropeçamos (2 Coríntios 12:9) e encorajando-nos com Seu exemplo (1 Pedro 2:21-24). Conservar os nossos olhos em Jesus, "pois é por meio dele que a nossa fé começa, e é ele quem a aperfeiçoa" (Hebreus 12:2) nos ajudará a permanecer junto à fonte de nossa força e fiéis até o fim. —Jennifer Benson Schuldt

Somos fortalecidas quando o centro da nossa atenção é Cristo.

Minhas notas e motivos de oração:

Orar por

Visão turva

LEITURA: SALMO 34:1-10

Abre os meus olhos para que eu possa ver as verdades maravilhosas da tua lei. —SALMO 119:18

Muito da paisagem que vi durante minhas férias no Alasca, EUA, foi pelas janelas de veículos em movimento. Fiquei grata pelo vidro que me permitia ver a beleza e permanecer aquecida e seca. Mas as janelas também apresentavam um desafio. Quando chovia, as gotas de água do lado de fora turvavam a visão. Quando a temperatura mudava, a condensação criava a neblina no lado interno do veículo.

Estes desafios me ajudam a entender porque é impossível vermos a vida da maneira que Deus planejou que a víssemos. O pecado turva a beleza da vida que o Senhor quer que desfrutemos. Algumas vezes o pecado está do lado de dentro — nosso egoísmo cria uma neblina que faz que nos vejamos como mais importantes do que somos e nos faz esquecer o interesse de outros. Às vezes, o pecado está do lado de fora. A injustiça de outros faz nossas lágrimas rolarem como chuva, nos impedindo de ver a bondade de Deus. O pecado nos impede de ver a maravilha e a glória da vida da forma como foi planejada por Deus.

Mesmo que vejamos "...como uma imagem imperfeita num espelho embaçado..." (1 Coríntios 13:12), ainda assim vemos o suficiente para saber que Deus é bom (Salmo 34:8). As muitas coisas maravilhosas que Deus revelou nos ajudarão a abandonar o pecado e a trabalhar para minimizar suas consequências no mundo. —Julie Ackerman Link

A única maneira de ver a vida claramente é focar em Cristo.

Minhas notas e motivos de oração:

Agosto

Crianças velhas

1. de agosto

LEITURA: SALMO 106:6-15

Então ele deu o que pediram, mas lhes mandou também uma doença terrível. —SALMO 106:15

Sem dúvida, esse é um tempo autoindulgente e exigente. As pessoas querem o que querem, e querem agora. E quando conseguem, elas simplesmente querem mais. Isso é verdadeiro não apenas em relação aos filhos indisciplinados, mas também aos adultos. "Um adulto indisciplinado", escreveu David Augsburger, "é apenas uma criança que envelheceu".

Um homem chamado Bob admitiu que sempre tentava fazer com que as circunstâncias e as pessoas fossem como ele gostaria. Mas estava frustrado por estar lutando uma batalha perdida. Um dia ele acordou para o fato de que sua vida, tal como era, continha muitas coisas boas. "Quando penso assim", confessou, "percebo que sou mimado". Talvez uma das definições de uma pessoa mimada seja não saber quando está satisfeita.

Isto não é apenas uma tendência moderna. O Salmo 106 fornece uma confissão honesta da infidelidade de Israel. Quão rapidamente o povo se esqueceu dos grandes feitos de Deus e murmurou como criança mimada, quando não conseguia o que queria! Finalmente, quando eles cansaram do maná, Deus lhes deu a carne que eles exigiram, mas eles logo se arrependeram de tê-la pedido (v.15; Números 11:33).

Graças a Deus que Ele é capaz de livrar-nos de atitudes exigentes e ingratas. Ó, que possamos estar plenamente satisfeitas com o nosso gracioso Deus. —Joanie Yoder

Contentamento é sermos gratas pelo que temos.

Minhas notas e motivos de oração:

2 de agosto

Quando a fé é fraca

LEITURA: SALMO 136:23-26

Quando fomos derrotados, Deus não esqueceu de nós...
—SALMO 136:23

Seria incorreto dizer que a minha fé cristã é imperturbável. É o contrário. Embora escreva devocionais, me engaje em boas obras e deseje que minha confiança em Jesus seja bem forte, com frequência, minha fé é patética e embaraçosamente fraca. Acho mais natural pedir pela bondade de Deus do que confiar em Sua soberania e desfrutar de Seu amor.

Deus sabe como sou fraca, quão fracas todas nós somos (Salmo 136:23). Ele sabe que "somos pó" (103:14). Ele compreende que é mais fácil confiar no que "se vê" do que no que "não se vê" (Hebreus 11), e que, embora o nosso espírito esteja desejoso, nosso corpo é fraco (Mateus 26:41).

Por misericórdia, Deus enviou Seu Espírito Santo para habitar em nosso coração, para dar-nos a graça e a força de que necessitamos, até mesmo nas mais sombrias tribulações (Romanos 8:26). Jesus quer que nos reconciliemos com Deus por meio da fé e confiança nele. Ele nos permite vivenciar a comunhão. Leia estas passagens:

- **Salvação** (Lucas 7:50; Romanos 10:17)
- **Cura** (Marcos 3:4; Tiago 5:15)
- **Justificação** (Romanos 1:7; Gálatas 3:24; Filipenses 3:9)
- **Crescimento na fé** (Salmo 136:25,26; Efésios 4:16)
- **Proteção contra o inimigo** (Salmo 136:24; Efésios 6:16)

Fortaleçamos nossa fé confiando no Espírito Santo e na Palavra de Deus. —Roxanne Robbins

Confiemos na misericórdia do Senhor, a qual dura para sempre.

Minhas notas e motivos de oração:

Céu cinzento

3 de agosto

LEITURA: JÓ 30:16-31

> Levo uma vida triste, como um dia sem sol…
> —JÓ 30:28

Moro numa região de "céu cinzento" do país. Lutamos com céus nublados em nossa vida diária e não apenas em relação ao clima. Podemos até nos identificar com Jó, quando diz: "Levo uma vida triste, como um dia sem sol…".

A perspectiva dele era sombria pois cria que Deus o abandonara. Ele disse: "Ó Deus, eu clamo pedindo a tua ajuda, e não me respondes; eu oro a ti, e não te importas comigo" (v.20). Entendo por que Jó se sentiu assim, porém seus sentimentos não correspondiam à realidade. Deus está sempre conosco, especialmente quando tudo parece cruel. No vale escuro, Deus está próximo (Salmo 23:4).

Mesmo refugiando-se na presença de Deus, Jó tinha outro problema: sentir-se traído pelas circunstâncias da vida, ele disse: "…não chorei com as pessoas aflitas? […] Eu esperava a felicidade, e veio a desgraça" (Jó 30:25,26). Deus tinha mais para Jó, como disse seu amigo Eliú, "…mas espere com paciência, pois a sua causa está com ele" (35:14).

É difícil esperar se você estiver inquieto. Se isso parece familiar, lembre-se da promessa de Jesus: "Deixo com vocês a paz. É a minha paz que eu lhes dou…" (João 14:27).

Se você luta com depressão e desespero, lembre-se: Deus não a abandonou, nem terminou a sua história. Só Ele pode substituir a agitação pela paz que excede o seu entendimento, como a luz do sol rompendo o céu cinzento. —Jennifer Benson Schuldt

A luz de Deus brilha continuamente, mesmo quando a tristeza impede você de contemplá-la.

Minhas notas e motivos de oração:

Orar por:

4 de agosto

Meus amigos e eu

LEITURA: 1 SAMUEL 18;
PROVÉRBIOS 18:24

*Jônatas e Davi fizeram um juramento de amizade,
pois Jônatas tinha grande amor por Davi.* —1 SAMUEL 18:3

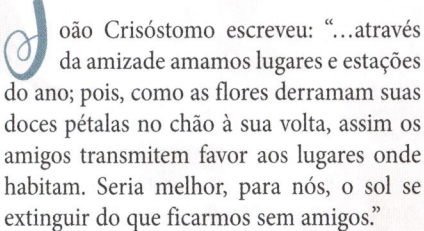

João Crisóstomo escreveu: "…através da amizade amamos lugares e estações do ano; pois, como as flores derramam suas doces pétalas no chão à sua volta, assim os amigos transmitem favor aos lugares onde habitam. Seria melhor, para nós, o sol se extinguir do que ficarmos sem amigos."

Não existe melhor exemplo de uma amizade sincera do que a história de Jônatas e Davi. A Bíblia registra que houve empatia imediata entre eles e "profunda amizade" (1 Samuel 18:1). Os dois guerreiros estabeleceram sua amizade após Davi matar o gigante Golias em batalha (14:6).

Eles continuamente renovavam sua lealdade (18:3; 20:16,42; 23:18), e a nutriam de cuidados. Trocavam presentes e conselhos. Ambos eram competentes, distintos e de natureza prática (18:4), defendiam-se mutuamente com alertas e atos de proteção (19:1,2; 20:12,13).

O ápice da amizade de Jônatas e Davi se encontra nessas palavras: "Jônatas foi encontrar-se com ele ali e lhe deu coragem para confiar na proteção de Deus" (23:16).

Hoje a maioria dos relacionamentos se baseia nas vantagens que podemos obter. Sejamos amigos atentos ao que "podemos doar". Jesus, nosso Amigo perfeito, nos disse: "Ninguém tem mais amor pelos seus amigos do que aquele que dá a sua vida por eles" (João 15:13). Sigamos o Seu exemplo.

—Poh Fang Chia

*Os verdadeiros amigos nos ajudam a encontrar
a força em Deus durante as dificuldades da vida.*

Minhas notas e motivos de oração:

Com princípios

5 de agosto

LEITURA: LUCAS 13:10-21;
MIQUEIAS 6:8

*...está aqui uma descendente de Abraão que Satanás prendeu [...]
Por que é que no sábado ela não devia ficar livre dessa doença?* —LUCAS 13:16

Como professora incluo sempre um código de honra em cada teste que passo aos meus alunos. Neste mundo de relativismo moral, alguns assinam a prova mesmo tendo colado. Recentemente, tive de entregar um aluno por isso e, enquanto observava a diretoria agir com misericórdia e justiça, vi o que Jesus tentou transmitir aos que o cercavam. Pessoas e princípios andam de mãos dadas.

Os fariseus não entendiam por que Jesus curou no sábado (13:12-14). Eles perderam de vista o objetivo, e a graça de Deus. A regra era guardar o sábado para a glória de Deus. O argumento de Jesus foi: A melhor maneira de glorificar a Deus era permitir que Ele realizasse a cura. Eles viram a lei; Jesus viu a pessoa.

Alicercemo-nos sobre os princípios da Palavra de Deus. Quando somos passivas em nossa resposta ao pecado, significa que edificamos nossa casa em areia (Mateus 7:26). Jesus veio para mostrar-nos que a lei pela lei só traz morte (Romanos 4:15), mas que implementar a lei para demonstrar a nossa necessidade de Jesus traz vida (3:19-24).

A misericórdia abre o caminho para a graça, e estendê-la não significa deixar de lado os princípios. A graça compreende que o verdadeiro propósito por trás de qualquer padrão se encontra no que Jesus exaltou como importante — o amor centrado em Deus (Marcos 12:30,31). —Regina Franklin

A justiça de Deus e Sua misericórdia não são forças opostas.

Minhas notas e motivos de oração:

6 de agosto

Joelhos vacilantes

LEITURA: 1 REIS 19:1-18

Levante-se e coma; se não, você não aguentará a viagem. —1 REIS 19:7

Nossos filhos cresceram acostumados a agradecer a Deus pela comida e a pedir a benção sobre ela. Uma vez, depois que meu marido havia orado, Tina perguntou: Papai, por que você pediu que Deus abençoasse esta comida de joelhos vacilantes?

Ele disse: "necessidades físicas", não "joelhos vacilantes". [N.T.: Trata-se de um trocadilho do inglês *wobby knees* (joelhos vacilantes) e *bodily needs* (necessidades físicas).] O mal-entendido de Tina não somente nos lembrou da necessidade de comida, mas também nos encorajou a pedir a Deus forças para enfrentamos os estresses da vida.

Na leitura de hoje, encontramos Elias num estado "vacilante". Depois de sua experiência na montanha (1 Reis 18), ele se encontrou no deserto — cansado, desanimado e faminto. Um anjo trouxe-lhe comida, e mais tarde, em meio ao desencorajamento de Elias, o próprio Deus ministrou a ele, falando-lhe com voz doce e tranquila.

Como esse profeta, todas temos momentos vacilantes. Se não temos tirado tempo para cuidar de nossas necessidades físicas, precisamos descansar e comer. E se estamos nos sentindo fracas espiritualmente temos que separar tempo para ficarmos quietas e ouvir a voz de Deus, em Sua palavra. Esse é o alimento essencial para a nossa alma.

É bom fazer uma pausa na hora das refeições para pedir a Deus que use o alimento para satisfazer as nossas necessidades físicas. É ainda mais crucial ler Sua palavra e pedir-lhe para nos nutrir espiritualmente. Afinal, só Ele pode fortalecer joelhos vacilantes. —Joanie Yoder

Quando a vida derrubá-la, tenha tempo de olhar para cima.

Minhas notas e motivos de oração:

Orar por

De onde eu vim?

LEITURA: ATOS 17:22-31

...de um só fez toda a raça humana para habitar sobre toda a face da terra... —ATOS 17:26 (ARA)

7 de agosto

Tobias, meu amigo afro-americano de 7 anos me fez uma pergunta instigante: "Já que Adão e Eva eram brancos, de onde as pessoas negras vieram?" Quando lhe disse que não sabemos de que "cor" eles eram e perguntei por que a ideia de que eles fossem brancos, ele me respondeu que foi isso que sempre viu em livros de histórias bíblicas na igreja e na biblioteca. Meu coração ficou apertado. Questionei-me se isso o teria feito sentir-se inferior ou, possivelmente, que nem mesmo tinha sido criado pelo Senhor.

Todos os povos têm suas raízes no Deus Criador e são, portanto, iguais. O apóstolo Paulo declarou aos atenienses: "...de um só fez toda a raça humana para habitar sobre toda a face da terra..." (Atos 17:26 ARA). Somos todos descendentes "de um só". O comentarista bíblico Darrell Bock, ao comentar o livro de Atos, diz: "Esta afirmação seria difícil para os atenienses, que se orgulhavam por serem um povo superior, chamando o restante de bárbaros." No entanto, pelo fato de descendermos de nossos primeiros pais, Adão e Eva, nenhum povo ou etnia é superior ou inferior a outra.

Maravilhamo-nos diante de nosso Criador, que nos fez e a todos deu "...vida, respiração e tudo mais" (v.25). Somos semelhantes aos olhos de Deus, portanto, juntas, nós o louvamos e honramos. —Anne Cetas

Deus ama a cada uma de nós como se fôssemos únicas.

Minhas notas e motivos de oração:

Orar por

8 de agosto

Pássaros gananciosos

LEITURA: 2 CORÍNTIOS 9:6-15

E Deus pode dar muito mais do que vocês precisam [...] e ainda mais do que o necessário para fazerem todo tipo de boas obras. —2 CORÍNTIOS 9:8

Todos os anos quando penduro o bebedor para os beija-flores, os passarinhos começam a disputar um lugar. Apesar de haver quatro espaços disponíveis "à mesa", os pássaros lutam pelo lugar que um de seus vizinhos esteja ocupando. A fonte de alimento em cada um dos lugares é a mesma — um reservatório de melado no fundo do bebedouro. Por saber que todos os bebedouros têm o mesmo conteúdo, balanço a cabeça ao ver a ganância dos passarinhos.

E me questiono: *por que é tão mais fácil ver a ganância dos passarinhos e não a minha?* Eu geralmente quero o lugar à "mesa de Deus" que já pertence a outra pessoa, mesmo sabendo que todas as coisas boas vêm da mesma fonte. Tudo vem de Deus e o Seu estoque nunca acabará. Sabendo que Deus pode preparar uma mesa para nós na presença de nossos inimigos (Salmo 23:5), por que ficarmos preocupadas com a ideia de que outra pessoa possa vivenciar aquilo que nós desejamos?

O Senhor é capaz de dar "...muito mais do que vocês precisam para que vocês tenham sempre tudo o que necessitam..." (2 Coríntios 9:8). Quando reconhecermos a importância de nosso trabalho como despenseiras da graça de Deus (1 Pedro 4:10), deixaremos de lutar para tomar a posição de outra pessoa e seremos gratas pelo lugar que Ele nos deu para servir aos outros em Seu nome. —Julie Ackerman Link

O ressentimento vem ao olharmos para outros; e o contentamento ao olharmos para Deus.

Minhas notas e motivos de oração:

Orar por

Maravilhoso

9 de agosto

LEITURA: JÓ 9:9-11

Deus faz coisas grandes e maravilhosas, e os seus milagres não têm fim. —JÓ 9:10

Você acha os Jogos Olímpicos maravilhosos?

Antes de responder, considere o significado da palavra *maravilhoso*. O dicionário Houaiss a define como: (1) que provoca grande admiração, deslumbramento, fascínio, prazer etc. (2) que é inexplicável racionalmente. O dicionário Aurélio diz que maravilhoso significa: (1) que maravilha; que causa admiração; surpreendente, espantoso. (2) excelente, primoroso, magnífico. (3) aquilo que encerra maravilha, que é extraordinário ou sobrenatural.

Nas Escrituras, nenhuma vez esse adjetivo é descrito como qualidade do homem. Descreve sempre os atributos e as obras de Deus.

- Seus feitos (2 Crônicas 26:15; Jó 5:9; 9:10; Salmo 9:1; Apocalipse 15:1,3).
- Sua graça (Gálatas 1:15; Judas 1:4).
- Sua glória e excelência (2 Pedro 1:3).
- Sua sabedoria (Ezequiel 28:7).
- Sua habilidade (Salmo 139:14).
- Sua bondade (2 Coríntios 6:1).

Talvez um dos testemunhos mais bonitos desta palavra profundamente descritiva tenha sido quando Jó disse: "Deus faz coisas grandes e maravilhosas, e os seus milagres não têm fim" (Jó 5:9; 9:10).

Ao declarar isso, Jó estava coberto por feridas extremamente dolorosas e havia perdido sua família e seus bens. Nada o impediu de maravilhar-se com os atributos de Deus.

Medite nas maravilhosas coisas que o Senhor está fazendo hoje. —Roxanne Robbins

Nada pode nos impedir de nos maravilharmos com os feitos e milagres de Deus.

Minhas notas e motivos de oração:

10 de agosto

Fazendo certo

LEITURA: LUCAS 19:1-10

...E, se roubei alguém, vou devolver quatro vezes mais.
—LUCAS 19:8

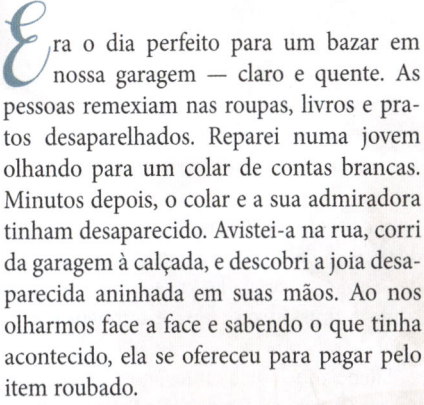

Era o dia perfeito para um bazar em nossa garagem — claro e quente. As pessoas remexiam nas roupas, livros e pratos desaparelhados. Reparei numa jovem olhando para um colar de contas brancas. Minutos depois, o colar e a sua admiradora tinham desaparecido. Avistei-a na rua, corri da garagem à calçada, e descobri a joia desaparecida aninhada em suas mãos. Ao nos olharmos face a face e sabendo o que tinha acontecido, ela se ofereceu para pagar pelo item roubado.

Zaqueu foi aquele coletor de impostos que subiu numa árvore, conheceu Jesus e mudou. Ele prometeu pagar quatro vezes mais o valor do dinheiro que ele tinha tirado desonestamente dos outros (Lucas 19:8). Naqueles dias, os coletores de impostos aumentavam, com certa frequência, o imposto para os cidadãos e embolsavam os lucros extras. A ansiedade de Zaqueu para devolver o dinheiro e para doar metade dos seus bens aos pobres demonstrou a mudança significativa que houve em seu coração. Ele tinha sido um "defraudador"; um ladrão, mas após conhecer Jesus, ele estava determinado a fazer as restituições devidas e ser um doador.

O exemplo de Zaqueu nos inspira a mudarmos também. Quando Deus nos relembra a respeito de itens que "nos apropriamos", impostos não pagos, ou maneiras que prejudicamos os outros, podemos honrá-lo fazendo as devidas restituições. —Jennifer Benson Schuldt

Nunca é tarde demais para uma pessoa honesta pagar suas dívidas.

Minhas notas e motivos de oração:

Silencie

11 de agosto

LEITURA: SOFONIAS 1

Está chegando o dia em que o Senhor Deus vai julgar o seu povo. Portanto, calem-se todos na sua presença!... —SOFONIAS 1:7

Um amigo me disse que costumava temer como as pessoas o percebiam. Mas descobriu que a astúcia de Satanás deve ser ainda mais temida. E por fim aprendeu que cair sob a ira de Deus é algo mais temível.

Sofonias descreve o dia em que Deus derramará a Sua ira: "Será um dia de ira, um dia de aflição e angústia, de ruína e destruição, de escuridão e trevas; será um dia de nuvens escuras e pesadas" (1:15). Será aterrorizante o dia que o Senhor derramará a Sua ira sobre os que escolheram o pecado em vez de o escolherem.

Essas advertências iniciais foram dirigidas às pessoas de Judá, que tinham adorado a Deus, superficialmente, e adoravam também outros deuses. Judá desviou-se do Senhor, e falhou em buscar ao Senhor e a Sua orientação (vv.4-6). Embora eles dissessem crer na existência de Deus, isso não impactava o seu modo de vida.

Como ouvir a voz do Senhor? Parando de nos desculpar por nosso pecado, e de tentar negar que somos pecadoras e merecedoras da Sua ira. Às vezes, o ato de silenciar, de "...não dizer nada" (Levítico 10:3), é visto como admissão da culpa e também como sinal de reverência.

Silenciando, precisamos nos arrepender, buscar o Senhor e seguir a Sua Palavra, fazendo o que é reto e vivendo em humildade (Sofonias 2:3). O dia do julgamento de Deus está próximo (1:14-16). —Poh Fang Chia

Nunca é tarde demais para voltarmos a Deus.

Minhas notas e motivos de oração:

12 de agosto

Consciente de Sua presença

LEITURA: GÊNESIS 28:10-22

…De fato, o Senhor Deus está neste lugar, e eu não sabia disso.
—GÊNESIS 28:16

Uma tarde eu estava profundamente absorta em um livro. Com o rádio e a televisão desligados, a casa inteira parecia calma. De repente, ao redor de mim tudo parecia morto, como se sua energia vital houvesse partido. E realmente havia — a eletricidade havia acabado! Eu havia esquecido que alguns aparelhos elétricos emitem um zumbido quase inaudível. Cresci tão acostumada a isso que havia perdido a consciência desse fato.

O Senhor usou esse incidente para expor um dos meus problemas espirituais. Eu cresci tão acostumada à Sua presença contínua, que estava tomando por certa a diferença dinâmica que Ele estava realizando em minha vida. Essa revelação dolorosa de minha necessidade espiritual também se tornou sua cura, e eu era capaz de exclamar como Jacó: "…De fato, o Senhor Deus está neste lugar, e eu não sabia disso" (Gêneses 28:16). Mas agora eu sabia!

Comentando sobre a falta de sensibilidade de Jacó, o pastor e escritor A. W. Tozer escreveu: "Esse era o problema de Jacó e é também o nosso. Os homens não sabem que Deus está aqui. Que diferença faria se eles soubessem!"

Sua consciência espiritual tem estado embotada porque você tomou a presença de Deus como certa? Será tão animador se você também puder exclamar hoje: "O Senhor está aqui — e eu sei disto!" —Joanie Yoder

*A presença de Deus em nosso meio
é Seu maior presente para nós.*

Minhas notas e motivos de oração:

Orar por

"Não se preocupe, Papai!"

13 de agosto

LEITURA: ÊXODO 14:19-25

…e a presença do Senhor Deus os protegerá por todos os lados.
—ISAÍAS 58:8

No verão passado, meu marido e eu promovemos um concerto beneficente para a pesquisa de câncer infantil. Planejávamos fazer o evento no quintal de casa, mas a previsão do tempo era péssima. Horas antes do evento, telefonamos aos mais de 100 convidados para informá-los sobre a alteração de local. Os amigos e familiares transportavam os alimentos, decorações e equipamentos de nossa casa para o ginásio de esportes da igreja. Nossa filha parou por um momento para abraçar o pai e lembrou-lhe, em nome dos filhos e netos, de que estavam lá para ajudá-lo: "Não se preocupe, Papai! Somos a sua retaguarda."

Ouvir isso foi reconfortante, pois nos lembrou de que não estamos sós. Alguém está dizendo: "Estou aqui. Cuidarei do que você talvez esquecer. Serei olhos e mãos para você."

Quando os israelitas estavam fugindo da vida de escravidão, Faraó enviou-lhes ao encalço um exército de carros e cavaleiros (Êxodo 14:17). O "…Anjo de Deus […] passou para trás. Também a coluna de nuvem saiu da frente deles e foi para trás" (v.19). Desta maneira, Deus os escondeu e protegeu a noite inteira. No dia seguinte, Ele abriu o mar Vermelho para que eles pudessem atravessar em segurança.

Deus também nos diz: "Não se preocupe". "Se Deus está do nosso lado, quem poderá nos vencer?" (Romanos 8:31). —Cindy Hess Kasper

Nossa tarefa é demonstrar o cuidado; a obra de Deus é cuidar e proteger!

Minhas notas e motivos de oração:

Orar por

14 de agosto

Restrições

LEITURA: 1 SAMUEL 3:1-14

Eu lhe disse que ia castigar a sua família para sempre porque os seus filhos disseram coisas más contra mim. Eli [...] não os fez parar. —1 SAMUEL 3:13

Toda a família, inclusive os avós, foi comer pizza e jogar *paintball*. Sem querer, em dado momento, disparei a arma de tinta num dos membros da minha equipe, pensando que era um espião. Meu sobrinho pré-adolescente gritou, com sarcasmo: "Sou da sua equipe, gênio!" Tive de crucificar o desejo de enviá-lo para o banco.

Um dos maiores presentes que podemos dar aos filhos, é o autocontrole. Nessa sociedade de recompensas instantâneas, eles encaram desafios significativos para aprender o poder do controle. Esse problema não é novo. Eli, sacerdote de Israel durante a infância de Samuel, teve dois filhos que "...não se importavam com o Senhor" (1 Samuel 2:12). Eles nada negavam à sua carne e Eli pouco fez para impedi-los.

Nossos filhos terão uma definição errada sobre o amor, se pensarmos que impondo limites, reprimiremos suas capacidades de autoexpressão (Hebreus 12:6). Evitar dizer "não" não os protege contra as coisas desagradáveis da vida; ao contrário, desprotege-os.

Medimos nossa maturidade por nossa reação à adversidade não por idade ou conhecimento. Exatamente como o atleta ou artista se prende aos benefícios da disciplina e ao mesmo tempo compreende seu custo, devemos buscar oportunidades de dizer "sim" a nossos filhos, sem evitar os momentos que precisamos dizer "não". —Regina Franklin

Quem não sabe se controlar é tão sem defesa como uma cidade sem muralhas. Provérbios 25:28

Minhas notas e motivos de oração:

Não é da minha conta?

15 de agosto

LEITURA: OBADIAS 1:10-14

"Vocês maltrataram […] os descendentes de Jacó. Por isso, vocês serão destruídos, e a desgraça os acompanhará para sempre."
—OBADIAS 1:10

Quando lemos o livro de Obadias pela primeira vez, é fácil considerá-lo pouco mais do que um discurso profético em que a ira de Deus é dirigida contra os inimigos de Israel e da confirmação de que o mal não permanece impune. Mas há muito mais do que essas duas verdades.

Outros pontos-chaves incluem o fato de que devemos ser cuidadosas com o que plantamos, porque a colheita certa virá. Deus se ofende com a transgressão e traz justiça aos oprimidos.

Obadias detalha o principal motivo do julgamento de Edom no versículo de hoje. A desgraça os acompanhará porque eles ficaram indiferentes e não ajudaram (v.11). Alegraram-se com a ruína de Judá (v.12).

Saquearam Jerusalém (v.13) e impediram que os fugitivos de Judá escapassem (v.14).

Os pecados de Edom contra Israel foram cada vez piores. No início, seu pecado foi a indiferença, depois a promoção do mal e, finalmente, a participação nesse mal. Este é o caminho descendente do pecado.

Quando alguém me pediu ajuda, quis ignorar a inconveniência, mas lembrei-me da queda de Edom, que começou quando reteve a ajuda. E o atendi rapidamente.

Às vezes, agimos como se os problemas dos outros não fossem da nossa conta. "Por isso, enquanto tivermos oportunidade, façamos o bem a todos, mas principalmente aos da família da fé." —Poh Fang Chia

…não nos cansemos de fazer o bem, porque a seu tempo ceifaremos… Gálatas 6:9

Minhas notas e motivos de oração:

Orar por:

16 de agosto

Perdidas

LEITURA: PROVÉRBIOS 2:1-11

Se você me ouvir, entenderá o que é direito, justo e honesto e saberá o que deve fazer. —PROVÉRBIOS 2:9

Ao referir-se à série de TV, *Lost*, um jornalista disse: "Seguimos duas versões da vida deles. Poucos programas sequer tentariam isso. Funcionou porque o roteiro e os atores delinearam bem a diferença entre os dois grupos: um transformado pela ilha, o outro deixado como eram quando os conhecemos."

É raro a TV se aprofundar no estudo de um personagem, para tentar desvendar as complexidades da alma perdida do homem. Embora um brilhante roteiro exponha bem os corações sombrios, somente as Escrituras inspiradas por Deus têm o mapa genuíno para o lar celestial e a fórmula para a transformação verdadeira e duradoura: a salvação por intermédio de Jesus Cristo (João 14:6).

Para encontrar o seu Caminho, "Não vivam como vivem as pessoas deste mundo", ensina o apóstolo Paulo, "...mas deixem que Deus os transforme por meio de uma completa mudança da mente de vocês. Assim vocês conhecerão a vontade de Deus, isto é, aquilo que é bom, perfeito e agradável a ele" (Romanos 12:2).

O Senhor disse que se buscarmos em arrependimento, esforçando-nos para encontrar o caminho de volta para casa, nos ligaremos a Deus: "Vamos nos ligar com Deus, o Senhor, e fazer com ele uma aliança que durará para sempre" (Jeremias 50:4,5). Você está perdida? Busque-o. Ele deseja ser encontrado.

—Roxanne Robbins

...procurem saber qual é o melhor caminho. Andem nesse caminho e vocês terão paz... Jeremias 6:16

Minhas notas e motivos de oração:

Mãos livres

17 de agosto

LEITURA: 1 SAMUEL 17:19-23,41-51

…Davi se levantou cedo, deixou alguém encarregado das ovelhas, pegou os mantimentos e foi, como Jessé havia mandado…
—1 SAMUEL 17:20

Sou carinhosamente conhecida como "a mula de carga". Gosto de carregar tudo para fora do carro de uma só vez. Andando sobre o gramado ou carregando uma compra enorme em duas mãos, procuro a menor distância e evito fazer várias viagens! E já descobri que custa caro abrir a porta com as mãos ocupadas.

Na batalha de Davi contra Golias, 1 Samuel 17 nos leva de sua casa à frente da batalha. Duas frases passam despercebidas: "Davi […] deixou alguém encarregado das ovelhas…", (v.20), e "…deixou as coisas com o oficial encarregado da bagagem…" (22).

Ao pensarmos em enfrentar Golias, queremos saber o que a batalha exigirá. Teremos a fé necessária para nos posicionarmos como Davi fez? (vv.45-47). E a confiança de rejeitar as ideias do homem para usar as armas escolhidas pelo Senhor? (vv.38-40). Nossos atos, quando distantes da frente de batalha, parecem pouco relevantes.

Davi não teria sido vitorioso se não tivesse se disposto a deixar para trás suas ovelhas e pertences. Imagine-se ir à guerra arrastando o rebanho e bagagem. A capacidade de Davi de deixar para trás as coisas certas o fez estar pronto.

Conquanto, para nós, a batalha tenha outra aparência, o princípio é o mesmo: Deus pode nos pedir para deixarmos o que estivermos fazendo, para que cumpramos Sua nova atribuição (v.20).

Quando Golias aparecer, você estará pronta? —Regina Franklin

…o SENHOR Deus […] me prepara para a batalha e me ensina a combater. Salmo 144:1

Minhas notas e motivos de oração:

Orar por

18 de agosto

Boas-vindas a todos!

LEITURA: ISAÍAS 55:1-9

...Elas olham para a aparência, mas eu vejo o coração.
—1 SAMUEL 16:7

Um projeto de revitalização na estrada principal da minha cidade causou a demolição de uma igreja construída em 1930. Embora as janelas da igreja tivessem sido removidas, as portas permaneceram no local durante vários dias, mesmo quando as escavadeiras começaram a derrubar as paredes. Cada jogo de portas ao redor da igreja tinha uma mensagem escrita em letras enormes, laranja-fluorescente: Afaste-se!

Infelizmente, algumas igrejas cujas portas estão abertas transmitem essa mesma mensagem aos visitantes, cuja aparência não corresponde aos seus padrões. Não são necessárias letras gigantes e fluorescentes. Com um único olhar de desaprovação, algumas pessoas comunicam: "Você não é bem-vindo aqui!"

É óbvio que a aparência exterior das pessoas não é um indicador do que está em seus corações. A atenção de Deus direciona-se para a vida interior das pessoas. Ele olha o coração (1 Samuel 16:7) e é isso que Ele deseja que façamos. Deus também conhece o interior daqueles que parecem ser "justos", mas são "cheios de mentiras e pecados" em seu interior (Mateus 23:28).

A mensagem de boas-vindas de Deus, que devemos mostrar aos outros, é clara. Ele diz a todos que o buscam: "...Escutem, os que têm sede: venham beber água!..." (Isaías 55:1). —Cindy Hess Kasper

*Ninguém saberá o significado de "Deus é amor",
a menos que você o demonstre.*

Minhas notas e motivos de oração:

Orar por:

Zelosa por Jesus

19 de agosto

LEITURA: ROMANOS 12:9-21

Trabalhem com entusiasmo e não sejam preguiçosos. Sirvam o Senhor com o coração cheio de fervor. —ROMANOS 12:11

Todas nós somos capazes de ser zelosas, independentemente de nosso tipo de personalidade. Até a mais fleumática pode ser apaixonada por algo. A questão não é se alguém pode ou não ser zelosa, mas em que?

O apóstolo Paulo nos ensina a sermos zelosas ao servir ao Senhor. O pastor John Piper parafraseou assim: "Trabalhe para Cristo, apaixonadamente e muito." As palavras "…Sirvam o Senhor com o coração cheio de fervor" enfatizam a diligência e a dedicação. Será que somos eficientes ou procrastinadoras? Esforçamo-nos por fazer a Sua vontade ou desistimos na metade do caminho?

Trabalhe muito para o Senhor, apaixonadamente, não sendo ranzinza. Se você serve de coração apaixonado não considera o número de horas que trabalhou para o Senhor. Você se dispõe a fazer mais, sem reclamar ou protestar? O motivo é simples. Servir a Jesus é o maior privilégio do Universo para os seres humanos.

Na biografia de Billy Graham escrita por John Pollock, está descrita uma conversação entre Billy Graham e o presidente London B. Johnson. O presidente perguntou ao conferencista, seu amigo durante muitos anos, qual cargo ele gostaria de ter em sua administração. Billy Graham respondeu: "Senhor, creio que Jesus Cristo me chamou para pregar o Seu evangelho. E esse é o maior chamado que qualquer homem poderia ter na Terra". —Poh Fang Chia

Pela misericórdia de Deus, sejamos cristãs zelosas — servindo a Jesus apaixonadamente.

Minhas notas e motivos de oração:

20 de agosto

Sempre aceita

LEITURA: JOÃO 1:6-13

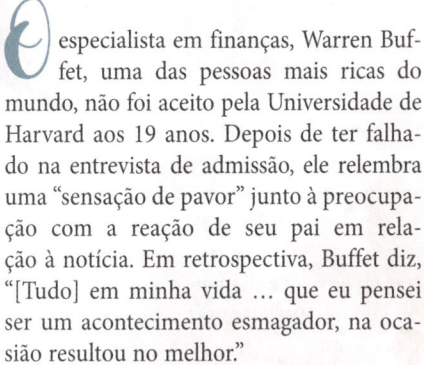

Aquele que é a Palavra veio para o seu próprio país, mas o seu povo não o recebeu. —JOÃO 1:11

O especialista em finanças, Warren Buffet, uma das pessoas mais ricas do mundo, não foi aceito pela Universidade de Harvard aos 19 anos. Depois de ter falhado na entrevista de admissão, ele relembra uma "sensação de pavor" junto à preocupação com a reação de seu pai em relação à notícia. Em retrospectiva, Buffet diz, "[Tudo] em minha vida ... que eu pensei ser um acontecimento esmagador, na ocasião resultou no melhor."

A rejeição, embora indiscutivelmente dolorosa, não deve nos impedir de realizar o que Deus quer que façamos. Os cidadãos da cidade natal de Jesus negaram que Ele era o Messias (João 1:11), e muitos dos Seus seguidores mais tarde o rejeitaram (6:66). Assim como a rejeição de Jesus foi parte do plano de Deus para o Seu Filho (Isaías 53:3), também o foi o ministério ininterrupto de Jesus. Suportando a rejeição terrena e sabendo que o Pai se afastaria dele no Calvário (Mateus 27:46), Jesus prosseguiu, curando doentes, expulsando demônios, e pregando as boas-novas às massas. Antes de Sua crucificação Jesus disse: "[Pai terminei] o trabalho que me deste para fazer" (João 17:4).

Se a rejeição tem se tornado um obstáculo para a obra que Deus lhe deu para fazer, não desista. Lembre-se de que Jesus a compreende, e quem vem a Ele será sempre aceito por Jesus (6:37). —Jennifer Benson Schuldt

Ninguém nos compreende como Jesus.

Minhas notas e motivos de oração:

Conquistar submissão

21 de agosto

LEITURA: TITO 3:1-8

...respeitem as ordens dos que governam e das autoridades, que sejam obedientes e estejam prontos a fazer tudo o que é bom.
—TITO 3:1

Em 2008, o corredor Usain Bolt estabeleceu novos recordes nas Olimpíadas. Garantiu duas medalhas de ouro e queria vencer a última disputa, "de uma vez", mas os treinadores o submeteram à sua autoridade. Com isso, ele garantiu três medalhas de ouro e mais um recorde mundial.

A rendição de alguém ao poder, governo ou controle, não é natural para a maioria das pessoas. Muitos se recusam a agir contra os seus sentimentos (Tito 3:3). Para nós, o teste definitivo de submissão não é se concordamos com o que se requer, mas se isso está de acordo com a Palavra de Deus.

Às vezes, espiritualizamos nossa desobediência às Escrituras. Ofendidas por decisões da liderança seguimos outros caminhos e justificamos nossa resolução declarando obediência à orientação do Senhor. Alardeamos também nossa falta de respeito à autoridade no local de trabalho (Efésios 6:5,6), como se o ser "guiado pelo Espírito" justificasse nosso desrespeito. Tito 3:1 diz: "Recomende aos irmãos que respeitem as ordens dos que governam e das autoridades, que sejam obedientes e estejam prontos a fazer tudo o que é bom."

As Escrituras alertam contra o confiar na sabedoria humana (Provérbios 21:30; 1 Coríntios 2:5). A submissão às autoridades começa com a verdadeira confiança em Deus e Sua Palavra (Salmo 56:10,11). —Regina Franklin

Deus estabeleceu a ordem e trabalha de maneiras inesperadas.

Minhas notas e motivos de oração:

Orar por

22 de agosto

Nova infância

LEITURA: SALMO 116:1-14

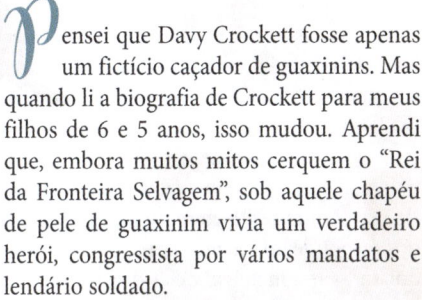

O Senhor protege os que não podem se defender...
—SALMO 116:6

Pensei que Davy Crockett fosse apenas um fictício caçador de guaxinins. Mas quando li a biografia de Crockett para meus filhos de 6 e 5 anos, isso mudou. Aprendi que, embora muitos mitos cerquem o "Rei da Fronteira Selvagem", sob aquele chapéu de pele de guaxinim vivia um verdadeiro herói, congressista por vários mandatos e lendário soldado.

Dentre os dons mais emocionantes que acompanham a criação de filhos estão as oportunidades que temos de aprender e descobrir. Interagindo com crianças, temos oportunidades de aprender sobre matérias que antes nos eram enfadonhas. Apreciamos as mensagens dos contos de fadas e deliciamo-nos na simplicidade. Porém, Deus não sugere que voltemos a pensar e raciocinar como crianças (1 Coríntios 13:11). O Senhor nos exorta a voltarmos à "fé singela" e a, simplesmente, confiarmos em Jesus.

Ele anseia que nossas expressões de fé ecoem a do salmista que declarou: "Eu amo a Deus, o Senhor, porque ele me ouve; ele escuta as minhas orações" (Salmo 116:1).

O mesmo Deus que "escuta as minhas orações" sente prazer quando olhamos para Ele. "Ó Pai, Senhor do céu e da terra, eu te agradeço porque tens mostrado às pessoas sem instrução aquilo que escondeste dos sábios e dos instruídos! Sim, ó Pai, tu tiveste prazer em fazer isso" (Mateus 11:25,26). —Roxanne Robbins

Deus deseja que o vejamos com fé, confiança e esperança, sem ceticismo, medo e apreensão.

Minhas notas e motivos de oração:

Orar por

Obra pura

23 de agosto

LEITURA: 2 TIMÓTEO 2:15-22

Quem se purificar de todos esses erros de que tenho falado será usado para fins especiais porque é dedicado e útil ao seu Mestre... —2 TIMÓTEO 2:21

Aos 16 anos descobri o livro *À Procura de Deus* (Ed. Betânia, 1985) de A. W. Tozer. Voltei a lê-lo há pouco e minha alma revigorou-se. Como gostaria de escrever com a profundidade de discernimento e o uso hábil das palavras que ele tinha!

Tozer entrou no ministério sem ter estudado o segundo grau. Ele se instruiu ao longo de anos de estudo diligente e oração em sua busca sobre a mente de Deus. Com o auxílio do Espírito Santo e de bons livros, Tozer se tornou teólogo, acadêmico e especialista no uso da língua inglesa.

Primeiro, Tozer foi um bom obreiro, "...que não tem de que se envergonhar, que maneja bem a palavra da verdade" (2 Timóteo 2:15 ARA).

O que Paulo quis dizer com "...maneja bem..."? Em outras traduções da Bíblia, essas palavras aparecem como "ensina". Tozer memorizou muitas passagens bíblicas e muitos exemplares da Bíblia se gastaram enquanto ele os lia e relia.

Tozer se esforçava para ser uma ferramenta especial para que Deus pudesse usá-lo com honradez. E como se faz isso? Paulo nos responde: mantendo-se puro (v.21) abandonando as concupiscências da juventude e buscando a justiça, a fé, o amor e a paz.

Ele escreveu: "A Bíblia... é um meio de trazer [as pessoas] ao conhecimento íntimo e satisfatório de Deus, a fim de que possam entrar e deliciar-se em Sua presença, saborear e conhecer a doçura íntima do próprio Deus no âmago e centro de seus corações." —Poh Fang Chia

Busquemos Deus em pureza e com esforço. Ele pode nos usar para alcançar e treinar outros.

Minhas notas e motivos de oração:

24 de agosto

Tão especial assim

LEITURA: LUCAS 18:9-14

…Porque quem se engrandece será humilhado, e quem se humilha será engrandecido. —LUCAS 18:14

Minha mãe faz muitas citações, que nos fazem rir e revelam verdades. Se um de nós se coloca como "eu primeiro", ela diz: "Você não é tão especial assim."

Jesus, frente aos ouvintes que "…achavam que eram muito bons e desprezavam os outros" (Lucas 18:9), contou-lhes sobre o fariseu que se vangloriava dizendo: "…te agradeço porque não […] como as outras pessoas…" (v.11). Vangloriar-se de sua bondade o desmereceu, pois Jesus disse: "…quem se engrandece será humilhado…" (v.14).

Não gostaria que Deus me olhasse e pensasse: *…ela precisa ser humilhada.* Sou grata por Jesus ter dito que "…quem se humilha será engrandecido…" (v.14). O coletor de impostos sabia humilhar-se. Batendo no peito em sinal de arrependimento, sua oração era: "Ó Deus, tem pena de mim, pois sou pecador!" (v.13). Cristo ressaltou que esse homem foi perdoado por Deus.

Jesus utilizou o contexto da oração para contrastar a humildade com o orgulho. Se oramos como o fariseu, nossa presunção impede a conexão com Deus. A Bíblia diz: "Eles gritam por socorro, mas Deus não responde porque são orgulhosos e maus" (Jó 35:12).

A humildade abre os ouvidos de Deus às nossas orações. Nosso choro e quebrantamento por nossos pecados importam profundamente para Ele. Para isso, o nosso quebrantamento é essencial. —Jennifer Benson Schuldt

Ao nos curvarmos diante de Deus, Ele pode nos levantar e assegurar: "Você é muito especial."

Minhas notas e motivos de oração:

Perigo de ira

25 de agosto

LEITURA: JONAS 4

Por causa disso, Jonas ficou com raiva e muito aborrecido.
—JONAS 4:1

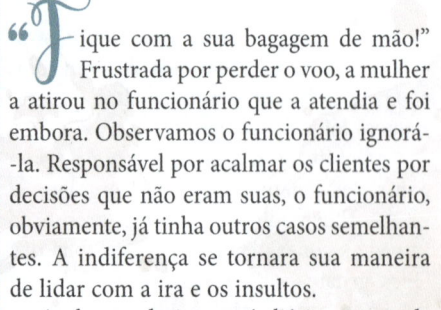

"Fique com a sua bagagem de mão!" Frustrada por perder o voo, a mulher a atirou no funcionário que a atendia e foi embora. Observamos o funcionário ignorá-la. Responsável por acalmar os clientes por decisões que não eram suas, o funcionário, obviamente, já tinha outros casos semelhantes. A indiferença se tornara sua maneira de lidar com a ira e os insultos.

A chance de irar-se é diária, apesar de raramente ser produtivo. A tentação de irar-se pode vir de algo tão superficial quanto uma fechada no trânsito, ou da profunda dor causada por alguém que saiu de nossa vida. Mas não fomos criadas para vivermos iradas. Embora saibamos que Jesus se irou (Marcos 3:5; 10:14), a Bíblia diz: "Se vocês ficarem com raiva, não deixem que isso faça com que pequem [...] Não deem ao Diabo oportunidade para tentar vocês" (Efésios 4:26,27).

Jonas irou-se por perder a sombra da árvore, e por Deus não destruir o povo de Nínive. Em vez de preocupar-se com essa nação que se perderia sem a mensagem de Deus, ele preferiu amargurar-se com a compaixão divina por ela.

Somos a luz de Jesus para os que nos cercam (Mateus 5:16). Mas as pessoas têm dificuldade de ver o amor de Jesus em nós quando estão ocupadas demais em tirar dos seus olhos os estilhaços das nossas explosões de ira (Tiago 1:19,20). —Regina Franklin

A nossa ira reflete o transbordamento de nossa natureza pecaminosa e egocêntrica.

Minhas notas e motivos de oração:

Orar por

26 de agosto

Preocupadas para casar

LEITURA: 1 PEDRO 3:1-12

...que todos vocês tenham o mesmo modo de pensar e de sentir [...] sejam educados e humildes uns com os outros. —1 PEDRO 3:8

Wang Guiying, uma chinesa de 107 anos, procurava por amor. Ela fugira do casamento por crescer vendo os homens criticando suas esposas. Casar lhe era assustador.

A ideia do compromisso é suficiente para fazer muitos se acovardarem. O conceito de Deus a respeito do casamento, porém, nos encoraja ao buscarmos esse tipo de compromisso.

Deus é a suprema fonte de amor, provisão e proteção — mesmo no casamento. Por nossa condição humana, inevitavelmente desapontaremos nosso cônjuge e ele nos desapontará, mas, Deus jamais nos decepcionará. Talvez por isso Pedro tenha elogiado as mulheres que "...punham a sua esperança nele. Elas eram obedientes ao seu marido" (1 Pedro 3:5).

A questão da autoridade masculina pode tê-la assustado. Felizmente, o plano de Deus para o relacionamento conjugal inclui a submissão mútua (Efésios 5:21). Paulo diz às esposas para serem submissas aos seus maridos como ao Senhor (v.22). Os homens devem honrar e amar suas esposas (vv.28,29), e não ser "...grosseiro com ela" (Colossenses 3:19). E todos os que creem em Jesus devem ter "...o mesmo modo de pensar e de sentir. Amem uns aos outros e sejam educados e humildes uns com os outros" (1 Pedro 3:8).

Vemos o oposto em alguns casamentos, mas temos esses alertas de que o mau comportamento conjugal acarreta consequências.

—Jennifer Benson Schuldt

Deus leva o casamento a sério. Com a ajuda dele é possível combater o temor e a preocupação.

Minhas notas e motivos de oração:

Informação privilegiada

27 de agosto

LEITURA: LUCAS 18:31-34

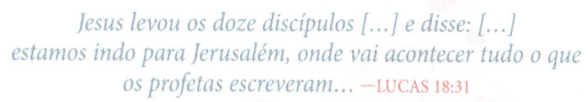

Jesus levou os doze discípulos [...] e disse: [...] estamos indo para Jerusalém, onde vai acontecer tudo o que os profetas escreveram... —LUCAS 18:31

Pé ante pé, meu filho colocou algo perto da cadeira onde eu me sentava, e saiu correndo. Sorri por ele acreditar em minha suposta ignorância. No chão, estava o transmissor de seu dispositivo de escuta. Ele ouviria apenas as páginas virando e a digitação no teclado, mas não se abalou em sua decisão de escutar e obter "informação privilegiada". Ele amava o mistério de estar em algum lugar sem, de fato, estar presente.

Preparando-se para a crucificação e ascensão, Jesus falou aos discípulos a respeito do que viria e como deveriam agir (João 16:4). Eles queriam entender o plano de Deus com base no que viam e "...não sabiam do que Jesus estava falando" (Lucas 18:34). Até Pedro questionou os métodos pelos quais o Messias seria revelado (Marcos 8:31-33). A morte de Jesus não estava no plano deles.

Nós desejamos conhecer o futuro, para nos preparar. Desejamos ter o controle, queremos que Deus nos diga aonde vamos e quando chegaremos. Jesus não deu aos discípulos as peças do quebra-cabeça para que pudessem estar confortáveis. Ele lhes deu informação privilegiada por um propósito alheio a eles, pois sabia que eles revolucionariam o mundo.

Não conhecemos o futuro, mas Deus nos revelou a Sua vontade. O nosso coração se revela em nossa reação às informações que Ele nos dá. —Regina Franklin

O evangelho é, de fato, um grande mistério e Deus nos colocou, como cristãs, em seu âmago.

Minhas notas e motivos de oração:

28 de agosto

Dia do Senhor

LEITURA: OBADIAS 1:15-21

O Senhor Deus diz: Está chegando o dia em que eu vou julgar todas as nações.
—OBADIAS 1:15

Em *O Senhor dos Anéis*, J. R. R. Tolkien escreveu: "Lá, espreitando entre as nuvens acima de uma escura colina rochosa nas montanhas, Sam viu uma estrela branca reluzir brevemente. Sua beleza impactou seu coração ao levantar os olhos da terra abandonada e voltou-lhe a esperança. Pois, como uma flecha, veio-lhe o pensamento claro e frio de que, no final, a Sombra era apenas uma coisa pequena e passageira: havia luz e grande beleza que ele jamais poderia alcançar."

Deus diz que está chegando o dia em que Ele julgará todas as nações, e nos lembra de que nossas dores atuais e dificuldades são apenas sombras. E logo passarão. Deus trará completa justiça aos oprimidos e punição aos opressores e será o início de um reino universal no qual Ele governará sobre todas as nações.

O Dia do Senhor será o julgamento dos que não obedeceram a Deus. Eles "…beberão, sorverão e serão como se nunca tivessem sido" (v.16 ara). Eles beberão da ira de Deus.

Nesse Dia do Senhor haverá o livramento final dos que confiam em Deus e aguardam por Seu reino eterno. Nesse dia, "O povo de Israel possuirá de novo a terra que eu lhe dei" (v.17) e "…E o Senhor será o Rei" (v.21).

Estas palavras nos lembram de que o nosso Deus está no controle e nos trazem a esperança, pois Ele diz: "Certamente venho logo!" —Poh Fang Chia

…Certamente venho logo! Amém! Vem, Senhor Jesus! Apocalipse 22:20

Minhas notas e motivos de oração:

Orar por

Alarmadas

29 de agosto

LEITURA: EZEQUIEL 33:1-20

...se o vigia vê o inimigo se aproximando e não dá o alarme, [...] eu considerarei o vigia como responsável pela morte deles.
—EZEQUIEL 33:6

Na simulação preventiva para proteger-se de tornados, os alunos abaixaram as cabeças até os joelhos. Os mais velhos seguiram as exigências mínimas sem preocupar-se com o aviso de alerta. Felizes por não terem aula, isso era só uma inconveniência que afetava o seu conforto e amarrotava suas roupas. Para eles, não havia ameaça, portanto, era desnecessário levar a sério o treinamento.

Esperamos a volta de Jesus, mas nem todos a considerarão uma alegre reunião (Mateus 7:21-23; João 14:3; 2 Pedro 3:10). Como os alunos que acham a simulação algo sem sentido, podemos agir com desleixo quanto à volta de Cristo. Sobre isso, Pedro escreveu: "O Senhor não demora a fazer o que prometeu, como alguns pensam. Pelo contrário, ele tem paciência com vocês porque não quer que ninguém seja destruído, mas deseja que todos se arrependam dos seus pecados" (2 Pedro 3:9).

Sejamos diligentes e preparadas para o Dia do Senhor (v.10). Como atalaias, —responsáveis (Ezequiel 33:6). Deus não tolera o desleixo (Apocalipse 3:15,16). Nem negligenciará se ignorarmos os perdidos na morte espiritual.

Às vezes, somos falhas com as coisas de Deus. Preocupadas com o conforto, relaxamos nossa posição na batalha do reino. O inimigo invisível está a postos. Acione o alarme, os que morrerão em pecado precisam ouvir esse alerta. —Regina Franklin

Verdadeira em suas promessas, a Palavra de Deus nos assegura da volta de Jesus.

Minhas notas e motivos de oração:

Orar por

30 de agosto

Sentença máxima

LEITURA: PROVÉRBIOS 6:32-35

No entanto o homem que comete adultério não tem juízo; ele está se destruindo a si mesmo. —PROVÉRBIOS 6:32

Uma atriz precisou cumprir oito meses de prisão por trair seu marido. Ela lutou para escapar, alegando que a lei contra o adultério invadia sua privacidade.

Muitos países não reconhecem o adultério como crime, mas Deus se ofende com este pecado (Êxodo 20:14). A infidelidade traz consigo uma sentença máxima da qual ninguém escapa.

Tal penalidade inclui desgraça pública. Mesmo que não seja manchete, a notícia se espalha. A Bíblia afirma que o adúltero "Passará vergonha, [...] e ficará desmoralizado para sempre" (Provérbios 6:33). Esta vergonha destrói permanentemente a reputação da pessoa, e marca os filhos, os parentes, e a terceira pessoa envolvida.

A Bíblia adverte: "…a pessoa que comete imoralidade sexual peca contra o seu próprio corpo" (1 Coríntios 6:18), e "…o homem que comete adultério não tem juízo; ele está se destruindo a si mesmo" (Provérbios 6:32). O adultério pode destruir por doença, envolvimento emocional, e pelo casamento disfuncional.

Se o casamento é profanado, "…o ciúme faz o marido ficar furioso, e a sua vingança não tem limites" (v.34). O divórcio, a negligência, o envolvimento emocional recíproco e até o assassinato são vinganças com origem na traição. Deus ordena que "…os maridos e as esposas sejam fiéis um ao outro" (Hebreus 13:4). —Jennifer Benson Schuldt

Como nosso advogado e juiz, Deus quer que evitemos a sentença máxima.

Minhas notas e motivos de oração:

Podemos confiar nele

31 de agosto

LEITURA: MATEUS 10:32-38

…amem os seus inimigos e orem pelos que perseguem vocês.
—MATEUS 5:44

Sei muito pouco a respeito de perseguição. Meu bem-estar físico nunca foi ameaçado por minha fé ou minhas palavras. O pouco que conheço acerca do assunto vem daquilo que ouço e leio. Mas isso não se aplica a muitos de nossos irmãos e irmãs ao redor do mundo. Alguns deles vivem em perigo todo dia, simplesmente por amarem Jesus e querer que outros também o conheçam.

Existe outra forma de perseguição que pode não ameaçar a vida, mas é dolorosa. É a perseguição que vem dos familiares incrédulos. Quando nossos entes queridos ridicularizam a nossa fé e zombam de nós pelo que cremos e como expressamos nosso amor por Deus, sentimo-nos rejeitadas e não amadas.

O apóstolo Paulo alertou os cristãos de que seguir Jesus resultaria em perseguição: "Todos os que querem viver a vida cristã unidos com Cristo Jesus serão perseguidos" (2 Timóteo 3:12), e sabemos que, às vezes, a rejeição virá daqueles que amamos (Mateus 10:34-36). Mas quando as pessoas que amamos rejeitam o Deus que amamos, a rejeição parece ser pessoal.

Jesus nos disse para orarmos por aqueles que nos perseguem (Mateus 5:44), e isso inclui mais do que os desconhecidos que nos odeiam. Deus é capaz de nos dar graça para perseverarmos em meio a perseguição, mesmo quando ela vem daqueles que amamos. —Julie Ackerman Link

As pessoas podem zombar de nossa mensagem, mas não podem impedir-nos de orar.

Minhas notas e motivos de oração:

Setembro

Onde está sua cidadania?

1 de setembro

LEITURA: FILIPENSES 3:12-21

…nós somos cidadãos do céu e estamos esperando ansiosamente o nosso Salvador, o Senhor Jesus Cristo, que virá de lá.
—FILIPENSES 3:20

Não lhe pergunto se você é cidadã naturalizada, nem se é brasileira ou não. A Bíblia apresenta duas cidadanias — a do mundo e a do céu; do reino das trevas e do reino da luz. A qual você pertence? No sermão, "Nossa cidadania está no céu", de 1997, o reverendo Carl Haak propõe uma reflexão sobre os textos a seguir: Paulo diz que os verdadeiros cristãos são "…cidadãos do céu e [estão] esperando ansiosamente o nosso Salvador, […] que virá de lá. Ele transformará o nosso corpo fraco e mortal e o tornará igual ao seu próprio corpo glorioso…" (Filipenses 3:20,21). "Ele nos libertou do poder da escuridão e nos trouxe em segurança para o Reino do seu Filho amado. É ele quem nos liberta, e é por meio dele que os nossos pecados são perdoados" (Colossenses 1:13,14).

Sobre isso, um comentarista declarou: "A Bíblia considera a igreja como um posto avançado do reino de Deus na terra." Charles Spurgeon ilustrou essa cidadania celestial com o exemplo de um cidadão inglês vivendo nos EUA. "Apesar de viver nos EUA e ter seus negócios por lá, ainda assim é um forasteiro e não pertence àquele país."

Como "…estrangeiros de passagem por este mundo…" (1 Pedro 2:11), temos privilégios e responsabilidades. E devemos resplandecer a luz de Cristo, pois assim refletimos o próprio reino celestial. —Roxanne Robbins

O mais importante é que vocês vivam de acordo com o evangelho de Cristo… Filipenses 1:27

Minhas notas e motivos de oração:

2 de setembro

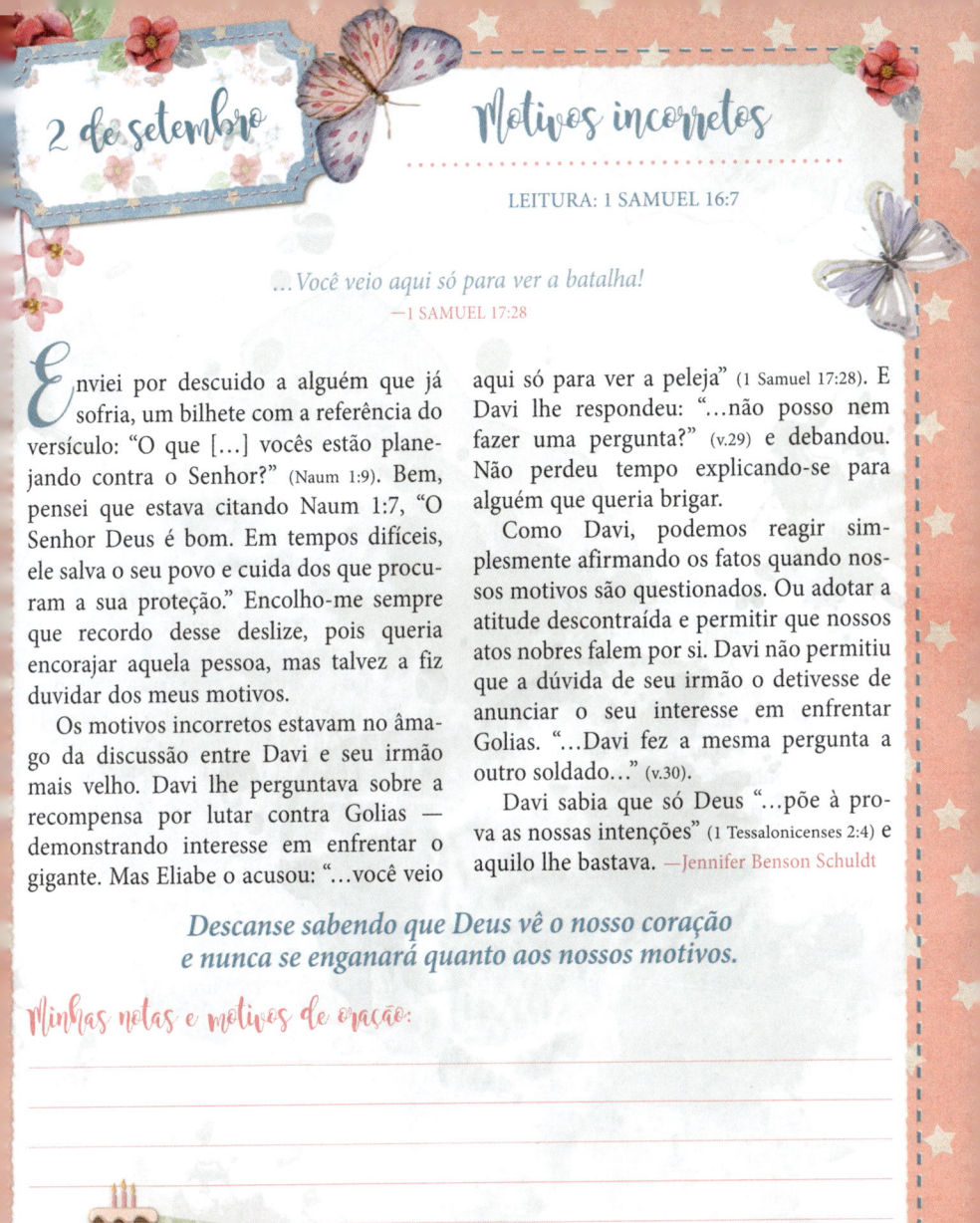

Motivos incorretos

LEITURA: 1 SAMUEL 16:7

…Você veio aqui só para ver a batalha!
—1 SAMUEL 17:28

Enviei por descuido a alguém que já sofria, um bilhete com a referência do versículo: "O que […] vocês estão planejando contra o Senhor?" (Naum 1:9). Bem, pensei que estava citando Naum 1:7, "O Senhor Deus é bom. Em tempos difíceis, ele salva o seu povo e cuida dos que procuram a sua proteção." Encolho-me sempre que recordo desse deslize, pois queria encorajar aquela pessoa, mas talvez a fiz duvidar dos meus motivos.

Os motivos incorretos estavam no âmago da discussão entre Davi e seu irmão mais velho. Davi lhe perguntava sobre a recompensa por lutar contra Golias — demonstrando interesse em enfrentar o gigante. Mas Eliabe o acusou: "…você veio aqui só para ver a peleja" (1 Samuel 17:28). E Davi lhe respondeu: "…não posso nem fazer uma pergunta?" (v.29) e debandou. Não perdeu tempo explicando-se para alguém que queria brigar.

Como Davi, podemos reagir simplesmente afirmando os fatos quando nossos motivos são questionados. Ou adotar a atitude descontraída e permitir que nossos atos nobres falem por si. Davi não permitiu que a dúvida de seu irmão o detivesse de anunciar o seu interesse em enfrentar Golias. "…Davi fez a mesma pergunta a outro soldado…" (v.30).

Davi sabia que só Deus "…põe à prova as nossas intenções" (1 Tessalonicenses 2:4) e aquilo lhe bastava. —Jennifer Benson Schuldt

Descanse sabendo que Deus vê o nosso coração e nunca se enganará quanto aos nossos motivos.

Minhas notas e motivos de oração:

Enganando-nos

3 de setembro

LEITURA: OBADIAS 1:1-9

O seu orgulho o enganou. Você vive nas cavernas das rochas, lá no alto das montanhas... —OBADIAS 1:3

A obra de arte era incomum: uma cadeira acoplada à espingarda. O visitante sentava-se na cadeira para olhar dentro do cano, que estava carregado e programado para disparar em algum momento indeterminado dos 100 anos seguintes. As pessoas se colocavam bem no caminho da bala! Apesar de saber que a arma poderia disparar a qualquer momento, arriscavam que isso não ocorreria durante o seu momento.

Que imprudência! Contudo, muitos que nem sonharam sentar-se naquela cadeira passam a vida se arriscando se safar do pecado. O livro de Obadias traz à tona esta imprudência.

O Senhor enviou um mensageiro às nações para incitá-las a guerrear contra Edom (Obadias 1:1). Esse povo se julgava invencível. Para atacá-los, os inimigos entravam por uma passagem estreita na rocha. Mesmo com um exército de um milhão de homens, eles entravam um por vez.

Deus era contra Edom por sua soberba e seu pecado contra Judá — Seu povo. E Ele tinha se pronunciado. A destruição era certa, e deveria ser tão completa, que nada de valor deveria restar (vv.5,6)

O rei da Babilônia cumpriu essa profecia ao incendiar essa cidade 553 a.C. Esta nação foi infiltrada e deslocada por tribos árabes. Edom simboliza as pessoas que sabem que o seu pecado é contra Deus, mas que ainda tentam escapar da punição. Deus os chama de tolos. —Poh Fang Chia

Mas quem me ouvir terá segurança, viverá tranquilo e não terá motivo para ter medo de nada. Provérbios 1:32

Minhas notas e motivos de oração:

Orar por

4 de setembro

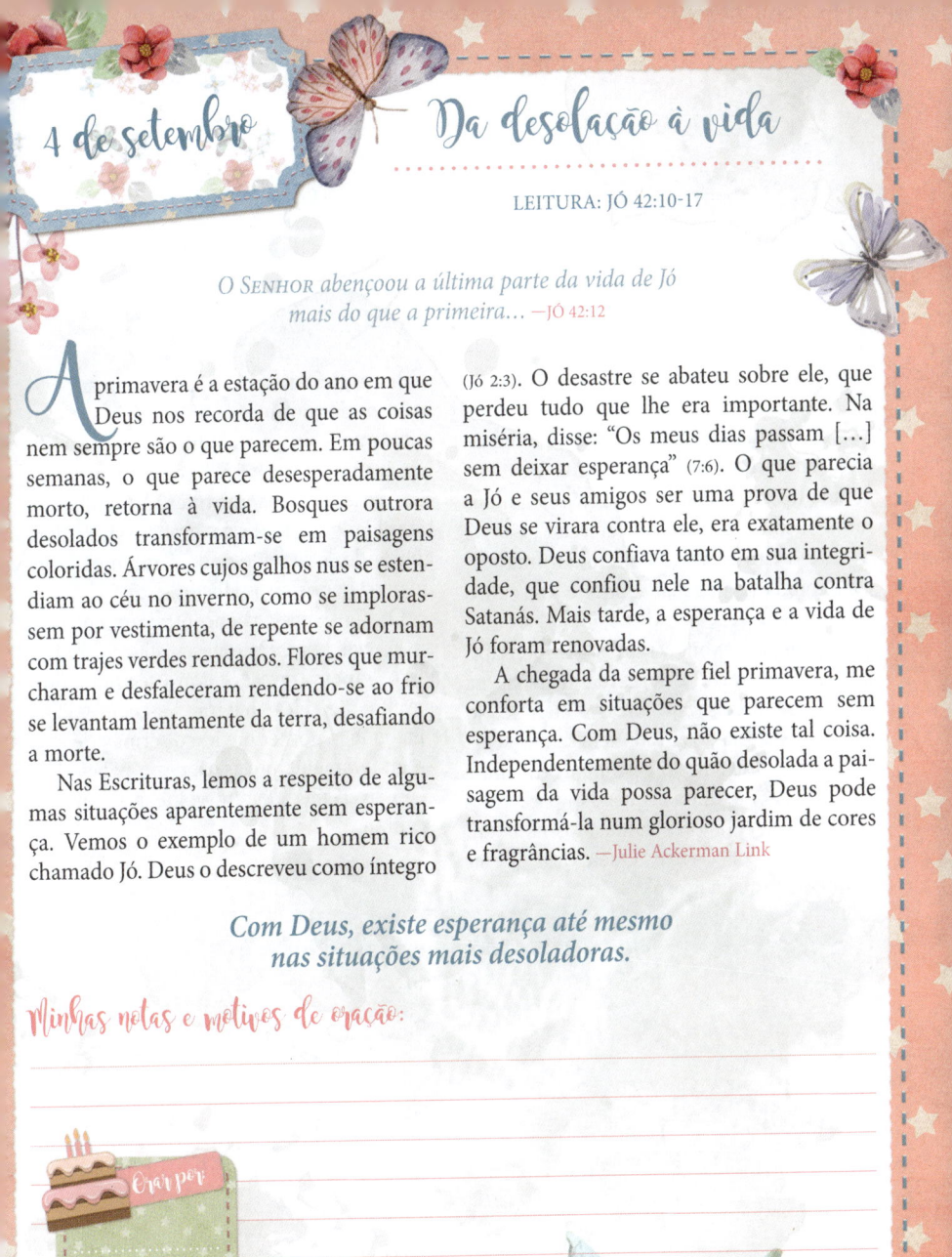

Da desolação à vida

LEITURA: JÓ 42:10-17

O Senhor abençoou a última parte da vida de Jó mais do que a primeira... —JÓ 42:12

A primavera é a estação do ano em que Deus nos recorda de que as coisas nem sempre são o que parecem. Em poucas semanas, o que parece desesperadamente morto, retorna à vida. Bosques outrora desolados transformam-se em paisagens coloridas. Árvores cujos galhos nus se estendiam ao céu no inverno, como se implorassem por vestimenta, de repente se adornam com trajes verdes rendados. Flores que murcharam e desfaleceram rendendo-se ao frio se levantam lentamente da terra, desafiando a morte.

Nas Escrituras, lemos a respeito de algumas situações aparentemente sem esperança. Vemos o exemplo de um homem rico chamado Jó. Deus o descreveu como íntegro (Jó 2:3). O desastre se abateu sobre ele, que perdeu tudo que lhe era importante. Na miséria, disse: "Os meus dias passam [...] sem deixar esperança" (7:6). O que parecia a Jó e seus amigos ser uma prova de que Deus se virara contra ele, era exatamente o oposto. Deus confiava tanto em sua integridade, que confiou nele na batalha contra Satanás. Mais tarde, a esperança e a vida de Jó foram renovadas.

A chegada da sempre fiel primavera, me conforta em situações que parecem sem esperança. Com Deus, não existe tal coisa. Independentemente do quão desolada a paisagem da vida possa parecer, Deus pode transformá-la num glorioso jardim de cores e fragrâncias. —Julie Ackerman Link

Com Deus, existe esperança até mesmo nas situações mais desoladoras.

Minhas notas e motivos de oração:

Orar por

Compaixão e paciência

5 de setembro

LEITURA: LUCAS 6:37-45

...Tire primeiro a trave que está no seu olho...
—LUCAS 6:42

Algumas pessoas fazem do julgar os outros a sua especialidade. De acordo com alguns registros de igrejas centenárias, uma congregação em uma pequena cidade no centro-oeste nos Estados Unidos nomeou duas pessoas, encarregando-as de apontar e atirar. Cada uma tinha uma responsabilidade peculiar durante os cultos de domingo.

Aquele que apontava tinha a responsabilidade de chamar o nome das pessoas na igreja que precisavam prestar atenção ao sermão. A tarefa do atirador era sentar-se na galeria do coral com um estilingue (imagine a inveja dos meninos pequenos!) para acordar os frequentadores sonolentos com um grão de feijão certeiro. Quem iria querer frequentar aquela igreja?

Jesus alertou sobre o perigo de apontar os erros dos outros. Ele disse que as pessoas com traves em seus olhos não deveriam tentar remover o cisco dos olhos dos outros. Ele desafiou Seus ouvintes a escolherem humildade ao invés da hipocrisia, sempre aplicando a verdade para si mesmos antes de perceber os erros alheios.

O que as pessoas encontrariam em nossas igrejas hoje? Os especialistas em retirar ciscos ou em traves? Se for o segundo, provavelmente elas ouvirão alguém dizer: "Estou feliz por ter ouvido o sermão de hoje — eu realmente precisava dessa palavra!" E é possível que queiram voltar no domingo seguinte. —Joanie Yoder

Seja paciente com os erros dos outros;
eles precisam ser pacientes com os seus.

Minhas notas e motivos de oração:

6 de setembro

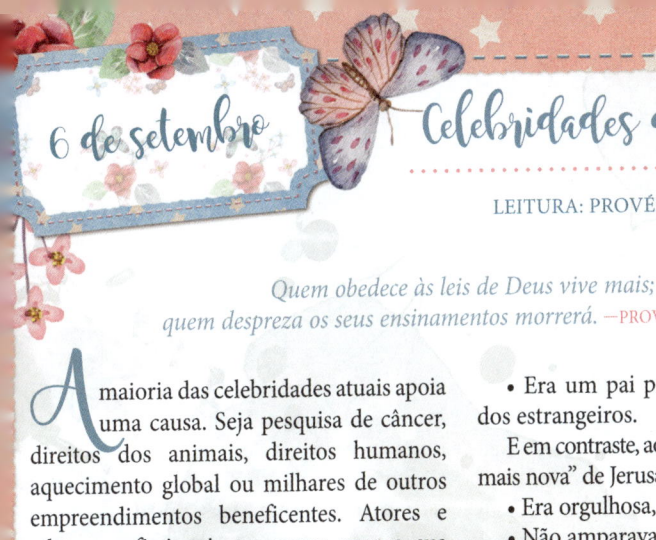

Celebridades das causas

LEITURA: PROVÉRBIOS 19:17

Quem obedece às leis de Deus vive mais; quem despreza os seus ensinamentos morrerá. —PROVÉRBIOS 19:17

A maioria das celebridades atuais apoia uma causa. Seja pesquisa de câncer, direitos dos animais, direitos humanos, aquecimento global ou milhares de outros empreendimentos beneficentes. Atores e atletas profissionais procuram usar a sua popularidade para promover mudanças.

Vejamos a nossa motivação e as razões pelas quais deixamos de nos envolver no serviço aos outros.

Avaliemos também o quanto nos assemelhamos a Jó (29:11-17) que:

• Ajudava os pobres e órfãos que pediam ajuda e proteção;
• Motivava as viúvas a se alegrar;
• Chorava pelos atribulados e se afligia pelos necessitados;
• Servia de olhos para o cego e de pés para o aleijado;
• Era um pai para os pobres e defensor dos estrangeiros.

E em contraste, ao simbolizar Sodoma, "irmã mais nova" de Jerusalém (Ezequiel 16:49,50), que:

• Era orgulhosa, farta de pão e negligente;
• Não amparava os pobres e necessitados;
• Foi arrogante e fez coisas detestáveis diante de Deus.

Agora, considere a maneira de Jesus amar:

• Amar sem fingimento e respeitar as outras pessoas (Romanos 12:9,10);
• Ser hospitaleiro e, com humildade, gostar das pessoas comuns (vv.13,16).
• Alegrar-se com os que se alegram. Chorar com os que choram (v.15).

Peça a Deus para dar-lhe empatia e compaixão, e impulsioná-la rumo à dedicação a Ele e aos outros. —Roxanne Robbins

Nossa motivação para as boas obras deve fluir de nosso amor por Deus.

Minhas notas e motivos de oração:

Resolução

7 de setembro

LEITURA: 1 PEDRO 3:8-18

Afaste-se do mal e faça o bem; procure a paz e faça tudo para alcançá-la. —1 PEDRO 3:11

Li a mensagem de minha amiga e compreendi a frustração dela: "Estou cansada de conflitos não resolvidos! Não aguento mais!" Na noite anterior estudamos sobre paz e lembrei-me da facilidade com que os conflitos podem surgir e como sua resolução pode ser difícil.

Nesse mundo repleto de conflitos, a Palavra de Deus faz um forte contraste ao relembrar que o Senhor abençoa os pacificadores (Mateus 5:9) e que estes semearão paz e colherão justiça (Tiago 3:18). Pedro nos aconselha a sermos humildes e amorosos, escolhendo encerrar os conflitos com bênçãos (1 Pedro 3:8,9, 11). Embora diferentes, *a manutenção da paz* e a *pacificação* se assemelham de muitas maneiras. A ênfase na manutenção da paz é forçar ou supervisionar seu cumprimento (Hebreus 12:14). Pacificação, porém, significa chegar à raiz do problema.

Em Colossenses 1:20, vemos que para nos reconciliarmos com Deus, nosso pecado só pode ser removido pela obra da cruz (1 Pedro 3:18). A paz tem preço. Pacificar significa nos contentarmos em render o controle. Lemos em Isaías 26:3: "Tu, ó Senhor, dás paz e prosperidade às pessoas que têm uma fé firme, às pessoas que confiam em ti."

Encontramos a paz ao:
- Reconhecê-la em nossas escolhas (Romanos 12:18).
- Conhecer Deus e Jesus de toda a paz (2 Pedro 1:2). —Regina Franklin

Encontramos a paz ao nos submetermos a Deus, não no que podemos controlar para nosso conforto.

Minhas notas e motivos de oração:

8 de setembro — Intimidade com Deus

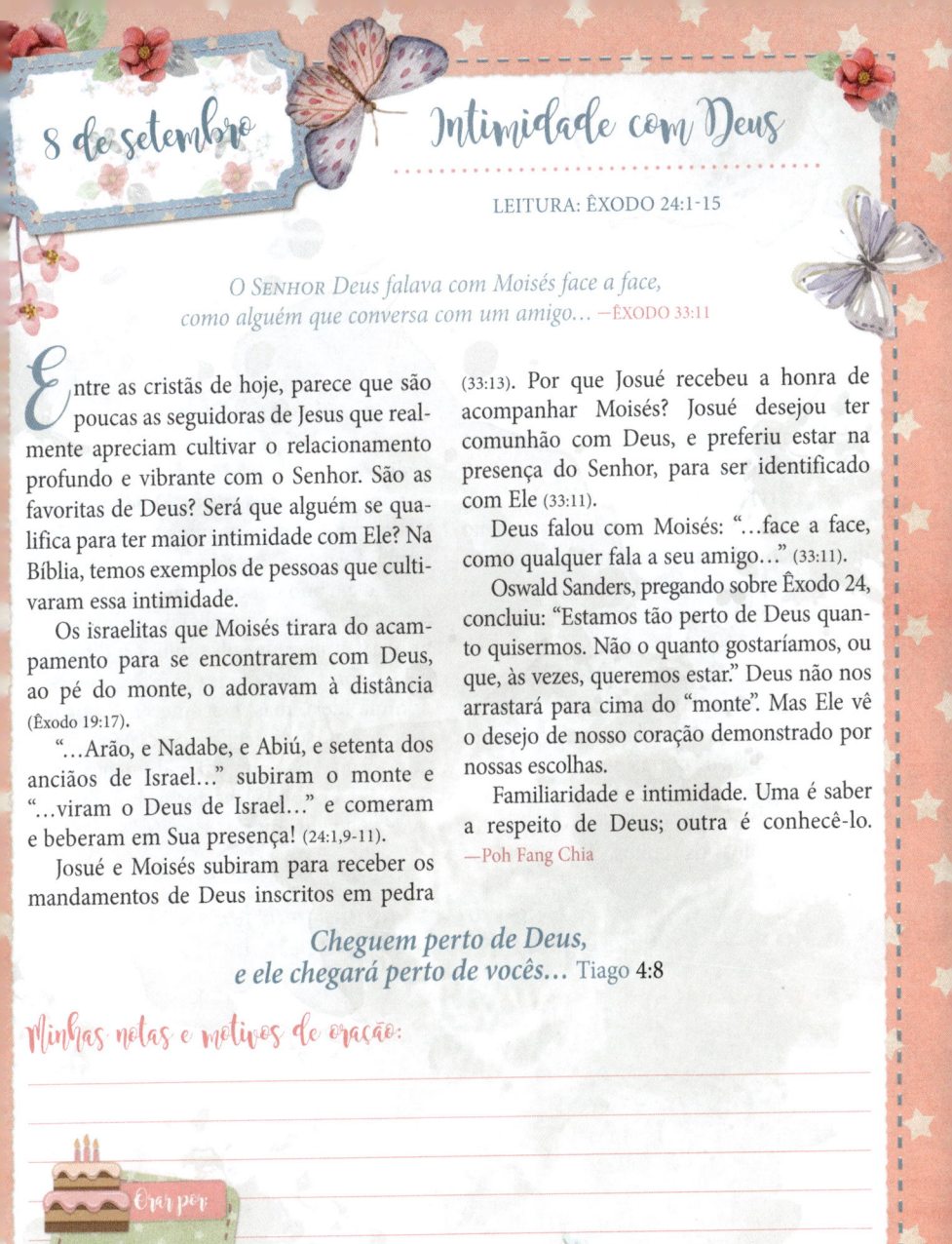

LEITURA: ÊXODO 24:1-15

O Senhor Deus falava com Moisés face a face, como alguém que conversa com um amigo... —Êxodo 33:11

Entre as cristãs de hoje, parece que são poucas as seguidoras de Jesus que realmente apreciam cultivar o relacionamento profundo e vibrante com o Senhor. São as favoritas de Deus? Será que alguém se qualifica para ter maior intimidade com Ele? Na Bíblia, temos exemplos de pessoas que cultivaram essa intimidade.

Os israelitas que Moisés tirara do acampamento para se encontrarem com Deus, ao pé do monte, o adoravam à distância (Êxodo 19:17).

"...Arão, e Nadabe, e Abiú, e setenta dos anciãos de Israel..." subiram o monte e "...viram o Deus de Israel..." e comeram e beberam em Sua presença! (24:1,9-11).

Josué e Moisés subiram para receber os mandamentos de Deus inscritos em pedra (33:13). Por que Josué recebeu a honra de acompanhar Moisés? Josué desejou ter comunhão com Deus, e preferiu estar na presença do Senhor, para ser identificado com Ele (33:11).

Deus falou com Moisés: "...face a face, como qualquer fala a seu amigo..." (33:11).

Oswald Sanders, pregando sobre Êxodo 24, concluiu: "Estamos tão perto de Deus quanto quisermos. Não o quanto gostaríamos, ou que, às vezes, queremos estar." Deus não nos arrastará para cima do "monte". Mas Ele vê o desejo de nosso coração demonstrado por nossas escolhas.

Familiaridade e intimidade. Uma é saber a respeito de Deus; outra é conhecê-lo.

—Poh Fang Chia

Cheguem perto de Deus, e ele chegará perto de vocês... Tiago 4:8

Minhas notas e motivos de oração:

Orar por

Infinitamente mais

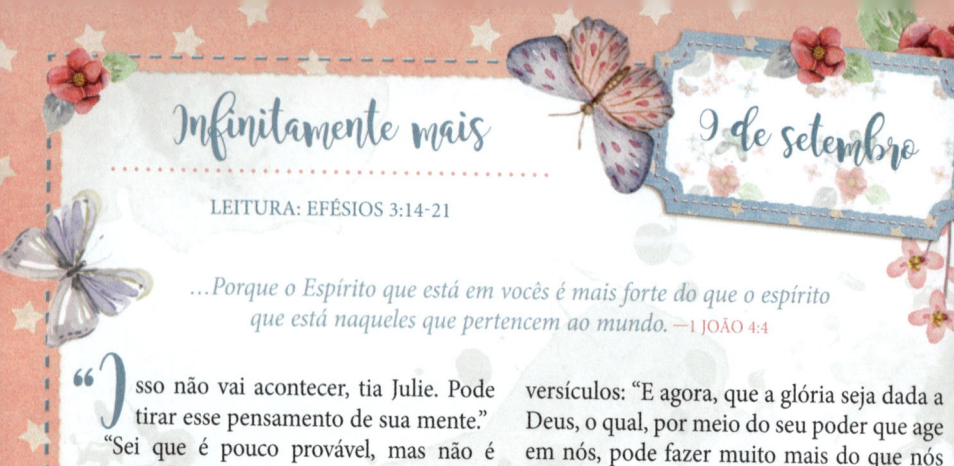

9 de setembro

LEITURA: EFÉSIOS 3:14-21

...Porque o Espírito que está em vocês é mais forte do que o espírito que está naqueles que pertencem ao mundo. —1 JOÃO 4:4

"Isso não vai acontecer, tia Julie. Pode tirar esse pensamento de sua mente."

"Sei que é pouco provável, mas não é impossível", respondi.

Por vários anos, minha sobrinha e eu tivemos variações dessa conversa a respeito de certa situação em nossa família. O restante da frase, que eu dizia apenas ocasionalmente, era: "Sei que isso pode acontecer porque ouvi histórias o tempo todo sobre como Deus faz as coisas impossíveis acontecerem." Mas para mim mesma, pensava silenciosamente: "Mas elas acontecem apenas nas famílias de outras pessoas."

Meu pastor, ultimamente, vem ensinando sobre a carta de Paulo aos efésios. No final de todos os cultos, repetimos os versículos: "E agora, que a glória seja dada a Deus, o qual, por meio do seu poder que age em nós, pode fazer muito mais do que nós pedimos ou até pensamos! Glória a Deus por meio da Igreja e por meio de Cristo Jesus, por todos os tempos e para todo o sempre! Amém!" (Efésios 3:20,21).

Este é o ano em que Deus escolheu para fazer "muito mais do que nós pedimos" em minha família. Ele substituiu a indiferença pelo amor. Como Ele fez isso? Não tenho a mínima ideia, mas vi acontecer. E por que deveria me surpreender? Se Satanás pode transformar o amor em indiferença, com certeza, Deus pode transformar a indiferença de volta em amor. —Julie Ackerman Link

O poder de Deus para restaurar é mais forte do que o poder de Satanás para destruir.

Minhas notas e motivos de oração:

Orar por:

10 de setembro

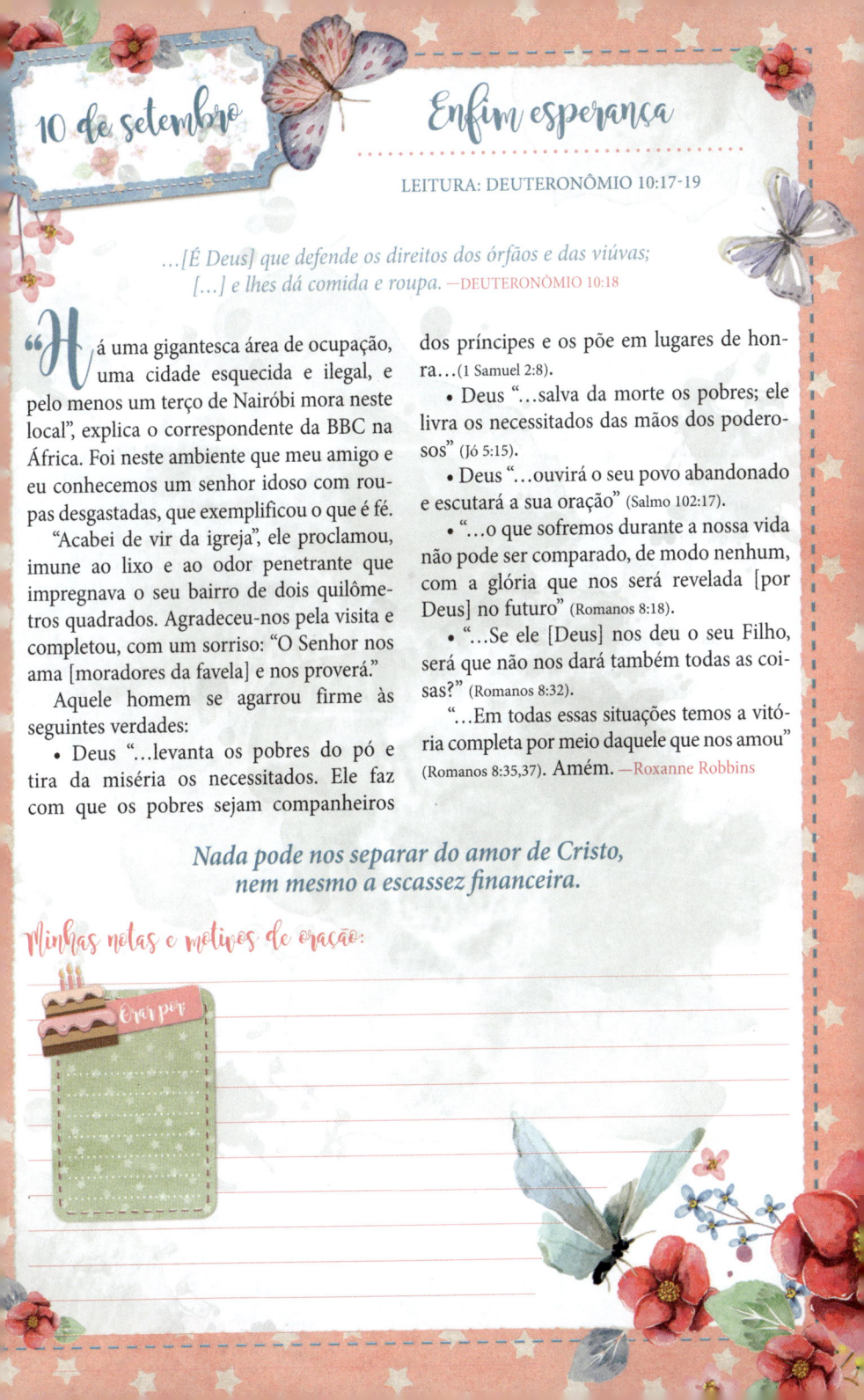

Enfim esperança

LEITURA: DEUTERONÔMIO 10:17-19

...[É Deus] que defende os direitos dos órfãos e das viúvas; [...] e lhes dá comida e roupa. —DEUTERONÔMIO 10:18

"Há uma gigantesca área de ocupação, uma cidade esquecida e ilegal, e pelo menos um terço de Nairóbi mora neste local", explica o correspondente da BBC na África. Foi neste ambiente que meu amigo e eu conhecemos um senhor idoso com roupas desgastadas, que exemplificou o que é fé.

"Acabei de vir da igreja", ele proclamou, imune ao lixo e ao odor penetrante que impregnava o seu bairro de dois quilômetros quadrados. Agradeceu-nos pela visita e completou, com um sorriso: "O Senhor nos ama [moradores da favela] e nos proverá."

Aquele homem se agarrou firme às seguintes verdades:

• Deus "...levanta os pobres do pó e tira da miséria os necessitados. Ele faz com que os pobres sejam companheiros dos príncipes e os põe em lugares de honra..." (1 Samuel 2:8).

• Deus "...salva da morte os pobres; ele livra os necessitados das mãos dos poderosos" (Jó 5:15).

• Deus "...ouvirá o seu povo abandonado e escutará a sua oração" (Salmo 102:17).

• "...o que sofremos durante a nossa vida não pode ser comparado, de modo nenhum, com a glória que nos será revelada [por Deus] no futuro" (Romanos 8:18).

• "...Se ele [Deus] nos deu o seu Filho, será que não nos dará também todas as coisas?" (Romanos 8:32).

"...Em todas essas situações temos a vitória completa por meio daquele que nos amou" (Romanos 8:35,37). Amém. —Roxanne Robbins

Nada pode nos separar do amor de Cristo, nem mesmo a escassez financeira.

Minhas notas e motivos de oração:

Problemas com as bolhas

11 de setembro

LEITURA: 2 TIMÓTEO 3:10-17

…a Escritura Sagrada é inspirada por Deus e é útil para ensinar a verdade, condenar o erro, corrigir as faltas e ensinar… —2 TIMÓTEO 3:16

O detergente ecoamigável era superconcentrado. Coloquei pouco na lava-louças. Minutos depois, ouvi um ruído e vi as bolhas de espuma caindo ao chão. Enxuguei tudo, e li na embalagem: "Não use em lava-louças. Exclusivo para lavagem à mão."

Infelizmente, abordo a vida da mesma maneira. Lanço-me de cabeça sem ler as instruções. Contudo na Palavra de Deus encontramos as instruções que precisamos para a caminhada cristã (Levítico 18:5).

A Bíblia "ensina a fazer a coisa certa" (2 Timóteo 3:16). Em outra carta, Paulo delineou algumas instruções: "…vivam em paz uns com os outros […] aconselhem com firmeza os preguiçosos, deem coragem aos tímidos, ajudem os fracos na fé e tenham paciência com todos […]. Estejam sempre alegres, orem sempre e sejam agradecidos…" (1 Tessalonicenses 5:13-16).

A Bíblia nos faz perceber o que está errado em nossa vida (2 Timóteo 3:16). A Palavra de Deus "é viva e poderosa" (Hebreus 4:12), e nos fala sobre a inveja… *não cobice*; sussurra *não roube* quando poderíamos, facilmente, exagerar nas despesas de negócios. Ela nos mostra o nosso pecado (Romanos 7:7).

Se me torno cega para o meu pecado e "esqueço" a maneira que Deus quer que eu viva, Sua Palavra me faz lembrar. E assim me habilita "…para todo o tipo de boas ações" (2 Timóteo 3:17). —Jennifer Benson Schuldt

A leitura da Bíblia ao entranhar na alma, purifica a nossa conduta.

Minhas notas e motivos de oração:

12 de setembro

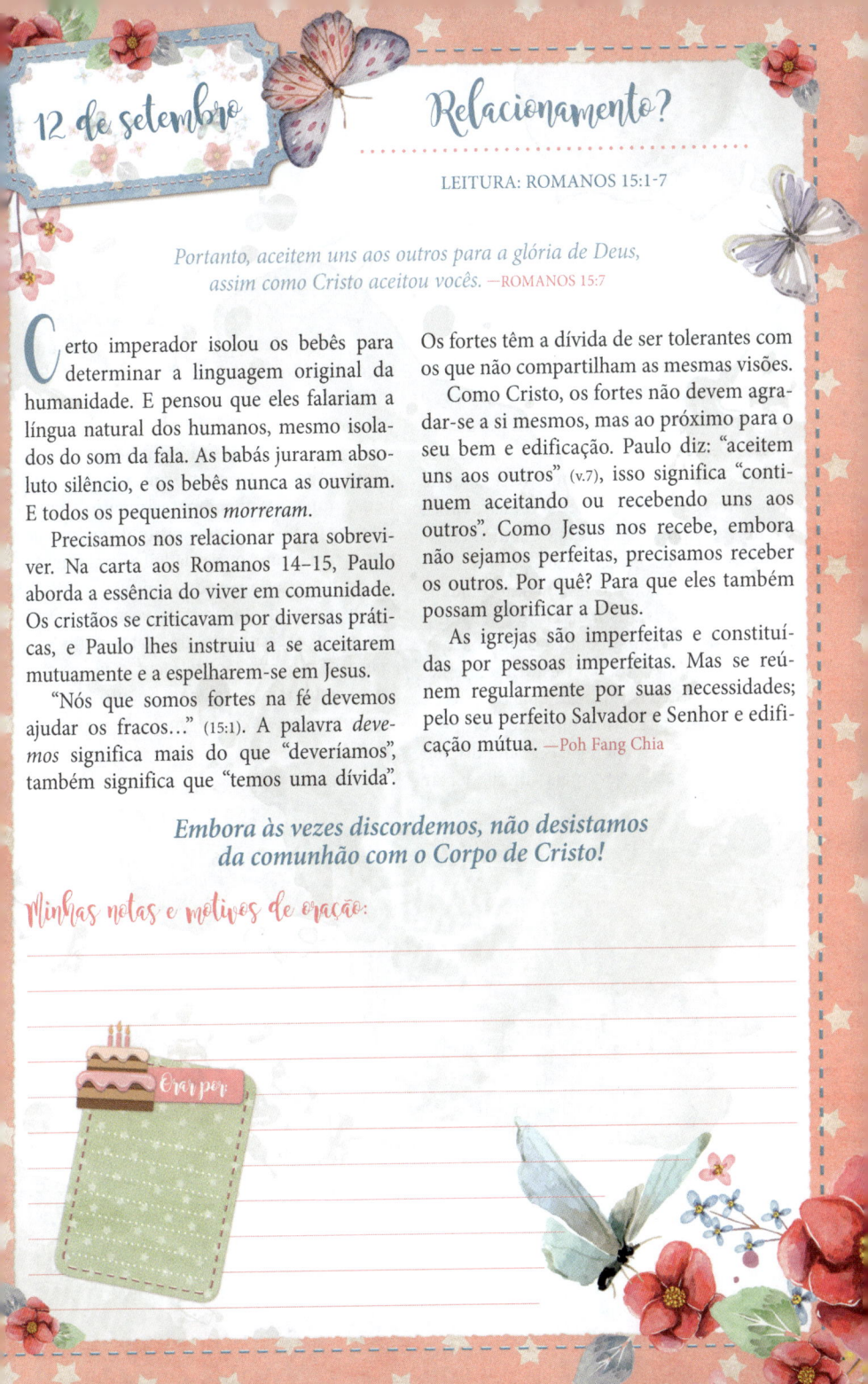

Relacionamento?

LEITURA: ROMANOS 15:1-7

Portanto, aceitem uns aos outros para a glória de Deus, assim como Cristo aceitou vocês. —ROMANOS 15:7

Certo imperador isolou os bebês para determinar a linguagem original da humanidade. E pensou que eles falariam a língua natural dos humanos, mesmo isolados do som da fala. As babás juraram absoluto silêncio, e os bebês nunca as ouviram. E todos os pequeninos *morreram*.

Precisamos nos relacionar para sobreviver. Na carta aos Romanos 14–15, Paulo aborda a essência do viver em comunidade. Os cristãos se criticavam por diversas práticas, e Paulo lhes instruiu a se aceitarem mutuamente e a espelharem-se em Jesus.

"Nós que somos fortes na fé devemos ajudar os fracos..." (15:1). A palavra *devemos* significa mais do que "deveríamos", também significa que "temos uma dívida".

Os fortes têm a dívida de ser tolerantes com os que não compartilham as mesmas visões.

Como Cristo, os fortes não devem agradar-se a si mesmos, mas ao próximo para o seu bem e edificação. Paulo diz: "aceitem uns aos outros" (v.7), isso significa "continuem aceitando ou recebendo uns aos outros". Como Jesus nos recebe, embora não sejamos perfeitas, precisamos receber os outros. Por quê? Para que eles também possam glorificar a Deus.

As igrejas são imperfeitas e constituídas por pessoas imperfeitas. Mas se reúnem regularmente por suas necessidades; pelo seu perfeito Salvador e Senhor e edificação mútua. —Poh Fang Chia

Embora às vezes discordemos, não desistamos da comunhão com o Corpo de Cristo!

Minhas notas e motivos de oração:

Sinais vitais

13 de setembro

LEITURA: 2 SAMUEL 12:1-13

Então Davi disse: — Eu pequei contra Deus, o Senhor...
—2 SAMUEL 12:13

Ela aguarda na sala de espera antes do seu exame. O médico entra e a mulher, amavelmente, lhe diz que tudo está bem e que espera que ele lhe dê um atestado de boa saúde. Despreparada para a verdade, ela sai abruptamente ao ouvir que necessita de uma intervenção médica. Seis meses depois, ela morre de algo tratável, e o médico consternado, apenas balança a cabeça.

Parece ridículo, mas isso acontece quando escolhemos o cristianismo de consumo em vez de relacionamentos genuínos que nos estimulam e desafiam espiritualmente. São grandes as consequências quando os cristãos recusam a responsabilidade porque a vida da igreja se tornou mais social do que redentora. É cada vez mais difícil deixar para trás o pecado que "...se agarra firmemente em nós..." se não estivermos dispostos a ouvir os outros nos dizerem a verdade (Hebreus 12:1).

Os líderes da igreja enfrentam muitos desafios ao confrontar o pecado dos que pensam que o seu comparecimento à igreja lhes confere boa saúde espiritual, e pouco se importam com o verdadeiro tratamento para a doença do pecado oculto.

Disposto a encarar a verdade, Davi enxergou o confronto de Natã como um chamado do coração de Deus (2 Samuel 12:7) para restaurar o relacionamento com o Senhor (Salmo 51:12). —Regina Franklin

Pois o Senhor corrige quem ele ama e castiga quem ele aceita como filho. Hebreus 12:**6**

Minhas notas e motivos de oração:

14 de setembro

Total integridade

LEITURA: JOÃO 1:43-50

...Aí está um verdadeiro israelita, um homem realmente sincero.
—JOÃO 1:47

Se Jesus identificasse algo que gosta em você, o que seria? Natanael, também chamado Bartolomeu, ouviu de Jesus: "...Aí está um verdadeiro israelita, um homem realmente sincero" (João 1:47).

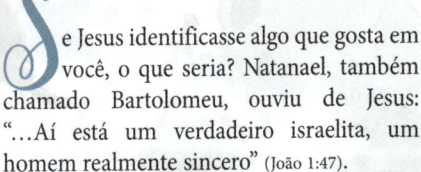

O que significa ser "verdadeiro israelita? Paulo esclarece: "...aquele que é judeu por dentro, […] tem o coração circuncidado; e isso […] o Espírito de Deus faz e que a lei escrita não pode fazer. E o louvor que essa pessoa recebe não vem de seres humanos, mas vem de Deus" (Romanos 2:29). Esse possui "total integridade", na vida pública e particular. Jesus elogiou Natanael, que perplexo perguntou: "...De onde o senhor me conhece?" (João 1:48).

A resposta de Jesus convenceu Natanael de que Ele era o Filho de Deus, pois Ele não teria como saber onde Natanael estivera, se não fosse onisciente.

Jesus sabia que Natanael tinha estado sob a figueira, e uns pensam que ele estudava as Escrituras ali. Pouco sabemos acerca dele. Mateus, Marcos e Lucas o mencionam só uma vez, ao relacionar os doze apóstolos. Os registros da igreja primitiva sugerem que após a morte e ressurreição de Jesus, Natanael ministrou na Pérsia, Índia e levou o evangelho à Armênia.

Natanael viveu sua fé com confiança e paixão, e seguiu Jesus com "total integridade" ao buscar levar mais filhos e filhas de Deus para o reino. —Poh Fang Chia

O que Jesus teria para elogiar em você?

Minhas notas e motivos de oração:

Fora dos limites

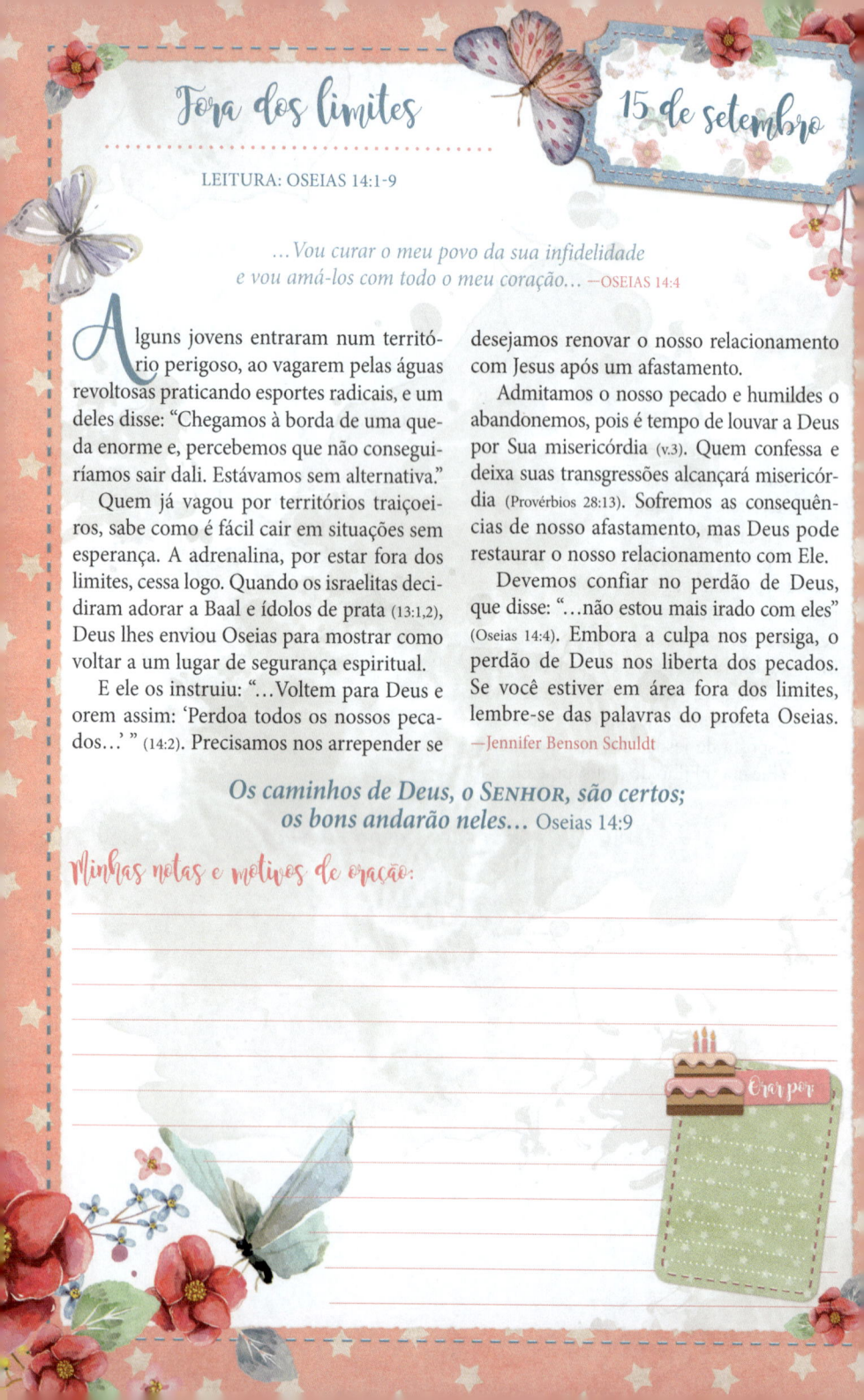

15 de setembro

LEITURA: OSEIAS 14:1-9

…Vou curar o meu povo da sua infidelidade e vou amá-los com todo o meu coração… —OSEIAS 14:4

Alguns jovens entraram num território perigoso, ao vagarem pelas águas revoltosas praticando esportes radicais, e um deles disse: "Chegamos à borda de uma queda enorme e, percebemos que não conseguiríamos sair dali. Estávamos sem alternativa."

Quem já vagou por territórios traiçoeiros, sabe como é fácil cair em situações sem esperança. A adrenalina, por estar fora dos limites, cessa logo. Quando os israelitas decidiram adorar a Baal e ídolos de prata (13:1,2), Deus lhes enviou Oseias para mostrar como voltar a um lugar de segurança espiritual.

E ele os instruiu: "…Voltem para Deus e orem assim: 'Perdoa todos os nossos pecados…' " (14:2). Precisamos nos arrepender se desejamos renovar o nosso relacionamento com Jesus após um afastamento.

Admitamos o nosso pecado e humildes o abandonemos, pois é tempo de louvar a Deus por Sua misericórdia (v.3). Quem confessa e deixa suas transgressões alcançará misericórdia (Provérbios 28:13). Sofremos as consequências de nosso afastamento, mas Deus pode restaurar o nosso relacionamento com Ele.

Devemos confiar no perdão de Deus, que disse: "…não estou mais irado com eles" (Oseias 14:4). Embora a culpa nos persiga, o perdão de Deus nos liberta dos pecados. Se você estiver em área fora dos limites, lembre-se das palavras do profeta Oseias.

—Jennifer Benson Schuldt

Os caminhos de Deus, o SENHOR, são certos; os bons andarão neles… Oseias 14:9

Minhas notas e motivos de oração:

16 de setembro

Oficina de Deus

LEITURA: 2 CORÍNTIOS 4:7-18

Porque nós não prestamos atenção nas coisas que se veem, mas nas que não se veem... —2 CORÍNTIOS 4:18

Sempre que vou ao salão de beleza, devo estar preparada, curiosamente, para me achar mais bonita — pelo menos para começar.

Sentada sob uma grosseira capa de chuva, permiti que alguém mexesse em meus cabelos desgrenhados. Enquanto eles iam sumindo drasticamente, embebidos em uma solução fétida, enrolados em pequenos rolos e então envoltos em um pedaço de plástico até "fixar", eu arrisquei uma olhadela no espelho. Horrorizada, como sempre, perguntei a mim mesma: Por que estou pagando alguém para fazer isto comigo? A resposta satisfatória é sempre a mesma: Espero sair daqui parecendo fantástica.

O mesmo acontece em nossa caminhada cristã. Este mundo é a oficina de Deus, onde Ele habilmente transforma nossa vida por meio de experiências de fé para nos tornar mais semelhantes a Cristo. Às vezes ficamos horrorizadas com o que demonstramos e sentimos. Paulo, exortando-nos para não desanimarmos, chama nossas provações de "pequena e passageira" (2 Coríntios 4:17). Nossas provações produzirão para nós uma glória eterna acima de qualquer comparação.

Essa "esperança de glória" é o que nos dá garantia enquanto Deus ainda está trabalhando em nós. Um dia, quando abandonarmos este mundo e virmos Cristo face a face, seremos como Ele e refletiremos Sua beleza. —Joanie Yoder

Por favor, seja paciente — Deus ainda não terminou Seu trabalho em mim.

Minhas notas e motivos de oração:

Liberando

17 de setembro

LEITURA: FILIPENSES 3:8-16

> ...não penso que já consegui isso. Porém [...] esqueço aquilo que fica para trás e avanço para o que está na minha frente. —FILIPENSES 3:13

Sou lenta ao enviar mensagens pelo celular. Minha velocidade está mais para "tartaruga". Por isso, foi agradável descobrir uma das características do meu novo celular. Posso apagar a caixa de entrada em um nanossegundo. É rápido para limpar a tela.

Como cristãs, nosso espírito adquire nova vida no momento da salvação. Nossa mente, porém, exige a renovação contínua (2 Coríntios 10:5). Não devemos nos conformar com os comportamentos e costumes deste mundo, mas permitir que o Senhor nos transforme à medida que nossa mente se renova nele (Romanos 12:2). Embora este texto aplique-se ao abandono dos valores do mundo, existem várias maneiras de assumirmos pensamentos mundanos.

Embora abandonada à carne, nossa mente recobra o passado, especialmente ao que se refere aos arrependimentos. O que "já foi" torna-se "presente" se permitirmos que o nosso desejo por repetição nos domine. Tentando impedir-nos de prosseguir, o inimigo mente, dizendo-nos que o passado é inesquecível e imperdoável.

Deus diz que Ele perdoou e que não se lembra de nossos pecados. Não somos definidas pelo que não existe mais. Será difícil prosseguir se olharmos para trás. É mais do que apertar a tecla "OK" do celular. Esquecer o passado começa quando cremos que isso é possível. O avançar depende disso. —Regina Franklin

Paulo estava certo — para avançarmos, precisamos deixar o passado para trás.

Minhas notas e motivos de oração:

Orar por

18 de setembro

Verdadeiros exemplos

LEITURA: HEBREUS 11:1-28

...Por meio da sua fé, Abel, mesmo depois de morto, ainda fala.
—HEBREUS 11:4

Lista número um: Pelé, Joquebede, Manassés. Lista número dois: *Flamengo*, Hititas, *Real Madrid*. Quais desses nomes lhe são familiares hoje?

Talvez você tenha reconhecido Pelé. Mas talvez, tenha tido dificuldades para saber quem eram Joquebede e Manassés.

Flamengo e *Real Madrid* são times que já ganharam vários campeonatos de futebol. Mas e os Hititas? Sabia que eles tiveram um papel preponderante na história bíblica e que fizeram parte de algumas das mais importantes "disputas" já realizadas?

Há centenas de histórias bíblicas de heróis brilhantes, vilões e de pessoas conhecidas por sua fé (Hebreus 11:2). Como moro em Uganda, na África, — lar da nascente do rio Nilo — a história de Joquebede é sempre relembrada. Esta personagem do Antigo Testamento tomou seu bebê de três meses e o colocou entre as algas do rio Nilo, infestado por cobras e crocodilos (Êxodo 2:1-3). Ela demonstrou extraordinária confiança no amor e provisão de Deus. Essa atitude salvou a vida de seu filho Moisés, que foi usado por Deus para libertar os israelitas da escravidão no Egito (3:10).

Joquebede e seu marido estão na "Galeria da Fé" de Hebreus 11:23, por terem ignorado os éditos homicidas de seu rei terreno e confiado em seu Pai celestial.

O que seu "exemplo de fé" falará às futuras gerações? —Roxanne Robbins

A Palavra de Deus brilha através de centenas de pessoas cuja fé é prática.

Minhas notas e motivos de oração:

Perturbando a paz

19 de setembro

LEITURA: JOÃO 14:23-30

Deixo com vocês a paz. É a minha paz que eu lhes dou…
—JOÃO 14:27

Às vezes, vejo-o reclinado no banco, braço por fora da janela. O sistema de som de seu carro emite ondas sísmicas! Os amplificadores explodem e mal consigo sentir minha pulsação. Amo música, e, às vezes, gosto de ouvi-la bem alto, mas alta demais me deixa nervosa e sem paz.

Jesus sabia que o mundo criaria todo tipo de situações inquietantes, pois disse: "Deixo com vocês a paz. É a minha paz que eu lhes dou…" (v.27). A paz é um dom. Não precisamos trabalhar para obtê-la. Como cristãs, devemos deixar a paz de Cristo ser o árbitro em nosso coração (Colossenses 3:15).

Isso não significa que Ele resolverá todos os nossos problemas. Mas Jesus disse que, de alguma maneira, poderíamos ter paz na mente e no coração (João 14:27). Jesus dá paz *interior* quando a paz exterior não é possível.

Para a maioria de nós, é impossível obter uma vida de paz. E nenhum esforço criará a calma pela qual ansiamos. Aperfeiçoar os nossos relacionamentos, simplificar as nossas agendas e organizar os nossos lares não nos trará serenidade duradoura. Jesus disse: "…É a minha paz que eu lhes dou; não lhes dou a paz como o mundo a dá…" (v.27).

Se algo perturba sua paz hoje, confie na promessa de Jesus: "…No mundo vocês vão sofrer; mas tenham coragem. Eu venci o mundo" (João 16:33). —Jennifer Benson Schuldt

Não somos capazes de produzir o que somente Cristo pode proporcionar.

Minhas notas e motivos de oração:

20 de setembro

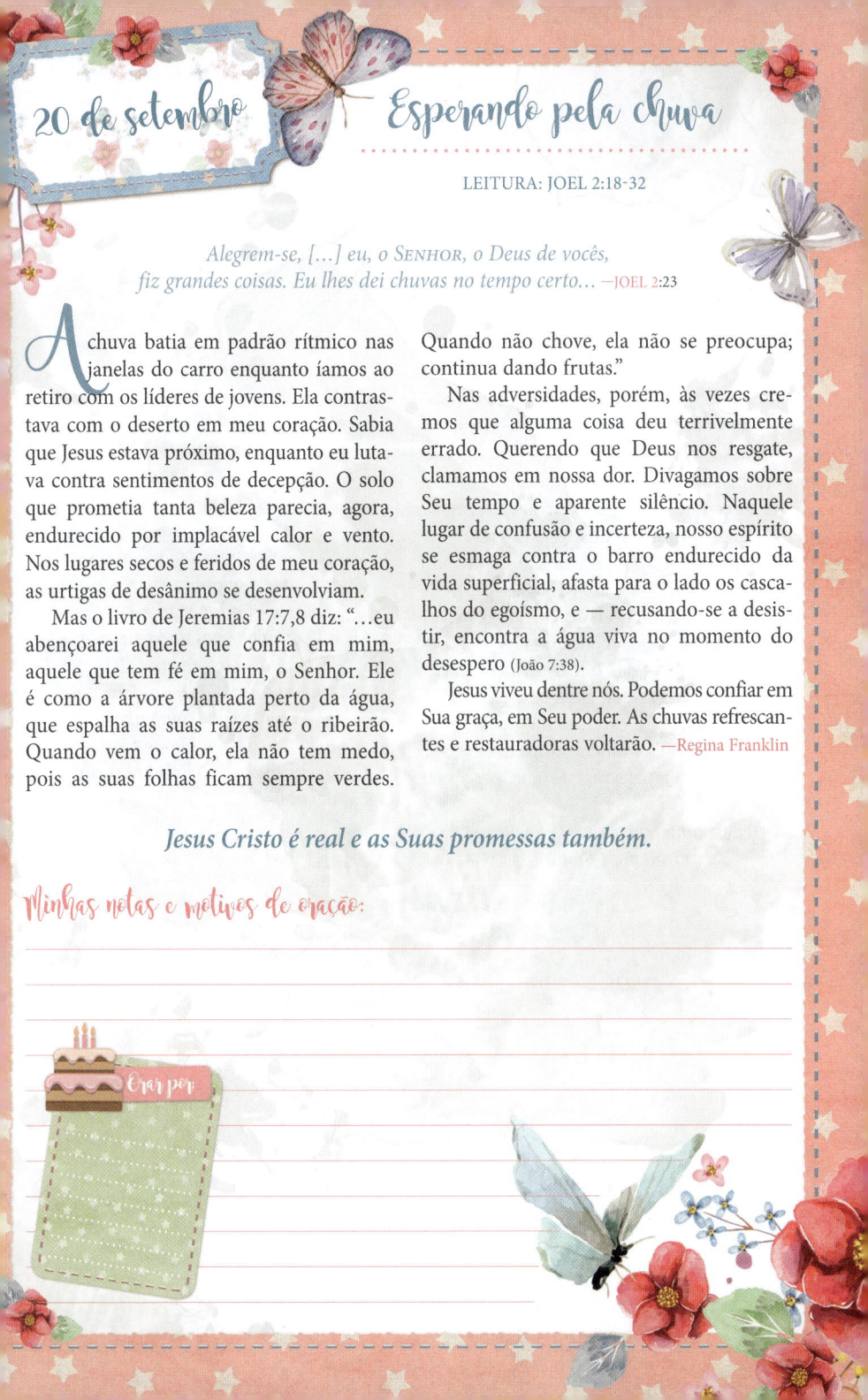

Esperando pela chuva

LEITURA: JOEL 2:18-32

Alegrem-se, [...] eu, o S<small>ENHOR</small>, o Deus de vocês, fiz grandes coisas. Eu lhes dei chuvas no tempo certo... —JOEL 2:23

A chuva batia em padrão rítmico nas janelas do carro enquanto íamos ao retiro com os líderes de jovens. Ela contrastava com o deserto em meu coração. Sabia que Jesus estava próximo, enquanto eu lutava contra sentimentos de decepção. O solo que prometia tanta beleza parecia, agora, endurecido por implacável calor e vento. Nos lugares secos e feridos de meu coração, as urtigas de desânimo se desenvolviam.

Mas o livro de Jeremias 17:7,8 diz: "...eu abençoarei aquele que confia em mim, aquele que tem fé em mim, o Senhor. Ele é como a árvore plantada perto da água, que espalha as suas raízes até o ribeirão. Quando vem o calor, ela não tem medo, pois as suas folhas ficam sempre verdes. Quando não chove, ela não se preocupa; continua dando frutas."

Nas adversidades, porém, às vezes cremos que alguma coisa deu terrivelmente errado. Querendo que Deus nos resgate, clamamos em nossa dor. Divagamos sobre Seu tempo e aparente silêncio. Naquele lugar de confusão e incerteza, nosso espírito se esmaga contra o barro endurecido da vida superficial, afasta para o lado os cascalhos do egoísmo, e — recusando-se a desistir, encontra a água viva no momento do desespero (João 7:38).

Jesus viveu dentre nós. Podemos confiar em Sua graça, em Seu poder. As chuvas refrescantes e restauradoras voltarão. —Regina Franklin

Jesus Cristo é real e as Suas promessas também.

Minhas notas e motivos de oração:

Orar por

Culpa e confissão

21 de setembro

LEITURA: DANIEL 9:4-19

Nós temos cometido pecados e maldades...
—DANIEL 9:5

Culpar os outros é comum hoje em dia. Considere, por exemplo, os partidos políticos: Em vez de assumir parte da responsabilidade pelos erros, um partido acusa o outro. Os "conservadores de direita" culpam os "liberais de esquerda" e vice-versa. Até os cristãos caem nesta armadilha, agindo com a atitude de "nós" *versus* "eles".

O profeta Daniel era muito conhecido por andar fielmente com Deus. Apesar de sua bondade e integridade, ele não considerava seus próprios pensamentos e ações menos do que as dos outros. Ao contrário, Daniel acreditava que ele e os cidadãos da Babilônia estavam carentes da graça e perdão de Deus. Examine a humildade desse profeta nestas palavras de sua oração a Deus (vv.4-19):

Temos cometido pecados e maldades, nos revoltamos contra ti.
Desobedecemos às tuas leis e aos teus mandamentos.
Não demos atenção aos teus servos, os profetas,
mas agora sentimos vergonha.
Desobedecemos à tua ordem, ó Senhor, nosso Deus, e não seguimos as leis que nos deste.
Não temos abandonado os nossos pecados, nem temos nos esforçado para seguir a tua verdade,
nós não temos dado atenção às tuas ordens.
Fazemos os nossos pedidos por causa da tua grande compaixão
e não porque sejamos bons e honestos.

Qual a lição que você pode extrair dessa oração de confissão de Daniel? —Roxanne Robbins

...Tu guardas a aliança que fizeste com os que te amam e obedecem... Daniel 9:4

Minhas notas e motivos de oração:

Orar por

22 de setembro

Virtuosas

LEITURA: RUTE 2:1-22

Agora, minha filha, não tenha medo. Na cidade toda gente sabe que você é uma mulher direita. —RUTE 3:11

Você já foi elogiada por suas virtudes? Em Eclesiastes 7:29, lemos que Deus nos fez *simples* e *direitas*. O que significa isso? A palavra hebraica para virtuosa, *chayil*, significa "força", e geralmente se refere aos guerreiros. Quando utilizada para a mulher, significa que esta possui caráter nobre (Provérbios 31:10-31).

Rute foi descrita como mulher *direita* (3:11). Como conquistou essa reputação? Em Rute 1, Noemi sabia que suas noras, Orfa e Rute, teriam um futuro incerto se ficassem com ela e as liberou dessa obrigação. Mas Rute tomou a decisão que mudaria sua vida: ficar com Noemi. Sua lealdade se mostrou no preço que pagou: deixou sua família e terra natal; e isso significava continuar viúva e sem filhos. Viveria numa terra desconhecida e em meio a um povo de diferentes costumes. Ela se comprometeu a jamais voltar atrás. Seu compromisso maior foi assumir que o Deus de Noemi também seria o seu.

No capítulo 2, a jovem viúva respigava o campo. Era um trabalho doloroso para as costas, e incerto. Rute, sob o sol, usou todas as suas forças para levar provisões a Noemi.

Ela comprometeu-se com Deus a despeito das circunstâncias, e deu o melhor de si demonstrando que a mulher virtuosa é compromissada com Deus e com o correto proceder. Que exemplo! Persigamos a vida virtuosa em Jesus! —Poh Fang Chia

...a mulher que teme o SENHOR Deus será elogiada. Provérbios 31:30

Minhas notas e motivos de oração:

A luta pelo casamento

23 de setembro

LEITURA: 1 PEDRO 3:1-12

…tenham o mesmo modo de pensar e de sentir. Amem uns aos outros e sejam educados e humildes uns com os outros. —1 PEDRO 3:8

A luta por casamentos santificados intensificou-se nos últimos anos, e nos conscientizamos de que as linhas de batalha começam à nossa porta. Ver os amigos se divorciarem ou se separarem nos faz desejar os dias passados, e somos muito gratas pela dádiva do bom relacionamento.

Deus estabeleceu o casamento como um meio de procriação (1:28), companheirismo (2:18), e reflexo do Seu amor altruísta (1 Pedro 3:8; Efésios 5:25). É mais profundo do que qualquer coisa que este mundo possa nos demonstrar.

Podemos sentir desânimo ao ver o que ocorre nas arenas política e pública a respeito do casamento. Vemos amigos e familiares com dificuldades em seu relacionamento conjugal, e podemos nos entristecer. Com que paixão protegemos o nosso casamento?

Para fortalecer os laços conjugais, devemos:

• *Investir* no relacionamento com Deus e com o cônjuge em seguida, mais do que em outros relacionamentos (1 Pedro 3:1,2).

• *Confiar* em Deus quanto às transformações que queremos que ocorram em nosso cônjuge (vv.5,7,8). É primordial colocarmos a nossa vida no altar e lutarmos para ser como Ele quer que sejamos.

• *Guardar* as nossas interações com os membros do sexo oposto como puras e santas (vv.11,12). A unidade no casamento significa não haver esconderijos. —Regina Franklin

Honremos a Deus protegendo o nosso casamento. Essa luta vale a pena!

Minhas notas e motivos de oração:

24 de setembro

Levante-se e ore

LEITURA: LUCAS 22:39-46

...Levantem-se e orem para que não sejam tentados.
—LUCAS 22:46

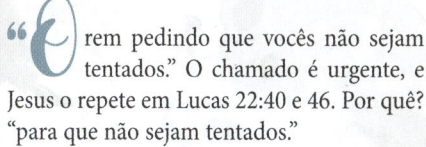

"Orem pedindo que vocês não sejam tentados." O chamado é urgente, e Jesus o repete em Lucas 22:40 e 46. Por quê? "para que não sejam tentados."

A oração nos fortalece ao enfrentarmos tentações. Alguém já disse: "Não me leve à tentação, eu a encontro sozinho." Lutamos contra os nossos desejos e tendências humanas, mas a tentação agita o sangue e inflama a imaginação. Somente Deus pode nos afastar de seus encantos e nos ajudar a vê-la pelo que é.

A falta de oração dos discípulos é um lembrete de nossa pecaminosa inclinação para deixar de orar. O Salvador é o exemplo perfeito. Ele enfrentou a crise que se aproximava como enfrentou todas as outras, com oração.

Jesus clamou ao Pai em "...grande aflição [...]. O seu suor era como gotas de sangue caindo no chão" (v.44). A aflição comunica a ideia de luta. Jesus, o Filho, lutou com Deus a respeito do cálice que incluía Sua impensável separação do Pai. Significava aceitar a ira de Deus por todos os pecados que nós cometemos. Cristo foi tentado, em Sua total humanidade, a não ir à cruz.

O âmago de Sua oração foi claro: "mas o que tu queres". Ele se submeteu à vontade do Pai. E lemos: "...um anjo do céu apareceu e o animava" (v.43). Jesus foi, então, capaz de desistir da possibilidade de tomar o caminho da coroa sem a passagem escura da cruz. —Poh Fang Chia

Por Sua submissão, agora podemos ser redimidas, purificadas e justificadas.

Minhas notas e motivos de oração:

Orar por

Aprendendo a contentar-se

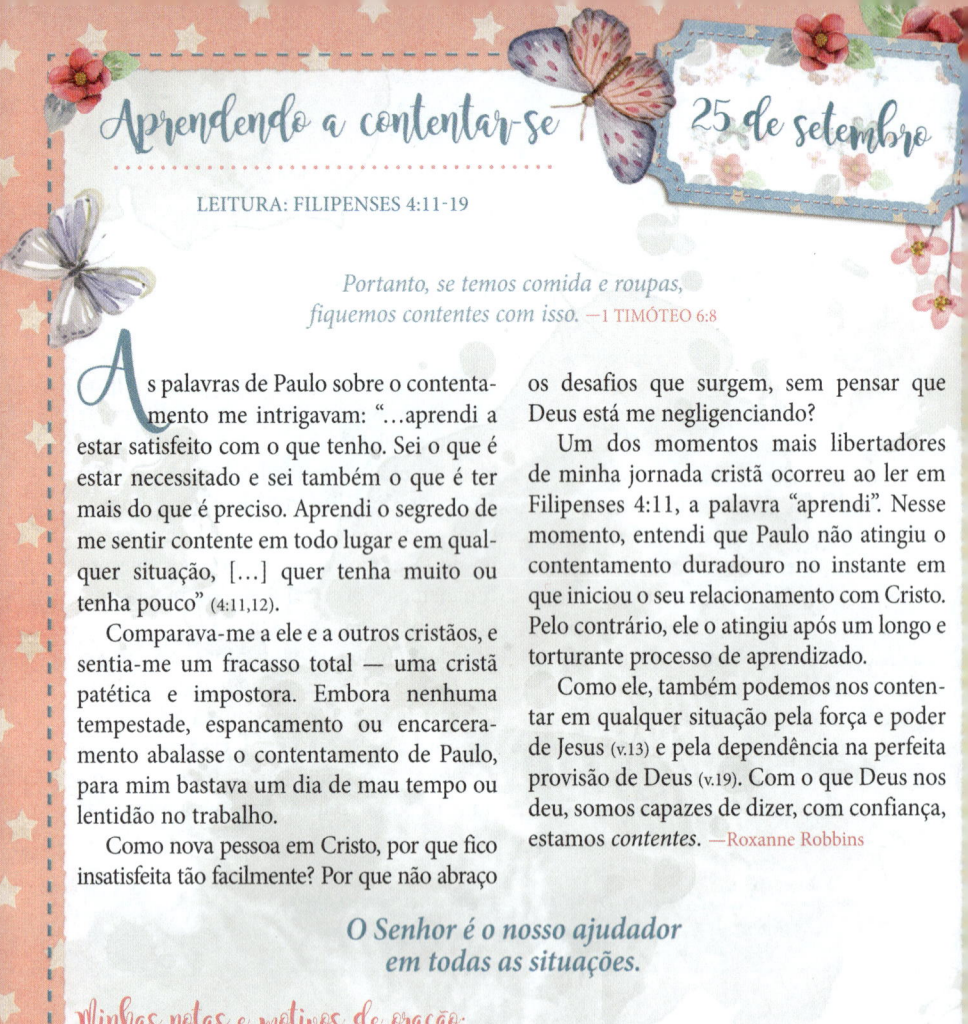

25 de setembro

LEITURA: FILIPENSES 4:11-19

Portanto, se temos comida e roupas, fiquemos contentes com isso. —1 TIMÓTEO 6:8

As palavras de Paulo sobre o contentamento me intrigavam: "…aprendi a estar satisfeito com o que tenho. Sei o que é estar necessitado e sei também o que é ter mais do que é preciso. Aprendi o segredo de me sentir contente em todo lugar e em qualquer situação, […] quer tenha muito ou tenha pouco" (4:11,12).

Comparava-me a ele e a outros cristãos, e sentia-me um fracasso total — uma cristã patética e impostora. Embora nenhuma tempestade, espancamento ou encarceramento abalasse o contentamento de Paulo, para mim bastava um dia de mau tempo ou lentidão no trabalho.

Como nova pessoa em Cristo, por que fico insatisfeita tão facilmente? Por que não abraço os desafios que surgem, sem pensar que Deus está me negligenciando?

Um dos momentos mais libertadores de minha jornada cristã ocorreu ao ler em Filipenses 4:11, a palavra "aprendi". Nesse momento, entendi que Paulo não atingiu o contentamento duradouro no instante em que iniciou o seu relacionamento com Cristo. Pelo contrário, ele o atingiu após um longo e torturante processo de aprendizado.

Como ele, também podemos nos contentar em qualquer situação pela força e poder de Jesus (v.13) e pela dependência na perfeita provisão de Deus (v.19). Com o que Deus nos deu, somos capazes de dizer, com confiança, estamos *contentes*. —Roxanne Robbins

O Senhor é o nosso ajudador em todas as situações.

Minhas notas e motivos de oração:

26 de setembro

Respondida

LEITURA: JÓ 38:1-18

Você tem alguma ideia da largura da terra? Responda, se é que você sabe tudo isso. —JÓ 38:18

Meu filho sempre teve pensamentos não convencionais, mas ele já percebeu que nem tudo que falamos precisa entrar em discussão. Não é fácil, nem para ele nem para nós.

Com que frequência somos inquisitivas ou realmente ansiamos por aprender de Deus? A natureza questionadora que nos impulsiona a pesquisar o mistério dos Seus caminhos (Provérbios 25:2) pode levar-nos ao conflito com a Sua soberania. Como uma criança, precisamos aprender a viver com *admiração* e *confiança*.

Poucas de nós questionamos a Deus quando Ele nos faz prósperas e abençoadas. Na dor e na provação, porém, questionamos sem parar e, geralmente, as queixas não caem no esquecimento. Quando nos deparamos com o aparente silêncio dos céus, nos tornamos hipócritas, ousadas — até desafiadoras. Durante todo o tempo, Deus permanece soberano e totalmente confiável.

Como nós, Jó também não via além do mundo natural, mas Deus usou a própria natureza para relembrá-lo de Seu absoluto poder e autoridade sobre todas as coisas.

A partir da experiência de Jó, vemos que Deus é paciente com nossas perguntas; Ele conheceu o sofrimento (Mateus 26:39; 1 Pedro 2:21). O amor de Deus por nós é maior do que qualquer tribulação (Salmo 31:7; Romanos 8:35-39). O Senhor quer que o conheçamos melhor (Salmo 27:8; Jeremias 9:23,24). —Regina Franklin

Nossas perguntas não nos afastam de Deus, mas nossa submissão nos aproxima dele.

Minhas notas e motivos de oração:

Ensina-nos a orar

27 de setembro

LEITURA: LUCAS 11:1-13

Jesus respondeu: — Quando vocês orarem, digam: "Pai, que todos reconheçam que o teu nome é santo. Venha o teu Reino.
—LUCAS 11:2

"Meu maior problema com 'A Oração do Senhor'", escreveu Helena em resposta a uma postagem na internet, "é saber qual versão estamos usando... Sempre se presume que a saibamos de cor, mas, primeiro, aprendi sobre ofensas, depois sobre pecados e, agora, sou confrontada com dívidas e devedores. Então, quando anunciam 'Agora, faremos a Oração do Senhor', em vez de conseguir orar com significado, fico nervosa e imaginando qual versão usar, o que tira o sentido de a fazermos juntos em voz alta."

Talvez tenhamos nos distraído da essência dessa oração: Seja pela escolha das palavras, versões bíblicas, leituras litúrgicas. A Oração do Senhor, instiga à discussão e ao debate teológico.

Em Lucas 11:2-4 surgem muitas questões acerca das palavras iniciais de Jesus quando Ele diz aos Seus discípulos: "...Quando vocês orarem, digam...". Muitos interpretam Suas instruções como sendo a única maneira que devemos orar. Mas não é assim, pelo contrário, em todo o Novo Testamento, Jesus vai solidificando as Suas sugestões sobre como orar e nos orienta a:

• Orar pelos que [nos] maltratam (6:28).
• Orar sempre e nunca desanimar (18:1-5).
• Orar para não cairmos em tentação (22:40,46).

Há poder na oração! Jesus quer que tenhamos a comunhão mais profunda com o Senhor por meio de uma vida rica em oração.

—Roxanne Robbin

Deus concede o discernimento aos que o buscam verdadeiramente, em meditação e oração.

Minhas notas e motivos de oração:

Orar por

28 de setembro

Desmembrado

LEITURA: GÁLATAS 5:13-26

Mas, se vocês agem como animais selvagens, ferindo e prejudicando uns aos outros, então cuidado para não acabarem se matando! —GÁLATAS 5:15

Embora as variações de arquitetura e denominações demonstrem a diversidade no Corpo de Cristo, elas também indicam que há divisões nesse corpo. Certa vez, vivenciei uma grande divisão em minha igreja e ainda tento compreender a situação, a dor e a desilusão.

As Escrituras indicam tempos em que Deus opera em meio às facções do homem. No Antigo Testamento, Ele disse a Roboão para não perseguir as tribos que seguiam Jeroboão, pois sua partida era obra do Senhor (1 Reis 12:24). No Novo Testamento, as desavenças levaram Paulo e Barnabé a separar-se (Atos 15:39).

Neste mundo em que tráfico humano, escravidão e indigência ainda existem, e cristãos são mortos por causa do evangelho, questiono-me o que Deus pensa das dissensões nas igrejas. Quando somos prósperas, podemos esquecer que a igreja somos nós. Apesar dos motivos para reconstruir e destruir (Eclesiastes 3:3), precisamos perceber o elevado nível de responsabilidade em nossas decisões.

A nossa batalha não é contra carne e sangue, mas contra os poderes sinistros e divisores do inimigo (Efésios 6:12). Quando nossos sentimentos são feridos e nos sentimos frustradas, essa é uma verdade difícil de lembrar. Que possamos viver observando o tempo, para sermos uma noiva pura e preparada para o retorno do Noivo, não desmembrada por facções. —Regina Franklin

As justificativas não devem priorizar o nosso conforto, mas a Palavra de Deus.

Minhas notas e motivos de oração:

Combatendo o bom combate

29 de setembro

LEITURA: 1 TIMÓTEO 6:11-16

Corra a boa corrida da fé e ganhe a vida eterna.
Pois foi para essa vida que Deus o chamou... —1 TIMÓTEO 6:12

Jacqueline desferiu sua fúria, esmurando e quebrando duas costelas de seu senhorio, em vez de pedir-lhe mais tempo para pagar o aluguel, personificando, assim, o iracundo descrito em Provérbios 15:18; 29:22.

Ela já tinha esmurrado desconhecidos, vizinhos e o marido, a ponto de ele fugir e nunca mais voltar. Apesar disso, duas amigas minhas foram generosas com ela, e a gentileza delas a comoveu. Isso a impactou tanto, que ela decidiu desistir do combate físico após experimentar essa acolhida e aceitação. Há muito tempo já não dá um soco em alguém.

As Escrituras nos convocam a nos engajarmos numa vida de luta tenaz contra a oposição e a tentação, que procuram nos impedir de caminhar com Cristo.

Paulo explicou que precisamos correr "a boa corrida" e permanecer firmes na fé (1 Timóteo 6:12). E que devemos encarar a guerra espiritual como o atleta frente à competição: com disciplina para obter a coroa eterna (1 Coríntios 9:25).

E acrescenta: "...tornem-se cada vez mais fortes, vivendo unidos com o Senhor e recebendo a força do seu grande poder. Vistam-se com toda a armadura que Deus dá a vocês, para ficarem firmes contra as armadilhas do Diabo. [...] não estamos lutando contra seres humanos, mas contra as forças espirituais do mal que vivem nas alturas..." (Efésios 6:10-12). —Roxanne Robbins

Jesus nos ensina a lutar com muita oração
e cuidado contra os nossos inimigos invisíveis.

Minhas notas e motivos de oração:

30 de setembro

Invisível

LEITURA: 1 REIS 17:3-16

Como o Senhor havia prometido por meio de Elias, não faltou farinha na tigela nem azeite no jarro. —1 REIS 17:16

Nunca pensei que tivesse problemas para me controlar — até me casar. A união entre duas pessoas revela o quanto desejamos fazer tudo de nosso jeito; desde como dobrar (ou não) os cobertores até a tomada de decisões. Quero que as coisas sejam feitas do jeito que me agrada, e que eu possa controlar. Ajo assim por resistir a confiar no Senhor.

Confiar não é fácil, e mais difícil ainda quando tudo parece desanimador. Estamos dispostas a obedecer, contanto que conheçamos o resultado.

O profeta Elias proclamou com ousadia a um rei tolerante que a chuva cairia somente sob as suas ordens (1 Reis 17:1). O que deveria ter sido um momento de triunfo espiritual para ele, tornou-se prova à sua fé. Com a vida em perigo, ele tinha a ordem oficial do Senhor. Elias aprendeu que a própria vida procede do que Deus fala (Números 23:19).

Ao abrir mão da necessidade de saber Elias descobriu que:

• Qualquer que seja a direção dada por Deus, ela é acompanhada por Sua provisão (1 Reis 17:3-6).

• Deus usa as circunstâncias para fazermos a Sua vontade (vv.7-9).

• Nossa confiança e obediência traz vida aos necessitados (vv.14-16).

Que Deus seja a nossa porção e esperança. A essência de confiar em Seus caminhos significa perceber que os caminhos dele são melhores do que os nossos (Isaías 55:8,9).

—Regina Franklin

Deus cuida de nós independentemente das circunstâncias.

Minhas notas e motivos de oração:

Notas:

Outubro

Abraços do coração

1 de outubro

LEITURA: MARCOS 10:13-16

Então Jesus abraçou as crianças e as abençoou, pondo as mãos sobre elas. —MARCOS 10:16

Enquanto Jesus viveu neste mundo, Ele tomou criancinhas nos Seus braços e as abençoou (Marcos 10:16). Ele continua a ter cuidado das crianças e ainda hoje as trata com amor.

Minha amiga me falou sobre uma conversa emocionante entre os seus dois netos. Mateus, de 5 anos, disse a Sara, de 3: "Eu converso com Jesus na minha cabeça!"

Ela respondeu: "Eu não; eu só fico abraçada com Ele."

Muitos outros filhos de Deus, até os mais velhos, sentem Seus eternos braços invisíveis ao redor deles e sob eles. O irmão Lawrence, o monge do século 17 conhecido por sentir a presença de Deus entre os potes e panelas da cozinha do monastério, falou sobre ser "conhecido de Deus e extremamente afagado por Ele". E Hudson Taylor, o missionário pioneiro na China, rabiscou esta observação ao se aproximar do fim da vida: "Estou tão fraco que não consigo trabalhar; não consigo ler a Bíblia, nem mesmo orar. Só consigo permanecer nos braços de Deus como uma criança, e confiar."

Quer sejamos jovens, quer sejamos idosas, fortes ou fracas, Deus quer que nos aninhemos junto a Ele com confiança infantil. Em resposta, por meio de Seu Espírito que habita em nós, Ele nos atrai para si a fim de nos confortar e nos abençoar. Você e Deus já se deram um abraço de coração hoje? —Joanie Yoder

Não resista, aceite o cuidado e o amor de Jesus. Corrie ten Boom

Minhas notas e motivos de oração:

Orar por

2 de outubro

Jovens entre nós

LEITURA: MATEUS 19:13-25

Aí ele [Jesus] disse: — Deixem que as crianças venham a mim e não proíbam que elas façam isso... —MATEUS 19:14

Nossa geração experimenta o maior aumento de população de todos os tempos. Temos mais de 2,5 bilhões de crianças. Meio bilhão delas vivem em nações abastadas e outros 2 bilhões em países em desenvolvimento.

Em Uganda existem dois milhões de órfãos, e mais de 50% da população tem idade inferior a 14 anos. Há muita dificuldade em nações reduzidas à pobreza. Deus exorta a igreja a estabelecer o amor e a proteção das crianças, e em particular, as órfãs como alta prioridade.

"...Para Deus, o Pai, a religião pura e verdadeira é esta: ajudar os órfãos e as viúvas nas suas aflições..." (Tiago 1:26,27).

Há muito a ser feito. De acordo com o UNICEF, "Perto de 11 milhões de crianças morrem anualmente, por causas de simples prevenção. Estima-se que 150 milhões delas estejam malnutridas. Mais de 120 milhões não frequentam escolas. Dezenas de milhões trabalham, muitas vezes, em situações abusivas. Milhões são expostas a conflitos e violência."

Como ajudar essas crianças em sua comunidade e ao redor do mundo?

• Ore pelas crianças vítimas de injustiça (Isaías 1:17).

• Doe alimentos e roupas às crianças necessitadas (Deuteronômio 10:18).

• Siga o exemplo de Jesus. Permita que as crianças se sintam bem-vindas e amadas na presença de Deus (Mateus 19:14). —Roxanne Robbins

Abra os seus braços a uma criança hoje.

Minhas notas e motivos de oração:

Contenda familiar

3 de outubro

LEITURA: GÊNESIS 31:17-55

O Deus de Abraão e o Deus de Naor será juiz entre nós.
—GÊNESIS 31:53

Um senhor pediu à polícia para encarcerá-lo. As autoridades se recusaram, então, ele entrou numa loja e roubou algo insignificante, ameaçou o funcionário e esperou a polícia chegar! Tudo para evitar passar os feriados com parentes. Às vezes, também queremos fazer qualquer coisa para fugir de familiares. Mas isso não traz a paz duradoura.

Não aguentando mais o seu sogro, Jacó sumiu com sua família. Labão os encontrou, e repreendeu por partirem tão de repente. A tentativa de fugir falhara, e Jacó percebeu que não tinha como evitar uma discussão honesta com o pai de suas esposas.

Repetir os erros intensifica a ânsia de escapar, a menos que haja perdão. Jacó perdoou Labão por manipulá-lo no relacionamento (29:25) e nos negócios (31:7). Labão teve de esquecer seus ídolos desaparecidos (v.30) e a festa de despedida que nunca dera (v.27). Os dois homens prometeram não fazer mal um ao outro (v.52), e se reaproximaram, concordando em deixar seus agravos nas mãos de Deus. Labão retribuiu e pediu a Deus para ser o juiz entre eles (v.53). No fim, Labão beijou seus parentes e os abençoou (v.55).

Nem todas as contendas têm resolução tranquila. Há mais harmonia quando enfrentamos os nossos problemas, encaramos a dificuldade de perdoar e damos trégua aos que gostaríamos de repudiar.

—Jennifer Benson Schuldt

Existe mais chance de harmonia quando enfrentamos os nossos problemas e perdoamos.

Minhas notas e motivos de oração:

4 de outubro

Arrependimento do comprador

LEITURA: GÊNESIS 3:1-7

…os olhos dos dois se abriram, e eles perceberam que estavam nus. Então costuraram umas folhas de figueira para usar como tangas. —GÊNESIS 3:7

Antes de fazer uma compra, fico contente com essa ideia. Depois, o arrependimento por consumir se abate sobre mim. A Bíblia registra sobre o primeiro comprador arrependido. A serpente persuadiu Eva a duvidar da Palavra de Deus. Ela cita erroneamente o que Deus lhes tinha dito: "…não devemos comer dessa fruta, nem tocar nela. Se fizermos isso, morreremos" (v.3). No livro *The Bible Knowledge Commentary* (O comentário do conhecimento bíblico, inédito), Allen Ross escreve: "Ou Eva não conhecia muito bem o mandamento de Deus ou evitou lembrar-se dele."

E Satanás tirou proveito da incerteza da mulher, lançando dúvidas sobre o caráter de Deus, misturando a verdade com a mentira para torná-la mais palatável.

O primeiro casal desobedeceu e o pecado entrou no mundo. Eles não receberam o que barganharam. Seus olhos foram abertos, mas não se tornaram "como Deus" (v.5). A primeira ação como pecadores esclarecidos foi esconder-se de Deus (vv.7,8).

O pecado sempre tem consequências amargas, e nos afasta do melhor de Deus. Em Gênesis 3 vemos mais do que apenas más notícias. Vemos que Deus tomou animais inocentes, e derramou o sangue deles, e vestiu Adão e Eva com roupas feitas das peles desses animais.

Essa foi uma antecipação do que Jesus Cristo faria por nós, morrendo na cruz por nossos pecados. —Poh Fang Chia

O sangue de Jesus foi derramado para que pudéssemos ser revestidos por Sua justiça.

Minhas notas e motivos de oração:

Igualmente pecadores

5 de outubro

LEITURA: ROMANOS 1:16–2:3

…você não tem desculpa quando julga os outros. Pois, quando você os julga, mas faz as mesmas coisas que eles fazem… —ROMANOS 2:1

Um casal homoafetivo expressava fisicamente sua afeição. Para elas isso era a sua liberdade, mas a Palavra de Deus define como escravidão. Lembrei-me de uma jovem que me confidenciou que os seus sofrimentos e desejo de aceitação a levaram à homossexualidade.

A sociedade atual considera a homossexualidade como algo normal, e defende que a orientação sexual é pré-definida por Deus. No outro extremo, uns a definem como um pecado mais escandaloso do que outros.

Embora Paulo nos ensine que o pecado sexual afeta o corpo, diferentemente de outros pecados (1 Coríntios 6:18), qualquer padrão diferente do Deus leva à morte espiritual. A escravidão espiritual ocorre ao escolhermos seguir a carne em vez de seguir o que Deus ordenou. Adorar a criatura acima do Criador contraria o projeto de Deus (Romanos 1:21). Com a visão turva, enxergamos o nosso pecado como aceitável e normal (vv.22,25).

Paulo nos lembra, porém, que Deus nos aceita por meio da fé: "…O justo viverá por fé" (Romanos 1:17 ARA).

A Igreja precisa decidir em amor como irá:
• Reagir à homossexualidade (Gálatas 6:1,2).
• Demonstrar o amor de Deus (1 Coríntios 6:9-11).

Estamos cercadas por pessoas que lutam com sua identidade sexual, e devemos lembrá-las de que somente a graça divina e a verdade são o caminho para a justiça. —Regina Franklin

Somos as provas vivas do perdão de Deus.

Minhas notas e motivos de oração:

6 de outubro

Resistindo ao grampo

LEITURA: HEBREUS 12:6-11

...os que foram corrigidos recebem como recompensa uma vida correta e de paz. —HEBREUS 12:11

Um senhor destruiu o seu carro quando os guardas de trânsito grampearam o seu veículo e o multaram, porque parte dele estava estacionado fora do limite permitido. Por essa atitude ele recebeu uma multa ainda maior. O carro acabou em chamas e obrigou os bombeiros a controlá-las e a polícia a evitar os curiosos.

Se recusamos correções, enfrentamos as consequências. Quando aceitamos a disciplina, de Deus ou das autoridades constituídas, nossa recompensa é "...uma vida correta e de paz" (Hebreus 12:11). Acontece o mesmo com a disciplina dos filhos.

Nossas reações às correções passam um exemplo aos nossos filhos. "Quem rejeita conselhos prejudica a si mesmo, mas quem aceita a correção fica mais sábio" (Provérbios 15:32). Quando erramos, eles precisam nos ver agir com humildade e aprender com as consequências. Assim, saberão o que fazer quando os disciplinarmos.

A submissão às autoridades serve de modelo para os nossos filhos reagirem à nossa disciplina, e os ensina a respeitar as correções de Deus à medida que crescem. Lemos em Hebreus que: "...Deus nos corrige para o nosso próprio bem..." (12:10).

A correção divina traz muitos benefícios: relembramos que Ele nos ama (v.6), que nos acolhe (v.7) e nos permite uma vida correta e de paz (v.11). Mas para os pais há mais uma coisa. —Jennifer Benson Schuldt

O segredo para corrigir nossos filhos começa ao aceitarmos a disciplina de Deus.

Minhas notas e motivos de oração:

Orar por

Amor intenso

7 de outubro

LEITURA: 1 SAMUEL 2:12-36

…Eli, por que você honra os seus filhos mais do que a mim?…
—1 SAMUEL 2:29

"Ninguém me ama!" Já ouvi estas palavras muitas vezes. Meus dois filhos são bem diferentes e detestam a disciplina, mas já aprendi que educá-los exige perseverança (Gálatas 6:9). É difícil absorver este conceito numa cultura imediatista e egoísta.

O nosso Deus é consistente e altruísta — eternamente fiel e imutável. Seu amor é um baluarte nas tempestades da vida (Jeremias 31:3; 1 João 4:9-11), e nele os limites nos dão força. A sociedade retrata incorretamente o amor como permissividade irrestrita. Limites não prendem; protegem, dão vida e demonstram amor (Provérbios 19:18).

Deus deseja que o amor dos pais reflita o amor dele por nós. Retratamos uma falsa compreensão do desejo de Deus se criamos os nossos filhos sem disciplina (Deuteronômio 8:5). Os pais precisam ver o caminho da verdade e da justiça além do conflito momentâneo e de acordo com a Palavra de Deus.

Os pais enfrentam a tentação de evitar a consistência na disciplina. Em 1 Samuel 2, Eli e seus filhos mostram o resultado se cedermos às tentações: egoísmo. Eli se beneficiava por não disciplinar seus filhos (1 Samuel 2:29).

O falar é pouco, precisa-se de atitude (vv.22-25). Os pais são egoístas se recusarem-se a disciplinar os filhos por estarem ocupados, se evitarem o conflito ou preocuparem-se mais em ser amigos. —Regina Franklin

A maior demonstração de amor é a disposição de morrer para si mesmo para o bem do outro.

Minhas notas e motivos de oração:

8 de outubro

Um bom homem

LEITURA: ROMANOS 3:10-18

Pois pela graça de Deus vocês são salvos por meio da fé. Isso não vem de vocês, mas é um presente dado por Deus. —EFÉSIOS 2:8

"Geraldo era um bom homem", disse o pastor no funeral de Geraldo Estêvão. "Ele amava sua família, era fiel à sua esposa, serviu seu país nas Forças Armadas, foi excelente pai, avô e um grande amigo."

Em seguida, o pastor continuou dizendo aos amigos e parentes reunidos que a boa vida que ele levava e as boas obras de Estêvão não eram suficientes para assegurar-lhe um lugar no céu. E que o próprio Estêvão teria sido o primeiro a dizer-lhes isso!

Estêvão acreditava nas seguintes palavras da Bíblia: "Todos pecaram e estão afastados da presença gloriosa de Deus" (Romanos 3:23) e, "...o salário do pecado é a morte..." (6:23). O destino final e eterno na jornada da vida não fora determinado por ele ter vivido uma vida realmente boa, mas unicamente por Jesus ter morrido em seu lugar para pagar o preço pelo pecado. Ele acreditava que cada um de nós deve aceitar pessoalmente o dom gratuito de Deus, que "...é a vida eterna, que temos em união com Cristo Jesus, o nosso Senhor" (6:23).

Estêvão foi um bom homem, mas nunca poderia ter sido "bom o suficiente". Nós também não podemos. Somente pela graça podemos ser salvas por meio da fé. E isso não tem absolutamente nada a ver com os nossos esforços humanos. "...é um presente dado por Deus" (Efésios 2:8).

"Agradeçamos a Deus o presente que ele nos dá..." (2 Coríntios 9:15). —Cindy Hess Kasper

Não somos salvas por causa das boas obras, mas pela graça de Deus.

Minhas notas e motivos de oração:

Na visão de Deus

9 de outubro

LEITURA: SALMO 33

O Senhor Deus olha do céu e vê toda a humanidade. Do lugar onde mora, ele observa todos os que vivem na terra.
—SALMO 33:13,14

Pelas ruas de Kampala, Uganda, os ex-meninos em situação de rua exigem toda a atenção. Um deles diz: "Ali tinha o ferro velho para o qual eu trabalhava!" Outros me informam: "Aqueles homens me bateram e roubaram meus sapatos!" "Eu dormia naquela calçada". "O presidente do país sempre passa por essa estrada. Se ele tivesse visto a minha condição, talvez fizesse algo a respeito."

Esse desejo me tocou profundamente. Lembrei-me de pessoas que acreditavam que o fato de Deus ter consciência da sua situação era uma exigência para o livramento delas. O rei Davi, por exemplo: quando seu filho Absalão tentava matá-lo, disse: "Pode ser que o Senhor olhe para a minha aflição e me dê algumas bênçãos em lugar destas maldições" (2 Samuel 16:12).

A pressão aumentou e Ezequias pediu: "Ó Senhor, olha para o que está acontecendo […]. Escuta todas as coisas…" (Isaías 37:17).

Neemias clamou por misericórdia: "Olha para mim, ó Deus, e ouve as orações que faço dia e noite em favor dos teus servos…" (Neemias 1:6).

E Daniel pediu algo semelhante. "Ouve, ó meu Deus, e atende a minha oração. Abre os olhos, vê a nossa desgraça…" (Daniel 9:18).

Estes homens não perceberam que os olhos de Deus estavam sobre eles (Salmo 33:13,14). No tempo dele. Ele os levou de situações difíceis aos lugares de segurança e alegria.

—Roxanne Robbins

Entregue a Cristo os seus desafios hoje. Ele conhece as suas necessidades.

Minhas notas e motivos de oração:

10 de outubro

Velho casaco preto

LEITURA: 2 PEDRO 3:8-18

...Naquele dia os céus vão desaparecer com um barulho espantoso, e tudo o que há no Universo será queimado. —2 PEDRO 3:10

Sei que devo me desfazer de meu casaco com os punhos puídos. O cetim azul do forro está rasgado, mas veste os meus ombros perfeitamente e o comprimento é o certo.

O Salmo 102 diz que, um dia, terra e céus "...se gastarão como roupas..." (v.26) e Deus transformará o mundo que conhecemos. Pedro descreve isso como "...os céus vão desaparecer [...] e tudo o que há no Universo será queimado" (2 Pedro 3:10).

Nesse dia, "...A terra e tudo o que existe nela vão sumir". Deus retém o Seu julgamento porque quer que mais pessoas se arrependam. Se você ainda não tem um relacionamento pessoal com Jesus, não perca de vista a urgência dessa mensagem: Deus "...tem paciência com vocês..." (v.9).

Pedro instruiu os que já creem em Jesus a viver em santidade à espera do "...Dia de Deus..." (v.12). Quando Jesus voltar, Ele deverá encontrar-nos em paz com Deus, sem mancha e sem culpa (v.14). O Dia do Julgamento deve nos inspirar a escolher nosso estilo de vida, e nos fazer questionar: *Quero que Jesus me encontre em pecado, enredado em negócios escusos ou ébrio?*

Não é divertido saber que o planeta "se desgastará" como um casaco velho. Mas com essa destruição vem a promessa de uma renovação mundial. Podemos ansiar por "...um novo céu e uma nova terra, onde tudo será feito de acordo com a vontade dele" (v.13). —Jennifer Benson Schuldt

Com a inevitável destruição temos a promessa de uma nova Terra.

Minhas notas e motivos de oração:

Sucesso verdadeiro

11 de outubro

LEITURA: 2 CRÔNICAS 26:4-16

…Uzias serviu a Deus fielmente, pois Zacarias o ensinou a respeitar o SENHOR. Durante esse tempo Deus o abençoou.
—2 CRÔNICAS 26:5

Meus amigos foram ao *Festival de Cinema de Cannes*, porque o filme deles tinha sido indicado ao prestigioso prêmio Câmera de Ouro. Outra amiga foi eleita a número 6 dos *Dez Maiores Redatores Publicitários do Mundo*. Quanta honra!

Dependendo da versão bíblica, a palavra sucesso aparece cerca de 50 vezes. Vários versículos revelam que não é errado pedir por sucesso a Deus. Por exemplo: "Derrama sobre nós as tuas bênçãos, ó Senhor, nosso Deus! Dá-nos sucesso em tudo o que fizermos; sim, dá-nos sucesso em tudo" (Salmo 90:17).

Deus deseja que tenhamos prazer em nossas realizações; é dom dele, e para a Sua glória (Eclesiastes 5:18,19). Contudo, precisamos cuidar de nosso ego. Em 2 Crônicas 26:6-15, lemos a respeito das impressionantes realizações de Uzias. Seu sucesso está no v.5: "…serviu a Deus fielmente; […] Deus o abençoou".

Porém, Uzias esqueceu-se de que Deus o ajudou e abençoou o tempo todo, e isso causou sua destruição. A Palavra de Deus é clara: "…quando se tornou assim poderoso, Uzias ficou cheio de orgulho, e essa foi a sua desgraça…" (v.16).

Quem concedeu as habilidades que lhe trouxeram sucesso? Talvez você tenha se esforçado, mas outros se esforçaram, igualmente, e não obtiveram o mesmo sucesso. Deus merece o crédito por qualquer sucesso que porventura tenhamos. —Poh Fang Chia

Celebremos a Deus e permaneçamos humildes quando saboreamos o sucesso.

Minhas notas e motivos de oração:

Orar por

12 de outubro

A Seus pés

LEITURA: JOÃO 11:17-37

> Maria [...] logo que o viu caiu aos pés dele e disse:
> — Se o senhor tivesse estado aqui, o meu irmão não teria morrido! —JOÃO 11:32

Hoje, ao tomar o *milk-shake* de pêssego, chorei. Recordei-me de meu pai, e ainda sinto a sua falta. Não consegui conter as lágrimas, pois quando ele estava em fase terminal de câncer renal, esse era um dos poucos alimentos que ele tolerava. Comprei-lhe um em seu último dia. Ficou inacabado, como o nosso tempo juntos.

Poucas coisas nos redefinem como a morte de alguém amado. A morte de Lázaro coloca em evidência a compaixão de Cristo. Ele sabia que Lázaro acordaria (João 11:11). E chorou ao vê-lo no túmulo (v.34).

Abatidas por sua perda, Marta e Maria dizem a Jesus: "...Se o senhor estivesse aqui, o meu irmão não teria morrido!" (vv.21,32). Uma distinta diferença, porém, marca suas reações. As Escrituras dizem: "Maria chegou ao lugar onde Jesus estava e logo que o viu caiu aos pés dele..." (v.32). Por ter desejado sentar-se aos pés de Jesus em doce comunhão (Lucas 10:39), Maria não teve dificuldade de colocar-se aos Seus pés nessa crise. Duas mulheres com posturas dramaticamente diferentes. A intimidade definiu essa diferença.

Deus não nos pede que aceitemos as perdas com alegria. Mateus 5:4 diz: "Felizes as pessoas que choram, pois Deus as consolará." Quando o adoramos, apesar da dor e perda, Ele se torna nosso conforto, e a presença de paz em nossa vida (Isaías 9:6). —Regina Franklin

Certas de Seu amor por nós, devemos confiar em Sua bondade, apesar da nossa dor.

Minhas notas e motivos de oração:

Frenético

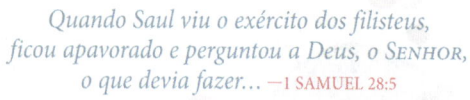

13 de outubro

LEITURA: 1 SAMUEL 28:1-25

*Quando Saul viu o exército dos filisteus, ficou apavorado e perguntou a Deus, o S*ENHOR*, o que devia fazer…* —1 SAMUEL 28:5

Pouco antes de submeter-me a uma cirurgia, a tela do monitor começou a bipar freneticamente. O que estava acontecendo comigo? Era a minha frequência cardíaca. Eu precisava me acalmar!

Não sou a única pessoa a ficar ansiosa antes de um grande acontecimento. Uma olhada no exército filisteu fez o rei Saul estremecer (1 Samuel 28:5). O medo aumentou e controlou o rei.

Começou pelo medo dos filisteus, em seguida, Saul percebeu que, por sua desobediência anterior (15:7-26), "…o SENHOR não respondeu…" quando ele lhe pediu orientações (28:6). E em vez de arrepender-se, Saul ordenou aos seus conselheiros que encontrassem uma médium.

O rei Saul "…se disfarçou, […] quando escureceu, foi com dois dos seus homens falar com a tal mulher…" (v.8). Era contra sua própria lei consultar alguém que conjurasse espíritos mortos (vv.3,9) e ele tinha medo de ser pego!

Em pânico, Saul pediu conselho a um espírito que afirmava ser Samuel que lhe disse que os filisteus trucidariam Israel, matando Saul e seus filhos. "…Saul caiu […] tomado de grande medo". Deus não quer que vivamos amedrontadas. Como cristãs, não recebemos o espírito de escravidão (Romanos 8:15).

Se o terror nos controla, ele pode nos incapacitar. Que o Espírito de Deus controle as nossas mentes, trazendo vida e paz, em vez de falta de controle. —Jennifer Benson Schuldt

…o Espírito nos enche de poder e de amor e nos torna prudentes. 2 Timóteo 1:7

Minhas notas e motivos de oração:

14 de outubro

Dedos feridos, mundo ferido

LEITURA: 1 CORÍNTIOS 12:12-27

*Pois bem, vocês são o corpo de Cristo,
e cada um é uma parte desse corpo.* —1 CORÍNTIOS 12:27

Já duas vezes eu quebrei um de meus dedos dos pés por chocar-me contra a mobília da casa. Ai! Por vários dias eu manquei dolorosamente, pois meu corpo protegia seu minúsculo membro lesionado. Meu corpo estava fazendo exatamente o que foi planejado para fazer: Apoiar e compadecer-se da parte de mim que estava sofrendo. Gradualmente meu dedinho foi melhorando, retomando suas ingratas tarefas.

Embora eu não esteja certa de que isso não acontecerá novamente, eu, às vezes, estou certa a respeito dos membros da igreja. Paulo ensinou que a igreja é o Corpo de Cristo (1 Coríntios 12:12-27), não meramente semelhante ao corpo físico de Cristo. Cada membro tem recebido habilidades de Deus para apoiar e se compadecer de outros membros.

Se a Igreja de Cristo deve agir da maneira como Deus planejou, há três coisas que não devemos ousar fazer:
• Recusar comungar com outros.
• Deixar que o medo e a falta de amor nos leve a reter nossos dons para com outros.
• Desconsiderar ou opor-se aos dons de outros por meio do orgulho e da inveja.

Em vez disso, precisamos ativamente usar nossos dons espirituais em benefício dos membros do Corpo de Cristo. Só quando experimentamos o dar e o receber do amor curador de Cristo para sarar os membros feridos, estaremos prontas a alcançar um mundo ferido. —Joanie Yoder

*Uma igreja curadora
é o melhor testemunho para um mundo ferido.*

Minhas notas e motivos de oração:

O banco do piloto

15 de outubro

LEITURA: DEUTERONÔMIO 11

Vocês receberão a bênção se obedecerem às leis do Senhor, nosso Deus, que estou dando a vocês hoje. —DEUTERONÔMIO 11:27

Um caça F16 é um avião com capacidades incríveis. Mas há algo que o piloto de um jato desses exige: o equipamento deve responder ao seu controle.

Deus tem muito a dizer a respeito do que Ele precisa para controlar a nossa vida. Em Deuteronômio está a história da aliança renovada entre Israel e Deus, que conduziria a nação às bênçãos divinas. No capítulo 11, Moisés delineou as motivações para obedecermos:

• Permite que experimentemos a disciplina do Senhor e vejamos a Sua grandeza (vv.1-7).

• A obediência a Deus conduz à verdadeira vida, e assim não fazemos buscas inúteis (vv.8-12).

• A obediência permite que desfrutemos das bênçãos de Deus (vv.13-15).

Moisés nos adverte para evitarmos as armadilhas de pensar que…

• Não há consequência para a desobediência (vv.16,17).

• Não há recompensa pela obediência (vv.18-21).

• Ninguém cuida de nós; e precisamos lutar por nossos direitos. As Escrituras revelam que Deus expulsará nossos inimigos, ampliará nossas fronteiras e nos fará temidos quando o seguirmos (vv.22-25).

• Há pouca diferença entre obedecer ou desobedecer (vv.26-32).

A. W. Tozer escreveu: "O verdadeiro seguidor de Cristo não perguntará: 'O que me custará aceitar esta verdade?' Ele dirá: 'Esta é a verdade. Deus, ajuda-me a andar nela, aconteça o que acontecer!'." —Poh Fang Chia

A obediência ao Deus que conduz os nossos caminhos traz alegria e excelência.

Minhas notas e motivos de oração:

Orar por:

16 de outubro

Troco certo

LEITURA: LEVÍTICO 19:9-13

Não roube, não minta e não engane os outros.
—LEVÍTICO 19:11

Decidir o que comprar nunca foi um de meus pontos fortes. Demoro a me decidir numa compra e, depois questiono se fiz o melhor negócio. Certa vez, depois de sair da loja, percebi que o caixa me cobrara menos. Surpreendi o funcionário ao retornar para o acerto do valor.

Nessa sociedade egocêntrica, é comum não distinguirmos o certo do errado. Buscamos o meio mais fácil de nos satisfazer em vez de perguntarmos o que Deus espera ou como gostaríamos de ser tratadas. Embora não furtemos abertamente, não nos importamos em receber troco a mais. Deus nos ensina que para servi-lo, para sermos Seu povo santo, precisamos estar dispostas a fazer as coisas do jeito dele, mesmo que isso pareça desvantajoso (Levítico 19).

Lemos em Provérbios 11:25: "A alma generosa prosperará, e quem dá a beber será dessedentado." Ser mordomo fiel, não quer dizer *não furtar*, mas sim, *dar*. Deus mandou os israelitas deixarem os cantos dos campos e partes dos frutos sem colher (Levítico 19:9,10). Isso ajuda os menos afortunados, e frequentemente esquecemos do benefício que traz ao doador (2 Coríntios 9:6-8).

O coração disposto a *dar* não tomará aquilo que não lhe pertence por direito. Nessa mudança você pode sair ganhando.

—Regina Franklin

Ser simples é uma virtude desejável, e isso exige o esforço individual.

Minhas notas e motivos de oração:

Mostrar o caminho

17 de outubro

LEITURA: SALMOS 4:8; 23:1-4

O Senhor renova as minhas forças e me guia por caminhos certos, como ele mesmo prometeu. —SALMO 23:3

Um guru vende a "paz interior" pelo equivalente a 500 reais. O controle da respiração e a meditação são febre entre os estressados. O método pode ser aprendido num fim de semana e requer apenas meia hora de exercícios diários para manter as vibrações positivas.

O alívio para a alma vem somente de Deus, que nos mostra o caminho para a paz. Davi menciona isso no Salmo 23: "O Senhor é o meu pastor: nada me faltará". Essa mensagem simples me desconcerta. Quando a pressão e os pensamentos giram como redemoinho, lembro que "a paz de Deus, que ninguém consegue entender, guardará [o nosso] coração e a [nossa] mente […] com Cristo Jesus" (Filipenses 4:7). Ele é tudo que precisamos.

Deus é capaz de nos guiar "…por caminhos certos, como ele mesmo prometeu" (Salmo 23:3). O verdadeiro remédio para o estresse é superá-lo com o poder do Senhor — para honrá-lo!

Talvez você pense: "Tudo bem, mas e as contas?"; "Não consigo dormir" e "Minha casa é um caos!" Quando Davi estava estressado, escreveu: "…não terei medo de nada. Pois tu, ó Senhor Deus, estás comigo…" (v.4). A orientação divina nos aperfeiçoa, firma, fortifica e fundamenta" (1 Pedro 5:10).

O estresse é inevitável. Deus pode nos ajudar a administrá-lo, e o Seu método para alcançarmos a paz interior não está à venda. —Jennifer Benson Schuldt

Deus deseja nos mostrar o caminho.

Minhas notas e motivos de oração:

Orar por

18 de outubro

Visão eterna

LEITURA: 2 CORÍNTIOS 4:16–5:8

Porque nós não prestamos atenção nas coisas que se veem, mas nas que não se veem... —2 CORÍNTIOS 4:18

Recebi uma boa notícia no meu exame de vista — a minha visão à distância melhorou. Pensei que era uma boa notícia até um amigo me informar: "A visão à distância pode melhorar quando envelhecemos, a visão de perto pode diminuir."

Isso me fez pensar em outro tipo de visão melhor à distância, a qual observo em alguns cristãos. Os que conhecem ao Senhor por longo tempo ou já passaram por grandes provações parecem ter uma visão celestial melhor do que o restante de nós. A visão à distância "eterna" deles ficou melhor, e a visão de perto "terrena" está diminuindo.

O apóstolo Paulo teve esse tipo de visão eterna, e encorajou a igreja em Corinto: "E essa pequena e passageira aflição que sofremos vai nos trazer uma glória enorme e eterna, muito maior do que o sofrimento. Porque nós não prestamos atenção nas coisas que se veem, mas nas que não se veem. Pois o que pode ser visto dura apenas um pouco, mas o que não pode ser visto dura para sempre " (2 Coríntios 4:17,18).

Ainda lutamos com a nossa "visão". Há certo conflito entre desfrutar tudo o que Deus nos tem dado aqui, e acreditar no que o teólogo Jonathan Edwards disse sobre o futuro: "Ir para o céu, para apreciar a Deus totalmente, é infinitamente melhor do que as acomodações mais agradáveis aqui." Vê-lo nos trará a visão perfeita! —Anne Cetas

Mantenha os seus olhos fixos em Deus.

Minhas notas e motivos de oração:

Perita criminal

19 de outubro

LEITURA:
DEUTERONÔMIO 17:2-13

Se souberem que alguém está fazendo isso, examinem o caso com todo o cuidado… —DEUTERONÔMIO 17:4

Minha irmã é perita criminal e soube às 4 da manhã que tinha ocorrido um assassinato, e tinha só 48h para reunir provas suficientes e registrar as acusações contra o suspeito.

Na primeira noite nos disse: "Fecho os olhos e só vejo sangue." Na outra: "Só vejo ferimentos e lacerações." Na terceira, anunciou: "Já compus a sequência do crime!"

Também somos chamadas a investigar. Em Deuteronômio 17:2-13 lemos: "…assim tirarão o mal do meio do povo" (vv.7,12). Vemos a importância em investigar e punir o pecado na comunidade. O pecado é abominável a Deus e não coexiste com Ele.

Moisés reafirmou os termos da aliança de Deus com os israelitas, dizendo-lhes que não deveriam permitir que as consequências do pecado corrompessem a comunidade. Como o câncer, o pecado deve ser diagnosticado e exterminado. Ele recomenda examinar o "…caso com todo o cuidado…" (v.4). Deus não queria conclusões precipitadas, era necessário envolver as testemunhas (v.6). Para prevenir falsas acusações as testemunhas deviam atirar as primeiras pedras (v.7). Se a vida de um inocente fosse tirada, eles assumiriam a culpa pessoalmente.

Se conhecemos cristãos em pecado, devemos tratá-los com cuidado e incentivá-los a arrependerem-se diante de Deus, que é santo e misericordioso com os que se voltam a Ele. —Poh Fang Chia

O Senhor é santo e deseja que sejamos o reflexo da Sua santidade.

Minhas notas e motivos de oração:

Orar por

20 de outubro

Livramento

LEITURA: ISAÍAS 63:8-10

…Por causa do seu amor e da sua compaixão, ele os salvou. E todos os dias, ano após ano, ele os pegava e carregava no colo. —ISAÍAS 63:9

Uma vítima do tráfico humano, aos 10 anos foi liberta de um bordel. Outra, de 9 anos foi liberta da escravidão, e do outro lado do mundo, um órfão de 13 anos foi abrigado após cinco anos sobrevivendo nas ruas.

Tirar estas crianças de suas vidas de horror exige valentes esforços por parte dos resgatadores, mas isso apenas começou. Vencida a opressão, vêm à luz alguns dos mais complexos obstáculos à cura e a restauração.

Dentre estes obstáculos para restituir a vítima está a contínua ameaça dos inimigos. Os amalequitas atacaram os israelitas quando estes estavam "cansados e desanimados" após fugirem da escravidão no Egito (Deuteronômio 25:17,18). Hoje, criminosos igualmente incansáveis tentam recapturar as crianças que estão fracas e vulneráveis após serem tiradas de uma situação abusiva. A culpa, o estigma e a pobreza crônica são barreiras adicionais que dificultam o livramento e a restauração.

Como podemos viabilizar mudanças positivas a centenas de milhares de crianças traficadas anualmente?

• Orando para que os traficantes de crianças sejam presos e levados à justiça.

• Orando para que as crianças resgatadas recebam o amor, o cuidado e a proteção permanente de que necessitam.

• Apoiando as organizações que proporcionam cuidado integral a meninos e meninas (Isaías 63:9). —Roxanne Robbins

Somos servas de Deus, e portanto, responsáveis por anunciar o verdadeiro livramento.

Minhas notas e motivos de oração:

Textos de encorajamento

21 de outubro

LEITURA: 2 TESSALONICENSES 1

...temos orgulho de vocês por causa da paciência e da fé que vocês mostram no meio de todas as perseguições e sofrimentos.
—2 TESSALONICENSES 1:4

Você já recebeu mensagens virtuais? Recebi esta: "Leia Filipenses 3:1-11. Isso me abençoou." E outra: "Orando por vocês."

Como cristãs, precisamos edificar outros cristãos. Paulo encorajou os cristãos que destruíram as suas estatuetas quando se converteram a Jesus e, em consequência disso, os idólatras gentios os perseguiam. Ele percebeu que, apesar da perseguição, a fé dos tessalonicenses crescia, o que o levou a dizer: "...nas igrejas de Deus falamos com orgulho sobre vocês..." (v.4). Que reconhecimento! Anuncie também os bons exemplos e a perseverança dos servos fiéis! Você os encorajará e inspirará outros a persistirem no serviço a Deus.

Incentivem-se uns aos outros, e lembrem que a perseguição devido à fé é temporária. Paulo fez votos de que Deus desse descanso aos que estavam sendo perseguidos (vv.6,7). Permitir que as pessoas vejam as provações à luz da eternidade pode ajudar a interromper de imediato o sofrimento do momento.

Paulo lhes assegurou de que orava para que Deus os capacitasse a viverem como "...dignos da sua vocação..." (v.11). É bom prometer orar pelas pessoas, e sermos específicas acerca dos pedidos que faremos por elas!

Hoje, encontre algumas maneiras de deixar suas palavras "...[transmitirem] graça aos que ouvem" (Efésios 4:29). —Jennifer Benson Schuldt

Consolem-se uns aos outros e edifiquem-se reciprocamente.

Minhas notas e motivos de oração:

Orar por

22 de outubro

Uma misteriosa fragrância

LEITURA: 2 CORÍNTIOS 2:12-3:6

Porque somos como o cheiro suave do sacrifício que Cristo oferece a Deus... —2 CORÍNTIOS 2:15

A maioria de nós pode pensar em alguém, talvez uma parenta ou uma amiga, que seja conhecida por um determinado perfume que ela usa. Mesmo sem vê-la, nós sabemos quando ela está por perto. Sem palavras, sua fragrância nos acolhe em sua companhia.

Cada cristão também deve ser conhecido por usar uma fragrância especial, o perfume de Cristo. Mas isso não pode ser comprado numa seção de cosméticos. Esse perfume não pode ser engarrafado e vendido pela igreja. Esse perfume misterioso se origina sempre e somente de nossa comunhão interior com Cristo e espalha uma sutil, mas perceptível influência sobre os outros.

Alguém disse sobre um cristão em sua pequena cidade: "Aquele homem nunca cruza meu caminho sem que eu me torne melhor!" Outro comentou a respeito dele: "Você só precisa apertar a mão dele para saber que ele é cheio de Deus." Provavelmente, esse cristão admirável tenha dado um testemunho verbal em algum momento. Mas sem o perfume de Cristo seu testemunho não teria recebido o poder do Espírito Santo (2 Coríntios 3:6).

O apóstolo Paulo perguntou: "...quem é capaz de realizar um trabalho como esse?" (2:16). A resposta é simples: nossa fragrância, nossa suficiência inteira vem de Cristo, não de nós mesmas. Que fragrância você usará hoje? —Joanie Yoder

Se você andar com Cristo outros irão sentir Sua presença com você.

Minhas notas e motivos de oração:

Ricas

23 de outubro

LEITURA: 1 TIMÓTEO 6:6-12,17-19

É claro que a religião é uma fonte de muita riqueza, mas só para a pessoa que se contenta com o que tem.
—1 TIMÓTEO 6:6

A fadiga e desconforto se misturavam na paisagem árida. O lixo se acumulava. O local, conhecido como "Cidade Nova", nega o seu nome. Crianças nuas, cães selvagens e alguns porcos corriam por sua sobrevivência. Para os membros da missão, acostumados à grama verde e água fácil, esta visão era um forte lembrete do propósito de proclamar que Jesus dá a nova vida, que é encontrada em poços que nunca secam.

O sofrimento dos outros foge ao olhar porque estamos ocupadas com as rotinas diária. Cercadas de prazos, problemas familiares e provações, somos facilmente absorvidas pela vida centrada em nós mesmas e nos distraímos com o consumismo.

Paulo ensina que o contentamento não é uma condição circunstancial (Mateus 5:6). E pergunta: "O que foi que trouxemos para o mundo? Nada! E o que é que vamos levar do mundo? Nada!" (1 Timóteo 6:7).

Deus não quer que tenhamos culpa pelo que recebemos. Porém, Ele nos desafia a viver buscando a Sua justiça e misericórdia (Miqueias 6:8). Quando andamos humildemente com nosso Deus, o que possuímos se torna um meio para o avanço de Seu reino (Mateus 14:15-21).

Quer tenhamos necessidades quer abundância, avaliemos regularmente se o nosso tempo, dinheiro e energia estão sendo utilizados para o que é eterno ou para o que nunca trará satisfação (Isaías 55:1,2). —Regina Franklin

O contentamento só ocorre ao nos posicionamos para sermos absorvidas apenas por Deus.

Minhas notas e motivos de oração:

24 de outubro

Legado

LEITURA: 2 TIMÓTEO 1:3-9

Todas as vezes que lembro de você nas minhas orações, […] agradeço a Deus, a quem sirvo […] como também os meus antepassados serviram. —2 TIMÓTEO 1:3

Karamoja é uma vasta planície no nordeste de Uganda. Esta região é o lar dos Karamojong; tribo cuja indumentária, religião e tradições representam um vestígio da África pré-colonial. Eles são guerreiros ferozes, e creem que todo o gado lhes pertence por delegação divina. Se outra pessoa possui uma vaca — é porque a roubou deles.

Para recuperar a posse desses animais, eles fazem violentas incursões aos vilarejos próximos e ao Sudão e Quênia. Os ataques brutais deixam centenas de mortos e muitos lares destruídos. Na mente deles essa retaliação é justificável. Isso carece de mérito legal, mas os anciãos da tribo passam essa crença de geração a geração.

A fé do jovem Timóteo é um legado mais positivo, endossado pela Bíblia. O apóstolo Paulo, ao escrever a respeito desse filho na fé, declarou: Lembro da sua fé sincera, a mesma fé que a sua avó Lóide e Eunice, a sua mãe, tinham. E tenho a certeza de que é a mesma fé que você tem" (2 Timóteo 1:5).

Abraão demonstrou crer e confiar em Deus (Gênesis 15:6). Essa fé sólida como a rocha fundamentou-se na promessa divina de que ele seria pai de muitas nações (17:5-8). Hoje, pais e mães são responsáveis por ensinar seus filhos a verdade de Deus, "…para que todos creiam e obedeçam" (Romanos 16:26).

Avaliemos cuidadosamente as mensagens, valores e crenças que transmitimos aos outros. —Roxanne Robbins

Qual o legado que você está deixando à próxima geração?

Minhas notas e motivos de oração:

Orar por:

Se o amanhã não vier

25 de outubro

LEITURA: TIAGO 4:13-17

O que vocês deveriam dizer é isto: "Se Deus quiser, estaremos vivos e faremos isto ou aquilo." —TIAGO 4:15

A história triste causou comoção geral. Um noivo fora encontrado morto horas após seu casamento. Ninguém conseguia acreditar!

A vida é mesmo incerta. Estamos a apenas um batimento cardíaco da eternidade, e os "…nossos dias são como uma sombra que passa, e não podemos escapar da morte" (1 Crônicas 29:15). Uma notícia triste nos lembra da nossa fragilidade.

Em Tiago 4, lemos contra o falar com arrogância acerca do nosso futuro. Somos limitadas para sequer compreender o que nos sucederá — menos ainda para cuidar disso. Não somos donas de nosso destino, pois sequer sabemos o que o amanhã nos trará (vv.13,14). Somos como uma névoa. Nossa vida é curta — hoje aqui, amanhã não mais.

Como viver à luz dessas verdades? Aprendamos a aceitar o plano de Deus para nós (v.15) e a fazer todo o bem que pudermos (v.17).

Aceitamos o plano do Senhor ao reconhecer a Sua soberania (v.15). Não fazemos planos e, depois, simplesmente pedimos a Deus para abençoá-los. Devemos incluir Deus em toda decisão, porque Ele está acima de tudo na vida.

Elisabeth Elliot observou: "Deus é Deus. Por ser Deus, Ele é digno de minha confiança e obediência. Só encontrarei descanso em Sua santa vontade, uma vontade indescritivelmente além das minhas mais amplas noções do que Ele pretende."

Devemos fazer o bem que pudermos.

—Poh Fang Chia

A Palavra de Deus nos ensina que honramos ao Senhor, quando somos fiéis nas boas obras.

Minhas notas e motivos de oração:

26 de outubro

Expansão

LEITURA: ISAÍAS 54:1-8

Aumente a sua barraca, torne ainda maior o lugar onde você mora e não faça economia nisso... —ISAÍAS 54:2

A visão era de destruição. Os restos da casa e os canos se empilhavam contra a cerca. A grama antes verde exibia marcas de enxada: era a "reforma da casa".

Seja a casa, a emoção ou o crescimento espiritual, a expansão nos faz sair do passado, rumo ao futuro. Agitadas por visões e sonhos, pisamos novos territórios com o coração aberto e grandes expectativas. Contudo, quando os custos se revelam, questionamos. Quando surgem os atrasos, o desânimo ameaça tirar todo o empreendimento dos trilhos.

Inertes, os blocos de cimento cinzento são fundações que parecem sentinelas insensíveis ao redor de um vão onde as nossas esperanças podem ser vistas somente pela fé. Deparamo-nos surpresas ao perceber que o crescimento é tão... bagunçado. E pensamos: *se Deus estivesse nisso, as coisas não deveriam parecer melhores?* Olhando à volta, ansiamos por pastos verdejantes e águas de descanso. Imaginamos estar "num vale escuro como a morte" (Salmo 23:4).

Porém, Deus traz vida a partir da morte. Mostra-nos os lugares que pensávamos que produziam há muito tempo, e nos chama para nos prepararmos para um novo crescimento (Isaías 54:1). Somos comandadas a "aumentar", "tornar maior" e "encompridar" (v.2). Nosso papel é obedecer; o dele é fazer acontecer (Salmos 127:1; 138:8). —Regina Franklin

Quando o Senhor nos orienta, descansamos certas de que os nossos planos não avançam em vão.

Minhas notas e motivos de oração:

Calcule o custo

27 de outubro

LEITURA: LUCAS 14:25-35

Não pode ser meu seguidor quem não estiver pronto para morrer como eu vou morrer e me acompanhar. —LUCAS 14:27,28

Luciano Pavarotti estudou educação musical e ao graduar-se, perguntou ao pai: "Devo ser professor ou cantor?" Seu pai respondeu: "Se você se sentar em duas cadeiras, cairá entre elas. Na vida, é necessário escolher uma só."

Jesus apresentou mensagem semelhante aos Seus seguidores. E deixou claro que desejava um compromisso sério; homens e mulheres que tivessem calculado o custo do discipulado e estivessem preparados para segui-lo. Ele relacionou as exigências (Lucas 14:25-35), as decisões (vv.28-33) e as especificidades (vv.34,35) do discipulado. E deu o exemplo de pessoas que iniciam um projeto sem calcular o custo. As consequências são vergonha e humilhação.

Calcular o custo implica em tempo e raciocínios, e ninguém que considera tornar-se discípulo de Jesus, tem os recursos para segui-lo por seus próprios meios. Ele concede o que é preciso. Portanto, calcular esse custo implica em abandonar o que se interpõem entre Jesus e nós. Precisamos escolher colocá-lo antes da família e bens materiais, e levar a nossa cruz diariamente. Assim, somos libertas para segui-lo, em total e completa fidelidade e dependência.

O discipulado começa reconhecendo-se o alto preço exigido e, sem reservas, lançarmo-nos sob a graça que sustenta e sob o poder encontrado somente em Jesus. —Poh Fang Chia

Existem apenas duas maneiras de fazer ou não algo com seriedade — rejeitar ou arriscar tudo.

Minhas notas e motivos de oração:

Orar por

28 de outubro

Ouça

LEITURA: DANIEL 10:1-19

…Deus ouviu a sua oração desde a primeira vez que você se humilhou na presença dele a fim de ganhar sabedoria…
—DANIEL 10:12

A minha vida de oração enfrentou crises. Perdemos dois jovens da igreja; o pastor enfrentou problemas de saúde, e meu casamento sofreu pelo estresse ministerial. Numa visita ao hospital, meu marido e eu oramos por uma criança. Eu queria ver o mover de Deus mas ela morreu, apesar das orações. O caos se instalou, e questionei: "Por que continuar a orar?" Meu esposo, respondeu: "Porque Deus nos diz para orar."

Na parábola do juiz iníquo (Lucas 18:1-8), Jesus admoestou Seus discípulos a perseverarem em oração, dizendo: "…quando o Filho do Homem vier, será que vai encontrar fé na terra?" (v.8). Tantas vezes permiti que a resposta determinasse o nível da minha fé, em vez de permitir que a minha fé me trouxesse maior compreensão da oração.

Se as circunstâncias nos cegarem, perderemos o foco da batalha. Daniel se submeteu a Deus e recusou-se a abandonar sua fé, pois sabia que Ele lhe responderia. Em 2 Coríntios 5:7 lemos: "…vivemos pela fé e não pelo que vemos." Imagine se Daniel desistisse de orar devido à demora da resposta!

O inimigo quer nos manter focadas em nós mesmas e esquecidas da batalha. O pecado não confessado e a falta de perdão impedem que as nossas orações sejam ouvidas (Isaías 59:2; Mateus 6:15). Deus nos ouve quando nos submetemos à Sua vontade e permanecemos inabaláveis na fé. —Regina Franklin

…Eu vim em resposta à sua oração.
Daniel 10:12

Minhas notas e motivos de oração:

Dom desperdiçado

29 de outubro

LEITURA: 2 PEDRO 1:3-10

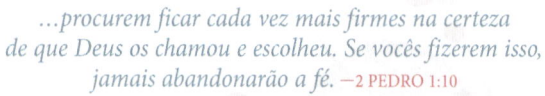

> ...procurem ficar cada vez mais firmes na certeza de que Deus os chamou e escolheu. Se vocês fizerem isso, jamais abandonarão a fé. —2 PEDRO 1:10

O poeta Samuel Taylor Coleridge era muito indisciplinado, e perdeu-se em tarefas que sempre ficaram por fazer. Tinha muitos dons, mas lhe faltava constância e concentração.

Quem crê em Jesus tem potencial para completar as tarefas que Deus lhe dá. Em 2 Pedro, lemos que: "O poder de Deus nos tem dado tudo o que precisamos para viver uma vida que agrada a ele..." (1:3) e que Ele nos deu "...os maravilhosos e preciosos dons que prometeu..." para que "escapássemos da imoralidade que os maus desejos trouxeram a este mundo e pudéssemos tomar parte na sua natureza divina" (v.4).

Deus nos deu tudo! Nada nos falta para crescermos e nos tornarmos pessoas úteis e produtivas ao servirmos Jesus (v.8). Uma coisa, porém, é obrigatória: Precisamos ser sensíveis à voz de Deus (v.5).

Os versículos 5 a 7 trazem as qualidades do caráter que todo cristão deve esforçar-se para atingir, pela força de Deus, as quais incluem: excelência moral, conhecimento, autocontrole e perseverança. Se não as buscarmos, fracassaremos espiritualmente (v.10).

Esforcemo-nos para crescer como cristãs que possuem o caráter forte e a capacidade de terminar o que Ele nos chama a fazer em Seu plano perfeito. A soberania de Deus é a nossa base para o necessário esforço sustentado e concentrado para o crescimento espiritual. —Poh Fang Chia

A soberania de Deus nunca deve ser desculpa para passividade ou inatividade

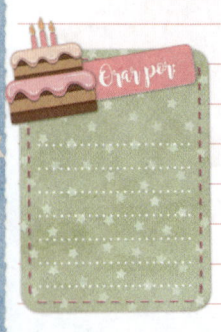

Minhas notas e motivos de oração:

30 de outubro

Emboscada

LEITURA: 1 SAMUEL 25:23-25

…aos seus pés, dizendo: "Por favor, senhor! Escute-me! Eu sou a culpada!" —1 SAMUEL 25:24

O casal, Neide e Fernando caminhavam numa reserva quando uma onça os atacou. Neide tentou ferir o felino com uma caneta, mas ao ver que não funcionava, bateu no animal com um tronco até ela fugir!

Talvez nunca tenhamos que lutar com animais selvagens, mas talvez precisemos defender nossa família de ameaças, críticas injustas, fofocas, ou do valentão da vizinhança. O bom senso é importante para mantê-los a salvo.

Abigail é famosa por salvar seu marido do plano de Davi (1 Samuel 25:33). Quando soube das intenções de Davi, ela enviou seus servos para encontrá-lo com um carregamento de mantimentos (vv.18,19).

Ela assumiu a culpa de se marido perante Davi (vv.23,24). Sua humilhação foi o ponto de partida para dialogar com o homem preparado para guerrear. Ela sabia que "a resposta delicada acalma o furor…" (Provérbios 15:1).

Davi a ouviu enquanto ela admitia que Nabal "…não vale nada… um tolo…" (v.25). O marido dela havia insultado os mensageiros de Davi, e, apesar disso, Abigail sabiamente defendeu sua família.

No fim, Davi agradeceu a Deus pela sensatez dela (v.33) e absolveu Nabal. A receita de sensibilidade de Abigail — a reação rápida, a abordagem humilde e o fato de assumir a culpa — nos ajudarão também quando interviermos por nossas famílias e outras pessoas. —Jennifer Benson Schuldt

A bondade advinda de Deus é um grande método para frustrar as emboscadas deste mundo.

Minhas notas e motivos de oração:

Perspectiva

31 de outubro

LEITURA: MATEUS 23:5-7,13-28

*Por fora vocês parecem boas pessoas,
mas por dentro estão cheios de mentiras e pecados.*
—MATEUS 23:28

Comecei a minha rotina matinal, e vi na torneira da pia do banheiro uma fina camada de sujeira na junção da torneira com a porcelana. Percebi que precisava modificar meu estilo da limpeza.

Como a sujeira oculta, o pecado também se desenvolve em lugares invisíveis. Ao declararmos guerra contra os inimigos espirituais precisamos de ajuda, porque o nosso coração é enganoso (Jeremias 17:9). Cercar-nos de pessoas que nos ensinam sobre a sabedoria da Palavra de Deus nos traz vantagens nessa batalha (Provérbios 24:6). Se sonegamos as informações ou torcemos a verdade para parecermos boas, o bom conselho que recebemos pode não servir. Agindo assim abrimos espaços para os ciscos de sujeira se acumularem até que o nosso coração se torne uma sepultura mofada com pensamentos e desejos ocultos.

Infelizmente, no passado, caiei o meu coração ao ocultar certas reações indesejáveis. Questionava-me o motivo de sentir-me como se nunca pudesse ser suficientemente boa. Agora aprendi que adornar o lado exterior não muda o coração. As camadas de autojustificação me deixavam despida e cega (Apocalipse 3:17,18), necessitando desesperadamente da perspectiva de Deus.

Expor nossas falhas nunca é fácil, mas quando vivemos genuinamente sob a perspectiva divina, experimentamos a vida verdadeira. —Regina Franklin

A santidade exige a demolição de qualquer construção feita pelo homem.

Minhas notas e motivos de oração:

Orar por:

Novembro

O vovô fugiu

1 de novembro

LEITURA: SALMO 16

Por isso o meu coração está feliz e alegre, e eu, um ser mortal, me sinto bem seguro.
—SALMO 16:9

Meu primo Cláudio lutou corajosamente contra o câncer durante quatro anos. No fim dos seus dias, sua esposa, seus três filhos, e vários netos entravam e saíam do quarto dele o tempo todo, aproveitando ao máximo a companhia dele e despedindo-se de maneira especial. Todos estavam fora do quarto no instante que ele partiu para a eternidade. Quando a família percebeu que ele tinha falecido, uma das netinhas comentou amavelmente, "o vovô fugiu." Em um momento o Senhor estava com Cláudio aqui na terra; no momento seguinte o espírito de Cláudio estava com o Senhor na eternidade.

O Salmo 16 era o salmo preferido de Cláudio e ele pediu que fosse lido em seu funeral. Ele concordava com o salmista Davi, que afirmou não existir tesouro mais valioso do que um relacionamento pessoal com Deus (vv.2,5). Com o Senhor como seu refúgio, Davi reconhecia que a sepultura não rouba a vida dos cristãos. Ele disse: "…e por isso não deixarás que eu desça ao mundo dos mortos…" (v.10). Nem Cláudio nem ninguém que conhece Jesus como Salvador será abandonado na morte.

Pela morte e ressurreição de Jesus, também ressuscitaremos um dia (Atos 2:25-28; 1 Coríntios 15:20-22). E descobriremos que "…presença [do Senhor] enche de alegria e me traz felicidade para sempre" (Salmo 16:11).
—Anne Cetas

Deus é o nosso tesouro neste momento, e com Ele na eternidade haverá delícias perpetuamente.

Minhas notas e motivos de oração:

2 de novembro

Esteja presente

LEITURA: JÓ 2:3-13

…sentaram-se no chão ao lado dele e ficaram ali sete dias e sete noites; e não disseram nada, pois viam que Jó estava sofrendo muito. —JÓ 2:13

Vinte crianças e seis funcionários foram assassinados numa escola americana e a nação inteira ficou chocada por algo tão horrível ter acontecido. Todos se concentraram na tragédia e perguntas que a cercavam: Que tipo de pessoa faria isso? Por quê? Como impedir que aconteça novamente? Como ajudar os sobreviventes? Em meio ao caos, um grupo improvável se moveu e fez a diferença.

Alguns cachorros foram enviados de um estado próximo — especialmente *Golden retrievers* treinados, que nada ofereciam além de afeto. Os cachorros não falam; simplesmente oferecem a sua presença. As crianças traumatizadas pela violência abriram-se para eles, expressando medos e emoções sobre os quais não haviam falado com adulto algum. Tim Hetzner, da instituição de caridade da Igreja Luterana disse: "A maior parte do treinamento deles é simplesmente aprender a ficar quieto."

Conforme aprendemos no livro de Jó, as pessoas enlutadas nem sempre precisam de palavras. Algumas vezes, precisam de alguém para se sentar silenciosamente ao seu lado, ouvir-lhes quando precisam falar e abraçar-lhes quando a tristeza se torna pranto.

Deus pode não intervir para mudar as circunstâncias e Ele pode não explicar o sofrimento, mas Ele nos consola por meio da presença de outros cristãos (Colossenses 4:8).
—Julie Ackerman Link

Ouvir pode ser a coisa mais amável e semelhante a Cristo para se fazer hoje.

Minhas notas e motivos de oração:

Orar por

Honestidade realmente compensa?

3 de novembro

LEITURA: PROVÉRBIOS 11:1-6

Filho, preste atenção quando o Senhor Deus o castiga e não se desanime quando ele o repreende. —PROVÉRBIOS 3:11

Ainda me lembro do dia em que encontrei duas moedas no recreio da escola, quando criança. Eu as trouxe para casa pensando que elas não seriam encontradas. Mas minha mãe obrigou-me a entregá-las à minha professora. "Elas pertencem à outra pessoa", mamãe falou. Desde então, muitas vezes Deus tem me lembrado desta lição precoce a respeito da honestidade.

Por exemplo, recentemente, quando eu estava colocando sacolas de compras no carro, descobri, na parte inferior do carrinho, um cartão de felicitações ao qual eu não havia pagado. Marchei de volta para a caixa registradora, esperei na fila, desculpei-me e paguei o cartão. Um homem atrás de mim, olhando perplexo, desafiou-me: "É somente um cartão de felicitações! Quem iria descobrir? Não é um pouco tolo voltar ao caixa por isso?"

Por um segundo me senti tola. Mas então estas palavras me vieram à mente: "Se você perdesse sua carteira, eu respondi sorrindo, acho que esperaria que uma tola como eu a encontrasse!"

Em Provérbios 11 somos lembradas de que o Senhor se deleita na honestidade (v.1) e abençoa aqueles que fazem o que é correto (v.6). Então, mesmo que desistamos daquilo que parece ser dinheiro fácil, podemos ganhar a aprovação de Deus. Isso vale muito mais do que todas as riquezas do mundo. A honestidade realmente compensa!

—Joanie Yoder

O dinheiro não pode comprar o prêmio da honestidade — uma consciência limpa diante de Deus.

Minhas notas e motivos de oração:

4 de novembro

Dá-me sabedoria

LEITURA: PROVÉRBIOS 4:1-9

Ame a sabedoria, e ela o tornará importante; abrace-a e você será respeitado. —PROVÉRBIOS 4:8

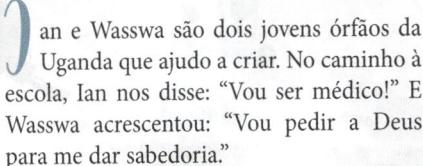

Ian e Wasswa são dois jovens órfãos da Uganda que ajudo a criar. No caminho à escola, Ian nos disse: "Vou ser médico!" E Wasswa acrescentou: "Vou pedir a Deus para me dar sabedoria."

Desde então, todas as noites e por vontade própria, os meninos oram em voz alta: "Querido Jesus, por favor, dá-nos sabedoria." Cada vez que oram, sinto o conforto, por saber que seus pedidos os preparam para conhecer melhor a Deus e os Seus planos para eles.

O livro de Lucas nos traz notícias da adolescência de Jesus: o exemplo extremo de uma criança buscando sabedoria divina. Quando Jesus vivia com seus pais na Galileia, ele começou a destacar-se das demais crianças de sua idade. Fazia coisas incomuns, e aos 12 anos escapou de seus pais durante três dias para assentar-se "…no meio dos mestres da Lei, ouvindo-os e fazendo perguntas a eles" (Lucas 2:46).

O comportamento dele talvez pareça ter sido extraordinário, pois Ele abriu o Seu coração e mente à Palavra de Deus, "…crescendo também em sabedoria…" (Lucas 2:52).

Pedir sabedoria agrada ao Senhor (1 Reis 3:9-11). Ao recebermos a sabedoria do alto nos aproximamos ainda mais de Deus.

Guardemos estas sábias palavras na mente: "Se você for sábio, o lucro será seu; se zombar de tudo, você mesmo sofrerá as consequências" (Provérbios 9:12). —Roxanne Robbins

A sabedoria ajuda a determinar as ações prudentes para assegurar resultados positivos na vida.

Minhas notas e motivos de oração:

Traição

5 de novembro

LEITURA: 1 REIS 21:1-29

…porque você se entregou completamente a fazer o que o Senhor Deus considera errado. —1 REIS 21:20

Anthony Marshall desviou milhões de sua mãe antes de ela morrer aos 105 anos, em 2007. O dinheiro, a idade e o mal de Alzheimer a tornaram um alvo atraente. Ela era uma socialite de Nova Iorque e herdeira de vasta fortuna. Ironicamente, seu filho já idoso e rico conspirou com seu advogado e apoderou-se de sua herança!

A Bíblia diz: "…os olhos do homem nunca se satisfazem" (Provérbios 27:20 ara). A ganância nem sempre significa adquirir mais dinheiro, mas desejar mais do que o necessário de algo.

O rei Acabe queria mais terras (1 Reis 21:2), especificamente, a vinha próxima ao palácio. Mas o dono não queria vendê-la. Acabe ficou amuado até sua esposa apelar para o seu *status* e capacidade de obter seus desejos (v.7). Jezabel o incitou à autossatisfação ao invés de autocontrole.

Ela contratou bandidos para falsamente acusarem Nabote de amaldiçoar Deus e o rei. Com isso, Nabote foi apedrejado até a morte e Acabe "…tomou posse…" (v.16). Ele nunca questionou o que sua esposa fizera. A ganância esmaga as pessoas para obtermos o que desejamos.

Deus tudo vê, e não quer que sejamos gananciosos (v.20); "…fiquem satisfeitos com o que vocês têm…" (Hebreus 13:5). O contentamento nos afasta da autoindulgência e da intenção de ferir os outros para adquirir o que queremos. —Jennifer Benson Schuldt

O contentamento nos permite desejar o que necessitamos, em vez de necessitar do que desejamos.

Minhas notas e motivos de oração:

6 de novembro

Incertezas

LEITURA: FILIPENSES 4:6-9

E a paz de Deus, que ninguém consegue entender, guardará o coração e a mente de vocês, pois vocês estão unidos com Cristo… —FILIPENSES 4:7

Meu cunhado refez os seus planos devido à reviravolta econômica. Na época, minha irmã escreveu: "…sabemos que todas as coisas trabalham juntas para o bem daqueles que amam a Deus, daqueles a quem ele chamou de acordo com o seu plano" (Romanos 8:28).

Se cremos em Jesus podemos ter paz em meio às incertezas. Paulo diz aos cristãos para não se preocuparem com nada, mas orarem por tudo. Por quê? O Pai celestial ama os Seus filhos e cuida de suas necessidades (Mateus 6:25-34; Filipenses 4:6). Podemos levar a Ele todas as nossas preocupações com gratidão — confiando em Sua provisão.

Dizer que a paz de Deus excede todo o entendimento revela que não conseguimos explicá-la, mas senti-la, pois Ele guarda nosso coração e mente (Filipenses 4:7). A palavra *guardar* significa estabelecer uma sentinela ou "cuidar de". Deus guarda o nosso coração contra a ansiedade, e também cuida de nossa mente para que não entre numa espiral descendente.

Paulo indica dez itens nos quais devemos nos concentrar e praticar para substituir as preocupações. Ele nos diz "…seja isso o que ocupe o vosso pensamento […] e praticai…" (Filipenses 4:8,9).

Somente Ele dá a paz que acalma os nossos nervos, enche a nossa mente de esperança que nos permite relaxar, mesmo em meio às mudanças e desafios. —Poh Fang Chia

Nossa paz provém da confiança de que Deus está no controle.

Minhas notas e motivos de oração:

Dependendo ou fingindo?

7 de novembro

LEITURA: MATEUS 11:25-30

…que vivamos em humilde obediência ao nosso Deus.
—MIQUEIAS 6:8

Você já pode ter ouvido alguém dizer: "Escrevi um livro sobre a humildade e como alcançá-la." No entanto, a maioria das pessoas não mencionaria seriamente a palavra humildade e seu próprio nome na mesma frase. Sabemos que no momento em que nos orgulhamos da humildade, ela nos escapa — como esta confissão que apareceu em um poema na revista *Village* Voice:

"Eu me senti uma fraude. Então peguei um anúncio de página inteira no jornal e confessei para o mundo que eu era uma fraude! Li o anúncio e pensei que ser uma fraude é fingir ser honesto."

Humildade sem fingimento é possível? Miqueias 6:8 nos fornece uma pista vital. O profeta não disse: "Seja humilde" ou "ande humildemente". Ele disse: "…que vivamos em humilde obediência ao nosso Deus". Seu conselho aponta para a necessidade de depender fielmente de Deus e olhar para a frente, para as palavras do Senhor: "Sejam meus seguidores e aprendam comigo porque sou bondoso e tenho um coração humilde…" (Mateus 11:29).

Jesus demonstrou humildade ao caminhar em total dependência de Seu Pai (João 5:19,30; 8:28) e ao servir a outros (Mateus 20:28). Somente quando tomarmos Seu jugo e andarmos humildemente com o Pai é que aprenderemos a verdadeira humildade.

Estamos humildemente dependendo de Deus — ou apenas fingindo ser humildes? —Joanie Yoder

Aprender a caminhar humildemente começa de joelhos, em oração.

Minhas notas e motivos de oração:

8 de novembro

Candeeiro

LEITURA: APOCALIPSE 2:1-7

…Arrependam-se dos seus pecados e façam o que faziam no princípio. Se não se arrependerem, eu virei e tirarei o candelabro… —APOCALIPSE 2:5

Uma vez, conversei com o segurança da igreja e ele disse: "A igreja acaba de instalar um novo sistema de som avançadíssimo, custou uma fortuna." E acrescentou: "pena que aqui não tem muitas atividades." As atividades não refletem, necessariamente, a saúde da igreja, mas imaginai se o candeeiro dessa igreja tinha sido removido.

Jesus afirma que "…os sete candeeiros são as sete igrejas" (Apocalipse 1:20). Como candeeiros, as igrejas são portadoras de luz. Elas sustentam ou portam a luz. A iluminação vem de Jesus — "a luz do mundo" (João 9:5). A missão da igreja é direcionar as pessoas perdidas para Ele.

Vemos em Apocalipse 2, o motivo de a igreja perder seu impacto sobre a comunidade e a solução para esse problema. Para a igreja de Éfeso não faltava empenho, serviço, labuta e esforço (2:2,3). Sua atividade, teologia, conduta e perseverança pareciam boas. Seus corações eram o problema, pois haviam abandonado o seu primeiro amor (v.4). Seu relacionamento com Jesus se tornara rotina, sem entusiasmo e vida. A solução dada foi: "Lembra-te, pois, de onde caíste, arrepende-te…" (v.5, ARA). Nosso amor por Jesus precisa ser restaurado para podermos iluminar nosso mundo.

Quando caminhamos junto a Jesus e realmente experimentamos Sua luz, só podemos fazer com que todo o mundo o veja! —Poh Fang Chia

Meu povo, eu lembro de quando você era jovem. Como você era fiel e como me amava… Jeremias 2:2

Minhas notas e motivos de oração:

Orar por:

Manchada

9 de novembro

LEITURA: MATEUS 26:26-35

...porque isto é o meu sangue, que é derramado em favor de muitos para o perdão dos pecados... —MATEUS 26:28

Tinha sido um dia daqueles, e me aborreci ao descobrir uma caneta-marcadora vermelha, no meio das roupas recém-lavadas. Sabendo que a raiva seria inútil, peguei o removedor de manchas e pus-me a trabalhar. Fiquei grata por ver que todos os vestígios da tinta haviam desaparecido.

Quando o assunto é pecado, nenhuma quantidade de removedor feito pelo homem funciona. Como uma caneta marca-texto na roupa lavada dentro da lavadora, o pecado se torna visível, manchando tudo que toca. Nossos melhores esforços para removê-lo nos deixam profundamente imundas e sem esperança (Isaías 64:6).

A Bíblia afirma que não pode existir a remoção do pecado sem o derramamento de sangue (Levítico 17:11; Hebreus 9:22). Embora creiamos nesta confissão, o nosso coração compreende a sua profundidade?

O precioso sangue do Cordeiro de Deus nos resgatou (1 Pedro 1:18,19). Puro e incorrupto, sem merecer o nosso pecado, o sangue de Jesus foi derramado por nós. Saturou-nos, marcando-nos com Seu toque indelével de amor e misericórdia.

O sacrifício de Jesus exige uma resposta, não porque Ele a peça, mas porque Seu presente nos deixa sem desculpas (Efésios 1:7). Quando a magnitude do Seu sacrifício traz o nosso pecado e a Sua esperança à luz, percebemos que o arrependimento é um estilo de vida (1 João 1:7-9). —Regina Franklin

Para quem crê, a verdadeira vida flui de um Salvador sacrificado.

Minhas notas e motivos de oração:

10 de novembro

O que for preciso

LEITURA: GÊNESIS 39:6-12

...[José] escapou e correu para fora, deixando a capa nas mãos dela.
—GÊNESIS 39:12

Na Indonésia, algumas pessoas utilizam um cadeado de uso individual, para inibir a prostituição em casas de massagem, e os usam para prender o vestuário.

A ideia parece medieval, e relembra que a imoralidade não é opção. Sendo cristãs: "Deus não nos chamou para vivermos na imoralidade, mas para sermos completamente dedicados a ele" (1 Tessalonicenses 4:7).

O compromisso de José era ser puro, apesar das investidas sexuais da esposa do seu patrão. Primeiro, ele tentou se defender, confrontando-a com a realidade: "...Escute! [...]. Ele [Potifar] me pôs como responsável por tudo o que tem. Nesta casa eu mando tanto quanto ele. Aqui eu posso ter o que quiser, menos a senhora, pois é mulher dele. Sendo assim, como poderia eu fazer uma coisa tão imoral e pecar contra Deus?" (Gênesis 39:8,9).

José recusou-se a cometer adultério. Sabiamente, ele "...evitava estar perto dela" (v.10). Como ele, evitemos situações em que a sedução ameaça nossa pureza.

Fujamos da "...da imoralidade sexual!..." (1 Coríntios 6:18). José fugiu da presença da esposa de Potifar "e correu para fora..." (v.12). E abriu mão da sua reputação, emprego e *status* para honrar a Deus. Valorizemos a pureza, deixando para trás namoros doentios, certos *sites* e antigos estilos de vida, tudo que nos leva a uma vida impura.

—Jennifer Benson Schuldt

Devemos nos dispor a fazer o que for preciso para agradar ao Senhor.

Minhas notas e motivos de oração:

Desobstruindo

11 de novembro

LEITURA: FILIPENSES 3:3-9

Mas o que, para mim, era lucro, isto considerei perda por causa de Cristo.
—FILIPENSES 3:7

Você já tentou convencer um acumulador compulsivo a jogar algo fora? Então sabe como é difícil fazê-lo livrar-se do desnecessário.

Um *designer* de interiores sugere: "Não tenha em casa coisas inúteis que você ache lindas. Reduzir a bagunça não é competição para ver quem tem menos. Viva para manter o seu tempo, dinheiro e energia disponíveis para as coisas que são realmente importantes."

Paulo nos revela que teve esse problema. Embora ele não estivesse, necessariamente, enchendo sua casa com *objetos*, descobrimos que estava obcecado por manter o cumprimento da Lei judaica. Ele acumulou elogios supérfluos por ser um excelente fariseu, e transbordava de autoconfiança e legalismo (Filipenses 3:3-6).

Paulo não percebia que acumulava coisas inúteis. Mas após sua conversão, disse: "… essas coisas valiam muito para mim; mas agora por causa de Cristo, considero que não têm nenhum valor. […] considero tudo uma completa perda, comparado com aquilo que tem muito mais valor, isto é, conhecer completamente Cristo Jesus, o meu Senhor. Eu joguei tudo fora como se fosse lixo, a fim de poder ganhar a Cristo e estar unido com ele. […] agora é por meio da minha fé em Cristo que eu sou aceito…" (vv.7-9).

Você precisa se desfazer de algo para conhecer melhor a Cristo? —Roxanne Robbins

Há tempo […] de economizar e tempo de desperdiçar. **Eclesiastes 3:6**

Minhas notas e motivos de oração:

Orar por

12 de novembro
Surpresa no treinamento

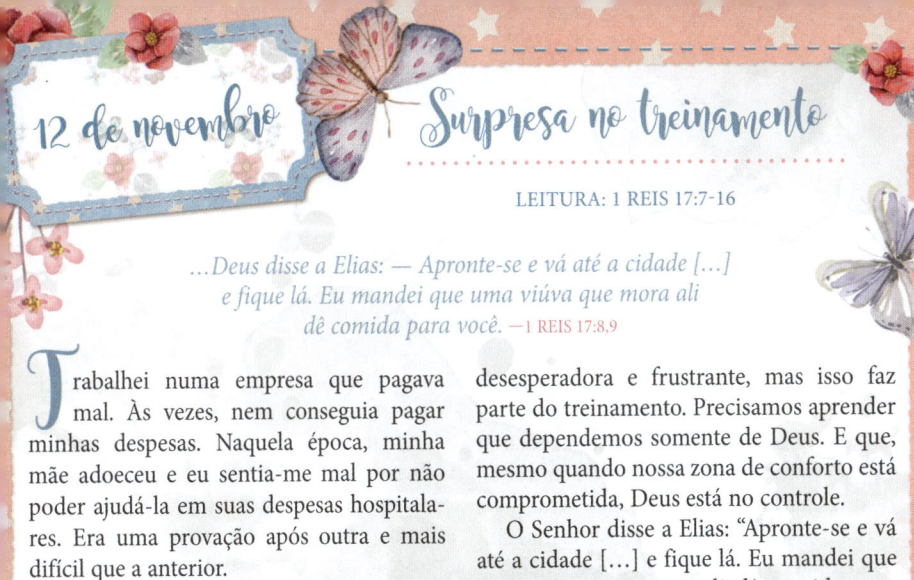

LEITURA: 1 REIS 17:7-16

...Deus disse a Elias: — Apronte-se e vá até a cidade [...] e fique lá. Eu mandei que uma viúva que mora ali dê comida para você. —1 REIS 17:8,9

Trabalhei numa empresa que pagava mal. Às vezes, nem conseguia pagar minhas despesas. Naquela época, minha mãe adoeceu e eu sentia-me mal por não poder ajudá-la em suas despesas hospitalares. Era uma provação após outra e mais difícil que a anterior.

Junto às águas de Querite, Deus treinou Elias: Ele utilizou corvos para levar as refeições diárias ao profeta. Com a persistente seca, o ribeiro ruidoso se tornou um fluxo silencioso e, depois, um mero fio de água (1 Reis 17).

Lemos ali: "Mas algum tempo depois o riacho secou [...] *Então*, o SENHOR disse..." (vv.7,8). Preferiríamos que Deus nos mostrasse o próximo passo antes de nossos recursos se esgotarem totalmente. A espera pode ser desesperadora e frustrante, mas isso faz parte do treinamento. Precisamos aprender que dependemos somente de Deus. E que, mesmo quando nossa zona de conforto está comprometida, Deus está no controle.

O Senhor disse a Elias: "Apronte-se e vá até a cidade [...] e fique lá. Eu mandei que uma viúva que mora ali dê comida para você" (v.9). Sarepta era território inimigo. Por que alguém ofereceria abrigo a Elias, especialmente *uma viúva*? Elas eram as mais pobres dentre os pobres! Isso desafiava a sabedoria humana e exigia confiança. Deus estava treinando o Seu servo a andar por fé, não pelo que via (2 Coríntios 5:7). O Senhor conhece a minha vida, e confio em Seus cuidados. —Poh Fang Chia

As provações vêm do alto, e assim, Deus fortalece os Seus filhos e os poda com amor.

Minhas notas e motivos de oração:

Orar por:

Em fogo

13 de novembro

LEITURA: LEVÍTICO 6:8-13

O fogo nunca se apagará no altar; deverá ficar sempre aceso. —LEVÍTICO 6:13

Em recente viagem de aniversário de casamento, meu marido e eu fomos passear antes do jantar. Ao caminharmos numa dessas praças, fomos novamente atraídos pela silenciosa estátua do reavivalista e pregador John Wesley. Questionamo-nos sobre qual seria o fulgor de nossa "chama".

Reavivamento. Essa palavra evoca imagens diferentes para cada pessoa, dependendo de sua experiência espiritual anterior. Como movimento, o reavivamento hoje parece ilusório em nossa cultura atual. Oramos por ele, mas o que exatamente estamos buscando? Encontramos explicações que o definem como: um fogo consumidor proveniente de um Deus santo; período de renovado interesse religioso ou reunião evangelística, ou uma série delas, frequentemente com forte apelo emocional.

Quando o Senhor estabeleceu o Seu tabernáculo, as instruções dadas aos sacerdotes para manterem o fogo do altar continuamente aceso eram muito claras. Essas mesmas instruções se aplicam a nós. Embora não levemos madeira a um altar literal, somos um "...sacrifício vivo, dedicado ao seu serviço e agradável a ele..." colocado no altar da submissão (Romanos 12:1).

O reavivamento não é gerado pelo homem, mas ocorre quando Deus derrama Seu Espírito em nós. Somos o Seu templo (1 Coríntios 3:16) e sacerdotes do Rei (1 Pedro 2:9).

—Regina Franklin

Somos chamadas a preparar e manter o fogo do avivamento aceso.

Minhas notas e motivos de oração:

14 de novembro

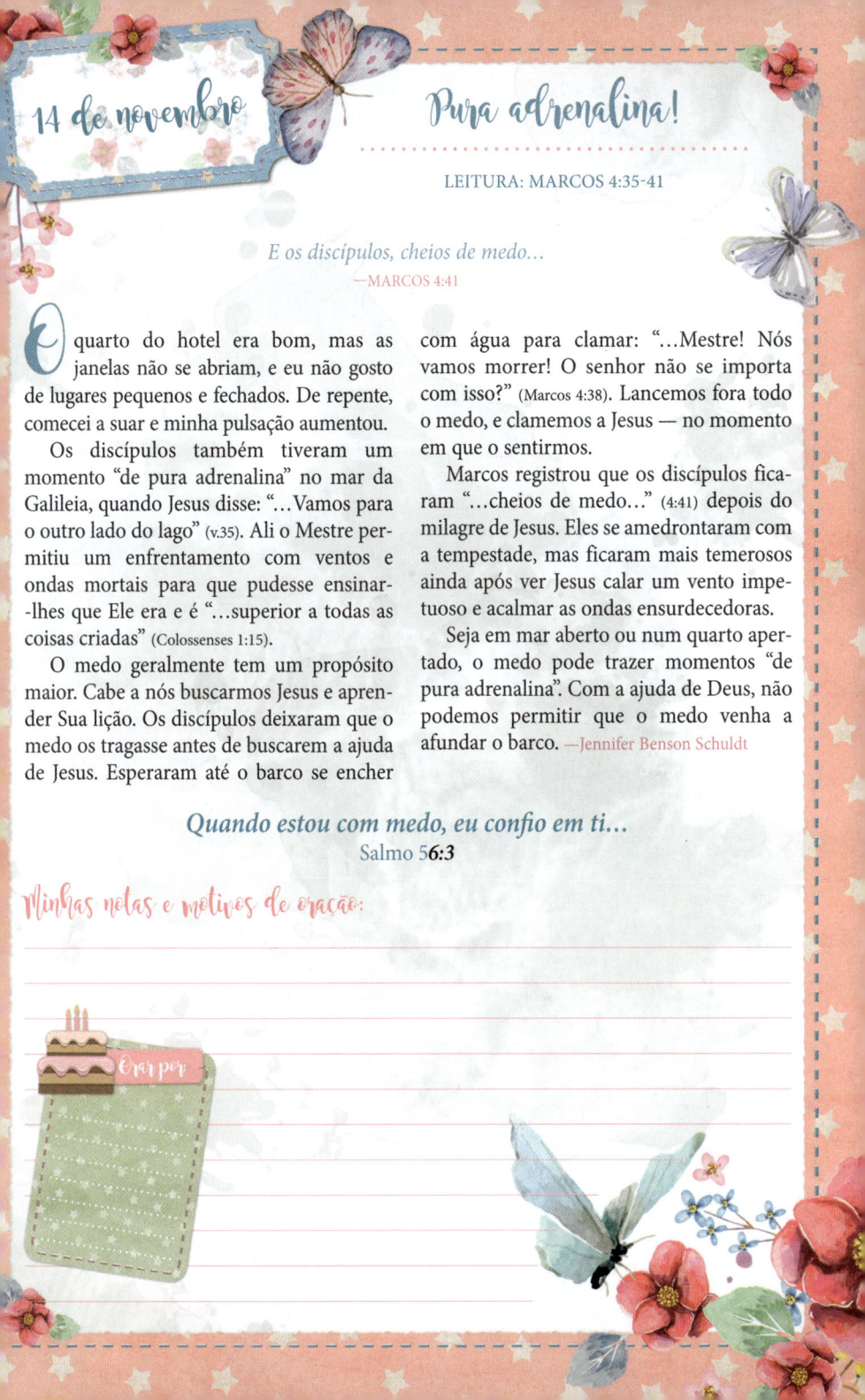

Pura adrenalina!

LEITURA: MARCOS 4:35-41

> *E os discípulos, cheios de medo…*
> —MARCOS 4:41

O quarto do hotel era bom, mas as janelas não se abriam, e eu não gosto de lugares pequenos e fechados. De repente, comecei a suar e minha pulsação aumentou.

Os discípulos também tiveram um momento "de pura adrenalina" no mar da Galileia, quando Jesus disse: "…Vamos para o outro lado do lago" (v.35). Ali o Mestre permitiu um enfrentamento com ventos e ondas mortais para que pudesse ensinar-lhes que Ele era e é "…superior a todas as coisas criadas" (Colossenses 1:15).

O medo geralmente tem um propósito maior. Cabe a nós buscarmos Jesus e aprender Sua lição. Os discípulos deixaram que o medo os tragasse antes de buscarem a ajuda de Jesus. Esperaram até o barco se encher com água para clamar: "…Mestre! Nós vamos morrer! O senhor não se importa com isso?" (Marcos 4:38). Lancemos fora todo o medo, e clamemos a Jesus — no momento em que o sentirmos.

Marcos registrou que os discípulos ficaram "…cheios de medo…" (4:41) depois do milagre de Jesus. Eles se amedrontaram com a tempestade, mas ficaram mais temerosos ainda após ver Jesus calar um vento impetuoso e acalmar as ondas ensurdecedoras.

Seja em mar aberto ou num quarto apertado, o medo pode trazer momentos "de pura adrenalina". Com a ajuda de Deus, não podemos permitir que o medo venha a afundar o barco. —Jennifer Benson Schuldt

> *Quando estou com medo, eu confio em ti…*
> Salmo 5**6:3**

Minhas notas e motivos de oração:

Orar por

Melhor do que boa aparência

15 de novembro

LEITURA: MARCOS 14:27-42

…Afasta de mim este cálice de sofrimento. Porém que não seja feito o que eu quero, mas o que tu queres.
—MARCOS 14:36

Na sociedade de hoje dois fatores populares, o fator do "bem-estar" e o fator da "boa aparência", estão sendo confundidos com sucesso. Alguém que não se sinta bem ou não pareça apresentável é, muitas vezes, considerado medíocre, ou até um fracasso.

A igreja pode facilmente cair nessa armadilha, tudo em nome do desejo do bom testemunho para o Senhor. Um olhar mais profundo no testemunho do próprio Cristo poderá esclarecer-nos.

Em Marcos 14:27-42, Jesus estava próximo de Sua morte expiatória no Calvário. Quando Jesus lutou e venceu a batalha da vontade, Lucas disse que Seu suor tornou-se como grandes gotas de sangue (22:44). Em meio a tudo isso e da terrível agonia da crucificação que se seguiu, Jesus não se sentiu bem, nem parecia bem. Em vez disso, Ele foi bom e fez o bem escolhendo a vontade de Seu Pai e o cumprimento dela. Sua aflita obediência foi, mais tarde, seguida pela alegre ressurreição.

Seu Pai celestial confiou-lhe uma situação angustiante em que é irrealista se sentir bem ou parecer bem? Não se desespere! Ele valoriza o que você é e o que você faz quando você morre para si mesma e abraça Sua vontade. Jesus sabe que isso, muitas vezes, pode parecer uma confusão. A verdade é que tal situação honra a Deus e, talvez, nos leve à vitória e à alegria. Pode haver maior testemunho do que esse? —Joanie Yoder

De situações desagradáveis Deus traz beleza.

Minhas notas e motivos de oração:

16 de novembro

Decepcionada

LEITURA: 1 REIS 21:1-16

Acabe foi para casa aborrecido e com raiva por causa do que Nabote tinha dito. Ele se deitou na cama [...] e não quis comer nada. —1 REIS 21:4

Verificando meus e-mails, abri a mensagem e prendi a respiração na expectativa do que veria. Aguardando uma resposta ao manuscrito que enviara, li a resposta do editor. Fiquei decepcionada. A avaliação era precisa, mas o manuscrito precisava ser aprimorado. Chorei, pois para finalizá-lo, eu teria um intenso trabalho pela frente.

A decepção é a reação humana normal a um desejo não atendido. "A esperança adiada faz o coração ficar doente..." (Provérbios 13:12). Fomos criadas para a esperança, e viver neste mundo decaído significa enfrentar decepções. A diferença está no que fazemos com elas.

Acabe não conseguiu a vinha que desejava, e sua decepção assumiu o controle de suas emoções e vida (1 Reis 21:4). Frustrado, ele não buscou a resposta no Senhor, e submergiu em autocomiseração. Além disso, sua decepção não afetou somente a ele. Nabote, o dono da vinha, pagou um alto preço (v.13). Quando permitimos que a decepção governe as nossas emoções e nossa vida, demonstramos que cremos que aquilo que queremos é mais importante do que tudo ou todos.

Deus quer nos trazer coisas boas. Ele se ofereceu como a esperança infalível (Romanos 10:11). Sofremos se pensamos que somos merecedoras ou se a nossa felicidade depende de nossas conquistas. Vivamos em submissão e dependência no Senhor.

—Regina Franklin

Que a sua felicidade esteja no SENHOR! Ele lhe dará o que o seu coração deseja. Salmo 37:4

Minhas notas e motivos de oração:

Paciência!

17 de novembro

LEITURA: GÊNESIS 18:16-33

*...Por causa desses dez, não destruirei a cidade –
Deus respondeu.* —GÊNESIS 18:32

Certa vez fomos fazer um lanche rápido e esperamos demais. A atendente repetia "Paciência, homem", cada vez que meu marido, já impaciente, perguntava por seu pedido.

A maioria de nós não pensa nos modos longânimos de Deus ao imaginar a destruição de Sodoma e Gomorra. Imagens de bolas de fogo, enxofre ardente e uma mulher fossilizada (Gênesis 19:24-26) nos lembram do Seu julgamento e justa ira. Contudo, antes disso, Deus foi paciente.

Deus visitou Abraão, dizendo: "Preciso descer até lá para ver se as acusações que tenho ouvido são verdadeiras ou não" (18:21). O Senhor analisou pessoalmente a situação antes de pôr fim à maldade da cidade — ainda que, em Sua divindade, Ele devia conhecer todos os detalhes. O Senhor demonstrou a Sua paciência.

Antes disso, Deus suportou algumas insistentes perguntas de Abraão. "Talvez haja cinquenta pessoas direitas na cidade. Nesse caso, vais destruir a cidade? Será que não a perdoarias por amor aos cinquenta bons?" (v.24). Quando Deus prometeu que o faria, Abraão fez o mesmo tipo de pergunta *cinco vezes mais*!

Que sejamos boas ouvintes e não tiremos conclusões precipitadas. Em qualquer um desses casos, precisamos responder ao chamado de Deus para termos *paciência*.

—Jennifer Benson Schuldt

*Reflitamos o caráter de Deus
e sejamos pacientes uns com os outros.*

Minhas notas e motivos de oração:

18 de novembro

O erro de Sarai

LEITURA: GÊNESIS 16:1-16

...e assim ela lhe deu Agar para ser sua concubina. Isso aconteceu quando já fazia dez anos que Abrão estava morando em Canaã. —GÊNESIS 16:3

Uma amiga cansada de esperar pelo mover de Deus para se casar, envolveu-se com um homem desprovido de caráter e fé que, antes, ela considerara importante. Ao fim desse romance destrutivo, ela se sentiu rejeitada e humilhada. E questionou-se, cheia de desânimo, sobre seu afastamento de Deus.

"Cometi o erro de Sarai", admitiu mais tarde. Esse "erro" se refere ao grave ato que Sarai, do Antigo Testamento, cometeu por sua incapacidade de conceber. Na tentativa de corrigir a situação em que ela tinha se considerado ignorada por Deus por tempo demais, empurrou seu marido Abrão para os braços de sua criada egípcia Agar (Gênesis 16:1-3).

Agar deu à luz a Ismael, filho de Abrão. E surgiram os ciúmes e contendas entre Sarai e Agar. Quando Sarai quis realizar sua vontade por conta própria, não pensou na agonia que se seguiria.

Um ex-pastor cometeu erro semelhante, e isso quase lhe custou o casamento. Ele escreveu: "Embora o que vemos nos casamentos ou famílias possa não se parecer com o que gostaríamos de ter e o momento que gostaríamos, falhamos ao tentar acrescentar a nossa própria sabedoria à de Deus. Quer estejamos tentando satisfazer a necessidades não atendidas ou fazendo o que pensamos ser a coisa certa para servir o plano de Deus, a verdade é: as nossas decisões têm consequências." —Roxanne Robbins

Lembre-se de que você pode evitar confusões confiando em Deus em vez de confiar em si mesma!

Minhas notas e motivos de oração:

Desculpa aceitável

19 de novembro

LEITURA: GÊNESIS 50:1-21

> …perdoe a maldade e o pecado dos seus irmãos, […] perdoe a nossa maldade, pois somos servos do Deus do seu pai.
> —GÊNESIS 50:17

Após brigar com sua esposa, e ela ter saído do lar, um homem decidiu desculpar-se. Imprimiu uma faixa contendo um pedido de perdão, pendurou-a perto de onde ela estava morando com os dizeres: "Aceite minhas desculpas e volte para casa."

Há muitas maneiras de pedir perdão: faixas, cartões, *sites*, discursos públicos ou diálogo entre os envolvidos. O pedido aceitável de desculpas deve incluir alguns pontos básicos.

É importante citar a ofensa. Os irmãos de José lhe enviaram esta mensagem: "…perdoe a maldade e o pecado dos seus irmãos…" (50:17). Mesmo sem entrar em detalhes acerca da venda, eles abordaram o âmago da questão: a sua crueldade.

Mencionar a própria transgressão. Eles não lembraram José de seu comportamento e complexo de superioridade enquanto cresciam. Não devemos tentar justificar nossa ofensa atribuindo culpa à outra pessoa.

Às vezes, o perdão inclui uma ação. Os irmãos de José se curvaram diante dele, proclamando: "…Aqui estamos; somos seus criados" (v.18). Foi o cumprimento do sonho profético de José, no qual ele reinaria sobre os membros de sua família (37:5-8). A situação toda fechou o círculo e o ato de arrependimento dos seus irmãos foi um ato final de restituição.

A Bíblia nos convida a seguir "…a paz com todos…" (Hebreus 12:14). Isso significa: pedir desculpas, identificar e reconhecer a nossa falta e, fazer o necessário para conseguir a conciliação por nossa ofensa. —Jennifer Benson Schuldt

> *Procurem ter paz com todos e se esforcem para viver uma vida […] dedicada ao Senhor…* Hebreus 12:14

Minhas notas e motivos de oração:

20 de novembro

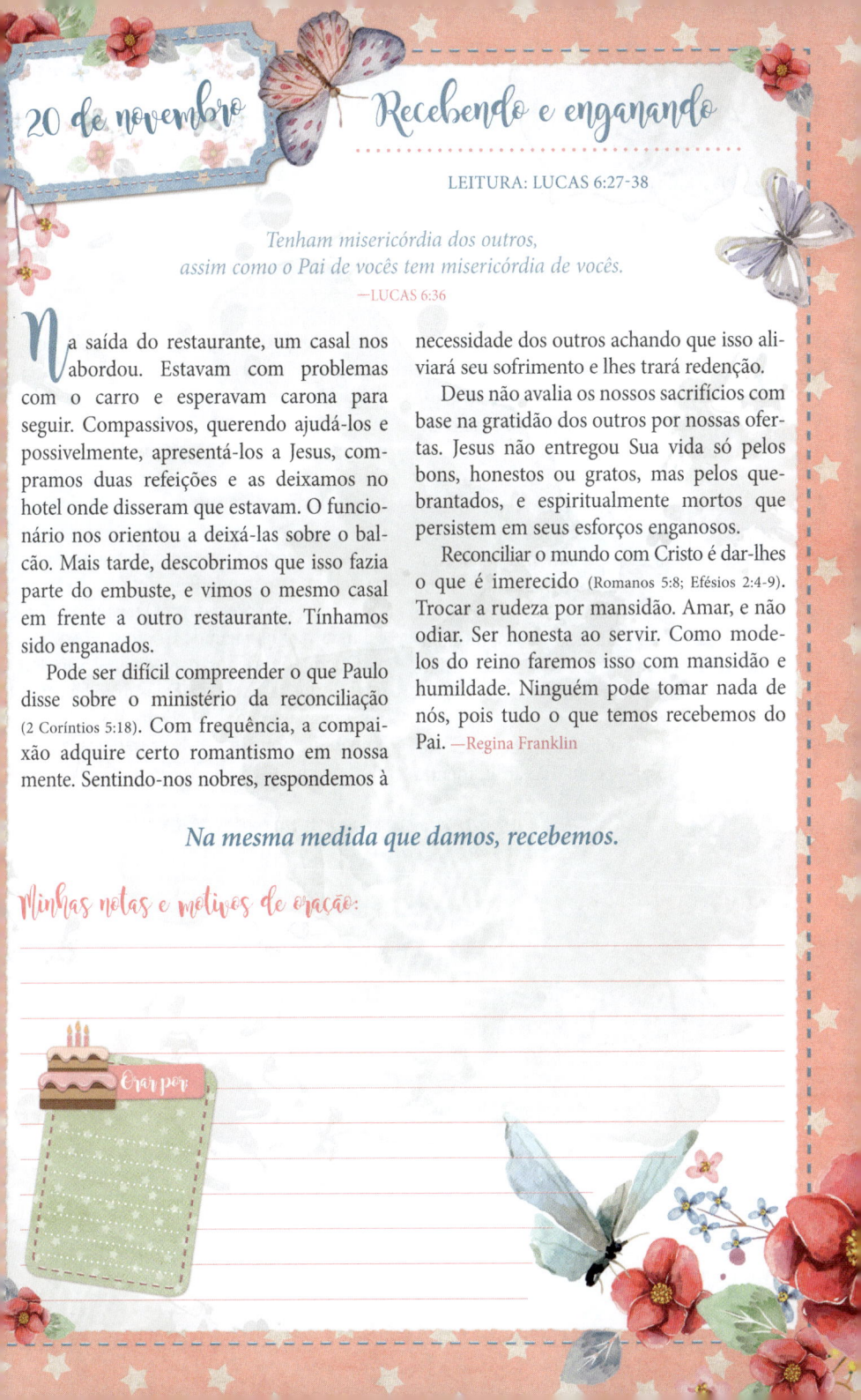

Recebendo e enganando

LEITURA: LUCAS 6:27-38

*Tenham misericórdia dos outros,
assim como o Pai de vocês tem misericórdia de vocês.*
—LUCAS 6:36

Na saída do restaurante, um casal nos abordou. Estavam com problemas com o carro e esperavam carona para seguir. Compassivos, querendo ajudá-los e possivelmente, apresentá-los a Jesus, compramos duas refeições e as deixamos no hotel onde disseram que estavam. O funcionário nos orientou a deixá-las sobre o balcão. Mais tarde, descobrimos que isso fazia parte do embuste, e vimos o mesmo casal em frente a outro restaurante. Tínhamos sido enganados.

Pode ser difícil compreender o que Paulo disse sobre o ministério da reconciliação (2 Coríntios 5:18). Com frequência, a compaixão adquire certo romantismo em nossa mente. Sentindo-nos nobres, respondemos à necessidade dos outros achando que isso aliviará seu sofrimento e lhes trará redenção.

Deus não avalia os nossos sacrifícios com base na gratidão dos outros por nossas ofertas. Jesus não entregou Sua vida só pelos bons, honestos ou gratos, mas pelos quebrantados, e espiritualmente mortos que persistem em seus esforços enganosos.

Reconciliar o mundo com Cristo é dar-lhes o que é imerecido (Romanos 5:8; Efésios 2:4-9). Trocar a rudeza por mansidão. Amar, e não odiar. Ser honesta ao servir. Como modelos do reino faremos isso com mansidão e humildade. Ninguém pode tomar nada de nós, pois tudo o que temos recebemos do Pai. —Regina Franklin

Na mesma medida que damos, recebemos.

Minhas notas e motivos de oração:

Orar por

Judá e Tamar

21 de novembro

LEITURA: GÊNESIS 38:6-30; 2 TIMÓTEO 2:20,21

*Judá foi pai de Peres e de Zera,
e a mãe deles foi Tamar. Peres foi pai de Esrom,
que foi pai de Arão.* —MATEUS 1:3

Judá, irmão de José foi um homem conivente e egoísta. Fez promessas que não tinha a intenção de cumprir e teve um estilo de vida promíscuo. Não foi exatamente um bom exemplo.

Em Gênesis 38, lemos que o seu filho mais velho se casou com Tamar, mas Deus o fez morrer (1 Crônicas 2:3). Eles não tiveram filhos. Era habitual o casamento por levirato, no qual o próximo irmão mais velho tomava a cunhada por esposa para dar um herdeiro ao irmão falecido. A responsabilidade recaiu sobre Onã, o segundo filho. Porém, devido à sua maldade, Deus o fez morrer também (38:10).

Judá não tinha a intenção de fazer seu último filho casar-se com Tamar. E, mentiu para livrar-se dela. Tamar confiou nele, pensando que Judá cuidava bem dos interesses dela. Mas, após longa espera, ela decidiu agir. Aparentemente, Judá era o tipo de homem que usava os serviços de uma prostituta. Então, Tamar se disfarçou de prostituta e Judá, não a reconhecendo, dormiu com ela.

Essa história continuou. Dessa aventura nasceram os gêmeos Perez e Zera (vv.27-30). De maneira surpreendente, Deus usou Judá e Tamar na linhagem de Cristo (Mateus 1:3).

Quem somos nós para dizer: "Não sou qualificada para servir a Deus. Não há como Ele possa usar-me." Se Deus usou Judá e Tamar, Ele pode nos utilizar para trazermos glória a Ele. —Poh Fang Chia

*Deus pode operar até mesmo em nosso pecado
para glorificar o Seu nome.*

Minhas notas e motivos de oração:

22 de novembro

Competição de presentes

LEITURA: 2 CORÍNTIOS 9:6-15

*Agradeçamos a Deus o presente que ele nos dá,
um presente que palavras não podem descrever.*
—2 CORÍNTIOS 9:15

Um comercial de Natal que gosto na TV mostra dois vizinhos em uma competição amigável para ver quem consegue espalhar mais a alegria do Natal. Um fica de olho no outro enquanto decora a sua casa e as árvores com luzes. Depois, cada um aperfeiçoa a sua propriedade para ficar melhor do que a do outro. Em seguida, eles começam a competir para ver quem consegue ser o mais extravagante com os outros vizinhos, correndo e distribuindo presentes alegremente.

O povo de Deus não está competindo para descobrir quem doa mais. Somos chamadas para ser generosas e estarmos prontas para repartir com os outros aquilo que temos (1 Timóteo 6:18). O apóstolo Paulo instruiu a igreja em Corinto: "Que cada um dê a sua oferta conforme resolveu no seu coração, não com tristeza nem por obrigação, pois Deus ama quem dá com alegria" (2 Coríntios 9:7).

Na época de Natal, ao compartilhamos os presentes, lembremo-nos da generosidade de Deus conosco — Ele deu o Seu Filho. O escritor Ray Stedman disse: "Jesus deixou Suas riquezas de lado e entrou em Sua criação num estado de pobreza para enriquecer a todos nós por Sua graça."

Jamais um presente pode competir com a abundância do Senhor. Agradecemos a Deus pelo indescritível presente que é Jesus (v.15)! —Anne Cetas

*Nenhum presente é maior
do que o próprio Cristo.*

Minhas notas e motivos de oração:

Orar por

Imagem do orgulho

23 de novembro

LEITURA: 2 CRÔNICAS 26:3-21; MATEUS 23:12

*Porém, quando se tornou assim poderoso,
Uzias ficou cheio de orgulho, e essa foi a sua desgraça…*
—2 CRÔNICAS 26:16

Esperando capturar um ladrão, a polícia publicou a imagem dele. Insatisfeito com a foto, o larápio enviou-lhes outra melhor. Foi então encontrado.

Como ocorreu com esse bandido, o ego do rei Uzias o entregou. Uma pena, porque ele era um homem sábio e habilidoso. Derrotou os filisteus, cultivou vinhas, fortificou Jerusalém e equipou suas tropas de elite com armas muito boas. Ajudado por Deus, sua fama se espalhou.

Quando Uzias se tornou poderoso, "…exaltou-se o seu coração para a sua própria ruína…" (2 Crônicas 26:16). Ele invadiu o templo e, pessoalmente, acendeu incenso no altar. Somente os sacerdotes tinham essa permissão e, quando tentaram expulsá-lo, Uzias "…se indignou…" (v.19) e se enfureceu.

Deus entrou em cena para defender os servos do templo, e feriu o rei de Israel com lepra. O *status* de Uzias mudou de rei famoso para excluído. Ele viveu "…numa casa separada…" pelo resto de sua vida (v.21) e perdeu sua força política.

Deus "…será contra todo soberbo…" (Isaías 2:12). Como esse rei presunçoso, temos a tendência de inflar nossa autoimagem e nos irarmos com os que querem nos pôr na linha. Quando nos humilhamos "…sob a poderosa mão de Deus…" (1 Pedro 5:6), não temos de sofrer a destruição que acompanha a vaidade (Provérbios 16:18). —Jennifer Benson Schuldt

Deus ama o coração humilde!

Minhas notas e motivos de oração:

24 de novembro

Autocontrole

LEITURA: ATOS 24:10-26

*Vale mais ter paciência do que ser valente;
é melhor saber se controlar do que conquistar cidades inteiras.*
—PROVÉRBIOS 16:32

O autocontrole funciona como um músculo e a cada uso, esse músculo perde temporariamente um pouco de força, deixando-o com menor capacidade de você lidar consigo mesma se o próximo desafio ao autocontrole ocorrer logo em seguida. Mas podemos fortalecê-lo com exercícios!

Exercitar o músculo do autocontrole é um conceito novo para alguns, mas o princípio existe há séculos. O apóstolo Paulo instruiu os líderes da igreja e suas esposas a treinarem alguns exercícios para a liderança. Ele os exortou a serem: inculpáveis, moderados, prudentes, simples, hospitaleiros, calmos, pacíficos, sóbrios, firmes na fé, no amor e na perseverança (1 Timóteo 3:2,11; Tito 2:2).

Sempre haverá preguiçosos como Félix, que atormentou Paulo pedindo conselhos e, depois, se recusou a segui-los: "...quando Paulo começou a falar sobre uma vida correta, o domínio próprio e o Dia do Juízo Final, Félix ficou com medo e disse: — Agora pode ir. Quando eu puder, chamarei você de novo" (Atos 24:25).

Deus nos convida a pensarmos com clareza e exercitarmos o autocontrole (1 Pedro 1:13), não apenas quando for conveniente. Estabeleça metas para o fortalecimento do seu músculo do autocontrole. Lembre-se de que exercer o autocontrole pode fazer grande diferença em sua eficácia como líder. —Roxanne Robbins

Aceite os conselhos encontrados na Palavra de Deus sobre o autocontrole.

Minhas notas e motivos de oração:

Esperançosa

25 de novembro

LEITURA: SALMO 31:21-24; JEREMIAS 29:4-6; 31:3-6

O Senhor Todo-Poderoso, o Deus de Israel, disse que neste país ainda serão compradas casas, terras e plantações de uvas.
—JEREMIAS 32:15

Ajudei meu pai a plantar um pequeno salgueiro-chorão no centro de nosso quintal. Quando nos mudamos dali, não entendi por que a árvore não podia ir conosco, pois pensava que me pertencia. Dez anos depois, voltamos para a mesma casa e tínhamos um magnífico chorão. Senti-me recompensada.

Durante o ministério de Jeremias, Jerusalém foi sitiada, a terra destruída, e alguns de seus melhores homens levados cativos. O próprio Deus lhes dissera para se prepararem para uma longa permanência em terra estranha. O remanescente fiel deve ter questionado onde estava Deus em meio aquele caos.

O Senhor quer que vivamos conforme a Sua vontade e por Seu grande amor, Ele nos leva a lugares aparentemente sem volta para que sejamos totalmente dependentes dele (Oseias 6:1,2). Nesses momentos, nada faz a desolação parecer bênção.

Às vezes, pensamos que temos algum mérito, e sentimo-nos como se Deus nos "devesse" algo. É por isso que precisamos de lugares desolados na vida, quando os sacrifícios da jornada podem ser torturantes, às vezes parecendo-se com a morte.

É nestes lugares que aprendemos a santidade da rendição, a abrir mão do que desejávamos manter. Aprendemos a ter esperança, crendo que a restauração de Deus é maior do que qualquer desconforto que possamos sentir hoje. —Regina Franklin

Estar com Deus em qualquer situação, por si só, é bênção.

Minhas notas e motivos de oração:

26 de novembro

Acima da lama

LEITURA: SALMO 69:1-33

...os que adoram a Deus ficarão animados.
—SALMO 69:32

Os competidores de mergulho nos pântanos entram na água, e utilizam os equipamentos adequados ligados aos tubos de oxigênio. Eles tentam se espremer entre as valas abertas sem usar as mãos! Apesar de não ter a mínima ideia de como esse esporte começou, sei que é possível atolar-se.

Davi sentia-se assim, emocionalmente, ao escrever: "Não me deixes afundar na lama. Livra-me [...] das águas profundas da morte" (Salmo 69:14). Se você já se sentiu deprimida, sabe que a luta para continuar acima da lama pode ser esmagadora, apavorante e cansativa.

Davi expressou sentimentos de desesperança, mas tentou se encorajar apesar do desespero. Ele acreditava que sairia do lamaçal, e visualizava o fim do seu sofrimento ao escrever: "Louvarei a Deus com uma canção; anunciarei com gratidão a sua grandeza" (v.30). Davi acreditava que Deus o libertaria.

Ele prosseguiu dizendo: "...os que adoram a Deus ficarão animados" (v.32). Por que relutamos tanto em implorar a ajuda do Senhor quando sabemos que Ele é o único que pode nos salvar? Afinal, Deus "...ouve os necessitados" (v.33). Ele não ignorará as nossas lutas e nos dirá para sair dessa.

Alguém que você conhece está se afundando na lama? Lembre-se de que Deus pode e vai ajudar aquele que quer manter-se acima da superfície. Busque-o hoje!

—Jennifer Benson Schuldt

Ele é o Deus da compaixão e misericórdia e está sempre à disposição para nos ouvir.

Minhas notas e motivos de oração:

Quando Deus ignora

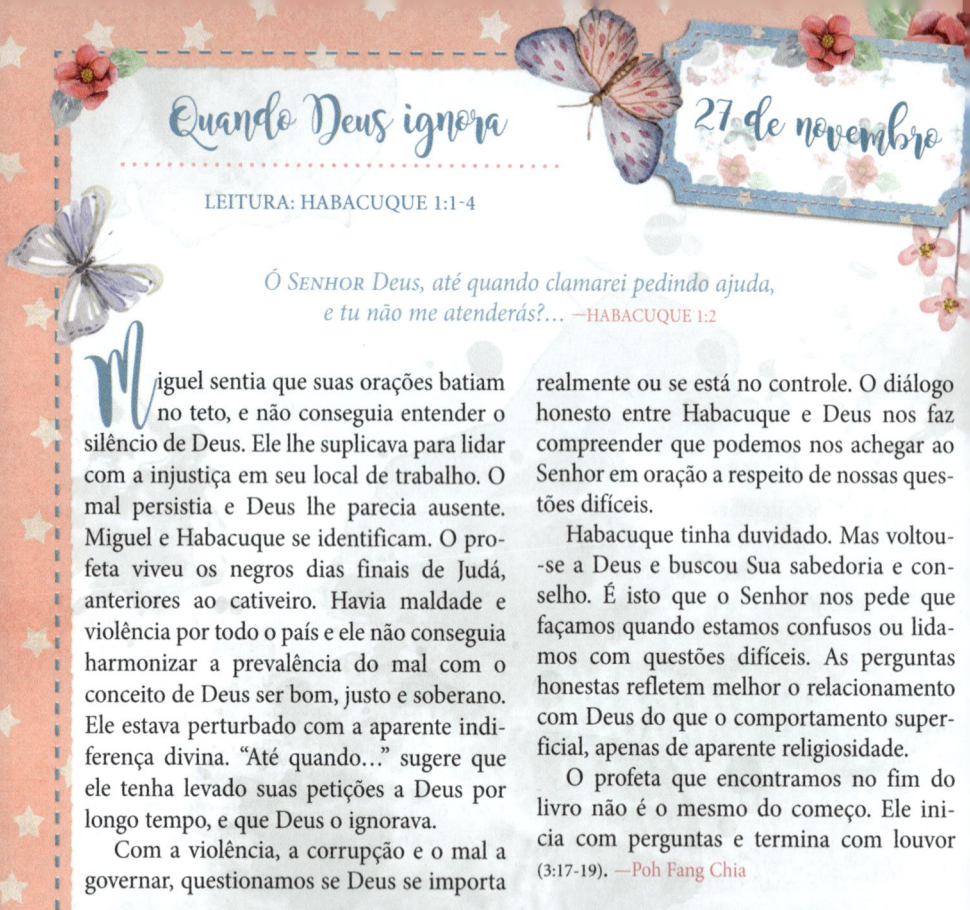

27 de novembro

LEITURA: HABACUQUE 1:1-4

Ó Senhor Deus, até quando clamarei pedindo ajuda, e tu não me atenderás?... —HABACUQUE 1:2

Miguel sentia que suas orações batiam no teto, e não conseguia entender o silêncio de Deus. Ele lhe suplicava para lidar com a injustiça em seu local de trabalho. O mal persistia e Deus lhe parecia ausente. Miguel e Habacuque se identificam. O profeta viveu os negros dias finais de Judá, anteriores ao cativeiro. Havia maldade e violência por todo o país e ele não conseguia harmonizar a prevalência do mal com o conceito de Deus ser bom, justo e soberano. Ele estava perturbado com a aparente indiferença divina. "Até quando..." sugere que ele tenha levado suas petições a Deus por longo tempo, e que Deus o ignorava.

Com a violência, a corrupção e o mal a governar, questionamos se Deus se importa realmente ou se está no controle. O diálogo honesto entre Habacuque e Deus nos faz compreender que podemos nos achegar ao Senhor em oração a respeito de nossas questões difíceis.

Habacuque tinha duvidado. Mas voltou-se a Deus e buscou Sua sabedoria e conselho. É isto que o Senhor nos pede que façamos quando estamos confusos ou lidamos com questões difíceis. As perguntas honestas refletem melhor o relacionamento com Deus do que o comportamento superficial, apenas de aparente religiosidade.

O profeta que encontramos no fim do livro não é o mesmo do começo. Ele inicia com perguntas e termina com louvor (3:17-19). —Poh Fang Chia

Nossas lutas nos amadurecerão se buscarmos a face de Deus com honestidade e verdade.

Minhas notas e motivos de oração:

Orar por

28 de novembro

Anseios

LEITURA: 2 PEDRO 1:1-8

*…façam todo o possível para juntar a bondade
à fé que vocês têm. À bondade juntem o conhecimento.*
—2 PEDRO 1:5

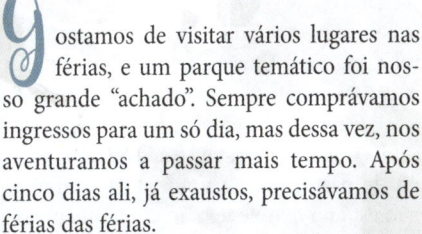

Gostamos de visitar vários lugares nas férias, e um parque temático foi nosso grande "achado". Sempre comprávamos ingressos para um só dia, mas dessa vez, nos aventuramos a passar mais tempo. Após cinco dias ali, já exaustos, precisávamos de férias das férias.

Às vezes, achamos que um pequeno anseio ou deslize não nos afeta espiritualmente e nem acabará conosco. Ao cair na armadilha do diabo pensamos que, cedendo um pouco, o desejo sumirá. Até funciona, mas a satisfação é passageira.

Sucumbir aos desejos humanos é depositar a nossa esperança de satisfação em algo além de Deus (2 Pedro 1:4).

A atitude dos israelitas ao exigir carne, não estava tão ligada à dieta — mas aos seus corações (Êxodo 16:2,3). Eles duvidavam de que Deus lhes provesse como provera no Egito (Salmo 78:18-22).

Rejeitar o prazer não é a resposta para refrear os desejos da carne (1 Timóteo 4:1-5). A Bíblia nos ensina a nos enchermos do Criador e não daquilo que Ele criou. Com Ele em primeiro lugar escapamos da escravidão deste mundo. "…façam todo o possível para juntar a bondade à fé que vocês têm…" (2 Pedro 1:3-5).

Confrontar os nossos desejos exige atitude. Temos que escolher enxergar o engano por trás dos nossos anseios e nos agarrarmos ao fato de que somente Deus pode nos satisfazer (Salmo 81:10). —Regina Franklin

Crendo que Ele nos capacitará, o domínio próprio e a santidade tornam-se reais.

Minhas notas e motivos de oração:

Davi e o anão

29 de novembro

LEITURA: 1 SAMUEL 17:1-37,45-47; JOÃO 14:1

O teu servo [...] será como um deles, porquanto afrontou os exércitos do Deus vivo. —1 SAMUEL 17:36 (ARA)

O inimigo Golias parece — e se sente invencível. Ele entra a passos largos, bem armado, e desafia (1 Samuel 17:7). Em contraste, Saul e seu exército não têm armas de ferro; não têm um campeão alto; exceto Saul. Mas ele também está acovardado e amedrontado na retaguarda. Ninguém lutará contra o gigante.

Então, um garoto ruivo, pastor de ovelhas, aparece em cena. É o caçula de sua família e sem qualquer experiência militar. Contudo, ele se oferece para combater o inimigo mais destemido que havia.

Golias tem a aparência e age como um gigante. Mas Davi sabe que, comparado ao Deus vivo, esse homem é um anão. Davi tem a visão correta de Deus e de sua situação. Os israelitas veem Golias como inconquistável (v.25), mas, Davi o vê como um filisteu pagão desafiando os exércitos do Deus vivo (v.26). Davi avança em direção a Golias vestindo roupas de pastor, sua arma é o cajado de pastor e uma funda. Sua confiança não está no *que* ele tem, mas, em *quem* está com ele. E diz: "Você vem contra mim com espada, lança e dardo. Mas eu vou contra você em nome do SENHOR Todo-Poderoso, o Deus dos exércitos israelitas, que você desafiou" (v.45).

Nós podemos ter essa mesma confiança em Deus e em Seu poder. Podemos ser corajosos em viver com ousadia para Jesus nesse mundo conturbado! —Poh Fang Chia

Com Deus, podemos enfrentar qualquer inimigo. Perto do nosso Senhor, eles são minúsculos.

Minhas notas e motivos de oração:

30 de novembro

Deus vê?

LEITURA: JÓ 38:1-18

Onde é que você estava quando criei o mundo? Se você é tão inteligente, explique isso. —JÓ 38:4

O Olho de Londres parece uma roda gigante, e desde março de 2000, dá aos visitantes uma extensa visão da cidade. A moderna construção contrasta com a arquitetura histórica que a cerca.

Lembra-me de que Deus também, se comparado às nossas finitas perspectivas, vê com clareza os acontecimentos deste mundo. Preocupamo-nos somente conosco, e é fácil nos absorvemos com o que vemos. Jó ansiava por um local onde pudesse colocar a profunda dor que experimentava. Confuso com o aparente silêncio de Deus, exclamou: "Ó Deus, eu clamo pedindo a tua ajuda, e não me respondes; eu oro a ti, e não te importas comigo" (Jó 30:20). Deus vê? Esta pergunta ecoa através dos séculos.

Sim, Ele vê além do que compreendemos, e nada foge ao Seu atento olhar (Jó 34:21; Salmo 34:15). Deus não respondeu os porquês do sofrimento de Jó, e chamou a atenção à grandeza de Sua soberania. Ele poderia deixar Jó permanecer nas cinzas, em vergonha e dor, porém, Seu propósito era maior do que fazê-lo sentir sua pequenez. O Senhor é poderoso para fixar os limites dos oceanos (38:8-11), e forte para nos sustentar — inclusive nas dores que convulsionam o nosso viver.

Nós somos a menina dos olhos de Deus. (Deuteronômio 32:10; Zacarias 2:8). A perspectiva divina abrange respostas além da nossa compreensão (2 Coríntios 9:8-11). —Regina Franklin

Temos paz ao saber que o Senhor vê e antevê a nossa necessidade.

Minhas notas e motivos de oração:

Notas:

Dezembro

Edificando uma vida

1 de dezembro

LEITURA: JOÃO 20:11-18

Pois para mim viver é Cristo, e morrer é lucro.
—FILIPENSES 1:21

Era um dia triste e ensolarado — o dia seguinte ao enterro do meu marido. Eu tinha ido sozinha ao túmulo dele sem saber o por quê. Como aconteceu com Maria Madalena, ao visitar o sepulcro de Jesus, o Senhor ressurreto me aguardava. Ele imprimiu as palavras de Filipenses 1:21 em minha mente amortecida pela morte precoce de Bill por causa de um câncer. E orei com base nas palavras desse versículo.

"Senhor, quantas vezes ouvi Bill testemunhar: 'Pois para mim viver é Cristo, e morrer é lucro'! Bem, teu servo morreu, é uma perda tremenda para nós, um ganho inacreditável para ele. Eu sei, Senhor, que também vou morrer um dia e obter esse lucro. Mas, neste momento, ainda estou viva. Sei que não devo viver no passado, por mais precioso que tenha sido. Então, hoje, tu és o meu viver!"

Naquele momento, senti que a minha oração tinha sido alicerçada em minha fé. Há muito para restaurar e reconstruir à minha frente, mas, diante de mim, estava o único fundamento sólido sobre o qual construir: Jesus Cristo.

A morte de um ente querido ou o medo da própria morte colocou o seu fundamento à prova?

Que as palavras de Paulo, escritas diante da morte, e as palavras de Jesus a Maria a encorajem a fazer uma oração de fé com suas próprias palavras. Em seguida, comece a reconstruir alicerçada no Cristo ressurreto! —Joanie Yoder

A oração é o terreno no qual a esperança e a cura crescem melhor.

Minhas notas e motivos de oração:

2 de dezembro

A solução

LEITURA: EFÉSIOS 2:1-10

...fez o que havia resolvido e nos revelou o plano secreto que tinha decidido realizar por meio de Cristo.
—EFÉSIOS 1:9

Martin Gardner tem mais de 70 livros publicados, é o matemático recreativo mais reconhecido mundialmente. Sua abordagem trouxe mais pessoas às alegrias da matemática do que qualquer outra pessoa da história. Ele mesmo falou: "Se você pensar a respeito, tudo o que distingue uma sociedade industrial moderna do período greco-romano é a capacidade de solucionar enigmas."

Diferentemente de enigmas matemáticos, os mistérios bíblicos só podem ser respondidos por revelação divina. E jamais houve ou haverá revelação maior do que a solução do problema do pecado. Paulo escreveu: "...fez o que havia resolvido e nos revelou o plano secreto que tinha decidido realizar por meio de Cristo. Esse plano é unir, no tempo certo, debaixo da autoridade de Cristo, tudo o que existe no céu e na terra" (Efésios 1:9,10).

A carta de Efésios expressa vividamente o plano da salvação de Deus, e Seu plano para a nossa vida, de maneira que nenhuma capacidade humana de resolução de problemas poderia jamais atingir.

• Estávamos mortas em nossos pecados (2:1-3).
• Jesus morreu por nossos pecados e ressuscitou, demonstrando Seu poder sobre o pecado e a morte (vv.4-7).
• Pela graça somos salvas, mediante a fé em Jesus (vv.5,8-10).

Agradeça-o, ainda hoje. —Roxanne Robbins

Deus revelou Seu misterioso plano em Jesus. Ele é a solução para que você seja salva.

Minhas notas e motivos de oração:

Nem um minuto de atraso

3 de dezembro

LEITURA: HABACUQUE 2:2-20

> …O tempo certo vai chegar logo;
> portanto, espere, ainda que pareça demorar,
> pois a visão virá no momento exato. —HABACUQUE 2:3

Jason foi no terraço de observação do edifício Empire State em Nova Iorque, e observou a vista de 102 andares. Viu a ordem e o planejamento nas ruas da cidade, nas quais, no chão poucos antes, sentira o caos. Ele se impressionou com a mudança de perspectiva. No táxi em meio ao trânsito turbulento, era uma visão, mas no alto daquele edifício a perspectiva era bem diferente.

Habacuque perturbou-se quando o Senhor lhe disse que usaria os perversos babilônios para julgar o Seu povo. Deus lhe parecia indiferente ao mal que permeava Judá (1:5-11). O Senhor respondeu às queixas de Habacuque (1:12–2:1) sem explicar por que escolhera usar os babilônios. Deu ao profeta uma perspectiva divina.

Deus é justiça, (2:2-20), Ele pode escolher usar as pessoas más para cumprir os Seus propósitos, o que não significa que aprova o pecado delas. Deus pune os perversos pelo mal que cometem. Os atos pecaminosos dos homens não podem frustrar os propósitos do Senhor.

Deus é soberano, e agirá em nossa vida de acordo com a Sua vontade. Seus planos serão cumpridos segundo a Sua agenda.

A nossa perspectiva é limitada. Não conseguimos ter uma visão abrangente a partir de nossa vida; somente Deus vê tudo do Seu "…santo templo…" (v.20). —Poh Fang Chia

> O Senhor Deus é a minha força.
> Ele torna o meu andar firme… Habacuque 3:19

Minhas notas e motivos de oração:

Orar por:

4 de dezembro

Seu tempo perfeito

LEITURA: MARCOS 6:30-44

...Jesus pegou os cinco pães e os dois peixes, olhou para o céu e deu graças a Deus. Depois partiu os pães e os entregou aos discípulos... —MARCOS 6:41

Sou professora em tempo integral e estou aprendendo a equilibrar meus papéis como escritora, esposa, mãe e a trabalhar com meu marido no ministério. A vida é imprevisível. Alguns dias parecem impossíveis e neles, ou me sobrecarrego ou espero no Senhor. Posso escolher se eu quero que minha vida se torne uma transferência diária do impossível para o possível (Lucas 1:37).

O mundo se sobrecarrega de atividades e podemos demonizar qualquer tipo de correria. Precisamos nos conscientizar dos motivos de nossas agendas lotadas e, regularmente, avaliá-las. A necessidade de tempo nem sempre sugere falta de ordem, às vezes, é a apresentação de uma oportunidade divina.

Quando Jesus viu a multidão faminta, não as puniu por falta de preparação (Marcos 6:35-37). Ele as alimentou. A necessidade das pessoas não resultava de pecado; surgiu como uma revelação do reino, em sua fome espiritual e satisfação física (vv.42-44).

Deus quer desenvolver em nós o Seu princípio de provisão do reino, onde o "insuficiente" garante que Ele é poderoso e pode "...fazer muito mais do que nós pedimos ou até pensamos" (Efésios 3:20). Não porque queremos, mas porque estamos trabalhando pelos Seus (Tiago 4:3).

Quando tivermos dado tudo o que temos em mordomia fiel, só precisaremos esperar, Ele proverá. —Regina Franklin

Apresente a sua necessidade a Deus e espere por Seu tempo perfeito.

Minhas notas e motivos de oração:

Quem é o tolo?

5 de dezembro

LEITURA: 1 CORÍNTIOS 3:1-15

O Dia de Cristo vai mostrar claramente a qualidade do trabalho de cada um...
—1 CORÍNTIOS 3:13

Naquela comunidade todos o conheciam. Carlos era fazendeiro, pai de família, e sua dedicação ia além de seus campos de produção. Ele também era conhecido pela dedicação ainda maior ao que ele chamava de "campo de colheita de Deus".

Os seus vizinhos às vezes o achavam tolo, especialmente em relação à relutância em trabalhar aos domingos. Em vez disso, ele ia à igreja, visitava doentes e dedicava-se à família. Escolher as prioridades de Deus ao invés das prioridades do campo parecia imprudente.

Certo domingo, enquanto os vizinhos reuniam sua colheita antes da tempestade prevista, Carlos foi à igreja como era costume. Mais tarde, um vizinho zombou: "Carlos, no fim do mês, nós estaremos aproveitando os ganhos do nosso trabalho. Mas pode ser que você termine sem nada, tudo por causa do seu trabalho para Deus. Onde você estará então?" Com confiança silenciosa, ele replicou: "Trabalhar para Deus rende lucros também, mas não necessariamente no fim do mês. A pergunta é: quando chegar esse dia, onde você estará?"

Que dia de pagamento tem prioridade em sua vida? Aquele que acontece no fim do mês ou o dia em que você ficará na presença de Cristo? Agora é a hora de avaliar os seus objetivos na vida, porque, um dia, o Senhor recompensará as escolhas sábias que você tiver feito. —Joanie Yoder

Servir ao Senhor é um investimento que rende dividendos eternos.

Minhas notas e motivos de oração:

6 de dezembro

Praticamente céu

LEITURA: APOCALIPSE 22:1-5

O anjo também me mostrou o rio da água da vida, brilhante como cristal, que sai do trono de Deus e do Cordeiro.
—APOCALIPSE 22:1

A sala de leitura do Museu Britânico é uma maravilha para os bibliófilos que amam os livros. Tem 25 mil exemplares e é perfeitamente cilíndrica, com 360 graus de livros! O teto é uma abóbada arqueada azul-celeste com bordas douradas brilhantes e janelas que circundam o topo como coro de anjos. Ouve-se, ocasionalmente, o farfalhar de um virar de página. Ao inspirar, respira-se o cheiro de mofo de livros antigos.

É o "céu na terra", e nem se compara à cidade santa que nos aguarda. Lá experimentaremos a vida sem maldição. João escreveu o que um anjo lhe mostrou, "…o rio da água da vida, brilhante como cristal" (v.1). O paraíso de Deus transbordará com a beleza divina originalmente planejada por Ele.

A perfeição do céu se estenderá a nossa alma, e estaremos livres da influência do mal. João testificou: "…[no céu] não entrará nada que seja impuro" (Apocalipse 21:27). As forças demoníacas que receberam permissão para causar estragos na terra temporariamente, não entrarão por seus portões.

Sião é o endereço de Deus, onde Sua glória brilhará por toda a eternidade. Podemos vislumbrar Sua glória na terra, mas aqui: "Ninguém nunca viu Deus…" (João 1:18). No céu estaremos face a face com o Criador. Apocalipse 22:4 diz: "…Verão o seu rosto". Nada se compara a isso! —Jennifer Benson Schuldt

Por mais que experimentemos a presença de Deus aqui, ainda não é o céu.

Minhas notas e motivos de oração:

Momento Copérnico

7 de dezembro

LEITURA: SALMO 33

*Mas o que o Senhor planeja dura para sempre,
as suas decisões permanecem eternamente.*
—SALMO 33:11

Nicolau Copérnico publicou a teoria que marcou uma das bases para a revolução científica do século 16. Sua hipótese era: A Terra não é o centro do universo.

Quando vivenciei o meu *momento Copérnico*, lembrei-me de que não sou o centro do universo e o mundo não gira ao meu redor. Acumulo minhas tarefas, tenho necessidades a serem supridas e assuntos familiares a serem resolvidos. O mundo não gira em meu ritmo, meus termos, nem de acordo com minhas preferências. O mundo foi criado para girar em torno de Deus. No Salmo 33 lemos:

• *A natureza pertence ao Senhor* (vv.6-9). Ele estabeleceu os limites dos mares e guardou os oceanos em seus reservatórios. A Sua palavra deu início ao mundo que segue as leis estabelecidas por Ele.

• *As nações pertencem ao Senhor* (vv.10-12). Todos os planos e conspirações não podem prevalecer contra o que Deus planejou. Os planos de Deus prevalecerão para sempre, Suas decisões jamais serão abaladas.

• *A nossa vida pertence ao Senhor* (vv.13-19). Deus vê toda a raça humana, criou o nosso coração, compreende o que fazemos, tem poder para intervir em nossa vida e nos livrar de situações que fogem ao nosso controle.

Devemos viver para o Senhor, não para nós mesmas. Para isso, importa que obedeçamos aos Seus mandamentos e sigamos os Seus caminhos. —Poh Fang Chia

*O mundo não gira em torno de mim,
mas do nosso Deus que o criou.*

Minhas notas e motivos de oração:

Orar por

8 de dezembro

Botões de beleza

LEITURA: FILIPENSES 4:1-9

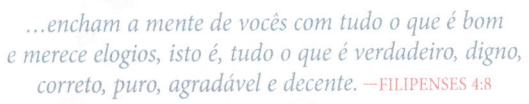

...encham a mente de vocês com tudo o que é bom e merece elogios, isto é, tudo o que é verdadeiro, digno, correto, puro, agradável e decente. —FILIPENSES 4:8

Permita-me apresentar duas pessoas: Jorge, o homem-milagre e Karen, a pulga frágil — como eles alegremente se chamam.

Apesar da batalha de Jorge contra o câncer e a dor de Karen com os efeitos da poliomielite, suas cartas são cheias com as palavras emocionante, maravilhoso, bênçãos incontáveis, oportunidades únicas, paz, alegria. "Celebramos algo a cada dia", Karen escreveu recentemente.

Jorge e Karen são exemplos de um cartaz que vi certa vez e tinha uma delicada rosa, com a seguinte frase: "Algumas pessoas reclamam porque as rosas têm espinhos; outras se alegram porque os espinhos têm rosas."

A carta do apóstolo Paulo ao grupo de cristãos que estava com dificuldades em Filipos foi escrita enquanto ele estava preso em Roma. Ainda assim, ele foi capaz de encorajá-los: "Tenham sempre alegria, unidos com o Senhor!..." (Filipenses 4:4), e para que meditassem no que é verdadeiro, respeitável, justo, puro, amável, de boa fama, virtuoso e louvável (v.8). Paulo não estava dizendo a eles para negar as suas preocupações, mas entregá-las a Deus por meio de orações e súplicas (v.6).

Todos nós precisamos buscar avidamente a beleza dos botões de rosa nos jardins em meio às nossas circunstâncias. É uma cura garantida para a reclamação. —Joanie Yoder

Ao invés de reclamar dos espinhos nas rosas, seja agradecida pelas rosas entre os espinhos.

Minhas notas e motivos de oração:

Orar por

O que importa é o caráter

9 de dezembro

LEITURA: FILIPENSES 1:9-11

A vida de vocês estará cheia das boas qualidades que só Jesus Cristo pode produzir, para a glória e o louvor de Deus. —FILIPENSES 1:11

Rod Handley, é diretor do ministério O que importa é o caráter, e dedica a sua vida a ajudar as pessoas a aprimorarem o caráter. Ele as incentiva a exsudar, segregar ou sair em forma de gotas ou de suor (Houaiss, 2009) a "excelência e firmeza moral".

Ele escreve sobre o cuidado com o caráter e apresenta uma lista de traços embutidos na essência de 1 Timóteo 4:16 e nos exorta: "Cuide de você mesmo e tenha cuidado com o que ensina. Continue fazendo isso, pois assim você salvará você mesmo como os que o escutam." Medite sobre alguns desses traços:

Prontidão: Ter plena consciência dos acontecimentos à volta para reagir adequadamente.

Benevolência: Atender às necessidades básicas dos outros, sem expectativas de recompensa.

Perdão: Não guardar rancor das pessoas que me enganaram.

Generosidade: Perceber que tudo pertence a Deus e ofertar generosamente.

Santidade: Ser íntegra, sem qualquer traço de arrependimento ou remorso.

Lealdade: Nos tempos difíceis, demonstrar comprometimento com os outros e com o que é correto.

Responsabilidade: Saber e fazer o que se espera de mim.

Autocontrole: Controlar os pensamentos, palavras, ações e atitudes.

Adoração: Honrar a Deus com reverência.

Você pode implantar cada vez mais estas qualidades de caráter em sua vida, para a glória de Deus. Ele nos promete o céu. —Roxanne Robbins

A pessoa demonstra o seu caráter pela maneira como trata os outros.

Minhas notas e motivos de oração:

10 de dezembro

Atordoado e confuso

LEITURA: COLOSSENSES 2:3-8

...que ninguém os torne escravos por meio de argumentos sem valor, que vêm da sabedoria humana... —COLOSSENSES 2:8

Após um voo noturno, embarcamos num trem, atordoados pelo fuso horário e empurramos nossa bagagem escada acima. Ao emergirmos à luz do sol como uma família de toupeiras sonolentas, percebemos que estávamos perdidos e que as ruas ao redor não estavam em nosso mapa.

Hoje, muitos estão espiritualmente atordoados e confusos, inclusive os cristãos. Os gurus da Nova Era, entrevistadores, e propaladores de autoajuda podem até associar seu discurso ao cristianismo, mas não nos oferecem a salvação e a vida eterna.

Estes sedutores já recebiam a atenção dos cristãos colossenses. Por isso, Paulo os advertiu: "Tenham cuidado para que ninguém os torne escravos por meio de argumentos sem valor, que vêm da sabedoria humana. Essas coisas vêm dos ensinamentos de criaturas humanas e dos espíritos que dominam o Universo..." (v.8).

Jesus esclarece que Ele possui: "...todos os tesouros escondidos do conhecimento e da sabedoria" (v.3). Não precisamos nada além do ensinamento de Jesus. Paulo disse: "...E o segredo é este: Cristo está em vocês, o que lhes dá a firme esperança de que vocês tomarão parte na glória de Deus" (Colossenses 1:27).

Cristo vive em nós e nos livra da sedução deste mundo. Ele disse: "Eu sou o caminho, a verdade e a vida; ninguém pode chegar até o Pai a não ser por mim" (João 14:6).

—Jennifer Benson Schuldt

Jesus é o único caminho e os ensinamentos falsos do mundo não poderão nos seduzir.

Minhas notas e motivos de oração:

Nunca sós

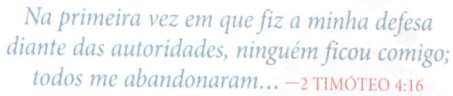

11 de dezembro

LEITURA: 2 TIMÓTEO 4:1-18

Na primeira vez em que fiz a minha defesa diante das autoridades, ninguém ficou comigo; todos me abandonaram… —2 TIMÓTEO 4:16

Aos 5 anos, ela decidiu-se nunca ser motivo de lágrimas para a sua mãe. Aos 14, compartilhou como se determinou a ser feliz e despreocupada, independentemente da dor interior que porventura sentisse. Mais menina do que mulher, ela agora lamentava o relacionamento perdido com seu pai e lembrava-se do dia em que ele partiu.

Lemos em Romanos 8:38,39 que nada pode nos separar do amor de Deus. Nas dificuldades do dia a dia, porém, esforçamo-nos para ver o amor do Senhor por nós quando alguém que amamos se afasta. Mesmo reconhecendo que Deus nos ama, não sabemos como vivenciar isso quando um relacionamento íntimo é rompido. Sentindo as ausências, o nosso coração pergunta: *Será que tenho culpa?* Nossas perguntas não respondidas e um turbilhão de pensamentos ameaçam nos oprimir.

Paulo conhecia esse abandono por aqueles a quem amava e em quem muito investira (2 Timóteo 1:15). Ele sentiu a perda e o seu chamado não o protegeu da solidão (v.12). Mas permaneceu firme em seu propósito e se recusou a cair nas ciladas armadas contra ele (vv.17,18).

Não podemos viver com o medo de perder as pessoas e nem que o nosso mundo desmoronará se ficarmos sós. Não importam as circunstâncias, não devemos perder de vista, quem mais nos ama; o Único que prometeu nunca nos abandonar (Hebreus 13:5).

—Regina Franklin

A solidão existe e lamentá-la não significa que perdemos a fé.

Minhas notas e motivos de oração:

12 de dezembro

Pendurando as esperanças

LEITURA: SALMO 91

Ele o cobrirá com as suas asas, e debaixo delas você estará seguro. A fidelidade de Deus o protegerá como um escudo.
—SALMO 91:4

Certo pastor afirmou que, na vida: "Cinquenta por cento dos motivos de nos desencorajarmos é o fato de nos chocarmos quando algo mau acontece." Tendemos a pensar que por termos crido e tido fé em Jesus e por tentarmos ser "boas" cristãs, nossa existência deve ser confortável e livre de problemas.

Outro capelão explicou sobre essa armadilha do pensamento aos atletas profissionais com quem trabalha. "Ao colocar suas esperanças em *promessas não garantidas*, em vez de nas *promessas garantidas* de Deus, você se dispõe a desapontar-se e com este raciocínio você estará sempre abalado e até arruinado."

Deus não prometeu circunstâncias cor-de-rosa, sucesso ou a realização dos nossos desejos, mas Ele nos faz abundantes promessas, e se nos apegarmos a elas, suportaremos os tempos difíceis. As garantias divinas incluem: o perdão dos pecados (Lucas 24:47); o triunfo sobre o pecado e morte aos que recebem os dons de graça e justiça de Deus "por um só homem, Jesus Cristo" (Romanos 5:17); um Advogado, o Espírito Santo, que nunca deixará os que amam a Deus e aceitam Seus mandamentos (João 14:15-21); paz na mente e coração, não "como o mundo a dá" (v.27); repouso para os cansados que entregam suas pesadas cargas a Jesus (Mateus 11:28-30); e vida eterna por meio da fé em Jesus Cristo (Tito 1:1,2).
—Roxanne Robbins

Haverá verdadeira alegria ao nos livrarmos da armadilha do reconhecimento mundano e nos apegarmos a Deus.

Minhas notas e motivos de oração:

Sistema de honra

13 de dezembro

LEITURA: LUCAS 16:1-10

Quem é fiel nas coisas pequenas também será nas grandes; e quem é desonesto nas coisas pequenas também será nas grandes. —LUCAS 16:10

Muitas casas próximas à nossa vendem suas hortaliças verdes e frescas à beira da estrada. Às vezes, nos dirigimos a uma banca que não tem vendedores e opera segundo o "sistema de honra". Ao escolhermos o que desejamos comprar, colocamos o dinheiro numa caixa ou numa velha lata de café. E vamos para casa saborear as frutas e os vegetais recém-colhidos.

Mas nem sempre esse sistema de honra funciona. Minha amiga Jaqueline tem uma banca de flores em frente à sua casa. Um dia, ao olhar para fora, pela janela, viu uma senhora bem vestida e com um grande chapéu colocando alguns vasos no porta-malas de seu carro. Jaqueline sorriu ao calcular mentalmente um lucro de $50 por seus trabalhos no jardim. Mas, ao verificar a caixa de dinheiro mais tarde, a encontrou vazia! O sistema de honra revelara que aquela mulher não merecia honra.

Talvez, para ela, levar as flores parecesse ser algo pequeno. Mas ser honesta nas pequenas coisas indica como reagiremos nas grandes (Lucas 16:10). A honestidade em todas as áreas de nossa vida é uma maneira de darmos honra a Jesus Cristo, nosso Salvador. O melhor sistema de honra para um seguidor de Cristo encontramos em Colossenses 3:17: "...tudo o que fizerdes, seja em palavra, seja em ação, fazei-o em nome do Senhor Jesus…". —Cindy Hess Kasper

Honestidade significa nunca se preocupar se você está sendo observada.

Minhas notas e motivos de oração:

Orar por

14 de dezembro

Você não pode fazer tudo

LEITURA: MARCOS 1:29-39

Quando o encontraram, disseram:
– Todos estão procurando o senhor. —MARCOS 1:37

Ninguém é indispensável! A maioria de nós prontamente concorda com essa afirmação, mas vive como se não acreditasse nela. Reclamamos, "simplesmente não posso fazer tudo!", no entanto, continuamos tentando fazer tudo.

No evangelho de Marcos, lemos como Jesus enfrentava as demandas em Sua época. Ele iniciou Seu ministério, chamou e treinou discípulos, ensinou e pregou, curou e libertou, ministrou para indivíduos e multidões.

Como ele fez tudo isso? Suas prioridades determinaram o uso de Seu tempo. Ele se retirava regularmente para obter um tempo a sós com Seu Pai, para o descanso e a oração. Ele estava com Seu Pai, quando Seus discípulos invadiram Sua privacidade e disseram: "Todos te buscam" (Marcos 1:37). Mas Jesus respondeu: "Vamos a outros lugares, às povoações vizinhas, a fim de que eu pregue também ali" (v.38).

Sempre que Jesus se voltava para uma responsabilidade, Ele abria mão de outra, exatamente como devemos fazer. Porém, ao invés de deixar a pressão das necessidades não satisfeitas determinarem sua direção, Ele respondia de acordo com seu senso do propósito de Deus. Treinou esse sentido diariamente por meio da solidão com Seu Pai — e assim devemos fazer.

Estabeleça suas prioridades de acordo com a vontade do Senhor e você não ficará frustrada quando descobrir que não pode fazer tudo. —Joanie Yoder

Quando você não souber o que fazer primeiro,
dê o primeiro lugar a Deus.

Minhas notas e motivos de oração:

Respostas de Deus

15 de dezembro

LEITURA: HABACUQUE 1:5–2:1

… Pois o que vou fazer agora é uma coisa em que vocês não acreditariam, mesmo que alguém contasse.
—HABACUQUE 1:5

Para animar minha amiga que estava triste pela perda de sua mãe, fomos ver o pôr do sol. Mas o céu encobriu-se, e o clima parecia sombrio como os nossos sentimentos. Imaginei: *Por que o Senhor não nos dá um céu azul e ensolarado para lembrar minha amiga do Seu amor?*

Imagine a angústia de Habacuque ao ouvir a resposta de Deus acerca da perversidade de Judá. Deus lhe disse que usaria os babilônios para punir Seu povo (1:6). Não era o que ele queria ouvir!

Os babilônios eram notórios por sua crueldade (v.7), violência (v.9) e veneração as suas proezas militares (v.11). Eram inimigos do povo escolhido de Deus; pecadores egocêntricos e rudes. Deus não poderia ter escolhido um povo pior para disciplinar Judá.

Às vezes, Deus responde nossas orações de maneira que não desejamos. Se não o entendermos, confiemos nele, pois disse: "…Com amor eterno eu te amei…" (Jeremias 31:3).

Habacuque afirma que vigiaria e aguardaria pela resposta de Deus (2:1). Sua reação às circunstâncias indesejadas é um bom exemplo para nós. Como ele, devemos levar nossas preocupações a Deus e esperar por Sua resposta.

Este profeta aprendeu a olhar para as suas circunstâncias pelo prisma do caráter de Deus. Façamos o mesmo quando recebermos uma resposta desconcertante do Senhor. —Poh Fang Chia

Os tempos desconcertantes não devem nos afastar de Deus.

Minhas notas e motivos de oração:

Orar por

16 de dezembro

Derramado

LEITURA: MATEUS 12:30-37

Porque as suas palavras vão servir para julgar se você é inocente ou culpado. —MATEUS 12:37

Enquanto eu corrigia as provas de meus alunos, recebi um SMS de meu marido: "Vamos nessa". Quando respondi "O quê?", ele explicou que derramara tinta no carpete e iríamos aproveitar para trocar até mesmo o assoalho.

Nessa sociedade hipercomunicativa, nossas palavras se espalham em segundos. Com o *Twitter*, e o *Instagram* temos o poder de influenciar outros num instante. Com frequência, enviamos eletronicamente o que nos recusamos a dizer pessoalmente. Sentimos certa segurança por detrás do teclado inanimado sob os nossos dedos.

As frustrações tendem a surgir ao nos relacionarmos com os outros. Como a tinta no velho carpete, nem as palavras nem seus efeitos podem ser removidos. Formam muralhas no coração, e continuam a agir muito depois de as dizermos, mesmo no SMS mais curto, no *tweet* mais rápido. Percebendo enganosamente a comunicação eletrônica como algo bom, somos responsáveis, talvez ainda mais, pelo que escrevemos. É rápido esvaziar a caixa das mensagens enviadas; mas palavras permanecem ditas ou escritas no coração para sempre.

Podemos achar que apenas repassamos os textos ou considerá-los merecidos, mas o fato é: "Alguém está pensando que é religioso? Se não souber controlar a língua, a sua religião não vale nada, e ele está enganando a si mesmo" (Tiago 1:26). —Regina Franklin

Nossas palavras, escritas ou faladas, podem colorir o nosso mundo com vida ou morte.

Minhas notas e motivos de oração:

Solidão

17 de dezembro

LEITURA: JOÃO 16:16-32

...chegou a hora de vocês todos serem espalhados [...] e assim vão me deixar sozinho. Mas eu não estou só, pois o Pai está comigo. —JOÃO 16:32

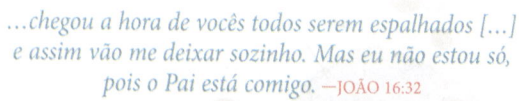

Li no *Facebook*: "Não me sinto solitário porque não tenho amigos. Tenho muitos. Sei que tenho pessoas que podem me abraçar, confortar, conversar comigo, me cuidar e pensar em mim. Mas não podem ficar dentro de minha cabeça, comigo o tempo todo, para sempre."

Todos os seres humanos vivenciam a solidão, uma vez ou outra. Até Albert Einstein que disse: "É estranho ser tão universalmente conhecido e tão solitário." Jesus compreende a nossa solidão. Ele a viu nos olhos de leprosos, escutou-a nas vozes dos cegos e a sentiu no toque das massas que o pressionavam. Ele a vivenciou quando Seus amigos o abandonaram.

Contudo, ao predizer a deserção dos discípulos, Ele também confessou a confiança inabalável em Seu Pai sempre presente. Ele disse: "Pois chegou a hora de vocês todos serem espalhados, cada um para a sua casa; e assim vão me deixar sozinho. Mas eu não estou só, pois o Pai está comigo" (João 16:32).

Ele nos disse que o isolamento não precisa nos levar à solidão, pois Seu Pai está sempre presente. Deus é eterno, onisciente e onipresente. Somente Ele pode estar conosco o tempo todo para sempre.

Jesus confortou os discípulos (v.22), e tomou a cruz e a maldição da solidão por nós. Ele nos possibilitou ter um relacionamento restaurado com Deus e sermos membros de Sua família. —Poh Fang Chia

Jesus compartilhou conosco a cura definitiva para a solidão.

Minhas notas e motivos de oração:

Orar por:

18 de dezembro

Fé circunstancial

LEITURA: 1 SAMUEL 26:1-12

Então Abisai disse a Davi: — Esta noite Deus colocou o seu inimigo em suas mãos... —1 SAMUEL 26:8

Recebi a indicação de uma boa oportunidade, e agradeci o ensejo. Ao aproximar-se o momento do contato, senti que devia esperar. *Que mal há em descobrir o que pretendem?*, pensei. Mas ouvi um "não" em meu espírito. Em duas semanas, recebi a oferta de outra publicadora com forte reputação de honrar a Palavra de Deus.

Às vezes, nossas decisões baseiam-se só em circunstâncias. Quando buscamos a vontade de Deus temos a opção de viver por sinais ou pela intimidade com o Bom Pastor (João 10:14). Gideão e Davi realizaram grandes feitos para o Senhor, foram homens de fé, mas seus últimos dias foram muito diferentes um do outro.

Quando Davi fugiu de Saul, creio que Deus conciliou as circunstâncias para testar o coração de Seu servo (1 Samuel 26:12). Davi buscava a voz do Senhor e a Sua Palavra e tomou decisões com base nelas (Salmo 119:105). Embora tivesse lutas, esse rei morreu confiando no Senhor. Vemos com tristeza, que a fé de Gideão parece nunca ter ido além dos sinais. Vemos em Juízes 8:27 que ele, e subsequentemente Israel, sucumbiram à idolatria.

Enganamo-nos se, para compreender o chamado de Deus, nos basearmos só em circunstâncias. O Senhor pode usar os acontecimentos de nossa vida para nos pôr em ação, mas a verdadeira intimidade com o Pai baseia-se na confiança. —Regina Franklin

Deus se aproxima daqueles que aprendem a depender dele.

Minhas notas e motivos de oração:

Orar por

Deus cuida de mim

19 de dezembro

LEITURA: MATEUS 5:38-48

...Porque ele faz com que o sol brilhe sobre os bons e sobre os maus e dá chuvas...
—MATEUS 5:45

Quando as chuvas torrenciais caíram sobre as minhas petúnias recém-plantadas, me senti mal por elas. Gostaria de trazê-las para dentro, e abrigá-las da tempestade. Quando a chuva parou, suas pequenas flores estavam arqueadas em direção ao chão, devido ao peso da água. Elas pareciam tristes e fracas. Dentro de poucas horas, porém, elas se recuperaram e miraram o céu. No dia seguinte, estavam eretas e fortes.

Que transformação! Após martelar suas pétalas em cheio, a chuva escorreu das suas folhas, infiltrou-se no solo e subiu por seus caules, dando-lhes a força para se manterem eretas.

Por preferir a luz solar, fico irritada quando a chuva prejudica os meus planos para fazer algo fora de casa. Às vezes, engano-me ao pensar na chuva como algo negativo. Mas, qualquer pessoa que tenha experimentado a seca sabe que a chuva é uma bênção. Ela nutre a terra para o benefício dos bons e também dos maus (Mateus 5:45).

Mesmo quando as tempestades da vida nos ferem fortemente a ponto de quase quebrarmos por sua força, a "chuva" não é uma inimiga. Nosso Deus amoroso a permitiu para que ela nos fortaleça. Ele usa a água que nos atinge exteriormente para edificar-nos interiormente e assim podermos permanecer firmes e fortes. —Julie Ackerman Link

Deus usará as tempestades que ameaçam nos destruir para nos fortalecer.

Minhas notas e motivos de oração:

Orar por

20 de dezembro

Perdas em ganho

LEITURA: 2 CRÔNICAS 15:1-7

Mas sejam fortes e não fiquem desanimados, pois vocês serão bem-sucedidos em tudo o que fizerem.
—2 CRÔNICAS 15:7

Fui capelã dos atletas nos *Jogos Olímpicos* e tive desafios únicos ao ministrar no interior da Vila Olímpica. Esforcei-me para descobrir as palavras certas para dizer aos atletas quando, longe dos espectadores e das câmeras, eles se desmanchavam em lágrimas após desempenhos decepcionantes.

Perder é difícil. Ninguém quer ser derrotado, após esforçar-se pela excelência. Podemos reagir à perda buscando a sabedoria de Deus e a coragem para seguir em frente de maneira a lhe trazer glória. A alternativa amarga é culpar a Deus e seguir o próprio caminho.

Em 2 Crônicas 14–17 temos a história de um pai e filho, os reis Asa e Josafá, e suas respectivas caminhadas com Deus. O pai, Asa, teve uma carreira notável perante o Senhor até os dois últimos anos de seu reinado de 41 anos. Infelizmente, próximo à linha de chegada, sua fé esmoreceu. Mesmo adoecido, o rei que antes andara com Deus "...não recorreu ao Senhor..." (16:12).

O rei Josafá escolheu não repetir os graves erros de seu pai, e: "Tornou-se-lhe ousado o coração em seguir os caminhos do Senhor..." todos os dias de sua vida (17:6). E "O Senhor foi com Josafá, porque andou nos primeiros caminhos de [...] seu pai..." (v.3).

E você? Deixará que as perdas a incentivem a virar as costas para Deus ou escolherá buscá-lo mesmo em meio à decepção?

—Roxanne Robbins

Mesmo em meio a derrotas, quando caminhamos com Deus seguimos em vitória.

Minhas notas e motivos de oração:

Noite de paz

21 de dezembro

LEITURA: LUCAS 2:1-14

*...o anjo disse: Não tenham medo!
Estou aqui a fim de trazer uma boa notícia para vocês,
e ela será motivo de grande alegria...* —LUCAS 2:10

Simão imigrou da Holanda para os Estados Unidos. Sua esposa, Kátia e os três filhos nasceram nos EUA. A filha casou-se com alguém do Panamá. Um filho casou-se com alguém de Portugal e outro com uma moça da Coreia do Sul.

Na noite de Natal, quando a família se reuniu para a celebração, todos começaram a cantar "Noite de paz" em suas línguas nativas — um doce som para o Senhor da Terra ouvir, conforme celebravam o nascimento de Seu Filho.

Há mais de dois mil anos, o silêncio de uma calma noite foi quebrado, subitamente, quando um anjo disse aos pastores que um bebê tinha nascido: "...Estou aqui a fim de trazer uma boa notícia para vocês, e ela será motivo de grande alegria também para todo o povo!" (Lucas 2:10). E então uma multidão de anjos começou a louvar a Deus, dizendo: "Glória a Deus nas maiores alturas do céu! E paz na terra para as pessoas a quem ele quer bem!" (v.14). Cristo o Senhor, o Salvador do mundo tinha nascido!

O presente misericordioso de Deus, Seu Filho, há tanto tempo anunciado naquela noite silenciosa ainda está disponível a todos — "...as tribos, línguas, nações e raças" (Tito 2:11-14; Apocalipse 5:9,10). "Porque Deus amou o mundo tanto, que deu o seu único Filho, para que todo aquele que nele crer não morra, mas tenha a vida eterna" (João 3:16).
—Cindy Hess Kasper

*O coral do céu desceu para cantar
quando o Rei do céu desceu para salvar.*

Minhas notas e motivos de oração:

Orar por

22 de dezembro

Ele tem paciência

LEITURA: JOÃO 14:1-6

O Senhor não demora a fazer o que prometeu [...] mas deseja que todos se arrependam dos seus pecados.
—2 PEDRO 3:9

Durante a época do Natal nós esperamos. Esperamos no trânsito, nas filas do caixa; por familiares que chegam; para nos reunirmos ao redor da mesa repleta com os nossos pratos prediletos. E esperamos para abrir os presentes carinhosamente escolhidos.

Toda esta espera pode ser um lembrete aos cristãos de que o Natal é uma celebração de espera por algo muito mais importante do que as tradições natalinas. Como os antigos israelitas, nós também estamos esperando por Jesus. Embora Ele já tenha vindo como o tão esperado Messias, Ele ainda não veio como o governante de toda a Terra. Assim, hoje esperamos pela segunda vinda de Cristo.

O Natal nos lembra de que Deus também espera. O Senhor espera que as pessoas vejam Sua glória, que admitam estarem perdidas sem Ele, que digam sim ao Seu amor, que recebam o Seu perdão e se afastem do pecado. Enquanto aguardamos por Sua segunda vinda, Ele espera por arrependimento. O que para nós parece lentidão de Deus em Seu retorno, na verdade significa que Ele é paciente e longânimo (2 Pedro 3:9).

O Senhor está esperando para ter um relacionamento com aqueles a quem ama. Ele deu o primeiro passo quando veio como o bebê Jesus e o Cordeiro sacrificial. Agora, Jesus espera que o recebamos em nossa vida como Senhor e Salvador. —Julie Ackerman Link

Deus cumpre, pacientemente, as Suas promessas.

Minhas notas e motivos de oração:

Orar por

Mais preciosa do que o ouro

23 de dezembro

LEITURA: SALMO 19:7-11

Os seus ensinos são mais preciosos do que o ouro [...].
São mais doces [...] até do que o mel mais puro. —SALMO 19:10

Eugene Peterson, em seu livro *Coma este livro* (Textus, 2004), conta a história de seu neto Hans, de 7 anos, que parecia ler com devoção o seu Novo Testamento, sentado num banco do parque. Os olhos do menino se moviam de um lado a outro pelas páginas da Bíblia, sem ele ter aprendido a ler.

Podemos ler a Palavra de Deus sem compreender a Sua mensagem para a nossa vida. No Salmo 19:7-11, Davi exalta a sabedoria da Palavra de Deus, e faz seis afirmações a respeito dela, cada qual contendo as palavras "do Senhor". O título "Senhor" é a palavra hebraica *Yahweh*: o nome de Deus na aliança. Deus é relacional e fala conosco em Sua Palavra. Davi revela esta importante verdade dizendo que a Escritura procede do próprio Deus.

Lemos a Bíblia em busca de informações e princípios para viver melhor? Lemos para conhecer o Senhor e ouvir a Sua voz? Por obediência?

Davi apresenta quatro qualidades da Bíblia: Ela é perfeita, fiel, correta e clara. E quatro resultados por seguir a sua verdade: restaura a alma, dá sabedoria aos simples, alegra o coração, traz discernimento para viver. Note que isto compreende a totalidade da pessoa — a alma, a mente e o coração (Salmo 19).

Este salmista proclama que a Palavra de Deus é mais preciosa do que ouro. E nos incentiva a saborear a sabedoria que transforma a vida. —Poh Fang Chia

A Bíblia é o Livro mais precioso do que qualquer livro que este mundo possa oferecer.

Minhas notas e motivos de oração:

24 de dezembro

Natal cancelado

LEITURA: LUCAS 2:36-38

O pai e a mãe do menino ficaram admirados com o que Simeão disse a respeito dele. —LUCAS 2:33

No ano passado, sentimos como se o nosso Natal tivesse sido cancelado. Na verdade, o voo que pegaríamos para encontrar a família foi cancelado devido à neblina. Celebrar o Natal com os nossos familiares faz parte de nossa tradição por alguns anos, e por isso nos sentimos muito decepcionados quando tivemos que voltar.

Na mensagem que teríamos perdido, o nosso pastor falou sobre as expectativas para o Natal. E chamou minha atenção ao dizer: "Se as nossas expectativas para o Natal são presentes e tempo com a família, elas são baixas demais. Estas coisas são agradáveis e somos gratos por elas, mas o Natal é a celebração da vinda de Cristo e da Sua redenção."

Simeão e Ana celebraram a vinda de Jesus e a Sua salvação quando José e Maria o levaram ao templo ainda bebê (Lucas 2:25-38). Simeão, um homem que ouviu o Espírito lhe dizer que não morreria antes que visse o Messias, declarou: "Pois eu já vi com os meus próprios olhos a tua salvação" (v.30). Quando Ana, uma viúva que servia a Deus, viu Jesus, ela "…chegou e começou a louvar a Deus e a falar a respeito do menino para todos os que esperavam a libertação de Jerusalém" (v.38).

Podemos experimentar decepções ou angústias durante a época natalina, mas Jesus e Sua salvação sempre nos dão motivos para celebrar. —Anne Cetas

Jesus é sempre a razão de celebrarmos o Natal.

Minhas notas e motivos de oração:

Luzes de Natal

25 de dezembro

LEITURA: MATEUS 5:13-16

O povo que vive na escuridão verá uma forte luz!
E a luz brilhará sobre os que vivem na região escura da morte!"
—MATEUS 4:16

Todos os meses de dezembro, 13 famílias na vizinhança perto de onde moramos montam um deslumbrante espetáculo de 300 mil luzes de Natal. As pessoas dirigem quilômetros e esperam na fila por horas para ver as luzes lampejantes e coloridas e ouvir a música que é programada para acompanhá-las. O espetáculo de luz e som é tão elaborado que requer uma rede de 64 computadores para manter tudo sincronizado.

Quando penso nestas luzes natalinas, sou lembrada da Luz que faz do Natal uma festa para muitos — uma única Luz tão radiante que ilumina o mundo todo com verdade, justiça e amor. Esta Luz — Jesus — é tudo o que o mundo procura e anseia (Isaías 9:2,6,7). E Ele disse aos Seus seguidores para que expusessem a Sua luz a fim de que outros vejam Deus e o glorifiquem (Mateus 5:16).

Imagine se os cristãos se empenhassem em resplandecer e sincronizar a luz do amor de Deus tanto quanto as famílias daquela vizinhança ao iluminarem a rua com as luzes de Natal. Talvez assim, as pessoas que ainda vivem na escuridão se esforçariam para ver esta grande Luz. Quando os cristãos trabalharem juntos para expor o amor de Deus, o evangelho brilhará mais forte e atrairá mais pessoas a Jesus, a Luz do mundo. —Julie Ackerman Link

O nosso testemunho de Cristo
é uma luz num mundo escuro.

Minhas notas e motivos de oração:

26 de dezembro

Posicionadas

LEITURA: EFÉSIOS 4:4-16

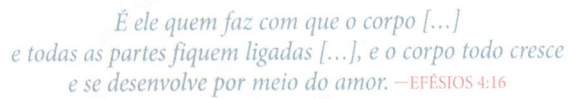

É ele quem faz com que o corpo [...] e todas as partes fiquem ligadas [...], e o corpo todo cresce e se desenvolve por meio do amor. —EFÉSIOS 4:16

"A tarefa é muito importante." Minha filha de nove anos tentava convencer o irmãozinho a ajudá-la na missão. Ela levava oito rolos de papel higiênico para guardar no banheiro, e queria que o irmão a seguisse e garantisse que nenhum rolo caíria. Foi difícil compreender a relevância desse pedido, mas ele a seguiu. Essa divertida conversa entre eles me fez refletir sobre o Corpo de Cristo.

Somos criados para viver com um propósito. Queremos ter a certeza de que temos algo para dar. Temos o desejo de pertença. Deus quer que satisfaçamos estes desejos nele, mas às vezes, buscamos outras fontes, mesmo como Corpo de Cristo.

Se acreditarmos que a nossa relevância no Corpo de Cristo advém de cargos na igreja, distorcemos o nosso propósito, e o da igreja. Deus a instituiu para ser a representação da Sua glória, não da nossa. Quando fundamentamos nosso senso de propósito no que os líderes nos pedem, decepcionamo-nos e abrimos espaço para conflitos.

Como Corpo de Cristo, devemos:
• Reconhecer que Deus nos coloca na função ministerial (Efésios 4:7,11);
• Equipar-nos, nos submetermos a Deus e a liderança estabelecida por Ele (Efésios 4:12);
• Crescer à semelhança de Cristo (v.15);
• Conhecer nossa função e ajudar outros a crescerem espiritualmente (v.16).

Como Corpo, nós o revelamos?

—Regina Franklin

A igreja existe para demonstrar a bondade e a glória de Deus.

Minhas notas e motivos de oração:

Oração de alto risco

27 de dezembro

LEITURA: 1 REIS 18:36-39

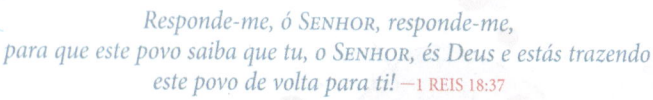

Responde-me, ó Senhor, responde-me, para que este povo saiba que tu, o Senhor, és Deus e estás trazendo este povo de volta para ti! —1 REIS 18:37

Evel Knievel tentou saltar com motocicleta sobre 13 ônibus de dois andares, um tanque de tubarões, 52 carros amassados e uma caixa de cobras cascavéis. Às vezes, errava os cálculos e passava tempos no hospital. Mas, antes de cada façanha, orava, "Deus: cuida de mim. Aqui vou eu...".

Será que Elias fez o mesmo em seu embate com Baal? A oração pode envolver aventura! No início do confronto, Elias observou: "...Senhor, eu fui o único que sobrou..." (1 Reis 18:22). Ele aumentou o risco insultando os profetas de Baal e encharcando o altar que Deus iria inflamar. Outro aspecto da oração de alto risco de Elias era o fato de tudo depender da resposta de Deus. Elias disse: "...Prova agora que és o Deus de Israel..." (v.36). A reputação e o destino espiritual do povo de Israel estavam em jogo. E mais, Elias sabia que estaria perdido se Deus permanecesse em silêncio.

O profeta sabia que Deus o responderia. Sua oração foi ousada porque ele deixou os detalhes com Deus, ao dizer: "Responde-me, ó Senhor, responde-me, para que este povo saiba que tu, o Senhor, és Deus..." (v.37). E Deus lançou uma bola de fogo sobre o altar.

O que pode acontecer quando nos engajamos na oração de alto risco? Deus pode chamá-la para buscar algo com seus joelhos dobrados em oração. Peça-lhe e aguarde a Sua resposta. —Jennifer Benson Schuldt

Deus respondeu a oração ousada para a Sua glória.

Minhas notas e motivos de oração:

Orar por

28 de dezembro

Déjà-vu

LEITURA: 1 SAMUEL 26; 1 PEDRO 4:19

> ...certo como o Senhor Deus está vivo, assim ele mesmo matará Saul, seja quando chegar o seu dia de morrer, seja numa batalha! —1 SAMUEL 26:10

Em 1 Samuel 26 temos o sentimento de *déjà-vu* semelhante ao do capítulo 24. Davi como num pesadelo vivo, tinha Saul em seu encalço. Saul tomara três mil dos soldados dele e o caçava no deserto.

Davi fugia e Saul avançava. Os soldados de Saul estavam acampados e Davi na ofensiva. Seus espias localizaram o acampamento de Saul; e Davi, acompanhado por pelo menos dois homens, foi verificar. O que ele queria? — Certamente, não tentar assassinar Saul, pois tivera dor na consciência ao cortar, anteriormente, uma parte do seu manto (24:5).

Davi queria a lança e o cantil de água de Saul. E ordenou a Abisai que não o matasse, pelo mesmo motivo (v.9) que verbalizara em 24:6,11. Mas Davi foi além do que dissera antes, assegurando-lhe que: "...o Senhor Deus está vivo, assim ele mesmo matará Saul..." (26:10). Após sua experiência com Nabal (capítulo 25), Davi sabia que Deus poderia cumprir Sua vontade de muitas maneiras, e que o Senhor defende os Seus. Baseou seu plano e sua vida nisso. O sucesso do seu plano dependia totalmente de Deus.

Em 1 Samuel 26, Davi lidou com uma situação semelhante com maior confiança e sabedoria do que no capítulo 24. Isso também pode ser dito a nosso respeito? Como estamos expressando a sabedoria que Deus nos ensina por meio de experiências anteriores na vida? —Poh Fang Chia

A fé e a ação andam de mãos dadas.

Minhas notas e motivos de oração:

Cumprir o dever

29 de dezembro

LEITURA: ESDRAS 9:3-7

— Ó Deus, estou muito envergonhado e não tenho coragem de levantar a cabeça na tua presença. Estamos afundados nos nossos pecados… —ESDRAS 9:6

Algumas pessoas bem-intencionadas em modernizar as liturgias confessaram seus pecados via mensagens de texto. Depois disso, um líder religioso afirmou: "Incentivamos a confissão de pecados, pessoalmente, com o coração contrito." Não há atalho para sermos '…humildes debaixo da poderosa mão de Deus…'" (1 Pedro 5:6). Nossa confissão deve envolver um encontro genuíno com Deus — qualquer atitude mais casual será o mero cumprimento de uma obrigação.

Para Esdras tratar o pecado de Israel não era só a rotina. Embora Deus tivesse advertido a nação sobre a proibição do casamento misto, eles insistiam em casar-se com estrangeiras. Esdras declarou: "…rasguei as minhas roupas em sinal de tristeza…" (9:3). A intenção não era obter rapidamente o perdão, mas demonstrar contrição pelo pecado.

Sua reação o fez confessar: "…Ó Deus, estou muito envergonhado e não tenho coragem de levantar a cabeça na tua presença. Estamos afundados nos nossos pecados…" (v.6). Esdras não apresentou justificativas nem minimizou a ofensa. Ele esperava que Deus não rejeitasse o seu "…coração humilde e arrependido" (Salmo 51:17).

Lendo isso, percebi que às vezes volto facilmente ao pecado. Se você for como eu, talvez sua vida de oração inclua um "Ops, Senhor" como confissão, quando a situação exige bem mais. —Jennifer Benson Schuldt

Confessar, não significa cumprir uma obrigação, mas aproximar-se de Deus.

Minhas notas e motivos de oração:

Orar por

30 de dezembro

Olhando para baixo

LEITURA: LUCAS 18:9-14

> ...pensem com humildade a respeito de vocês mesmos, e cada um julgue a si mesmo conforme a fé que Deus lhe deu.
> —ROMANOS 12:3

Após me submeter a uma pequena cirurgia ocular, a enfermeira me disse: "Não olhe para baixo nas próximas duas semanas. Não cozinhe nem faça limpeza." As incisões precisavam cicatrizar, e ela não queria que eu colocasse nenhum tipo de pressão desnecessária sobre elas ao olhar para baixo.

C. S. Lewis escreveu sobre outro tipo de olhar com o qual podemos ter problemas: "Em Deus, você se depara com algo que é, em todos os aspectos, infinitamente superior a você mesmo [...]. Enquanto você for orgulhoso, não poderá conhecer a Deus. O homem orgulhoso sempre olha de cima para baixo para as outras pessoas e coisas: e claro, enquanto você olha para baixo, não pode enxergar o que está acima de si" — *Cristianismo puro e simples* (Ed. Martins Fontes, 2006).

Jesus contou a parábola sobre o fariseu que se sentia superior aos outros. Com orgulho, ele agradeceu a Deus por não ser como os outros homens (Lucas 18:11). Ele olhou com superioridade os ladrões, os injustos, adúlteros e o coletor de impostos que também estava orando no templo. O coletor de impostos, diferentemente, se reconheceu como pecador diante de Deus e clamou pela misericórdia do Senhor (v.13).

O orgulho pode ser um problema para todas nós. Não olhemos com superioridade aos outros, mas em vez disso, vejamos o Deus que está acima de nós. —Anne Cetas

O orgulho espiritual é o mais arrogante de todos.

Minhas notas e motivos de oração:

A alegria no sofrimento

31 de dezembro

LEITURA: COLOSSENSES 1:24-29

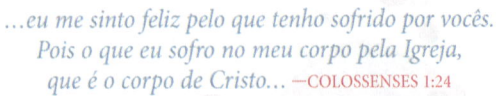

...eu me sinto feliz pelo que tenho sofrido por vocês. Pois o que eu sofro no meu corpo pela Igreja, que é o corpo de Cristo... —COLOSSENSES 1:24

Em seu livro *Chamados para dor e alegria* (Ed. Vida Nova, 2009) Ajith Fernando comenta: "O ministério no Sri Lanka pode ser frustrante. É difícil suportar a frustração e muitos obreiros deixam o país, pois não conseguem cumprir seu chamado. Incapazes de tornar-se vulneráveis, abandonam a situação."

Se para nós, evitar o medo é uma reação instintiva, então Paulo é masoquista ao dizer "...me sinto feliz pelo que tenho sofrido por vocês..."? (v.24). De jeito nenhum! Paulo não está defendendo que procuremos por dor e sofrimento. Ao contrário, reconhece que o caminho da cruz inclui dificuldades e que vamos sofrer... (João 16:33). Ele alegra-se por participar dos sofrimentos de Cristo; sofrer pela igreja; experimentar o poder da ressurreição e compartilhar Seus sofrimentos.

Se queremos maior intimidade com Cristo, e sabemos que o sofrimento aprofundará essa intimidade, então os efeitos dessas dificuldades perderão o seu valor. Quando Jesus usar os nossos sofrimentos para edificar e purificar a Sua igreja, veremos além do temporário e vislumbraremos a vitória final.

E poderemos ensinar cada pessoa a fim de levá-la "...à presença de Deus como pessoas espiritualmente adultas e unidas com Cristo" (Colossenses 1:28). Esforcemo-nos "...com a força de Cristo, que está agindo poderosamente..." em nós (v.29). —Poh Fang Chia

É para realizar essa tarefa que eu trabalho e luto com a força de Cristo... **Colossenses 1:29**

Minhas notas e motivos de oração:

Orar por

Notas:

Notas: